3판

영유아발달

문혁준 김경은 서소정 성미영
안선희 임정하 하지영 황혜정

창지사

머리말

「영유아보육법」에서는 출생에서 3세 미만까지를 '영아기'로 규정하고 있다. 이 시기는 신체발육 및 운동기능의 발달이 매우 활발한 시기이며, 환경에 적응하는 중요한 시기이다. 젖니가 나오며 면역기능의 활성화, 반사의 소실과 수의운동의 발달, 감각(시각, 청각, 촉각)기능의 발달, 체중과 키의 증가를 확인할 수 있다. 체중은 3개월에 2배, 1년에는 3배가 되며, 키는 1년에 약 27cm가 자란다.

어린이집에서 영아가 양질의 보육을 받기 위해서는 보육교사가 영아기 아동의 연령과 발달 수준별로 뚜렷이 나타나는 발달적 특성을 정확히 이해하고 영아 개개인의 요구와 발달 수준에 민감하게 상호작용하는 것이 매우 중요한 과제라고 할 수 있다.

또한 유아기는 인간의 발달 과정 가운데 두 번째 과정이라고 볼 수 있으며, 유아를 규정하는 연령은 학자에 따라 다양하지만 본서에서는 영아기를 지난 연령부터 취학 전 아동을 가리킨다. 이 시기에는 신체적, 정신적으로 상당히 발달하게 되며, 많은 유아들이 가정을 벗어나 유아교육기관에서 많은 시간을 보내는 특성이 있다.

따라서 영유아발달 교과목은 영유아교사를 준비하는 학습자가 반드시 수강해야 하는 필수과목이다. 이 교과목에서는 영유아발달을 설명하는 주요 이론을 제시하고 영유아발달을 연구하는 과학적인 방법을 소개하며 태내발달과 영유아기의 신체, 인지, 언어, 사회성 및 정서 등 각 발달 영역에서의 특징을 알아본다. 이를 기초로 유아교육현장 및 가정에서 영유아의 전반적인 발달을 지원하는 방법을 알아보며, 생태적 맥락에서 환경의 중요성도 총체적으로 고찰한다.

본서는 대학에서 아동학, 유아교육학, 보육학, 아동복지학, 심리학, 사회복지학을 전공하는 학부생이 교재로 사용할 뿐만 아니라 현장에서 영유아의 발달을 이해하고자 하는 일반인에게 유용한 지침서로 사용할 수 있도록 목차를 계획하였다. 특히 어느 한 발달 영역에 너무 깊이 있게 치중하지 않고 발달에 관한 모든 영역을 포괄할 수 있도록 내용을 구성하였으며, 최근의 이론과 자료를 중심으로 집필하기 위해 노력하였다.

영유아발달 교과목에서 다루어야 할 내용은 많지만 한 학기 강의계획에 맞춰 12장으로 목차를 구성하였으며, 8명 저자들이 공동으로 집필하였다. 저자는 가톨릭대학교 문혁준 교수, 남서울대학교 김경은 교수, 경희대학교 서소정 교수, 동덕여자대학교 성미영 교수, 경희대학교 안선희 교수, 고려대학교 임정하 교수, 우송대학교 하지영 교수, 경기대학교 황혜정 교수이다.

넘치는 의욕과 열정으로 시작하였으나 집필 후의 소감은 항상 아쉬움이 남는다. 앞으로 부족한 부분을 보완해 나갈 것을 약속드리며, 기탄없는 비판과 충고를 부탁드린다.

끝으로 출판을 맡아 수고해 주신 창지사의 노고에 진심으로 감사드린다.

2022년 1월

저자 일동

차 례

CHAPTER 3 영유아발달 연구방법

CHAPTER 4 태내 발달 및 출산

CHAPTER 6 영유아의 신체발달

CHAPTER 7 영유아의 인지 발달

CHAPTER 8 영유아의 언어 발달

CHAPTER 11 영유아의 정서 발달

CHAPTER 12 영유아발달과 생태적 맥락

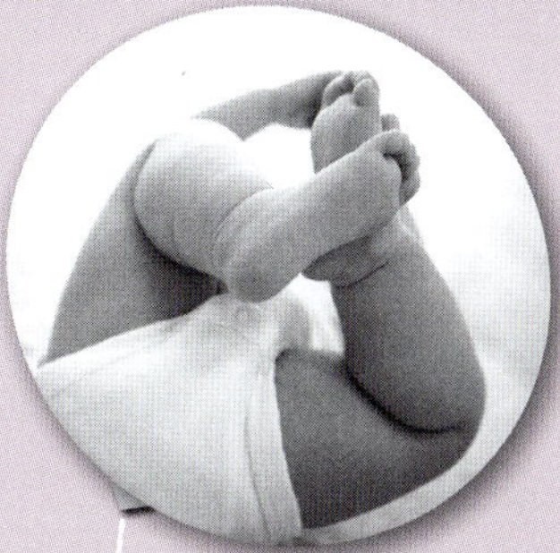

CHAPTER 1

영유아발달의 기초

인간의 전 생애 중 태내기와 영아기, 그리고 유아기에는 중요하고 현저한 변화가 일어난다. 이 시기 인간은 다른 시기에 비해 상대적으로 취약하지만 그와 동시에 놀라운 잠재력과 회복력을 가지고 있다. 따라서 태내기와 영유아기의 발달 변화에 대한 이해는 전 생애에 걸쳐 나타나는 발달현상을 이해하는 데 바탕이 된다. 본 장에서는 먼저 발달의 개념과 영역, 원리 및 특성을 중심으로 영유아발달이란 무엇인지 살펴보고, 영유아에 대한 견해 및 연구가 역사적으로 어떻게 변해왔는지 알아보고자 한다. 끝으로 영유아발달 연구에서 자주 제기되는 주요 쟁점들에 대해 소개하고자 한다.

1 영유아발달이란 무엇인가?

영유아기는 출생 후 인간이 경험하는 여러 변화 중 매우 두드러지고 중요한 변화가 일어나는 시기이다. 영유아발달은 이 시기의 발달 변화와 관련된 현상을 집중적으로 다루는 학문이다. 여기서는 발달의 기초를 이해하는 데 도움이 되는 발달과 인간발달, 영아발달 및 유아발달의 개념을 차례로 살펴보고 광범위하고 통합적 현상인 인간발달을 좀 더 구체적인 신체·인지·사회정서발달 영역으로 구분하여 각 영역의 발달이 의미하는 것을 알아보고자 한다. 이어서 영유아기 발달의 일반적 원칙과 특성을 정리하고자 한다.

1. 발달의 개념과 영역

일반적으로 사용하는 '발달'의 사전적 의미는 신체, 정서, 지능 따위가 성장하거나 성숙함을 의미한다(표준국어대사전, 2013). 이는 긍정적인 측면으로의 변화를 지칭한다고 볼 수 있다. 하지만 인간의 발달을 다루는 학문에서 발달의 개념은 보다 더 포괄적이다. 즉 발달을 시간의 경과에 따른 변화로 본다. 인간의 발달 변화는 양적 변화와 질적 변화를 모두 포함한다. 예를 들어, 월령이 증가함에 따라 영아의 신장과 몸무게가 증가하는 것, 연령이 증가함에 따라 노인의 기억력이 감소하는 것 등은 양적 변화이다. 반면 출생 후 누워만 있다가 스스로 서고 걷는 것, 영아가 언어를 사용하지 못하다가 언어를 사용하는 단계로 진입하는 것, 혹은 언어를 사용하다가 질병이나 사고로 언어를 사용하지 못하게 되는 경우는 질적 변화라고 볼 수 있다. 정리하면, 인간발달(human development)이란 인간의 연령 증가에 따른 신체적·심리적 특성과 기능의 변화를 의미한다. 따라서 여기서 발달은 성장과 같은 긍정적 측면의 변화뿐만 아니라 기능의 감퇴나 손실과 같은 부정적 측면의 변화를 모두 포함한다.

인간발달은 인간이 태내의 수정에서 출생 후 죽음에 이를 때까지 나타나는 변화를 연구하는 학문이다(Kail & Cavanaugh, 2000). 인간발달에서 일반적으로 사용하는 연령을 중심으로 한 발달 단계는 [그림 1-1]과 같다.

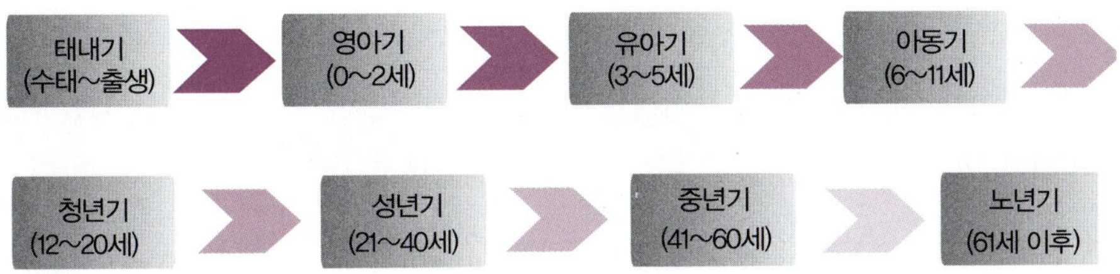

[그림 1-1] 인간발달의 단계

이때 각 발달 단계를 구분하는 연령의 범위는 다소 대략적이며, 인간발달 단계의 후반부로 갈수록 발달 단계를 구분하는 여러 요인을 고려할 때 연령기준을 엄격히 적용하기가 더욱 어려워진다. 영유아발달은 인간발달의 한 부분으로, 정자와 난자의 수정에서 만 5세까지 인간의 변화를 이해하기 위한 학문이다. 즉 영유아발달에서는 발달 단계 중 태내기와 영아기 및 유아기에 해당되는 발달 변화를 살펴본다. 수정 후 출생까지 약 9개월 정도의 기간인 태내기에는 하나의 세포가 태아로 바뀌는 놀라운 변화가 일어난다. 영아기의 경우, 출생 후 약 3년 남짓한 시간으로 인간의 일생에서 상대적으로 매우 짧은 기간이지만, 일생 중 가장 빠른 속도의 신체 성장과 발달이 일어난다. 출생 후 약 36개월 동안인 영아기에는 신체적 변화와 운동, 지각, 지적 능력, 언어, 타인과의 관계 시작 등을 지원하는 두뇌 발달이 매우 두드러진다. 나아가 태내기나 영아기의 발달 결과는 이후 이어질 유아기나 아동기의 발달 결과와 직결될 뿐만 아니라 성인이 된 후에도 영향을 미칠 수 있다. 따라서 인간의 일생에 걸쳐 발달적으로 매우 중요한 시기이다. 유아기는 보통 만 3세에서 만 5세까지의 기간을 의미한다. 이 시기에는 전 단계인 태내기나 영아기보다는 변화의 속도가 느리지만, 이후 단계인 아동기에 비해서는 빠른 속도의 성장이 나타난다. 특히 유아기에는 언어를 보다 적극적으로 사용하기 시작하므로, 인지, 사회, 정서 등 여러 발달 영역의 변화가 활발히 일어난다.

양육자나 보육전문가, 교육자에게 발달은 저절로 일어나는 단순한 변화가 아니다. 이들은 발달을 통해 개개인이 가진 잠재력을 잘 펼칠 수 있는 좋은 환경을 지원하여 최적의 변화를 이끌어 내고자 하기 때문이다. 발달을 보다 잘 지원하기 위해서는 태아, 영아 및 유아, 나아가 인간성장의 패턴에 대한 지식을 습득하고 제대로 이해해야 한다. 따라서 영유아발달에서는 인간발달에 가장 기초가 되는 태내기와 영아기 및 유아기의 성장과 변화에 대해 살펴보고, 영유아 개개인의 발달적 변화를 최적화할 수 있는 바람직한 환경에 대해 알아보고자 한다.

인간발달은 매우 광범위한데 보통 크게 신체, 인지, 사회정서발달의 세 가지 영역으로 구분할 수 있다. 먼저 신체발달은 인간 신체의 성장과 변화 및 신체기능의 변화와 관련된 생물학적 과정이다. 이 영역에서는 신체 크기, 각 부분의 비율, 외모, 지각능력과 운동능력, 생리학적 변화를 중점적으로 살펴보고 신체의 건강과 질병, 영양 관련 요인을 다룬다. 예를 들면, 출생 직후 누워만 있다가 차츰 잡고 앉을 수 있게 되고(사진 1-1), 생후 일 년 정도가 되면 잡고 설 수 있게 되는데(사진 1-2), 이는 영아의 운동능력이 점차 발달하는 것을 보여준다.

다음으로 인지발달은 정보를 인식하고 처리하며 지식을 습득하고 문제를 해결하는 정신적 과정들과 관련된다. 이 영역에서는 두뇌의 기능, 지각, 기억, 학습, 사고, 언어 등의 능력과 변화에 대해 다룬다. 영아가 천정에 달린 모빌의 움직임

|사진 1-1| 출생 백 일 후 잡고 앉기(신체발달)

|사진 1-2| 출생 일 년 후 잡고 서기(신체발달)

|사진 1-3| 일상생활도구 탐색(인지발달)

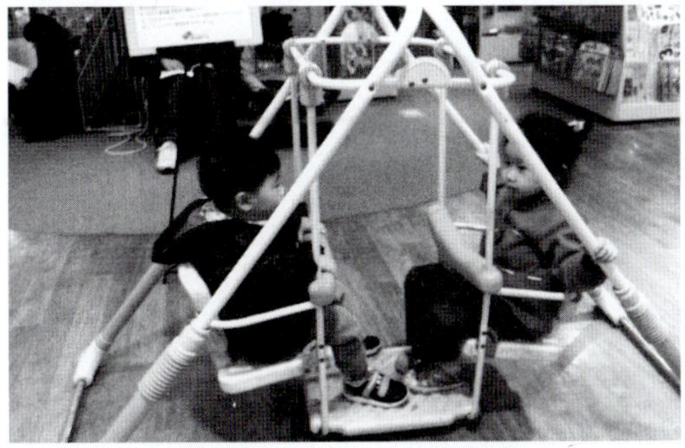

|사진 1-4| 또래와 그네타기(사회정서발달)

을 주목한다거나 한두 단어로 의사를 표현한다거나 유아가 일상생활에서 접하는 물건이나 도구에 관심을 보이는 행동(사진 1-3) 등은 모두 정보를 인식하고 처리하는 정신적 과정과 관련된 것이다.

끝으로, 사회정서발달에는 타인과 상호작용하는 과정이 관련된다. 이 영역에서는 정서 표현과 이해, 자기이해, 타인에 대한 지식, 대인관계 기술, 우정, 도덕적 사고와 행동 등에서의 변화를 살펴본다. 주양육자가 나타나면 영아가 미소를 짓는다거나 유아가 또래와 함께 그네를 타거나(사진 1-4), 또래와 장난감을 놓고 서로 가지고 놀고자 힘겨루기를 하는 행동 등은 모두 사회정서발달을 반영하는 행동이다.

발달은 여러 영역이 동시에 복잡하게 작용하는 다측면적 과정이다. [그림 1-2]는 이들 영역이 상호 관련된 과정임을 나타낸다(Santrock, 2011). 즉 신체, 인지, 사회정서발달의 과정은 서로 밀접하게 연관되며 서로 영향을 주고받는다. 개인의 발달은 이들 과정이 상호작용한 결과라고 볼 수 있다. 예를 들어, 혼자서 앉고 서고 걷는 운동능력의 변화는 신체발달에 속한다. 하지만 이러한 신체발달의 변화는 영아가 자신의 환경을 한층 적극적으로 탐색할 수 있도록 하고, 영아 자신이 선호하는 양육자에게 먼저 다가가 상호작용을 시도할 수 있게 도와줌으로써 인지발달과 사회정서발달을 지원하고 촉진시킨다. 따라서 영유아의 신체, 인

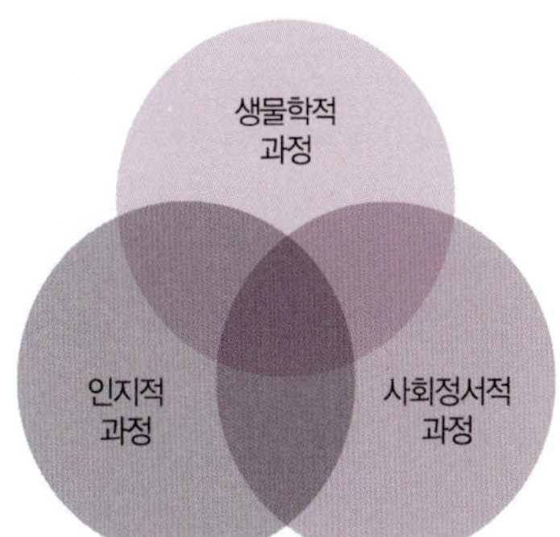

[그림 1-2] 각 발달 영역에서 진행되는 과정의 상호연관성

지, 사회정서 영역에 대한 구체적인 지식과 이해, 영역 간의 연관성 등을 바탕으로 영유아발달을 통합적이고 전인적으로 살펴보는 것이 바람직하다.

2. 영유아발달의 일반적 원리

각각의 영유아는 개별적이고 독특한 특성을 가진 존재이다. 하지만 모든 영유아의 성장과 발달에 적용되는 기본적인 패턴, 즉 일반적인 원리도 찾아볼 수 있다. 발달의 일반적 원리는 대부분의 영유아들이 어떻게 발달할 것인지를 예측하는 데 도움이 된다. 다음은 주요한 몇 가지 일반적 원리를 소개한 것이다(정옥분, 2013; Ruffin, 2019).

첫째, 발달에는 일정한 순서가 있다. 예를 들어, 영아가 스스로 앉을 수 있은 후에야 기거나 설 수 있고, 그런 후에야 비로소 걸을 수 있게 된다. 다른 예로, 유아가 책의 내용을 이해하기 위해서는 글자의 형태와 소리를 먼저 습득해야 하고, 그런 후 단어와 그 의미를 이해해야 하며, 이러한 능력을 통합해 적용할 수 있어야 비로소 책을 읽고 그 내용을 이해할 수 있게 된다.

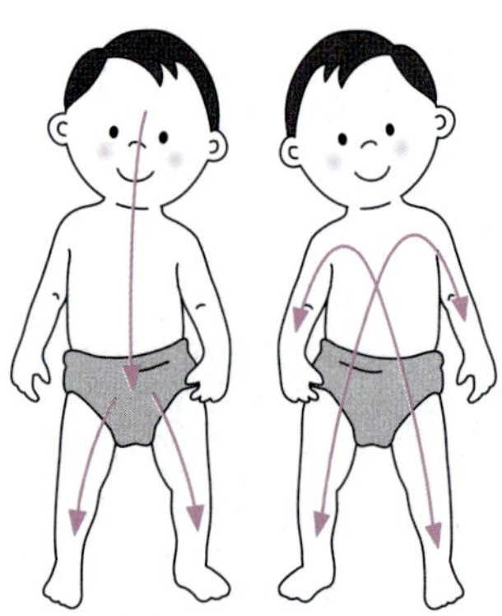

[그림 1-3] 영유아 신체 발달의 두미 원리(A)와 근원 원리(B)

둘째, 영유아의 신체 발달에서는 두미(頭尾) 원리와 근원(近遠) 원리가 나타난다(그림 1-3). 먼저, 두미(cephalocaudal) 원리란 발달이 머리에서 발 방향으로 진행되는 것을 말한다. 이에 따르면 영아는 머리 부분을 움직이는 능력을 먼저 획득한 후, 점차 팔 부분, 그다음 다리 부분을 움직이는 능력을 발달시키게 된다. 영아는 생후 2개월 내에 자신의 머리를 들어 올릴 수 있게 되고, 이후 팔을 사용할 수 있게 되고, 보통 생후 6~12개월 사이에 다리의 움직임을 보다 잘 조절하게 된다. 다음으로, 근원(proximodistal) 원리는 신체의 중앙부분에서 바깥쪽으로 발달이 진행되는 것을 말한다. 이에 따르면, 신체의 중심부인 척수(spinal cord)부분은 신체의 바깥쪽 부분보다 먼저 발달한다. 예를 들어, 영유아의 팔은 손과 손가락보다, 다리는 발과 발가락보다 먼저 발달한다.

셋째, 발달은 일반적인 것에서 보다 특수한 것으로 진행된다. 운동능력 발달을 예로 들면, 영유아는 딸랑이를 잡기 위해 팔과 손 전체를 사용하다가 점차 엄지와 검지를 사용해서 잡을 수 있게 된다. 딸랑이와 같은 물체를 잡기 위해 처음 팔과 손 전체를 사용하는 움직임은 매우 산만하고 반사적이며 덜 분화된 것이지만, 이러한 움직임은 성장과 함께 점차 정밀하고 분화된 움직임으로 대체된다.

넷째, 발달은 성숙과 학습에 의한다. 성숙(maturation)은 유전적 요인에 의해 발달이 일어나는 생물학적 과정을 말한다. 생물학적 변화에는 일정한 순서가 있고, 영유아는 이를 통해 새로운 능력을 갖게 된다. 예를 들어, 두뇌와 신경계 변화의 대부분은 성숙에 의해 일어난다. 두뇌와 신경계의 변화는 영유아의 인지 능력이나 운동 능력을 증진시키는 데 큰 도움이 된다. 나아가 영유아가 새로운 기술을 습득하기 위해서는 일정 수준의 성숙이 선행되어야 한다. 예를 들어, 생후 4개월 된 영아의 경우 두뇌가 언어정보를 처리할 정도로 충분히 성숙하지 않아서 언어를 사용할 수 없다. 두뇌의 지속적인 성숙과 환경적으로 언어에 노출되어 언어를 학습한다면 대략 2세 정도가 되었을 때 영아는 마침내 단어를 말하고 이해하는 능력을 습득할 수 있을 것이다. 이처럼 영유아는 유전적 요인에 의한 성숙과 환경에서 제공되는 다양한 경험을 바탕으로 발달하게 된다.

다섯째, 성장과 발달에는 개인차가 있다. 성장의 패턴과 순서는 보통 모든 영유아에게서 유사하게 나타나지만, 특정 발달단계에 도달하는 시기나 속도는 영유아마다 차이가 있다. 또한 어떤 발달과업이건 이를 습득하는 연령 범위가 있다. 예를 들어, 어떤 영아는 생후 10개월에 걷는 반면, 어떤 영아는 18개월에 걸을 수도 있다. 이러한 발달 속도의 개인차는 연령과 발달단계를 엄격히 적용해 영유아의 발달수준을 평가하는 데 있어 매우 신중을 기해야 함을 시사한다.

3. 영유아기 발달의 특성

영유아기에 일어나는 발달 변화를 잘 이해하기 위해서는 다음과 같은 특성을 고려해야 한다(Gross, 2011; Mercer, 1998).

첫째, 인간의 다른 발달단계에 비해 영유아기에는 모든 발달 영역에서 많은 변화가 일어난다. 영아기의 경우, 현저히 눈에 띄는 신체적 변화가 일어날 뿐만 아니라 영아가 새로운 기술을 습득하고, 습득한 기술을 사용함에 있어 협응성과 의도가 증가하며, 의사소통 능력이 빠르게 변화하게 된다. 유아기는 영아기에 획득한 기초적인 운동, 지각, 인지, 언어 능력 등을 보다 정교하게 향상시키는 동시에 유아가 자율성과 주도성을 가지고 확장된 사회적 맥락에서 또래, 교사 등과 다양한 관계를 새롭게 경험하게 되는 시기이다.

둘째, 영유아 개개인은 이미 다양한 개인 고유의 특성을 가지고 있다. 영유아 개개인의 고유 특성은 출생 전 형성되어 출생 후에도 지속적으로 나타난다. 즉 출생 전 유전적 요인과 태내 환경으로 개인 고유의 특성이 형성되고, 이러한 특성은 출생 후 특정 환경과 상호작용하면서 개개인의 발달차이를 심화시킨다. 예를 들어, 유전적 요인으로 성별이나 인종 차이가 나타나고, 이러한 특성은 출생 후 환경과의 상호작용에 영향을 미친다. 또 다른 예로, 어떤 영아는 열악한 환경에 보다 취약한 성향을 가지고 태어나는 반면, 어떤 영아는 열악한 환경을 보다 잘 극복하는 성향을 가지고 태어난다. 이러한 성향은 출생 후 적응력에서 개인차를 초래한다.

셋째, 영유아는 열악한 환경에서도 스스로 문제나 상처를 회복시키고자 하는 경향이 있다. 이는 발달에 있어 일시적인 부정적 환경이 늘 심각하게 장기적 영향을 미치지는 않는다는 점을 시사한다. 즉 영유아에게는 더 좋은 방향으로 자신의 발달을 수정하고자 하거나 어려움을 회복하고자 하는 자기수정, 자기회복(self-righting)의 경향이 있다. 인간발달단계의 전반부인 영유아 및 아동기에는 후반부보다 더 유연하게 환경에 적응하는 경향이 있다.

넷째, 영유아기 경험은 이어지는 발달 단계에 개인의 가능성을 결정하는 데 기여한다. 인간발달의 초기 경험을 중시하는 연구자들은 영유아기의 경험이 이어지는 발달 경로(developmental trajectory)에 큰 영향을 미친다고 주장한다. 즉 영유아기의 경험은 이후 적합한 또는 부적합한 발달경로를 초래하는 데 일목을 한다. 따라서 보다 적절한 발달 경로를 이끌어 내고자 한다면 영유아기와 같이 가능한 한 이른 시기에 지원이나 중재를 시작하는 것이 효과적이다.

다섯째, 영유아는 서로 연관된 다양한 특성과 능력을 가진 복잡한 실체이다. 1960년대나 1970년대처럼 과거의 영유아발달 연구에서는 영유아의 언어, 인지, 사회정서 등 각 영역의 발달을 분리해서 다루었다. 하지만 그후 연구자들은 이 각각의 영역 발달은 분리된 것이 아니며 밀접하게 연관되어 영향을 주고받는다는 점을 밝혔다. 따라서 영유아발달에서 다양한 능력과 이러한 능력이 영유아의 삶에서 어떤 작용을 하는지를 통합적으로 살펴볼 필요가 있다. 예를 들어, 영유아의 언어발달은 단순히 인지적 기능이 아니라 사회적으로 상호작용하는 방식이고, 정서발달은 학습과 같은 인지발달의 기초가 된다.

여섯째, 영유아의 발달에는 여러 가지 요인이 영향을 미친다. 영유아발달에 여러 요인이 작용함은 물론이거니와 하나의 요인이 하나의 특성에만 관련되는 것이 아니라 영유아가 나타내는 여러 특성에 동시에 관여한다. 나아가 이들 요인은 각각의 독립된 실체라기보다는 연속선상의 특성으로 고려되어야 한다. 예를 들어, 영유아의 특정 환경이 단순히 좋은 환경이나 나쁜 환경이라고 단정하기 어렵다. 이와 유사하게 영유아도 단순히 환경에 취약하다거나 그렇지 않다고 이분법적으로 평가하기 어렵다. 각 요인들이 어느 시기에 작용하는지에 따라서도 그로인한 발달결과가 달라진다. 이러한 견해는 영유아의 발달상 문제를 이해하는 데 있어서 특히 중요하다. 영유아가 보이는 문제를 단순히 유무(有無)나 몇 가지 범주로 간주하기보다는 전체적이고 복합적인 특성을 고려해야 한다. 예를 들어, 영유아의 가정환경이 한부모가정이라고 할 때, 노숙자인 10대 미혼모부터 교육수준이 높은 30대 미망인으로 된 가정환경까지 매우 다양한 형태의 한부모가정이 존재하므로, 한부모가정이라는 특성이 영유아발달에 미치는 영향은 매우 다를 수 있다.

일곱째, 영유아는 기본적으로 가정 및 영유아교육기관이라는 맥락 내에 존재한다. 성인의 보살핌을 오랜 기간 필요로 하는 영아는 대부분 성인 양육자가 속한 가정이라는 환경 내에서 존재한다. 양육자가 없다면 영아가 생존하기 어렵다. 유아 또한 가정이건 영유아교육기관이건 여전히 성인 양육자의 돌봄을 필요로 한다. 따라서 대부분의 경우 영유아발달을 제대로 이해하기 위해서는 영유아뿐만 아니라 영유아와 양육자의 관계를 포함한 가정, 영유아보육기관과 같은 맥락에 대한 정보가 필요하다.

따라서 영유아발달을 연구하거나 영유아를 보육하는 전문가들은 이러한 특징을 고려해 영유아가 자신의 잠재능력을 적극적으로 펼칠 수 있는 최적의 환경을 제공하기 위한 양육자 교육 및 지원, 보육과정 및 누리과정의 실행, 프로그램 개발, 정책 제안 및 홍보 등을 위해 노력해야 할 것이다.

2 영유아발달 연구의 역사

현대사회에서는 영유아기를 보호와 보살핌을 받으며 성인으로서의 책임과 의무가 부과되지 않는 특별한 시기로 본다. 이 시기의 경험이 이후 성인으로서의 삶에 중요한 초석이 된다고 보기 때문이다. 하지만 역사적으로 영유아를 포함한 어린 아동에 대한 견해가 늘 현대와 같았던 것은 아니다. 여기서는 영유아와 아동에 대한 주요 역사적 견해를 알아보고, 과학적 영유아발달 연구의 시초에 대해 살펴본다.

1. 영유아에 대한 과거의 주요 견해

과거에는 발달 초기인 영유아기나 아동기를 성인기와 별다르게 구분하지 않았던 것으로 보인다. 전반적으로 중세에서 근대화 이전까지는 현대사회와 같이 아동을 귀하게 기르거나 보호하지 않았다. 단순히 기본적인 의식주를 제공하는 데 그쳤고, 아동이 신체적으로 노동이 가능한 시기부터 농작물을 수확하거나 수공예기술을 배우게 하는 등 성인의 노동을 하게 했다.

1) 고대의 유럽

고대 그리스의 철학자 Platon과 Aristoteles는 영유아의 발달에 적절한 보살핌과 교육이 중요하다고 주장하였다. Platon은 영유아기에 놀이와 음악, 체육을 통해 영유아가 자신의 개성을 잘 발달시키고 정신을 수양하며 신체적으로 건강하게 발달할 수 있다고 보았다. Aristoteles도 이 시기 발달에서 놀이와 신체 단련이 필요하다고 하였다. 놀이는 인간의 본성에 가장 적합한 운동으로, 영유아에게 5세 정도까지는 자연스러운 놀이를 통해 자신의 본성에 따라 성장할 수 있는 환경을 제공해야 한다(송준식, 사재명, 2006).

하지만 고대 유럽에서 영유아는 기본적인 권리를 보장받지 못하는 경우가 많았다. 고대 그리스의 경우, 건강하지 않거나 불법적으로 태어났다는 이유로 혹은 단지 부모가 원하지 않는다는 이유로 갓 태어난 영아를 살해하는 행위가 있었다(Breiner, 1990). 고대 로마에서도 영유아를 심하게 처벌하거나 성적으로 착취하는 일을 잘못된 일이라고 생각하지 않았고, 집안일을 시킬 목적으로 아동을 사고팔기도 했다(Mounteer, 1987). 심지어 고대 카르타고에서는 영유아를 죽여 신전에 재물로 바치는 경우도 있었다(Weld, 1968). 이처럼 고대의 몇몇 철학자들이 영유아기의 적절한 보살핌과 교육을 강조하였지만, 이 시기 대부분의 영유아나 아동이 제대로 보살핌을 받지는 못했다.

2) 중세의 유럽

중세 유럽에는 아동복이나 영유아를 위한 장난감 같은 것이 없었다. 출생 후 걸치는 천을 벗어버리고 옷을 입을 정도로 자라면 성인이 입는 방식으로 입고 성인이 하는 오락이나 유희로 시간을 보내기도 했다(Aries, 1962). 즉 중세 유럽에서는 아동기를 성인기와 구분되는 특별한 시기라고 생각하지 않았고, 아동은 성인

|사진 1-5| 중세시대 사진에 표현된 아동과 성인

출처: http://tomjameslaw.com (2014. 1. 3).

과 외형적 크기만 다를 뿐 성인의 축소판으로 생각하였다(사진 1-5). 또한 중세시대에는 원죄설(original sin view)의 영향으로 영아는 악한 성질을 가지고 태어난다고 보았다. 그래서 영유아에게서 악한 성질, 즉 죄를 없애고 구제하는 것을 영유아 양육의 목표로 삼았다(Santrock, 2011).

하지만 간혹 과거 유럽사회에서 아동을 취약한 존재로 여기고 성인의 책임을 모두 할 수 없는 존재로 인정한 기록도 찾아볼 수 있다. 의학 관련 기록에서 영아의 특정 질병에 대해 언급했고, 12세 이하 아동이 결혼하지 못하도록 법으로 정해 놓았다(Kroll, 1977). 이 시기의 종교운동에서 아동은 결백하며 교육을 받아야 한다는 주장도 있었다. 성직자들은 아동의 영혼이 성인의 영혼과 마찬가지로 구제받아야 하고 아동의 영적인 복지는 부모의 책임이라고 보았다. 부모는 아동도 경제적 책임을 져야 한다고 보았고 아동이 성장함에 따라 결혼하고 가정을 이루는 것을 도왔다(Pollock, 1983; Shahar, 1990). 따라서 중세의 아동은 이른 시기에 성인으로 전환되어야 했지만, 성인과 다르다는 점은 어느 정도 인지되었던 것으로 보인다.

3) 근대의 유럽

16세기 유럽에서는 아동에 대한 견해에 변화가 생겼다. 1545년 영국의 의사이자 법률가였던 Thomas Phayre는 『소아학』에 대한 책을 출판했다. 이후 출판 기술의 발전으로 이 책뿐만 아니라 영유아 보살핌에 대한 책들이 배포되었다(Shahar, 1990).

16~17세기에는 농경사회에서 무역경제사회로 전환되었고, 18세기에는 산업화가 진행되었다. 사람들은 농장에서 도시로 이주하고 가정 밖에서 물자를 생산하였다. 따라서 서구사회 가정의 기본 역할은 경제적 생존의 수단에서 자녀양육으로 바뀌게 되었으며(Hareven, 1985), 부모-자녀관계에서의 친밀감과 정서적 애착

이 높아졌다.

Locke
(1632~1704)

이후 17~18세기에 걸쳐 두 명의 철학자는 영유아의 특성 및 교육에 대해 중요한 견해를 제시하였다(Bukatko, 2008). 먼저 17세기 말 영국의 철학자 Locke는 1690년에 집필한 논문《인간 이해에 관한 에세이(An Essay Concerning Human Understanding)》에서 인간이 지식을 습득하는 과정에 대해 언급했다. Locke는 인간이 타고나는 지식이란 없으며, 갓 태어난 영아는 타블라 라사(tabula rasa), 즉 백지상태라고 주장했다. 영아가 악하게 태어나는 것이 아니라 아무 것도 없는 백지와 같은 상태로 태어난다고 보았다. 인간이 백지상태로 태어나서 영유아기의 경험을 통해 발달하므로, 영유아기의 경험이 성인기의 특성을 결정하는 데 중요하다고 주장했다. 그는 출생 후의 경험이 영아, 유아, 청소년, 성인을 독특한 개체로 조형한다고 했다. 따라서 부모와 같은 양육자는 영유아인 자녀와 많은 시간을 보내고 자녀가 사회의 구성원으로 성장하도록 도와야 한다고 보았다. 즉 부모가 영아를 적절히 지도하고 보상과 처벌을 이용하며 자녀가 성장함에 따라 서서히 이러한 권위를 완화해야 한다고 보았다. Locke는 부모가 자녀의 행동에 대해 지나치게 관용적이거나 지나치게 제한적인 것은 바람직하지 않으며 양육에서도 적절한 균형이 필요하다고 보았다. 이러한 견해는 현대의 바람직한 양육 태도와도 유사하다.

반면 18세기 프랑스의 철학자 Rousseau는 성선설(innate goodness view)을 주장했다. 그는 아동을 '고결한 야만인(noble savage)'이라고 표현했다. 영아가 충동적인 행동을 하는 성향을 갖고 태어나지만 나쁜 의도를 가진 것은 아니라고 보았기 때문이다. 그는 영아가 태어날 때부터 선한 존재이고 그 본성이 착하므로, 부모가 영아를 인위적으로 감독하거나 제한하지 말고 영아가 자연스럽게 성장하도록 해야 한다고 주장했다. 영아는 정의감과 도덕성을 가지고 태어나므로 자신이 가진 것을 서서히 자연스럽게 펼치도록 해야 한다고 본 것이다. Rousseau는 부모가 자녀의 자연스런 발달을 억누르지 말고 자녀의 요구에

Rousseau
(1712~1778)

반응적이고 수용적이어야 한다고 주장했다. 그는 발달에서 영유아 자신의 적극적 역할을 강조하였는데, 이러한 견해는 영유아를 능동적인 존재로 보는 현대의 관점과도 유사하다.

Locke와 Rousseau 모두 영유아를 정적인 존재나 성인의 권위를 수동적으로 받아들이는 존재로 보지 않고 스스로 발달하는 존재로 보았다. 성인은 영유아를 하나의 인간으로서 존중해야 한다고 보았다. 하지만 이들은 영유아의 양육이나 교육방식에 대해서는 다른 입장을 취했고, 이들의 철학적 논쟁은 과학적 방식을 바탕으로 영유아 연구가 시작될 때까지 계속되었다.

4) 우리나라의 전통사회

우리나라의 전통사회에서 불교와 유교, 도교는 영유아에 대한 관점 등을 포함한 사람들의 가치관과 생활방식에 큰 영향을 미친 대표적인 종교이자 학문체계이다. 372년 고구려에 불교가 유입되었고, 유교의 교육기관인 태학이 설립되었으며, 당시 고분벽화를 통해 보면 도교 또한 일찍부터 전통사회에 영향을 미쳤다는 것을 알 수 있다(김종의, 2000). 이들 종교에 나타난 영유아에 대한 견해를 살펴보면 다음과 같다.

먼저 우리나라 전통사회의 불교는 영유아나 아동을 성인과 같은 주체적 인격을 가진 존재로 보았다. 인간의 삶에 대한 10단계설에서는 포대기에 누워 있는 갓난아이를 '영아(嬰兒)'로, 소꿉놀이하는 시기를 '동자(童子)'로 칭하며 성인과 구분하였다. 영아를 세속에 물들지 않은 순수한 마음을 가진 존재로 보았고(박선영, 1983), 출생 후 배움을 통해 변화하고 성장한다고 보았다(안경식, 2005). 불교적 관점에서는 영유아의 출생 전과 후에 부모의 역할도 중시하였다. 예를 들어, 부모는 영유아를 깊이 사랑하고 제어하며 가르쳐 악을 멀리하고 선을 행하도록 교육시킬 의무가 있다고 보았다(권은주, 1998).

유교에서는 인간이 하늘에서 부여한 신령스런 성품을 가지고 태어나지만 보통의 경우 각 개인의 욕심으로 인해 그 본성을 잃는다고 보았다. 따라서 인간의 욕심을 제거하고 하늘이 부여한 성품을 보존시키고자 교육을 중시하였으며 일찍부

|사진 1-6| 조선시대 교훈서의 하나인 『사소절』

터 시작하였다. 조선시대에 널리 사용되었던 교훈서들의 내용을 바탕으로 보면(사진 1-6), 3세에 이르러 올바른 식사습관과 행동 예절을 가르쳤다. 특히 일찍부터 남녀를 구분하였는데 남아와 여아에게 적합한 대답방식이나 의복습관 등을 차별화하여 교육시켰다(신양재, 1995).

도교적 관점에서 인간은 천지우주와 밀접한 관련이 있는 자연적 존재이고, 영아는 자연의 상징이다. 금방 낳은 신생아의 색이 붉다고 해서 '적자(赤子)'라고 부르기도 했다. 영아를 아직 세상의 선악, 시비에 물들지 않은 무심의 존재, 무욕의 존재로 보았다. 영아는 몸과 마음이 도에 따라 움직이는 존재로, 배가 고프면 울고 졸리면 잠을 잘 뿐이지 성인과 같은 의도가 없어 마음에 흠이 없고 자연에 가까운 도에 충실한 존재로 보았다. 도교의 교육목표는 자연의 이치대로 천하를 다스리고 몸과 마음을 잘 기르는 것인데, 영아는 이미 자연적 특성을 가지고 도에 따라 살아가고 있으므로 영아가 가지고 있는 본성과 특성을 해치지 말고 자연의 이치에 따라 교육시켜야 한다고 보았다(안경식, 2005).

우리나라 전통사회의 종교와 시대에 따른 영유아의 본성과 교육에 대한 구체적 견해는 차이가 있지만, 이들 모두 영유아를 하나의 인간으로 인정하였다는 중요한 공통점을 가지고 있다. 또한 부모가 적절한 보살핌과 교육을 제공해야 한다고 보았으며, 출생 후뿐만 아니라 출생 전 태내에서의 교육을 중요시했던 점도 유사한 점이라고 볼 수 있다.

2. 현대 영유아발달 연구의 시초

철학자들이 영유아 및 아동에 대해 관심을 갖고 논쟁한 역사는 길지만, 19세기가 되어서야 과학적으로 영유아발달을 연구하기 시작했다. 현대와 같은 영유아 연구의 시초는 1800년대 이후라고 볼 수 있다. 이때부터 복잡한 주요 이론과 발달에 대한 견해를 체계적으로 종합하는 방식과 기술을 바탕으로 발달연구가 진행되기 시작했다. 특히 19세기 말부터는 영유아발달을 연구함에 있어 철학적 접근을 넘어 체계적 관찰과 실험에 근거한 접근방법을 이용하기 시작했다.

1) 유럽과 미국

Darwin
(1809~1882)

Darwin은 영유아발달 연구의 새로운 지평을 열었다. Darwin은 동일한 종 내에서도 개인에 따라 차이가 있다고 주장했다. 즉 어떤 개인은 특정 환경에 더욱 잘 적응하고 잘 생존하며 자신의 특성을 다음 세대에 전달하는 경향이 있다는 것이다. 또한 종의 진화적 변화와 인간의 연령과 관련해 나타나는 변화에 유사성이 있다고 주장했다. 이러한 주장은 많은 과학자가 영유아를 체계적으로 관찰하고 기록하는 영아전기(baby biographies)를 작성하도록 하는 계기가 되었다. 영아전기의 기록들은 이후 더 객관적이고 분석적인 연구의 초석이 되었다.

초기에 영유아발달을 연구한 사람들은 주로 생물학이나 의학 같은 자연과학이나 철학에서 훈련을 받은 사람들이었다. 20세기 초 프랑스의 심리학자 Binet(1857~1911)는 인간의 주의력과 기억을 평가하기 위해 여러 과제를 고안해냈다. 그는 이러한 과제를 일반 아동과 정신지체 아동, 성인 등을 대상으로 실시하였다. 이러한 작업들을 바탕으로 현대 지능 검사의 시초가 된 검사를 개발하였다. 비슷한 시기에 Hall은 아동을 대상으로 한 연구에 질문지를 사용하는 방식을 도입했다. Hall은 진화론에 근거해 아동발달이론을 만들었다. 또한 여러 주제에 대한 아동의 신념에서 연령에 따른 경향을 알아보기 위해 많은 연구를 수행했다. Hall은 아동연구를 위한 연구소를 설립하고, 처음으로 과학적인 학술지를 만들어 연구자들이 아동발달 연구에 대한 결과를 출판하도록 했다. 오스트리아에서 Freud(1856~1939)는 영아기의 경험이 성인의

Hall
(1844~1924)

행동 패턴과 관련된다는 것을 주장하면서 관심을 모았고, 미국의 Watson(1878~1958)은 아동양육 방식에서 보상과 처벌의 중요성에 대해 강조하고 행동주의를 창시했다.

1920년대에는 많은 연구소가 영유아 및 아동의 행동을 관찰하고 기록하기 시작했다. 영유아의 놀이, 두려움, 공격성, 갈등, 사회성 등에 대해 연구하면서 영유아 및 아동 대상 연구가 본격적으로 시작되었고, 미국의 영유아발달학회도 조직되었다. 특히 Gesell(1880~1961)은 외부의 방해를 받지 않고 아동의 행동을 체계적으로 관찰할 수 있는 관찰돔(observation dome)을 만들어 사용했다(Gesell, 1928)(사진 1-7). 그는 영유아의 연령에 따라 나타나는 행동을 관찰해 기록하였는데 이는 영유아를 체계적으로 관찰해 기록한 Darwin의 영향을 받은 것이었다.

|사진 1-7|
Gesell의 관찰돔

출처: www.childstudycenter/yale.edu.

2) 우리나라

우리나라의 과거 문헌과 기록들을 통해 전통사회에서는 일찍부터 영유아나 아동이 성인과 다름을 인지하고, 영유아의 발달 특성에 적합한 보살핌과 교육을 위해 노력했음을 알 수 있다. 하지만 우리나라는 19세기 말부터 근대사회의 격동기와 일제강점기 등 혹독한 시련을 겪게 된다. 이러한 시기에 영유아에게 기본적인 보살핌 이상의 큰 관심을 기울이기는 어려웠다.

당시의 사회적 환경에도 불구하고, 소파 방정환(1899~1932)은 아동중심, 아동존중사상으로, 당시 '놈'이나 '아해', '녀석'이라는 호칭으로 부르던 아동에게 '어린이'라는 새로운 호칭을 사용하도록 하였다(엄기영, 1995). 즉 발달 초기인 영유아와 아동도 청년이나 성인과 같이 한 인간으로서 존중받을 권리가 있음을 강조했다. 소파 방정환은 아동을 선한 존재로 보고, 아동의 본래 마음이 평화롭고 자유로운 하늘나라의 마음과 같다고 묘사했다. 또한 아동을 부모의 예속물이 아닌 하나의 인격체로 인정했으며, 창조력을 가진 존재로 보았다. 따라서 아동이 가진

소파 방정환

미성숙이나 '어림'은 어리석음을 가리키는 것이 아니라 '크게 자랄 어림', '새로운 큰 것을 지어낼 어림'이라고 보았다(안경식, 2005). 소파 방정환은 조선소년운동협회를 통해 아동에 대한 완전한 인격적 대우, 아동노동의 금지, 배우고 놀 수 있는 시설의 구비, 당시 그릇된 아동인식에서의 탈피를 주장하는 등 근대 우리나라의 아동운동에서 선구자 역할을 하였다.

우리나라에서 아동에 관련된 과학적 연구가 시작된 것은 1960년대 이후라고 볼 수 있다. 1963년 '대한가정학회'가 사단법인체로 인가를 받고 '대한가정학회지'(사진 1-8)를 창간하면서 아동학 분야의 연구가 부분적으로 수행되었다. 초기에는 주로 전통적인 양육방법이나 양육 실제에 관한 연구들(이영, 1974; 임연, 1979)이 수행되었다. 이후 1976년부터 아동학 분야의 학회지인 《아동연구》(사진 1-9)가 발간되고, 1979년 말 '한국아동학회'가 창립되면서 태내발달이나 영유아의 발달과 관련된 연구들이 한층 활발히 수행되었다. 예를 들어, 우리나라 여성의 태교에 대한 인지도(홍혜경, 1980), 영유아의 가정환경자극(손영숙, 1985), 영유아 행동발달과 부모의 기대(박위상, 1981), 영유아 단체 양육(장영희, 이소희, 1982), 취학전 아동의 놀이(최진, 1980) 등의 주제에 대한 연구들이 발표되기 시작했다. 1990년대 이후에는 서구의 연구주제나 연구방법을 이용한 접근방식뿐만 아니라 우리나라의 토착적 아동학을 구축하기 위한 연구도 점차 수행되었다. 또한 '한국영유아보육학회', '한국아동복지학회', '한국아동권리학회', '한국보육지원학회' 등 영유아 및 아동의 발달과 관련된 여러 학회가 창립되면서 더욱 다양한 관점에서의 아동연구가 활발히 진행되었다.

|사진 1-8| 대한가정학회지 창간호(1963년)

|사진 1-9| 아동연구 창간호(1976년)

3 영유아발달 연구의 주요 쟁점

출생 당시의 인간은 매우 많은 도움을 필요로 하지만 빠른 속도로 성장해서 이후 자율적인 기능을 수행하게 된다. 이러한 발달에 대해 기술하고 설명하며 예측하고자 하는 이론에 나타나는 주요 쟁점을 영유아발달의 경우를 예로 들어 정리하면 다음과 같다(Berk, 2013; Caulfield, 2001; Gross, 2011).

1. 유전과 환경

유전은 발달에 영향을 미치는 생물학적 요인을 의미하고, 환경 또는 양육은 발달에 영향을 미치는 경험을 뜻한다. 연구자들은 모든 발달 영역에서 영유아기의 변화가 양육방식과 환경에서의 경험으로 인한 결과인지, 아니면 경험과는 별로 상관없이 생물학적으로 계획된 결과로 나타나는 것인지에 대해 오랜 논쟁을 해왔다. 하지만 과학적 방법을 통한 연구결과들이 축적되면서 학자들은 유전과 환경이 상호작용해서 이러한 발달 변화가 나타난다는 결론을 내렸다. 예를 들어, 영아는 수태되는 순간 부모로부터 유전인자를 받는다. 유전인자는 영아의 신체적 성장속도와 정도에 영향을 미친다. 이와 동시에 환경도 영아의 신체적 성장속도와 정도에 영향을 준다. 부적절한 식습관이나 질병은 영아의 신체적 성장을 저해할 가능성이 높다. 또 다른 예로, 인지적 자극이 결핍된 환경은 유전적으로 타고난 학습에 관한 유아의 잠재능력이 발현될 기회를 제한하는 반면, 인지적 자극이 적절한 환경은 유아의 두뇌발달이 최적화 될 수 있는 기회가 된다.

이에 환경이 미치는 영향을 중점적으로 연구하는 학자들은 유전이 미치는 영향을 인정하면서 환경적 경험의 효과를 밝히고자 한다. 이들은 여러 환경적 영향력이 상호작용하여 영유아의 삶에 영향을 미친다고 주장한다(Bronfenbrenner & Morris, 1998; Ramey, Ramey, & Lanzi, 2006). 즉 영유아는 자신을 둘러싼 여러 환경의 영향을 직·간접적으로 받으며 성장한다는 것이다. 예를 들어, 영유아가 받는 양육의 질은 부모뿐만 아니라 영유아가 속한 지역공동체, 나아가 문화적 맥락에 따라 달라진다.

유전이 미치는 영향을 중점적으로 연구하는 학자들 역시 환경의 영향을 인정하면서 유전과 관련된 영향력과 정보를 밝히고자 한다. 인간 게놈 프로젝트로 인해 발달의 청사진을 제공하는 유전적 물질이 알려졌다. 이러한 새로운 분석과 연구로 수태 시 이미 결정되는 특정 발달 특성도 환경의 영향을 받아 발현되기도 하고 발현되지 않기도 한다는 것이 밝혀졌다. 예를 들어, 유전적으로 페닐키톤뇨증의 특성을 가진 영유아는 환경적으로 식단을 조절함으로써 질환이 미치는 부정적 결과를 피할 수 있다.

2. 연속성과 불연속성

발달을 연속적이라고 보는 학자들은 영유아와 성인이 보이는 행동이나 능력의 차이는 미성숙과 성숙의 차이로 그저 양이나 복잡성이 다르다는 것을 강조한다. 이들은 발달을 기존의 능력이나 행동이 점차적으로 더 많아지거나 복잡해지는 과정이라고 본다. 반면 발달을 불연속적이라고 보는 학자들은 인간의 발달 단계에 따라 사고, 감정, 행동 등에서 나타나는 질적 변화를 강조한다. 한 단계에서 다음 단계로 변화할 때마다 질적으로 다른 능력과 특성이 나타난다고 주장한다. 즉 영유아가 성장함에 따라 새로운 사고가 출현하거나 환경을 이해하는 새로운 방식이 나타난다고 보는 것이다.

예를 들어, 생후 3년간 몇 차례에 걸쳐 동일한 영아를 관찰한다고 하자. 연구자가 영아를 처음 관찰할 때 영아는 자신의 손이나 발을 가지고 장난하고, 주양육자 가까이에 있으려는 행동을 보였다. 몇 달이 지나 생후 일 년이 되었을 때 다시 관찰을 하는데, 이때 영아는 주양육자에게서 떨어져 기어 다니며 주변을 탐색했다. 이러한 행동의 변화는 어떤 의미에서는 질적으로 다른 능력이 생겼기 때문이라고도 볼 수 있다. 해당 영아가 성장해 5세 유아가 되었을 때 연구자가 다시 관

[그림 1-4] 발달의 연속성 대 불연속성

찰한다면, 유아는 언어를 능숙하게 사용하고 새로운 형태의 놀이를 하는 모습을 보일 것이다. 따라서 연구자는 해당 유아가 새로운 발달 단계에 접어들었다고 생각하고 발달이 단계적으로 일어난다고 주장할 것이다. 반면 영유아의 부모나 영유아를 더 자주 관찰한 연구자가 있다면 영아가 출생 후 혼자 걷기 시작할 때까지 미약하지만 수많은 변화를 거쳤다고 생각할 것이다. 더욱이 기거나 걷는 것과 같은 새로운 기술이 어느날 갑자기 나타나는 것이 아니라 오랜 기간에 걸친 시도와 실패, 연습의 결과라고 생각할 것이고, 이러한 측면에서 발달을 상대적으로 연속적이라고 주장할 것이다. 이처럼 발달을 연속적 과정으로 보는지 혹은 불연속적 과정으로 보는지는 관점에 따라 차이가 있다. 이러한 관점은 연구자가 사용하는 연구설계나 측정방식에도 영향을 미친다.

3. 규준과 개인차

발달은 일반적으로 예측이 가능한 방식으로 나타난다. 여기에는 유전적으로 결정된 순서적 변화인 성숙이 큰 역할을 한다. 예를 들어, 영아에게 뒤집기나 앉기, 기기, 걷기를 가르치지 않지만 이러한 변화들이 일정한 순서로 나타난다. 규준

(norm)이란 특정 기술을 획득하는 평균연령을 말한다. 이는 대다수의 영유아를 관찰한 결과를 바탕으로 한다. 규준은 양육자가 영유아의 발달 상태를 살펴볼 때 어느 정도의 지침을 제공하므로 영유아발달에 있어 중요한 기능을 한다.

하지만 규준은 대략적인 가이드라인으로만 사용하는 것이 적절하다. 발달의 여러 영역에서 각 영유아가 보이는 개인차를 인정하고 고려해야 한다. 개인이 가진 유전적 특성과 환경 간의 독특한 조합으로 인해 인간이 경험하고 성장하는 맥락은 개인마다 상당히 다르다. 나아가 이러한 차이는 발달 변화에서 개인차를 생기게 한다. 예를 들어, 수줍어하는 영유아는 사교적인 영유아와는 매우 다른 맥락에서 성장하고, 이러한 맥락의 차이는 인지능력이나 사회적 기술, 자아에 대한 느낌 등에 있어서 개인차가 생기는 데 기여한다(Shweder, Goodnow, Hatano, LeVine, Markus, & Miller, 2006).

4. 안정성과 변화 가능성

발달에서 안정성을 강조하는 연구자들은 인간의 특성이 잘 변하지 않는다고 생각한다. 즉 영유아가 나타내는 어떤 특성이 성장한 후에도 여전히 유지된다는 것이다. 예를 들어, 영유아기에 사교성이 높은 아이는 커서도 여전히 사교성이 높다. 이때 유전적 영향력이 지배적이어서 발달 특성이 안정적이라고 보는 관점도 있고, 인간이 발달 초기에 경험을 통해 획득한 행동패턴이 전 생애에 걸쳐 유지되기 때문에 발달 특성이 안정적이라고 보는 관점도 있다. 후자의 경우, 영유아기에 심한 부정적 환경에 노출되면 이후에 좋은 환경이 제공되어도 쉽게 완전히 회복되기 어렵다고 보는 관점이다(Bowlby, 1980; Sroufe, Egeland, Carlson, & Collins, 2005).

반면 발달에서 변화 가능성을 강조하는 연구자들은 인간이 전 생애에 걸쳐 상당한 변화 가능성을 가지고 있다고 본다(Lerner & Overton, 2008). 이들은 영유아기와 같은 발달 초기의 경험이 중요하지만, 발달의 결과는 이후의 영향력 있는 경험을 통해서 바뀔 수 있다고 본다. 예를 들어, Kagan의 연구(1998)에서 2세 때 사회적으로 위축된 특성을 보인 영아들 중 2/3는 4세 때 사회적으로 수줍어하거나 두려워하는 특성을 보이지 않았다. 따라서 변화 가능성을 중시하고 초기 경험뿐만 아니라 후기 경험도 중요하다고 보는 연구자들은 전 생애에 걸친 발달의 결과는 의미 있는 경험과 환경에 의해 변할 수 있다고 보는, 낙관적인 견해를 지지한다.

5. 수동성과 능동성

과거에는 부모나 철학자, 과학자 등 대부분의 사람이 영유아를 능력이 없고 수동적이며 자신의 발달에 최소한의 역할만을 할 수 있는 존재로 보았다. 부모에게 양육에 대한 조언을 할 때도 이러한 관점이 반영되어 영유아의 신체발달, 인성 형성, 사회화, 교육 등의 과정에서 부모를 가장 중요한 주체로 보았으며, 영유아발달의 결과가 부모에게 달려 있다고 보는 견해가 많았다.

하지만 최근에는 영아가 출생 순간부터 부모나 양육자에게 반응하거나 이들의 반응을 이끌어낼 준비가 되어 있다는 것이 밝혀졌다. 매우 어린 영아도 울음 등과 같은 비언어적 표현을 통해 자신의 요구에 대해 의사소통하는 능력을 가지고 있으며, 연령마다 다른 방법을 이용해 주변의 물리적 환경을 탐색하고 행동한다. 예를 들어, 물체를 입에 넣어 탐색하다가 후에는 손가락으로 잡고 부딪히고 떨어뜨리는 등의 행동을 통해 스스로 학습한다. 따라서 현대의 연구자들은 능동적인 영유아의 능력을 주시하고 양육자의 행동뿐만 아니라 영아 자신의 행동이 이끌어내는 발달 변화를 살펴보는 데 더 많은 관심이 있다.

CHAPTER 2

영유아발달의 이론

영유아기의 발달은 여러 영역에서 다양하게 진행된다. 발달이 다양하고 복잡한 만큼 발달의 원인과 과정을 통합적으로 설명할 수 있는 단일 이론은 없으며, 여러 학자는 각자의 논리에 따라 관심 있는 발달의 측면을 설명하고자 하였다. 따라서 각 이론이 인간의 발달을 이해하고 설명하는 방법은 다양하며, 수많은 발달이론들을 모두 다 이해하는 것도 어렵다. 본 장에서는 발달이론을 성숙이론, 정신분석이론, 학습이론, 인지발달이론, 동물행동학이론, 그리고 생태학이론으로 구분하여 각 영역에서의 대표적인 이론들을 살펴보기로 한다.

1 성숙이론

인간이 발달하는 것은 배워서 되는 것이 아니라 태어나면서 물려받은 특질에 의해 유전적으로 정해진 순서에 따르는 것이라는 것이 성숙이론의 관점이다. 영아가 기고, 앉고, 서고, 걷고, 뛰게 되는 것 등은 배워서 하는 것이 아니라 유전적으로 예정되어 있기 때문이라는 것이다. 그러므로 영유아를 보육할 때 이들의 능력 이상을 강요하면 그것을 할 수 없는 영유아는 좌절하고 저항하게 된다. 성숙이론을 주장하는 학자들은 영유아가 자신의 발달속도에 따라 발달할 수 있도록 영유아 중심의 양육환경을 제공하는 것이 중요하다고 보았다. 성숙이론에서는 Gessell의 성숙이론을 살펴본다.

1. Gessell의 성숙이론

1) Gessell의 생애

Gessell
(1880~1961)

Gessell은 1880년 미국 위스콘신에서 태어났으며, 1906년 클라크 대학교에서 아동심리학의 선구자 중 한 사람인 Hall의 지도를 받아 심리학 박사학위를 취득하였다. 1911년에는 자신이 재직하던 예일 대학교에 '아동발달연구소'를 설립하였고, 1915년에는 다시 의과대학에서 생리학을 연구하여 박사학위를 취득하였다. 이후 Gessell은 '아동발달연구소'에서 심리학과 의학을 통합한 정신발달의 실증적 연구에 평생 전념하면서 아동발달에 관한 많은 업적을 남겼다.

Gessell은 체계적이고 지속적인 관찰법을 통해 아동발달을 연구하였으며, Rousseau의 자연주의 모델을 아동발달 연구에 과학적으로 적용시켰다.

* 이 장은 문혁준 외(2014), 『영아발달』 제2장 영아발달이론 부분을 발췌, 수정하였음.

2) 성숙의 중요성

Gessell은 태아가 엄마 뱃속에 10개월간 있으면서 외부 환경의 영향보다는 자신의 내적인 힘에 의해 성장한다고 하였는데, 이를 발달 예정론이라 한다. 즉 모든 성장은 사전에 결정된 유전적 요소에 의해 그 기본 방향이 결정되며, 환경적 요인은 단지 이를 지지하거나 수정할 뿐이라는 것이다. 그러므로 인간의 발달은 '환경'보다는 '성숙(maturation)'이라는 내적인 힘에 의해 이루어진다고 하였다.

그러나 Gessell이 발달에 미치는 환경의 영향을 완전히 배제한 것은 아니다. 태아는 모체의 영양 상태나 자궁 내의 환경 등에 의해 영향을 받는다는 것을 인정하였는데, 다만 발달을 촉진하는 두 가지 힘, 즉 성숙과 환경 중 성숙을 특히 더 중요시하였을 뿐이다.

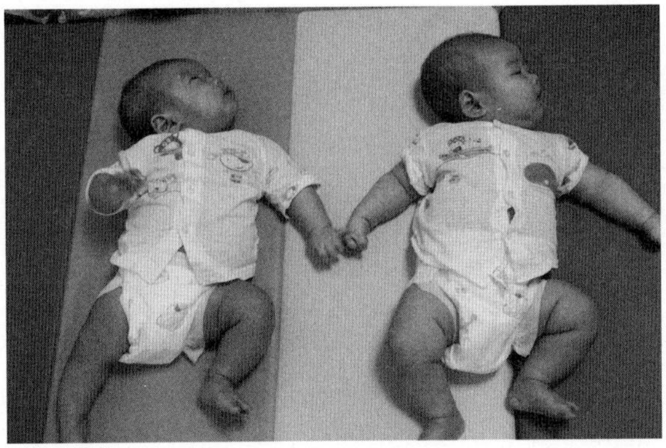

|사진 2-1| 쌍생아 연구를 통해 성숙과 학습의 영향력을 비교할 수 있다.

Gessell은 성숙과 학습의 영향력을 비교하기 위해 유전인자와 유전적 배경이 같은 일란성 쌍생아를 대상으로 연구하였다. 예를 들면, 쌍생아의 한 명에게는 숟가락을 사용하여 음식을 먹기 이전에 조기훈련을 시작했고, 다른 한 명에게는 숟가락을 사용할 수 있을 만큼 성숙했을 때 훈련을 시작하였다. 처음에는 조기훈련을 받은 쌍생아가 숟가락질을 잘하였으나, 훈련받지 않은 쌍생아가 성숙하였을 때 훈련을 시작하자 조기훈련을 받아온 쌍생아와 수준이 같아져 둘 간의 차이가 없어졌다. 이러한 결과는 생물학적으로 성숙되기 전에 이루어지는 조기훈련은 발달에 거의 영향을 미치지 못함을 보여 주는 예로, 발달에 있어서 성숙의 중요성을 강조한 것이다.

3) 행동발달의 단계

Gessell은 영유아 및 아동의 행동발달 주기를 0~5세, 5~10세, 10~16세의 세 단계로 나누었다. 영유아 및 아동의 발달을 단계로 나눔으로써 현재의 발달 상태를 이전 단계나 다음 단계의 발달 상태와 비교할 수 있고, 각 단계별 성숙 규준을 통해 발달을 상대적으로 비교할 수 있다.

영유아 및 아동이 발달하는 과정을 보면, 어느 한 발달 단계에서 미숙한 반응(불균형 상태)을 보이다가 시간이 흘러 영유아 및 아동이 성숙해지면서 성숙한 반응(균형 상태)이 나타난다. 미숙한 반응과 성숙한 반응은 반복적으로 나타나는데, 성숙 상태에서 다시 미숙한 상태로 갈 때는 이전의 미숙한 행동을 그대로 반복하는 것이 아니라 이전에는 성숙되지 않았던 부분이 성숙되어 미성숙의 정도가 향상된다. 즉 미숙한 행동에서 성숙한 행동의 방향으로 반복적으로 발달이 진행된다.

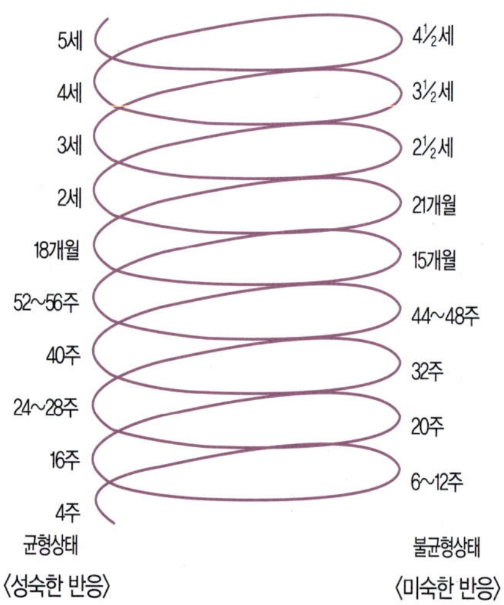

[그림 2-1] 행동발달의 변화

출처: 유효순(1998). p. 46.

영유아 및 아동이 불균형 상태일 때는 미숙한 반응과 행동을 나타내며, 균형 상태일 때는 성숙한 반응과 행동을 나타낸다. 일반적으로 영유아 및 아동이 미숙한 상태, 즉 불균형 상태일 때는 다루기가 힘들므로 간섭하지 않고 아동 스스로 자발적이고 자연스럽게 그 상태를 지나가도록 허용하는 것이 좋은 훈육방법이다. 영유아 및 아동이 자아통제와 자기훈육을 통해 균형 상태로 전환하여 스스로 행동을 수정할 수 있도록 성인은 인내하고 허용적인 태도를 취하는 것이 좋다(유효순, 1998).

4) 발달의 기본원리

유전적으로 결정되어 있는 순서, 즉 성숙에 따라 이루어지는 발달에는 다음과 같은 기본원리가 있다(정옥분, 2004).

첫째, 발달 방향의 원리이다. 발달은 정해진 순서와 일정한 방향, 즉 머리에서 꼬리로, 중심에서 말초로 진행된다. 이러한 발달 순서는 유전자 지도에 따라 신경이 성숙하면서 이루어지는 것으로 바뀌지 않는다.

둘째, 상호적 교류(reciprocal interweaving)의 원리이다. 이는 신체와 심리적으로 대칭되는 두 부분이 서로 한 부분씩 발달한 뒤 함께 통합되어 균형적으로 발달되는 것을 말한다. 운동기능이나 성격형성에서 그 예를 들 수 있는데, 영아가 한 손을 먼저 사용한 뒤 다른 한 손을 사용하다가 양손을 함께 사용함으로써 손을 능숙하게 사용하는 것, 또는 3세 무렵에는 약간 소심하며 내향적인 성격 특성을 나타내다가 4세 무렵이 되면 외향적인 특성을 보이고 5세가 되면 이 두 가지 성격 특성이 통합되면서 균형 잡힌 성격 특성을 보이는 것 등이다.

셋째, 기능적 비대칭(functional asymmetry)의 원리로, 이는 상호적 교류의 원리와 함께 설명된다. 상호적 교류작용을 통해 균형적인 발달이 이루어지지만 인간의 신체나 기능, 성격에서 완벽한 균형을 이루기는 어렵고, 오히려 약간의 불균형이 더욱 기능적일 수 있다. 불균형 발달의 예로, 신생아의 경직성 목반사(tonic neck reflex)를 들 수 있다(사진 2-2). 신생아는 마치 펜싱 하는 자세처럼 한쪽 팔다리는 구부리고 다른 쪽 팔다리는 쭉 펴는 자세를 취하는데, 이는 손과 눈의 협응을 촉진시킨다. 이 반사는 생후 2~3개월간 나타나다가 새로운 신경계가 발달하면서 사라진다. 이러한 기능적 비대칭의 원리는 오른손잡이, 왼손잡이와도 관련이 있는데, 인간은 오른손과 왼손의 기능이 똑같기보다는 사람에 따라 더 기능적으로 잘 쓰는 손이 있다.

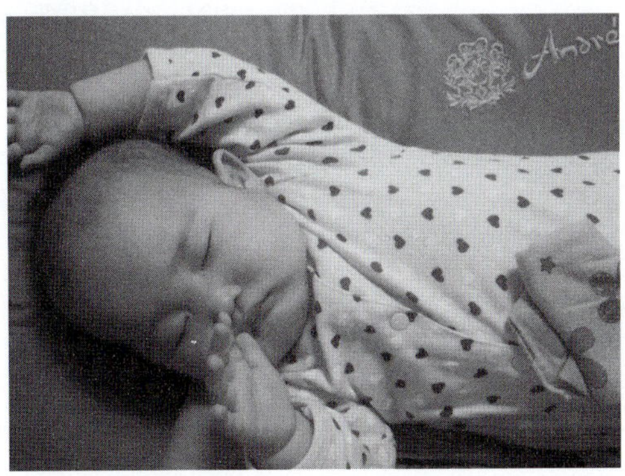

|사진 2-2| 경직성 목반사

넷째, 자기규제(self-regulation)의 원리이다. Gessell은 영아의 수유와 수면 등의 생리리듬을 조절하려 하지 않고 영아가 하는 대로 놔두었더니 영아 스스로 수유시간을 점차 줄이고 수면시간을 점차 늘려가는 것을 발견하였다. 그 과정에서 영아가 때때로 이전의 불규칙한 상태로 돌아가기는 하였지만 점차적으로 그 리듬이 안정되어 갔다. 이처럼 자기규제는 영유아가 자신의 능력 이상으로 새로운 것을 시도하지 않도록 스스로의 행동을 조절하는 것이다. 즉 자신의 수준보다 빨리, 많이 배우도록 강요받을 때 이에 저항하면서 성장을 조절하고 이끌어가도록 하는 것이다.

5) Gessell 이론에 대한 평가

Gessell은 40년간 수많은 영유아를 관찰하고 측정하면서 운동, 적응, 언어, 사회성 등의 여러 행동 영역에서 개인차를 발견하였고, 이를 바탕으로 영유아 개인의 발달을 평가하는 데 사용될 수 있는 일련의 행동발달목록표를 고안하였다. 이 목록표는 영유아발달을 평가하는 규준이 되었고, 발달지체가 나타나는 영유아를 가려내기 위한 판별 검사의 기초가 되었다. 또한 Gessell은 연령 변화에 따른 영유아의 발달을 더욱 체계적으로 연구함으로써 종단적 연구를 실시하기도 하였다. 그의 성숙이론은 영유아의 내적 능력을 영상촬영기술이나 일방경 등을 통한 체계적인 연구방법을 사용하여 과학적으로 설명했다는 점에서 그 의의가 크다.

그러나 Gessell은 지나치게 성숙 요인을 강조하고 환경 요인을 경시하였다는 점에서 비판받고 있다. 또한 행동발달목록표의 규준을 만드는 데 참여한 Gessell의 연구대상 영유아 대부분이 Yale 대학교 근처에 살고 있던 중상류층이었기 때문에, 연구결과를 다른 계층 또는 문화권의 영유아에게 일반화시키는 데 한계가 있다는 비판도 있다.

2 정신분석이론

정신분석이론(psychoanalytic theory)은 무의식의 영역을 처음으로 언급하고 인간의 행동에 대한 무의식의 영향을 강조하였다. 정신분석이론을 개척한 Freud는 인간의 초기 경험을 중요시하였으며, 그의 이론을 근간으로 해서 Erikson, Jung 등의 신정신분석학(neo-psychoanalysis)이 정신분석이론의 맥을 이었다. 여기에서는 정신분석이론의 대표적인 학자 Freud의 심리성적(psychosexual)이론과 Erikson의 심리사회적(psychosocial)이론을 살펴보기로 한다.

1. Freud의 심리성적 이론

1) Freud의 생애

Sigmund Freud
(1856~1939)

정신분석이론의 선구자인 Freud는 1856년 체코슬로바키아의 모라비아에서 가난한 유태인 가정의 8남매 중 장남으로 태어났다. 그는 의과대학에 진학하여 신경학(neurology) 분야를 연구하였다. 히스테리(hysteria)에 대한 연구를 하면서 최면요법을 사용하였고, 최면요법이 일부 환자들에게만 적용될 수 있다는 것을 알고 자유연상(free association)이라는 새로운 방법을 개발하였다. 자유연상이란 마음에 떠오르는 어떤 생각이라도 밖으로 자유롭게 표현하는 방법으로 이는 정신의 한 부분인 무의식으로의 잠겼던 통로를 열었다(정옥분, 2003).

Freud는 그의 이론에 관심을 보이는 학자들과 매주 토론을 벌이면서 모임을 이끌어갔는데 이 모임이 이후 정신분석학파로 발전하였다. 이 모임에는 Adler와 Jung도 있었으나 후에 이들은 Freud와 다른 관점을 보이며 Freud를 떠나 독자적인 정신분석이론을 세웠는데 이들을 신정신분석학파(신 Freud 학파)라 한다.

2) 성격의 구조와 구성요소

Freud는 인간의 모든 행동에는 원인이 있다고 보고 인간의 무의식에서 그 원인을 찾으려 하였다. Freud는 인간의 정신세계를 빙산에 비유하여 물의 표면에 떠 있는 작은 부분을 의식(consciousness), 물속에 잠겨 있는 큰 부분을 무의식(unconsciousness), 그리고 파도에 의해서 물 표면으로 나타났다 잠겼다 하는 부분을 전의식(preconsciousness)으로 보았다. 의식이란 주의를 기울이는 순간 바로 알아차릴 수 있는 정신세계이므로 대부분의 자아가 이에 속한다. 전의식은 주의를 집중하고 노력하면 의식이 될 수 있는 정신세계이므로 전의식도 역시 자아의 영역에 속한다고 볼 수 있다. 그러나 무의식은 의식 밖에 존재하는 정신세계로 자신이 전혀 자각하지 못한다. 어쩌다 무의식의 일부가 전의식으로 올라가 의식되는 경우도 있으나 대부분 무의식은 자신이 전혀 알지 못하는 경우가 많다. 이 무의식은 원초아와 초자아로 구성되어 있다. Freud는 의식, 전의식, 무의식 중 무의식을 강조하여 이를 인간의 본능, 충동, 원시적 감정 등의 영역으로 보았다.

Freud는 성격을 원초아, 자아, 초자아로 나누는데, 이 세 가지 영역은 고유한 기능과 특성, 기제 및 역동성을 가지고 있지만 서로 밀접하게 관련되어 있다. 이들은 생물학적 충동(원초아), 적응적 행동(자아), 도덕적 통제 지침(초자아)의 상호작용으로 나타나며, 이들의 균형이 깨질 때 문제가 생긴다.

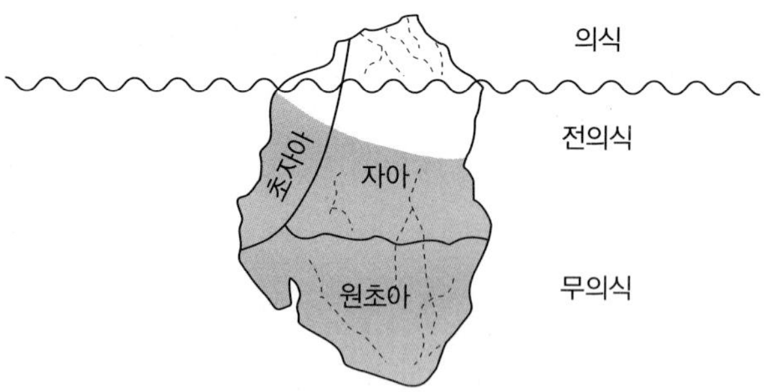

[그림 2-2] Freud의 성격 구조

(1) 원초아(id)

원초아는 즉각적인 만족과 긴장 감소를 목적으로 하는 선천적, 생물학적 구조이다. 원초아는 현실을 고려하지 않은 채 쾌락적 욕망을 수행하고 고통스러운 것은 회피하려 하는 쾌락원리(pleasure principle)에 의해서 활동한다. 원초아는 식욕, 공격 욕구, 성적 욕구 등 본능적 욕구를 관장하며, 본능은 삶의 본능과 죽음의 본능으로 구분된다.

삶의 본능은 개체의 보존과 종족번식을 목적으로 하는데 Freud는 이러한 삶의 본능을 성 본능으로 보고 리비도(libido)라고 하였다. 죽음의 본능(thanatos)은 모든 파괴적이고 공격적인 행동을 포함하며, 인간은 누구나 결국 죽게 된다는 삶의 본능의 최종 목표이다. 영유아 및 아동이 성장함에 따라 원초아에서 자아와 초자아가 분화된다.

(2) 자아(ego)

자아는 현실을 고려하여 합리적 방법으로 욕구를 충족시키도록 하는 기능을 발휘하는 곳이다. 원초아가 내부의 욕구나 긴장, 충동 등에 관여하는 반면에, 자아는 그러한 욕구나 긴장, 충동을 현실적으로 합당하게 해소시킬 수 있는 상황 여건을 고려하기 때문에 현실 원리(reality principle)를 따른다.

자아가 강하고 건강한 사람은 내부 또는 외부로부터 오는 스트레스에 효과적으로 대처하고, 현실의 요구와 사회의 요구를 합리적으로 처리한다. 반면 자아가 약한 사람은 융통성이 없고 완고하며 반복적인 방어기제와 병적인 해결방법을 되풀이함으로써 여러 가지 정신증세를 일으킬 수 있다(김미영, 2010).

(3) 초자아(superego)

초자아는 유아기 후반(3~6세 무렵)에 발달하기 시작하는 도덕성을 저장하는 곳으로, 원초아의 분방한 쾌락 추구에 반대하는 힘으로 작용하는 정신 에너지이다. 초자아는 자아로부터 발달되며 쾌락이나 현실보다는 이상(理想)과 완전함을 추구한다. 초자아는 사회의 관점에서 볼 때 부적절한 원초아의 충동 표현을 금하거나 방해하고 이상을 추구하는 것으로, 양심의 원리(conscience principle)에 의해서 활동한다. 초자아는 부모의 가치관을 수용하면서 정착하기 때문에 영유아기에 부모의 양육태도나 행동 모델은 초자아 형성의 중요한 요인이 된다(현정환, 2009).

3) 성격의 발달 단계

Freud는 리비도가 집중적으로 모이는 부위를 성감대라고 하였다. 리비도는 일정한 순서에 따라 여러 신체 부위로 옮겨 다니는데, 리비도의 이동에 따라 성격 발달 단계가 구분된다고 하였다. Freud는 한 단계에서의 발달이 순조롭지 않으면 고착이라는 현상을 통해 부정적인 성격이 형성되며 이는 되돌릴 수 없다고 하였다. Freud의 성격 발달 단계는 다음과 같다.

(1) 구강기(oral stage)

구강기는 출생에서 1세 무렵까지의 시기로 리비도가 입 주위에 몰려 있기 때문에 영아는 젖을 빨고 음식을 씹는 것을 통해서 성적인 욕구를 충족한다. Freud는 각 단계마다에서 추구하는 쾌락이 만족되어야 다음 단계로 넘어갈 수 있다고 하였다. 즉 구강기의 욕구가 만족되지 못하면 다음 발달 단계로 이행하지 못하고 이 시기에 고착(fixation)되어 손가락 빨기, 과식, 수다 떨기, 손톱 깨물기 등의 구강기적 성격을 보이게 된다.

|사진 2-3| 구강기에는 무엇이든 입으로 가져가서 빤다.

(2) 항문기(anal stage)

항문기는 1~3세경까지의 시기로 리비도가 항문으로 옮겨가게 되어 영아는 배설물의 보유와 배설에서 쾌감을 얻는다. 즉 배설을 통해 긴장과 불편감이 해소되는 쾌감을 느낀다. 또한 배설물을 보유함으로써도 쾌감을 느끼는데, 이는 참았다가 배설을 하면 쾌감이 커지는 동시에 배변을 가릴 수 있다는 사회적 승인을 얻기 때문이다. 이에 따라 대소변 가리기가 이 시기에 실시되는데, 부모가 억압적이거나 조급하게 대소변 가리기를 훈련시키면 영아는 성장 후 결벽증적 성격이나 수전노, 수집광 혹은 물건을 낭비하고 어지럽히며 자신을 지저분하게 하는 등 항문기 고착적 성격을 나타낸다.

|사진 2-4| 항문기에는 배변훈련이 중요하다.

(3) 남근기(phallic stage)

남근기는 3~5세경까지의 시기로 리비도가 성기로 옮겨감에 따라 성기 부분이 성감대가 된다. Freud는 이 시기 유아의 발달을 그리스 신화에 나오는 오이디푸스 콤플렉스(oedipus complex)와 엘렉트라 콤플렉스(electra complex)를 인용하여 설명하였다. 남아는 엄마를 이성으로 사랑하게 되는 오이디푸스 콤플렉스를 경험하면서 아버지를 애정 경쟁자로 느낀다. 아버지가 자신보다 강하고 우월하기 때문에 아버지가 자신의 성기를 잘라버릴지도 모른다는 거세 불안을 느끼면서 이를 감소시키기 위해 엄마에 대한 성적 욕망과 아버지에 대한 적대감을 억압한다. 이 과정에서 아버지처럼 되기 위해 아버지와 동일시(identification)하려고 한다. 즉 아버지와 경쟁하는 대신 아버지처럼 되기 위해 아버지와 동일시하며 남성적 역할을 학습한다.

여아의 경우는 남아와 반대로 아버지를 사랑하는 엘렉트라 콤플렉스를 경험하면서 엄마를 동일시하여 여성의 역할을 학습한다. 남아의 성기를 부러워하고 남자 아이처럼 되고 싶어 하는 남근선망(penis envy)을 나타내지만, 남성의 성기를 가질 수 없기 때문에 결국 엄마와의 동일시를 통해서 자신의 욕망을 만족시킬 수밖에 없다. Freud는 여성의 열등의식이 여기에서 비롯되었다고 주장한다. 남근기에 고착된 성격은 과시적, 공격적이며 교만하고 방종하다.

|사진 2-5| 남근기에는 부모와의 동일시를 통해 성역할을 배운다.

(4) 잠재기(latency stage)

잠재기는 6~12세경까지의 초등학교 시기이다. 이 시기에는 리비도가 활동을 멈추고 숨어 있는 듯하여 성적 욕구가 억압되고 겉으로 보기에는 평온한 시기처럼 보인다. 이전 단계까지 갈등 해결에 투입되던 막대한 성적 에너지는 부모나 동성친구에게 집중된다. 또한 지적인 탐색이 활발해지고 친구와 어울리면서 운동이나 놀이 등 사회적 행동에 에너지를 집중시킨다. 이 시기의 아동은 기본적인 사회적 기술을 습득하고 침착성과 자기통제력을 발달시킨다.

(5) 생식기(genital stage)

생식기는 성기기라고도 하며 13세 이후 사춘기부터의 시기로 잠재기에 잠복되었던 성적인 에너지가 무의식에서 의식의 세계로 나와 다시 왕성한 활동을 시작한다. 이에 따라 잠재기 이전에는 자신의 신체에서 성적인 쾌감을 추구하는 자기애착적 경향을 보였으나 이 시기부터는 이성에 관심을 갖고 이성으로부터 만족을 얻으려는 이성애착적 경향을 나타낸다. 이 시기에 순조로운 발달을 보이면 이타적이고 성숙한 생식기적 성격을 보이고, 그렇지 못하면 권위에 반항하고 비행 행동을 보이거나 이성에 대한 적응 곤란 등을 보인다.

4) Freud 이론에 대한 평가

Freud의 이론은 성격발달에 관한 근본적인 가설을 제공하였고 무의식의 영역을 개척했다는 점에서 정신의학과 심리학 발달에 크게 기여하였다. Freud의 이론은 인생 초기 경험의 중요성, 특히 부모-자녀관계를 중시하여 부모의 역할과 자녀양육에 대한 관심을 불러일으켰다. 또한 부모-자녀 간의 애착, 형제관계, 공격성, 도덕성, 성역할 등의 발달에 관한 연구를 촉진시키는 데도 큰 역할을 하였다(Berk, 2012).

그러나 Freud의 성격발달이론은 성적인 욕구를 지나치게 강조하였으며, 특히 유아기의 성욕을 강조하였다는 점, 인간을 성욕과 과거의 경험에 의해 지배되는 수동적이고 소극적인 존재로 보았다는 점에서 비판을 받는다. 오이디푸스 콤플렉스, 엘렉트라 콤플렉스, 남근선망, 고착 등과 같은 개념은 검증이 불가능하며, 여성의 열등감 등에 대한 그의 편견은 비교문화연구 결과 그 보편성이 증명되지 못하였다. 또한 그의 개념과 가설들이 신경증 성인 환자의 임상적 자료에 근거하여 구축되었기 때문에 정상인이나 아동의 발달을 설명하는 데 무리가 있으며(유안진, 1999; Thomas, 2000), 과학적인 근거를 제시할 수 있는 정확성이 결여되어 있다는 비판도 있다.

2. Erikson의 심리사회적 이론

1) Erikson의 생애

Erikson
(1902~1994)

Erikson은 1902년 독일의 프랑크푸르트에서 태어났다. 엄마는 유태인이고, 그가 세 살 때 재혼하였다. Erikson은 덴마크인인 생부를 닮아서 덴마크인의 모습이었다. 그래서 유태인 소년들이 이방인이라고 놀렸고, 이는 Erikson이 자아정체감 문제에 몰두하게 된 배경이 되었다. 25세 때 Erikson은 Freud의 딸인 Anna Freud와 같은 학교에 근무하게 되면서 그녀와 함께 아동을 대상으로 정신분석을 연구하였다.

히틀러의 출현으로 미국으로 이주한 Erikson은 미국 내 여러 지역을 옮겨 다니면서 연구하였는데, 이는 다양한 문화 환경에서 성장하는 아동에 대한 비교문화적인 연구의 기초가 되었다. Erikson은 하버드 대학교에서 교수로 재직하며 92세를 일기로 생을 마감할 때까지 그곳에서 연구 활동을 하였다.

2) 심리사회적 발달 단계

Erikson은 Freud의 정신분석이론에 바탕을 두면서 인간의 성격발달을 다른 사람과의 사회적 관계 속에서 연구하였다. Freud가 성격발달의 기초로 성적인 에너지(libido)를 강조한 것과는 달리 Erikson은 사회적인 에너지를 강조하였다. 그는 저서인 『아동기와 사회(*Childhood and society*)』(1950)에서 생의 8단계를 제시하였다. Erikson은 발달을 전 생애에 걸쳐서 이루어지는 과정으로 보고, 자아개념을 중시하면서 각 단계마다 겪어야 하는 발달과업을 제시하였다. 또한 발달과업과 대칭적 개념인 발달의 위기를 함께 제시하면서, 각 단계마다 대칭적 두 개념이 균형을 이루면서 발달해야 다음 단계로의 진행이 원만하다고 설명하였다. 즉 긍정적 의미의 발달과업 성취만 중요한 것이 아니라 부정적인 의미의 발달 위기도 어느 정도 경험하는 것이 개인의 충실한 성장에 도움이 된다고 보았다. 또한 Freud가 한 단계에서의 발달이 순조롭지 않으면 고착이라는 현상을 통해 그 실패를 되돌릴 수 없다고 한 반면 Erikson은 후에라도 적절한 애정과 보살핌이 주어지면 실패가 수정될 수 있다고 보았다.

(1) 기본적 신뢰감 대 불신감(Sense of basic trust vs. basic mistrust)

첫 번째 단계는 출생에서 1세 무렵까지의 영아기로, Freud의 구강기에 해당한다. 이 시기에 양육자가 영아의 신체적, 심리적 기본요구에 잘 반응하면, 즉 배가 고플 때 젖을 주거나 기저귀가 젖었을 때 갈아주는 등 반응이 적절하면 영아는 기본적 신뢰감을 형성하며, 그렇지 못할 경우 불신감을 가진다. 이러한 기본적 신뢰감과 불신감은 긍정적 자아개념과 부정적 자아개념을 형성하는 데 기초가 된다.

|사진 2-6| 양육자가 영아의 요구에 민감하게 반응해주면 영아는 양육자와 기본적 신뢰감을 형성한다.

이 시기의 신뢰감 형성은 후에 사회적 관계 속에서 다른 사람들과 적응하는 데도 영향을 미친다. 즉 양육자와의 신뢰감이 안정적으로 형성되어야 영아는 사회의 다양한 관계에 대해서도 신뢰할 수 있다는 것이다. Erikson은 이 시기를 인생의 초기 단계에서 가장 중요한 시기로 보았다.

(2) 자율성 대 수치심 및 회의감(Sense of autonomy vs. shame or doubt)

두 번째 단계는 1~3세까지의 영아기로, Freud의 항문기에 해당한다. 이 시기에 영아는 운동능력과 언어능력의 발달에 따라 주변 환경을 적극적으로 탐색하고 무엇이든 혼자 하겠다는 의사를 표시하며 스스로 하고자 하는 자율성이 발달한다.

|사진 2-7| 이 시기에는 무엇이든 스스로 해보려고 하는 자율성이 발달한다.

또한 괄약근과 근육의 발달로 인해 대소변의 통제가 가능해진다.

이렇게 자율성이 발달하는 시기에 영아는 사회의 기대와 압력을 배우고, 그러다가 사회적 기대에 적절한 행동을 잘 수행하지 못하면 수치심이나 회의감을 발달시킨다. 부모는 영아가 자신의 뜻대로만 행동하도록 허용하기보다는 사회적으로 적절한 행동을 하도록 외적 통제를 가하는데, 영아의 독립적, 자율적 노력이 부모에게 인정받지 못하거나 반복적으로 실패를 하면 독립성이나 자율성 대신에 수치심이나 회의감을 가진다.

(3) 주도성 대 죄책감(Sense of initiative vs. guilt)

|사진 2-8| 유아는 목표지향적이고 경쟁적으로 행동하여 주도성을 획득한다.

세 번째 단계는 3~5세의 유아기로, Freud의 남근기에 해당한다. 이 시기의 유아는 스스로 어떤 목표나 계획을 세워 그 일을 성공적으로 완수하려고 한다. 또한 개인적인 욕구를 충족시키기 위해 부모에게 의존하던 것에서 벗어나 더 복잡한 행동을 주도적으로 하려고 한다. 따라서 유아의 행동은 목표지향적이고 경쟁적이 되어 주도성을 획득한다.

그러나 아직은 행동이나 발달이 미숙하므로 유아는 자신의 계획과 희망이 실패할 수밖에 없다는 것을 깨닫는다. 자신의 행동을 주도적으로 실행할 기회가 부족하거나 주도한 행동이 실패하면 이에 대해 부정적인 감정인 죄책감이 생긴다.

(4) 근면성 대 열등감(Sense of industry vs. inferiority)

네 번째 단계는 6~12세의 학령기로, Freud의 잠재기에 해당하는데, Erikson은 이 시기가 자아성장의 결정적 시기라고 하였다. 이 시기의 아동은 가정에서 벗어나 학교라는 넓고 새로운 세계를 경험하면서 학습에 필요한 읽기, 쓰기, 셈하기 등의 기초적인 인지기능과 또래와의 관계를 통한 사회적 기능을 습득한다. 동시에 사회관계가 확대됨으로써 사회에서 통용되는 여러 가지 기능을 열심히 배우고 숙달한다. 그러면서 아동은 자부심과 성취감을 느끼고 부모나 교사로부터 인정받기 위해 열심히 노력하며, 이러한 과정을 통해 근면성과 성취감을 배운다.

그러나 학습이나 놀이에서 실수나 실패를 하거나 기대하는 기술을 발전시키지 못하면 또는 자신이 친구나 또래에 비해 뒤처지고 능력이 낮다고 생각하면, 아동은 유능감을 갖지 못하고 열등감이나 부적절감을 가진다.

|사진 2-9| 아동은 또래와의 관계를 통해서 사회적 기술을 습득한다.

(5) 정체감 대 역할 혼돈(Sense of identity vs. role confusion)

다섯 번째 단계는 13세 무렵부터 사춘기에 이르는 청소년기로, Freud의 생식기에 해당한다. 이 시기는 아동기에서 성인기로 전환되는 어려운 시기로, 청소년은 급격한 신체 변화가 나타나고 새로운 사회적 압력이나 요구에 대응해야 한다. 또한 자신의 존재에 대한 의문과 탐색이 시작되어 자신이 누구인지, 자신의 위치와 능력이 어떠한지, 자신의 역할과 책임은 무엇인지 등의 자아정체감에 대해 고민하게 된다. Erikson은 자아정체감 확립이 청소년기의 궁극적인 과제라고 하였으며, 이 시기를 기본적 신뢰감이 형성되는 시기만큼이나 중요하게 생각하였다.

이 시기에는 사회적으로 많은 책임과 역할이 부여되므로 이에 대한 부담으로 불안감을 느낄 수 있고 우유부단해지거나 반항적이 될 수도 있다. 긍정적인 자아정체감이 형성되면 이후 인생의 여러 단계에서 심리적 위기를 잘 극복할 수 있지만 부정적인 자아정체감을 형성하게 되면 계속 방황하게 된다. 이러한 고민과 갈등, 방황이 길어지면 자신이 누구인지, 자신의 역할을 무엇인지 등에 대한 역할

혼돈이 생긴다.

(6) 친밀감 대 고립감(Sense of intimacy vs. isolation)

여섯 번째 단계는 20세 무렵부터 시작되는 청년기를 지나 성인기에 이르는 초기 성인기로, 자신에 대한 관심에서 벗어나 직업을 선택하고 배우자를 찾는 시기이다. 이러한 과정에서 다른 사람과의 친밀감 형성이 주요 과제가 되는데, 진정한 친밀감은 합리적인 자아정체감이 형성되었을 때만 형성 가능하며 이는 우정과 사랑 모두에서 필요하다.

한편 친밀감이 잘 형성되지 않으면 자신에게만 몰두하여 사회적 관계에서 고립감을 느끼게 된다. 다른 사람과 깊은 감정과 사고를 나누지 못하는 사람은 고독과 절망에 빠지게 된다.

(7) 생산성 대 침체성(Sense of generativity vs. stagnation)

일곱 번째 단계는 중년기에 해당하는 성인기로 다양한 측면에서 생산성을 발휘한다. 이 시기는 자신의 문제가 아닌 다음 세대를 양육하고 교육하는 문제에 관심을 기울인다. 가정에서는 자녀를 출산하여 양육하고, 사회적으로는 후세대를 양성하는 데 노력을 기울이며 직업적인 성취나 학문적, 예술적 업적에서도 생산적으로 활동한다.

그러나 생산성을 제대로 발휘하지 못하면 성격이 침체되고 불모화되어 침체성을 형성하게 된다. 개인적 욕구에 지나치게 집착하거나 타인의 욕구를 무시하고 다음 세대를 위하여 무엇인가를 하지 못하며 생산성을 발휘하지 못할 때 침체 상태에 빠진다.

(8) 통합감 대 절망감(Sense of ego integrity vs. despair)

마지막 여덟 번째 단계는 노년기에 해당하는 시기로, 지나온 삶을 되돌아보고 자신의 삶이 가치 있다고 느끼며 인생의 의미를 발견할 때 자아에 대한 통합감을 가진다. 이 시기는 신체적으로 노쇠해지며 직업과 경제활동 현장에서 은퇴하고 배우자의 병과 죽음 등으로 인해 인생의 무력감을 느낄 수 있는 시기이지만, 이를 자연스러운 것으로 받아들이면서 자아통합이 가능해진다.

그러나 자신의 생을 되돌아볼 때 아쉽고 후회스러우며 신체적 노쇠, 은퇴, 친구나 배우자의 사망 등으로 인생에 대한 무력감과 허무감을 느끼면 절망감이나 극단적인 부정적 자아개념을 가지게 된다. Erikson은 이 시기의 성공과 실패는 다가오는 신체적, 사회적 퇴보를 어떻게 수용하는가에 달려 있다고 하였다.

3) Erikson 이론에 대한 평가

Erikson의 이론은 Freud의 이론에 기초하여 이를 확장시키면서 정신분석이론의 신뢰도와 적용 가능성을 증가시켰다. Erikson은 정상인을 대상으로 자료를 수집하여 이론을 구축하고 생의 8단계 이론을 제시하여 정상적인 인간이 사회적 관계 속에서 발달하는 과정을 설명하는 데 기여하였다. 즉 Erikson은 심리성적 단계에 대해 심리사회적 단계를, 원초아와 무의식 대신에 의식을, 생물학적 영향에 대해 문화적 영향을, 부모와의 관계에 대해 부모만이 아닌 가족, 친구, 사회, 문화적 요인들을, 자아방어에 대해 자아정체감을, 비정상적인 연구대상 대신에 정상적인 연구대상을, 특정한 문화적 시각에 대해 비교문화적 시각을, 아동기에 대한 성인의 회상 대신에 아동에 대한 관찰을, 그리고 아동발달에 성인발달을 첨가시켰다(조성연, 이정희, 천희영, 심미경, 황혜정, 나종혜, 2010; Miller, 2011). 또한 인간발달에서 전 생애를 통해 발달적 접근을 하였다는 점과 문화적 상대성을 인정한 점도 이론의 큰 공헌점이라 할 수 있다.

그러나 Erikson은 인간이 천성적으로 선하며 적응적, 창조적 힘을 지니고 있는 존재라고 강조하였음에도 불구하고, 정신분석이론이 가지고 있는 기본적인 한계를 벗어나지 못하였다. 즉 Freud와 마찬가지로 Erikson도 인생의 초기 경험을 중요시하면서 인간을 수동적이고 비관론적으로 보고, 인간이 후천적으로 환경에 의해서 변화가능하다는 점을 경시한 측면이 있다. 또한 이론에 대한 과학적인 근거를 제시하지 못하였고 이론을 구축한 개념들이 애매하고 모호하다는 비판도 받고 있다(Thomas, 2000).

3 학습이론

성숙이론과 정신분석이론이 연령이 증가함에 따라 영유아의 발달이 단계적으로 발달한다고 주장하는 것과는 다르게 학습이론은 발달에 있어서 단계라는 개념을 인정하지 않는다. 대신 인간의 모든 행동은 자극에 대한 반응으로 나타나며, 외부의 자극과 경험에 의해서 행동이 형성된다고 주장한다. 즉 인간의 발달은 비연속적인 단계의 발달이 아니라 연속적인 과정이라고 본다.

학습이론은 발달의 주요 추진력이 유기체 내부가 아닌 환경에 있다고 봄으로써 인간발달에 있어서 생물학적 요인보다는 환경적 요인을 더 강조한다. 그러므로 학습이론가들은 인간은 환경 속에서 점차 경험을 쌓아감으로써 발달한다는 환경결정론을 주장한다. 여기에서는 Pavlov의 고전적 조건형성, Watson의 행동주의, Skinner의 조작적 조건형성 그리고 Bandura의 인지적 사회학습에 대해 살펴본다.

1. Pavlov의 고전적 조건형성

1) Pavlov의 생애

소화생리학자인 Pavlov는 러시아의 작은 농촌에서 태어났다. 어린 시절 두각을 나타내지 않았던 Pavlov는 성인이 되면서 뛰어난 과학자로 변화하였다. 1904년 포유류의 소화생리에 관한 연구로 노벨상을 수상한 이후, 개를 대상으로 먹이가 분해되어 혈액에 흡수되는 소화과정에 관한 실험을 진행하였다. 그러던 중 먹이를 먹기도 전에 개의 입에서 타액이 분비되는 것을 발견하고 이를 토대로 학습이론의 모태인 고전적 조건형성(classical conditioning)을 이론화하는 데 기여하였다. 그는 자극과 반응 간의 관계를 최초로 연구한 학자이다.

Pavlov
(1849~1936)

2) 고전적 조건형성 단계

학습이론의 기본원리는 자극과 반응 간의 관계에 있기 때문에, 대부분의 행동은 자극과 반응 간의 관계에 의해 학습한 결과로 본다. 즉 행동은 환경 자극에 대한 학습된 반응양식이라고 본다. 유기체는 주변 환경과의 끊임없는 상호작용에서 야기되는 경험을 통해 행동을 변화시킨다(Chance, 1996).

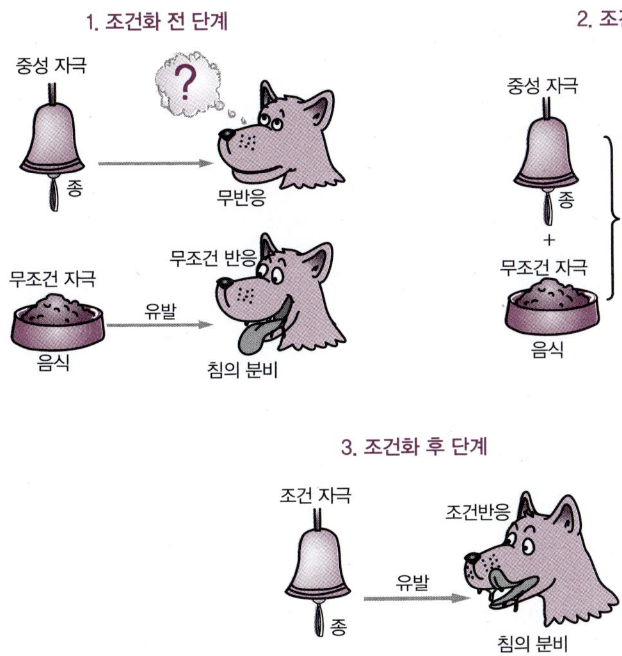

[그림 2-3] 고전적 조건 형성 3단계

출처: Shaffer(2000). p. 215.

무조건 자극(unconditioned stimulus, US)이란 자극이 주어지면 자연스럽게 반응이 유발되는 것으로 이때의 반응을 무조건 반응(unconditioned response, UR)이라고 한다. 개는 먹이를 주면 자동적으로 타액을 분비하는데 이때 먹이는 무조건 자극이 되고, 타액의 분비는 무조건 반응이 된다. 그러나 개에게 먹이를 줄 때 종소리를 들려주면 아무런 반응을 나타내지 않는데 이때 종소리는 중성 자극이라고 한다. 그러나 먹이를 줄 때 계속 종소리를 함께 들려주면 개는 점차 종소리만 듣고도 타액을 분비한다. 즉 종소리가 먹이와 연합되어 타액을 분비하게끔 조건화된 것이다. 조건화 과정을 통해 종소리는 타액을 분비시키는 조건 자극(conditioned stimulus, CS)이 되고, 타액을 분비하는 반응은 조건 반응(conditioned response, CR)이 된다. 이처럼 중성 자극(neutral response)이 무조건 자극과 연합되어 무조건 반응을 유발할 때 이는 조건 자극과 조건 반응이 되며, 이러한 과정을 조건화 과정이라고 한다.

3) 고전적 조건형성 관련 요인

(1) 소거(extinction)

조건형성이 한번 이루어졌다고 해서 조건 자극이 조건 반응을 언제까지 계속해서 유발하는 것은 아니다. 즉 조건 반응 없이 조건 자극만 주어지면 학습된 반응이 더 이상 나타나지 않는데, 이러한 현상을 소거 또는 소멸이라고 한다. 예를 들면, 종소리를 타액 분비의 조건자극으로 학습시켰다 할지라도 만약 먹이를 주지 않고 종소리만 계속 들려주게 되면 개는 더 이상 타액을 분비하지 않는다.

(2) 자발적 회복(spontaneous recovery)

그런데 반응이 소거가 되었더라도 한참 후에 조건 자극을 다시 제시하면 조건 반응이 일시적으로 다시 나타난다. 이미 학습된 효과가 나타나는 것이다. 이와 같이 무조건 자극을 제시하지 않더라도 이전에 학습되었던 조건 자극만으로 조건 반응이 다시 나타나는 것을 자발적 회복이라고 한다. 그러나 조건 자극을 무조건 자극과 주기적으로 조건형성시키지 않고 어느 정도 시간이 지나면 자발적 회복도 사라진다.

(3) 자극 일반화(generalization)

자극 일반화란 조건화된 자극과 유사한 자극에 대해 조건 반응을 나타내는 것을 말한다. 예를 들면, 어떤 종소리에 침을 분비하도록 조건형성된 개는 유사한

다른 종소리에도 침을 분비하는 반응을 나타낸다.

(4) 자극 변별화(discrimination)

자극 일반화에 대한 보완적인 과정이 자극 변별화로, 자극 일반화는 점차 분화되어 자극 변별화로 대치된다. 자극 변별화는 한 자극이 다른 것과 변별되는 것을 말한다. 예를 들면, 자극 일반화된 개에게 한 음조의 종소리에만 먹이를 주고 다른 음조에는 먹이를 주지 않으면 이에 대해 변별 반응을 나타낸다.

4) Pavlov 이론에 대한 평가

Pavlov는 조건반사를 이용한 경험적인 실험을 통해 학습이 이루어지는 연합의 원리를 과학적으로 이끌어냄으로써 학습이론의 초석을 마련하고 이를 구체적으로 확장시켰다는 점에서 공헌을 인정받고 있다. 그러나 Pavlov는 자극과 반응의 수동적인 연합을 설명하는 데 그쳤으며, 고전적 조건형성은 조건형성의 대상이 선천적인 반응을 유발하는 자극에 국한된다는 점에서 그 한계가 있다. 인간의 감정이나 행동은 후천적인 조건형성에 의해서도 이루어지기 때문이다.

2. Watson의 행동주의

1) Watson의 생애

Watson
(1878~1958)

Watson은 Pavlov가 동물실험을 통해 연구한 고전적 조건형성 원리를 인간의 행동에 적용시켰다. John Dewey 밑에서 철학을 공부하기 위해 시카고 대학교에 진학하였지만 철학보다는 심리학에 흥미를 느껴 심리학을 전공하고 신경학과 철학을 부전공하였다. 특히 동물심리학에 관심이 많았던 그는 박사학위 취득 후 존스홉킨스 대학교에서 동물연구를 활발히 하면서 연구자로서 그

명성을 떨쳤다.

Watson은 《행동주의자가 본 심리학(Psychology as a behaviorist views it)》(1913)이란 논문에서 행동주의라는 말을 처음 사용하였다. 그리하여 Watson으로부터 행동주의 학파가 창시되었으며, 이후 행동주의는 여러 학자들의 연구를 통해 심리학의 대표적인 이론 중 하나로 발전하였다.

2) 환경결정론

Watson은 『행동주의(*Behaviorism*)』(1930)란 저서에서 "나에게 12명의 건강한 아이를 준다면 그들을 자신이 원하는 대로 의사든, 변호사든, 도둑이든, 거지든, 무엇이든 만들 수 있다."라고 함으로써 아동의 발달이 전적으로 조건형성에 의해 이루어진다는 극단적인 환경주의적 입장을 표명하였다. 그는 인간의 발달에서 유전적 요인의 영향을 전혀 인정하지 않고 인간의 모든 행동은 학습된 것이라고 하였다. 이렇듯 인간의 발달은 환경에 의해서 결정된다는 것이 환경결정론이다.

3) 정서의 조건형성과 탈조건형성

Watson은 고전적 조건형성을 통해 인간의 행동을 설명하였다. 즉 인간의 행동뿐만 아니라 정서반응까지도 조건형성을 통해서 습득할 수 있다는 것을 실험에 의해 설명하였다. Watson은 영아 Albert에게 흰 쥐를 보여주고 그때마다 망치로 쇠막대기를 때리면서 큰 소리를 반복해서 들려주었다. 처음에는 흰 쥐를 무서워하지 않던 Albert가 실험이 반복됨에 따라 흰 쥐만 보고도 울면서 놀라는 반응을 나타냈다. 이에 대해 그는 중성 자극이던 흰 쥐에 놀람 반응을 유발하는 큰 소리가 연합되어 조건형성이 이루어진 것이라고 설명하였다(Watson & Rayner, 1920). 심지어 Albert는 흰쥐뿐만 아니라 토끼나 개, 털 코트에까지 놀라는 공포반응을 보였는데, 이는 고전적 조건형성에서 나타나는 자극 일반화 현상의 예이다.

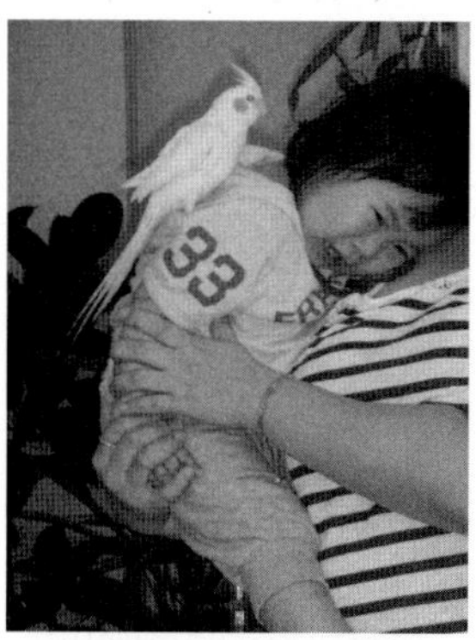

|사진 2-10| 행동뿐만 아니라 정서반응까지도 고전적 조건 형성으로 설명 가능하다.

또한 Watson의 실용적인 업적 중 하나는 조건 형성된 정서를 탈조건 형성(deconditioning)시키는 것이다. 예를 들어, 토끼에 대한 공포반응을 제거시킨 방법을 보면, 토끼를 무서워하는 아이를 높은 의자에 앉혀 놓고 간식을 준 후 멀리 토끼장에 넣은 토끼를 보여 주었다. 그 후 아이가 경미한 두려움을 느낄 정도까지만 조금씩 토끼를 가까이 접근시켰다. 아이가 너무 두려워하지 않도록 주의하면서 이를 반복하자 마침내 아이는 한 손으로 과자를 먹으면서 다른 손으로는 토끼와 놀 수 있게 되었다. 이러한 탈조건형성은 행동수정 기법의 하나인 체계적 둔감법(systematic desensitization)에 적용되었는데, 체계적 둔감법은 불안이나 공포를 유발하는 자극에 점진적으로 노출시킴으로써 그에 대한 감정을 둔화시키는 기법이다.

4) Watson 이론에 대한 평가

Watson은 Pavlov의 이론이 인간행동에 어떻게 적용될 수 있는지를 연구하였다. 그는 인간의 정서적 반응이 상당 부분 고전적 조건형성을 통해 학습된다는 것을 밝혔으며, 이러한 Watson의 행동주의는 심리학을 과학적으로 접근시켰다는 점에서 의의가 있다.

그러나 Watson의 행동주의는 정신이 아닌 행동에 대한 과학이라는 점에서 저항을 불러일으키며 비판을 받았다. Watson은 어떤 행동이든지, 심지어 정서반응까지도 조건형성이 될 수 있다고 함으로써 인간을 기계처럼 개념화하였다는 비판을 받는다.

3. Skinner의 조작적 조건형성

Skinner
(1905~1990)

1) Skinner의 생애

Skinner는 미국 펜실베니아에서 법률가의 아들로 태어났다. 뉴욕의 해밀턴 대학교에서 영문학을 전공하고 작가로 잠시 활동하였으나 작가의 길을 포기하고, 그 후 하버드 대학교에서 심리학을 공부하면서 행동주의이론에 빠져들게 되었다. Skinner는 졸업 후 여러 대학교를 거쳐 하버드 대학교에 재직하면서 많은 연구 업적을 남겼다. Skinner는 Watson과 같이 엄격한 행동주의자였으며 환경론자였다. 그는 1948년 자신의 조작적 조건형성 원리에 따른 이상사회를 묘사한 『월덴 투(*Walden two*)』라는 소설을 출간하여 자신의 문학적인 관심과 소질을 발휘하기도 하였다. 또한 그는 컴퓨터가 발달하기 전인 1930~1940년대에 여러 가지 기계부품과 타이머를 사용하여 스스로 실험장치를 제작하는 재능도 있어, 다양한 Skinner 상자를 만들어 실험에 사용하였다.

2) 조작적 조건형성

Skinner는 심리학은 관찰 가능한 외현적인 행동의 연구에 한정되어야 한다고 주장하였다. 또한 유기체는 유전적 기질을 가지고 태어나는 것이 아니라 환경과 경험이 어떤 영향을 미치는지에 따라서 행동이 형성되고 통제된다고 하였다. 행동주의이론가인 Pavlov와 Watson이 반응적 행동의 조건형성을 연구한 것과 달리 Skinner는 유기체가 스스로 조건형성을 조작하는 것을 연구하였다. 그는 조작적으로 실험을 하여 얻어진 결과를 조작적 조건형성(operant conditioning)이라고 명명하였다.

Skinner는 인간의 행동에는 고전적 조건형성으로 설명되는 음식물의 타액 분비나 큰 소리에 놀라는 것과 같은 수동적이고 기계적 반응행동만 있는 것이 아니라 유기체 스스로 행동을 일으키고 환경을 통제하는 자발적인 조작행동이 더 많다고 보았다. Skinner가 수행했던 실험 중 한 예를 들면, Skinner는 자신이 고안한 상자에 흰 쥐를 넣고 쥐가 그 안에서 다닐 수 있게 하였다. 상자 한편에 지렛대를 매달고 쥐가 이것을 누르면 자동적으로 먹이가 나올 수 있게 하였다. 쥐는 상자 안에서 다니다가 우연히 지렛대를 누르면 먹이가 나오고, 시간이 지날수록 쥐가 지렛대를 누르는 횟수가 증가하였다. 이 실험에서 먹이는 지렛대를 누르는 횟수를 증가시키는 강화가 된다. 즉 유기체는 어떤 반응에 대해 긍정적인 보상이 있으면 그 반응을 더 많이 나타낸다. 이처럼 반응이 자극을 유도하는 것(R→S)을 조작적 조건형성이라고 한다. 그러므로 조작적 조건형성에서는 자극이 반응을 유발한

[그림 2-4] Skinner 상자 실험

다(S→R)는 고전적 조건형성과 달리 자극이 주어지기 전에 먼저 반응이 일어나야 한다는 것을 강조한다. 조작적 조건형성은 강화와 행동조성이 핵심적이다.

3) 강화

Skinner는 인간의 모든 행동이 보상과 강화에 의해 학습된다고 하였다. 운동기능, 인지능력, 언어, 정서, 사회성 등 모든 발달은 환경의 영향과 연습에 의해서 증가하며, 이때 강화가 있으면 발달이 더 촉진된다고 하였다.

(1) 정적 강화와 부적 강화

조작적 조건형성 과정에서 강화는 학습의 중요한 요인이 된다. 강화란 행동의 발생빈도를 증가시키는 것으로 정적 강화와 부적 강화가 있다. 정적 또는 부적이라는 용어는 긍정적 또는 부정적, 좋은 것 또는 나쁜 것이라는 가치 판단과는 무관한 의미이며 행동의 제시 또는 철회를 나타낸다. 그러므로 정적 강화(positive reinforcement)란 반응에 따르는 결과가 유쾌한 것으로, Skinner 상자에서 지렛대를 눌렀을 때 나오는 먹이가 정적 강화에 해당된다.

부적 강화(negative reinforcement)는 혐오상태를 제거시키는 것인데, 예를 들어, 지렛대를 누르면 흐르던 전기가 차단되도록 설계된 상자에 쥐를 넣었다고 하자. 쥐는 지렛대를 누르면 전기가 차단된다는 것을 학습하게 되어 지렛대를 점점 더 누르게 된다. 이 경우에 전기 차단은 부적 강화가 된다.

부적 강화는 벌과 구별된다. 매를 맞거나 꾸중을 듣는 등의 벌은 혐오상태를 제공하여 행동의 발생빈도를 감소시키지만, 부적 강화는 행동의 발생빈도를 증가시켜 혐오상태를 제거하는 것이다. 지각을 한 아동에게 청소를 시키는 것은 벌이지만, 계속적으로 지각을 하여 일주일 간 청소를 해야 하는 아동에게 3일간 지각을 하지 않으면 청소를 1번 줄여주는 경우는 부적 강화이다.

(2) 정적 강화의 종류와 방법

정적 강화의 종류에는 물질적 강화, 사회적 강화 그리고 내적 강화(자기 강화)가 있다. 물질적 강화란 장난감, 과자, 책 등의 물질을 말하며, 사회적 강화란 칭찬, 격려, 쓰다듬기 등의 언어적, 심리적 강화를 말한다. 내적 강화는 자기 스스로의 만족감인 자기 강화이다. 영유아의 행동을 변화시킬 때 처음에는 물질적 강화가 효과적이지만 점차적으로 사회적인 것으로 바꾸고, 최종적으로는 행동의 변화에 대해 자기 스스로가 만족하여 행동을 지속하는 내적 강화가 되도록 지도하는 것이 좋다.

강화는 행동 직후 즉각적으로 주어질 때 가장 효과적이며, 강화를 주는 방법에는 원하는 반응이 일어날 때마다 매번 주는 연속적 강화와 그렇지 않은 간헐적 강화가 있다. 일반적으로 연속적으로 강화된 행동에 비해 간헐적으로 강화된 행동이 더 소거하기 어렵다. 조작적 조건형성은 강화를 어떻게 주느냐에 따라 습득되거나 제거되는 행동 유형이 달라진다.

4) 행동조성(behavior shaping)

조작적 조건형성 과정에서는 원하는 행동이 자발적으로 일어났을 때 강화를 주어 그 행동을 학습시킨다. 그러나 학습시키고자 하는 행동이 자발적으로 일어나지 않으면 학습이 어렵다. 이러한 경우에 조건형성을 시키고자 하는 행동과 가장 유사한 행동을 강화하면서 점진적으로 목표행동을 학습시키도록 하는데 이를 행동조성이라고 한다. 즉 행동조성을 위해서는 학습시키고자 하는 행동을 작은 단위로 나누어 점진적으로 접근해 감으로써 복잡한 행동을 조건형성 시킬 수 있다.

5) Skinner 이론에 대한 평가

Skinner 이론은 고전적 조건형성의 한계를 극복하고 학습이론의 범위를 넓혔다는 평가를 받고 있다. 학습이론은 1920~1930년대의 교육, 특히 유아교육에 큰 영향을 미쳤다. 특히 행동주의는 특수교육과 유아특수교육에 영향을 미쳤는데, 특수교육자들은 아동훈련 프로그램에 행동주의이론을 적용시켰다. 조작적 조건형성의 원리를 이용한 행동수정기법(behavior modification)은 영유아의 문제행동을 수정하고 바람직한 행동을 학습시키는 데 유용하게 활용된다.

그러나 Skinner 이론은 고전적 조건형성 이론과 마찬가지로 환경의 중요성만 강조하고 생물학적 영향력을 무시하였다는 비판을 받고 있다. 조작적 조건형성은 인간의 행동발달에 있어서 연령에 따른 변화나 개인차 등을 명확하게 설명하지 못한다. 또한 내적 상태의 존재를 거부하고 눈에 보이는 행동에만 주의를 기울임으로써 인간의 행동과 발달을 충분히 설명하지 못한다는 비판도 있다. 즉 인간을 능동적이기보다는 수동적인 존재로 보았다는 것이다. 또한 실험실에서 동물을 대상으로 수행한 연구결과를 인간의 행동에 동일하게 적용하였다는 점에서 복잡한 인지적 능력을 지닌 인간의 행동을 설명하는 데 한계가 있다는 비판이 있다.

4. Bandura의 인지적 사회학습이론

1) Bandura의 생애

인지적 사회학습이론을 주장한 대표적인 학자인 Bandura는 캐나다의 앨버타에서 태어나 브리티시 콜럼비아 대학교에서 심리학을 전공하였다. 후에 미국의 아이오와 대학교에서 사회학습이론의 선구자 중 한 사람인 Robert Sears와 함께 연구하였다. 사회행동과 학습을 연구한 Sears의 영향을 받은 Bandura는 사회학습과 공격성에 관하여 많은 연구를 하였다.

Bandura
(1925~)

Bandura는 Skinner의 조작적 조건형성이론의 영향을 받았으나, 모델링 현상의 이론화에 관심을 가지면서 조건화보다 정보처리 개념에 더 관심을 기울였다. 이후 상호결정론과 자기규제, 자기효능감에 관심을 가지면서 행동주의적 관점과는 거리를 두었다(이성태, 2007). 그 후 스탠포드 대학교에서 교수로 재직한 그는 1977년 『사회학습이론(*Social learning theory*)』을 출간하면서 학습이론에 큰 변화를 가져왔다.

2) 관찰학습

인간은 자극을 주면 반응하는 단순한 유기체가 아니라 능동적이며 사고할 줄 아는 인지적 능력을 지닌 사회적 존재이다. 또한 동물과 달리 행동과 결과 간의 관계를 생각하고 앞으로 일어날 일을 미리 예측할 줄도 안다. 전통적 학습이론가들이 동물실험을 통해서 인간의 행동을 설명하려 하였으나, Bandura는 이러한 상황은 동물이 없는 사회적 상황을 실질적으로 설명하지 못한다고 보고 사회적 상황 속에서 인간의 행동을 모방이라는 기제를 통해 설명하려고 하였다.

인간의 학습과정은 직접적인 강화에 의해 경험을 통해 학습되기도 하지만, 다른 사람의 행동을 관찰함으로써 새로운 행동을 학습하고 억제하기도 한다(Bandura, 1977). 이를 관찰학습이라고 한다. 또한 관찰학습은 일상적인 사회생활에서 많이 이루어지기 때문에 사회학습이론이라고 한다. 그 외 직접적으로 학습이 이루어지는 것이 아니라 대리적으로 이루어진다고 하여 대리학습이라고도 하고, 모방을 통하여 이루어진다고 하여 모방학습이라고도 한다.

Bandura는 인간의 복잡한 행동은 고전적 조건형성이나 조작적 조건형성에서의 자극과 반응, 강화, 소거 등만으로 설명하는 데 한계가 있다고 보았다. 인간에게는 인지능력이 있기 때문에 능동적으로 주위 세계를 이해하려고 노력한다. 이러한 인지능력으로 인간은 직접적인 외적 강화나 처벌 없이도 관찰을 통해 새로운 행동을 학습하고 억제할 수 있다. 예를 들면, 장난감을 어질러 놓고 치우지 않아서 엄마에게 혼나는 형을 보고 자신은 장난감을 갖다 놓는다든지, 식사하기 전에 손을 씻는 친구를 보고 따라서 손을 씻는 것 등을 들 수 있다.

|사진 2-11| 직접 경험하지 않고도 관찰학습을 통해 배울 수 있다.

3) 상호결정론

Bandura는 인간은 동물과 달리 인지적 존재이며 발달은 아동과 환경 간의 지속적인 상호작용을 통해 이루어진다고 주장함으로써 상호결정론을 설명하였다(Bandura, 1986). 상호결정론 모델에 의하면, 아동발달은 능동적으로 개입하는 아동(P), 아동의 행동(B) 그리고 환경(E)의 상호작용에 의해 이루어진다.

Watson이나 Skinner는 환경이 아동의 성격과 행동에 영향을 미친다고 하였으나 그들과 달리 Bandura는 아동, 행동 그리고 환경이 양방향으로 작용한다고 보았다. 즉 아동(P)이 환경(E)의 영향을 받을 뿐만 아니라 환경(E)도 아동(P)이나 아동의 행동(B)에 의해 영향을 받는다는 것이다. Bandura는 인간의 심리를 이해하기 위해서는 이 세 가지 요인을 살펴보고 이들 간의 관계를 모두 이해해야 한다고 하였다(Lerner, 1990).

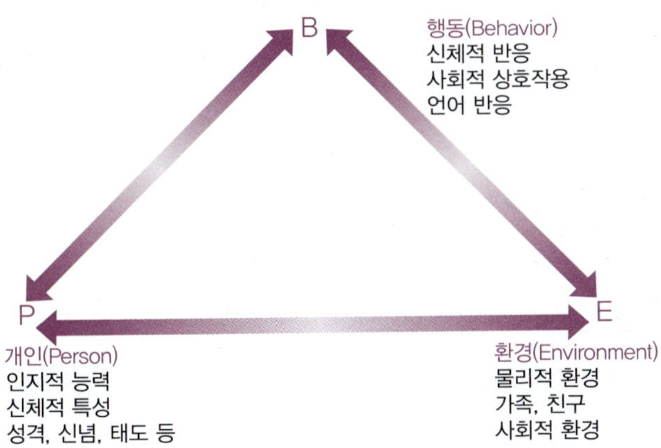

[그림 2-5] 상호결정론 모델

출처: Shaffer(1999). p. 51.

4) 관찰학습의 구성 요소

Bandura는 관찰학습은 다음의 4가지 요소에 의해서 이루어진다고 하였다.

(1) 주의집중 과정(attention process)

관찰학습이 이루어지기 위해서는 먼저 모델의 행동에 주의를 기울여야 한다. 주의를 집중시키는 요인에는 애정, 유사성(성, 연령, 인종 등), 모델의 사회적 힘(지위, 유능함, 인기 등) 등이 있으며, 관찰자의 욕구나 흥미 등과 같은 심리적인 특성도 주의집중에 영향을 미친다.

(2) 파지 과정(retention process)

주의집중하여 기억한 정보를 인지적으로 저장하는 것을 파지라고 한다. 정보를 파지하는 형태에는 심상적 부호(imaginal code)와 어문적 부호(verbal code)가 있다. 심상적 부호는 이미지나 그림 등 상징적인 형태로 기억하는 것이며, 어문적 부호는 글이나 문자 형태로 기억하는 것이다. 영유아는 심상적 부호를 더 많이 사용하고 연령이 높은 아동일수록 어문적 부호를 더 많이 사용하는 경향이 있다.

(3) 운동재생 과정(motor reproduction process)

주의를 집중하여 파지한 새로운 반응 패턴은 운동기술 연습을 통해 획득된다. 단순한 관찰이나 연습만으로는 행동을 완전하게 재생할 수 없기 때문에 행동을 정확하게 재생하기 위해서는 반복적인 연습과 더불어 운동 기술을 구비하는 운동재생 과정이 필요하다. 즉 아동은 자신이 수행하고 있는 운동기술을 이전에 관찰했던 것과 비교하여 차이가 나는 부분에 대해 스스로 교정하면서 연습한다. 이러한 과정을 반복함으로써 관찰했던 모델의 행동과 일치되도록 자신의 행동을 교정한다.

(4) 강화와 동기적 과정(reinforcement and motivational process)

새로운 행동을 운동재생 과정을 통해 학습했더라도 그 행동을 유발하는 강화요인이 없다면 다시 행동으로 나타나지 않는다. 즉 친구를 때리는 것을 보고 때리는 것을 배울 수는 있으나 이를 재생할지의 여부는 강화와 동기에 의해 좌우된다.

다른 사람의 행동을 모방할 때 영향을 미치는 중요한 요소가 자기효능감(self-efficacy)이다(Bandura, 1989). 자기효능감이란 자신이 어떤 일을 잘할 수 있다는 개인적인 신념이다. 어떤 행동을 모방할 것인지 아닌지는 그 행동이 보상을 가져오는지 또는 그 행동을 할 수 있는 자신의 능력에 대한 신념이 어떠한지에 달려 있다.

5) Bandura 이론에 대한 평가

Bandura는 관찰학습을 통해 사회적 환경 속에서 아동이 어떻게 새로운 행동을 학습하고 발달시키는가를 설명하였다. 인지적 사회학습이론은 인지발달의 사회적, 정서적, 동기적 측면을 고려하며, 관찰학습과 상징적 표상을 통해 인간의 사고가 사회와 어떻게 연관되는지를 구체적으로 보여주었다는 데 의의가 있다. 더불어 초기 학습이론에 비해 환경과 행동 간의 관계를 설명할 때 인간의 인지체계를 연계하여 설명함으로써 인간의 능동적 역할을 강조하였다는 점에서도 그 의의가 있다. Bandura의 이론을 기초로 공격성, 성역할, 감정이입, 친사회적 행동, 자기효능감 등에 대한 연구가 활발하게 진행되었다.

그러나 사회학습이론은 막상 인지체계가 어떻게 발달하고 이러한 발달이 어떻게 관찰학습에 영향을 미치는지를 규명하지 못했다는 지적을 받고 있다. 또한 Bandura의 연구들이 방법론적인 면에서 좀 더 체계적이어야 했으며 실증적인 예시를 통하여 이론의 유용성을 좀 더 명확하게 밝혔어야 했다는 비판을 받는다(Lerner, 1990).

4 인지발달이론

인지(cognition)는 라틴어로 '아는 것(congos cere, to know)'이라는 뜻이다. 인지이론가들은 영유아의 인지활동과 기능의 발달을 설명하는 데 초점을 두고, 인지

발달이란 언어적인 기술을 획득하는 것처럼 사고와 추론 기술을 발달시키는 과정이라고 하였다(Spodek & Saracho, 1994). 여기에서는 가장 대표적인 인지발달이론인 Piaget의 인지발달이론과 Vygotsky의 사회문화적 인지이론 그리고 정보처리이론을 살펴보겠다.

1. Piaget의 인지발달이론

1) Piaget의 생애

Piaget는 1896년 스위스에서 태어났다. 그는 생물학에 관심을 갖고 21세에 동물학으로 박사학위를 받았으나 아동심리 분야에 관심을 가지면서 이를 연구하였다. 1920년 파리에서 Piaget는 최초의 지능 검사를 만든 심리학자 Binet 실험실에서 일하며 아동용 지능 검사를 실시하고 채점하던 중 아동의 반응에 일관성 있는 오류가 있음을 발견하였다. 아동의 인지능력에 관계없이 특정 연령의 아동은 오답에 있어서 일관성 있는 유형을 나타내는 것을 발견하고 Piaget는 유아의 사고가 아동이나 청년과는 완전히 다른 방법으로 이루어진다는 가설 아래 자신의 세 자녀들의 발달 과정을 관찰하면서 인지발달이론을 구축하였다.

2) 인지발달의 기본개념

Jean Piaget
(1896~1980)

(1) 동화와 조절

Piaget는 인간의 인지발달을 유기체와 환경 간의 끊임없는 상호작용을 통한 적응 과정(adaptation process)이라고 보았다(Wadsworth, 1989). 이 적응 과정은 동화와 조절이라는 하위 과정으로 나누어진다. 동화(assimilation)는 외부환경 자극의 정보를 받아들일 때 이를 기존의 틀에 끌어들여서 해석하는 것을 말하며, 기존의 체계로는 새로운 환경 자극을 받아들일 수 없을 때 기존의 체계를 변형시키는 과정을 조절(accommodation)이라고 한다. 예를 들어, 여태까지 젖병에 우유를 넣어서 먹던 영아에게 뚜껑에 구멍이 뚫린 영아용 컵에 우유를 주면 영아는 뚜껑의 구멍을 입에 대고 젖병을 빨듯이 우유를 마시려고 하는데 이것을 동화라고 할 수 있다. 그러나 이러한 동작으로 우유를 잘 마실 수 없기 때문에 영아는 젖병을 빨던 때와는 다르게 입 모양과 동작을 변형시켜서 우유를 마시게 되는데 이를 조절이라고 한다.

영유아는 동화와 조절의 과정에 의해 인지적인 능력을 확대시키는데, 적응이란 동화와 조절 중의 어느 한쪽에 치우치지 않도록 평형(equilibrium)을 이루는 것이며, 이는 곧 유기체와 환경 간의 상호작용이라고 할 수 있다. 그러나 호기심 많고 능동적인 영유아가 다시 새로운 대상이나 사건을 접하여 인지적 불평형 상태에 빠지면 새로운 동화와 조절과정이 시작되고, 그 결과 이전보다 더 높은 수준의 평형을 이룬다. 이렇게 평형과 불평형의 상태가 지속적으로 일어남으로써 더 높은 인지 수준으로 나아간다.

(2) 도식

Piaget는 유기체가 가지고 있는 기존의 체제, 즉 인지구조 또는 이해의 틀을 도식(scheme, schema)이라고 하였다(Piaget, 1973). 도식은 지식의 기본 단위이며, 사고 또는 행동의 조직화된 패턴(유형)으로서 경험의 어떤 측면을 이해하기 위해 아동이 구성하는 것이다. 기본 반사를 가지고 태어난 신생아는 반사행동을 반복하면서 도식을 형성한다. 빨기반사를 갖고 태어난 신생아는 젖을 빨면서 빤다는 행동도식을 일종의 행동습관처럼 지닌다. 이러한 행동도식은 영아가 주변의 사물이나 환경을 익히는 데 기초가 된다.

Piaget에 의하면, 영유아는 '조직화'라는 인지기능을 타고났기 때문에 새로운 도식을 구성할 수 있다고 한다. 조직화(organization)는 현재의 도식들을 새롭고 더 복잡한 지적 구조로 결합하는 과정이다. 영유아는 물건을 잡는 것과 시각 초점을 맞추는 것 등 두 가지 독립적인 행동도식을 가지고 있다가 점차 두 가지 행동도식을 조직함으로써 이후에는 물건을 보면서 잡는 더 높은 수준의 도식을 가진다. 즉 조직화란 더욱 높은 수준의 지식체계로 도식들을 통합하는 기능이다.

어떤 연령에서든 아동은 자신을 둘러싼 세계를 이해하기 위해 현재 자신이 가지고 있는 인지구조에 의존한다. 나이 차이가 큰 두 아동을 예로 들어보면, 그들은 각각 다른 유형의 도식을 가지고 있기 때문에 똑같은 사물과 사건에 대해서도 다른 방식으로 해석하고 반응한다. 이처럼 도식은 연령이 증가함에 따라 질적인 변화를 보이는데 이에 따라 인지발달의 단계를 나눌 수 있다.

3) 인지발달 단계

Piaget는 적응 과정과 조직화를 통해 새롭게 생기는 인지구조가 기존의 구조와 질적으로 상이하다고 가정하고 이러한 인지구조의 질적인 변화에 기초하여 감각운동기, 전조작기, 구체적 조작기, 형식적 조작기의 인지발달 단계를 제시하였다.

(1) 감각운동기(sensorimotor stage)

|사진 2-12| 감각운동기 영아는 감각에 대해 운동반응을 나타낸다.

출생부터 약 2세까지의 시기로 영아는 감각(sensory)이라는 자극에 대해서 운동(motor)이라는 반응행동을 나타낸다. 이 시기의 영아는 감각과 운동 간의 관계를 발견하고 이를 조절하는 것을 배운다. 감각운동기 초기에는 생득적 반사활동을 보이나 후기가 되면 상징적 표상을 통하여 사고를 시작한다. 감각운동기는 6단계로 세분되는데, 구체적인 내용은 제7장 영유아의 인지발달에서 설명한다.

(2) 전조작기(preoperational stage)

이 시기는 2~5세의 유아기에 해당되는 시기로, 감각운동기에 비해 사물에 대해 상징이나 표상을 사용하는 능력이 증가하지만 문제를 풀거나 논리적인 사고를 할 수 없는 시기이기 때문에 전조작기라고 한다.

전조작기 유아는 성숙한 개념이 발달되지 않아 전개념적 사고에 머무는데, 그 특징은 상징적 사고, 자아중심적 사고, 물활론적 사고, 전환적 사고, 인공론적 사고를 하는 것이다. 이 시기 유아는 언어의 발달에 따라 상징적 기호를 사용할 수 있고 이에 따라 사고 능력에서 진보가 이루어진다. 그러나 이들의 사고는 자아중심적이기 때문에 조망능력을 획득하지 못한다. 또한 모든 사물은 살아 있다는 물활론적인 사고를 하며, 한 특정 사건으로부터 다른 특정 사건을 추론하는 전환적 사고를 한다. 특히 두 사건 간에 시간간격이 별로 없으면 두 사건이 아무런 관계가 없는데도 인과관계가 있는 것으로 생각하는 현상론적 인과관계를 갖는다. 유아는 자아중심적 사고의 특성으로 인해 사물이나 자연현상이 자신을 위해 존재한다고 생각하는 인공론적인 사고를 하기도 한다. 도덕 판단에 있어서는 동기보다 결과를 중요시하는 타율적인 도덕관을 갖는다.

|사진 2-13| 상징놀이는 유아의 상징적 사고와 물활론적 사고를 보여 준다.

또한 전조작기의 유아는 모든 사물을 직관에 의해 파악하려고 한다. 직관적 사고의 특성은 보존개념, 서열화, 분류화 등에서 잘 나타난다. 이 시기 유아는 사물이나 사건의 내재된 규칙을 이해하지 못하고 눈에 보이는 대로 판단하는 직관적 사고 때문에 사물의 모양이 변하거나 여러 부분으로 나누어져도 그 속성은 변하지 않는다는 보존개념을 갖지 못한다. 또한 일정한 특성에 따라서 사물을 순서대로 늘어놓는 서열화, 같은 속성을 가진 것끼리 묶는 분류화, 상위 유목과 하위 유목 또는 전체와 부분의 관계를 이해하는 능력인 유목 포함도 잘 이해하지 못한다. 전조작기에 대한 구체적인 설명도 제7장 영유아의 인지발달에서 볼 수 있다.

(3) 구체적 조작기(concrete operational stage)

구체적 조작기는 6~11세의 초등학교 시기로, 이 시기의 아동은 사고가 급격히 진전하여 일반적인 것으로 관점이 확대되고 내적인 표상을 갖는다. 또한 인지적 조작능력, 즉 심상이나 상징을 변경하고 재조직화하며 논리적 결론에 이르게 할 수 있는 내적인 정신능력을 습득하지만, 이때의 조작은 직접 경험한 구체적인 사실에 대한 조작에 한정된다.

구체적 조작기의 가장 대표적 특성은 가역성이며, 가역성에 의해 보존개념을 획득하고 논리적인 조작이 가능해져서 사물들 사이의 관계를 이해한다. 또한 탈중심화가 이루어지고, 서열화나 유목화를 할 수 있으며 분류개념이 형성된다. 그러나 이 시기 아동의 사고는 현재(now) 여기에서(here) 일어나는 구체적 사실이나 사물에 한정되고 추상적 개념이나 철학적 개념에 대한 사고는 아직도 미숙하다.

(4) 형식적 조작기(formal operational stage)

12세 이후의 청년기가 되면 구체적이고 실제적인 상황을 넘어서 상징적인 추론이 가능해진다. 이 시기의 청소년은 추상적 개념을 이용한 논리적 사고가 가능하고, 현재의 상황뿐만 아니라 미래의 가능한 상황까지도 논리적으로 생각할 수 있다. 가설을 설정하고 체계적으로 검증할 수 있으며 이를 일반화할 수 있다. 이 시기에는 문제해결을 위해서 여러 가지 가능한 해결방법을 논리적으로 적용시키는 조합적 사고가 가능해지고, '만일 ~이면 ~이다'라는 연역적 사고도 할 수 있다. 또한 이상향(Utopia)의 개념을 갖고 추상적 이념으로 건설된 가상적 사회를 꿈꾸기도 한다. 이러한 사고유형은 성인기까지 지속적으로 발달한다.

4) Piaget 이론에 대한 평가

Piaget에 의하면, 인지발달은 질적으로 다른 일련의 단계를 거쳐서 발달한다고 한다. 그리고 영유아 및 아동 스스로가 자연적, 자발적으로 성장하려는 유전적 경향성을 가지고 있기 때문에 인위적 자극에 의해서 인지발달을 촉진시키려는 노력은 무의미하다고 하였다. 영유아 및 아동은 성인이 가르치는 대로 배우는 것이 아니라 스스로의 방법으로 배우며 영유아 및 아동의 사고방식은 성인과 차이가 있다는 점에서 Piaget 이론은 주목받았고 교육에도 많은 시사점을 제공하였다. Piaget의 이론은 과학교육과 수학교육 분야에 폭넓게 적용되었으며, 또한 도덕발달을 인지발달과 연관지었던 초기 연구들은 발달연구에서 사회인지라는 새로운 영역을 개척하였다. Kohlberg와 Selman 같은 사회인지이론가들은 도덕성이나 우정에 대한 이해의 발달을 Piaget의 접근에 기초하여 설명하였다.

그러나 Piaget 이론은 인간발달에 대한 사회와 문화의 영향을 거의 고려하지 않았다는 비판을 받는다. 연구방법 측면에서도 단계의 진전이나 주요 개념들에 대한 과학적 검증이 어렵고, Piaget가 주로 사용한 임상적 면접방법과 관찰은 소수를 대상으로 했기 때문에 객관성과 신뢰성이 결여되었다는 비판을 받는다. 또한 인지발달 단계의 전이가 Piaget의 주장처럼 극적으로 일어나는 것이 아니며, 같은 단계 내에서도 인지특성의 발달 간 유사성이 결여되어 있다는 비판이 있다. 그리하여 이러한 Piaget 이론의 한계점을 수정한 신 Piaget 접근이 등장하게 되었다.

2. Vygotsky의 사회문화적 인지이론

1) Vygotsky의 생애

Vygotsky
(1896~1934)

Vygotsky는 1896년 러시아에서 출생하였다. 그는 모스코바 대학교에서 법학과 문학, 언어학을 공부하였으나, 1917년 러시아혁명 후 새로운 사회주의 건설의 일환으로 마르크스주의(Marxism)에 기초한 '새로운 심리학'을 구상하였다. 즉 인간발달에서 사회문화적 요인의 중요성을 강조하는 발달심리학을 구상하면서 사고, 기억, 추론 등의 정신활동을 강조하였다.

Vygotsky는 1934년 『사고와 언어(*Thought and language*)』라는 책을 출판하였으며, 그 해 38세의 나이로 폐결핵에 걸려 요절하였다. '심리학계의 모차르트'로 불리기도 한 Vygotsky는 짧은 연구기간에도 놀랄 만한 업적을 남겼다. 그러나 1980년대까지 서구 사회에서는 그의 이론과 책을 금서로 지정하였다. 1980년대 이후 Vygotsky의 책들이 영어로 번역되어 소개되면서 그의 이론에 대한 관심이 집중되었으며, 특히 아동발달에서 문화적 요인에 대한 중요성이 재인식되었다(정옥분, 2003).

2) 사회문화의 역할

Vygotsky는 Piaget와 마찬가지로 영유아는 새로운 원리를 배우고 찾기 위해 호기심을 가지고 적극적으로 환경을 탐색하는 존재라고 보았다. 그러나 Piaget가 개인적 차원에서의 환경과의 상호작용을 중시한 반면에, Vygotsky는 사회적 차원에서의 환경과의 상호작용을 중시하였다. 즉 영유아는 혼자 환경과의 상호작용을 통해 인지적 기술을 습득하는 것이 아니라 자신보다 더 진보된 기술을 가진 부모, 교사, 혹은 또래와의 협동적인 상호작용 혹은 대화를 통해 정보를 전달받고 기술을 습득한다고 주장하였다. 이와 같이 발달에서 사회문화적 요인의 중요성을 강조하므로 Vygotsky의 이론을 사회문화적 인지이론이라고 부른다.

영유아가 속한 사회문화는 그 사회문화의 가치와 신념을 전달하기 위해 영유아가 무엇을 생각해야 할지도 결정한다. Vygotsky에 따르면, 영아는 소수의 기본적 정신기능(주의, 감각, 기억, 지각)을 가지고 태어나지만 이것이 사회문화에 의해 새롭고 더욱 정교한 고등정신기능으로 변화한다. 따라서 영유아의 인지발달에 있어 사회와 문화의 역할은 매우 중요하다.

3) 언어와 사고(인지)

Vygotsky는 학습을 촉진시키기 위해서는 영유아와 주위 환경 간의 상호작용이 중요하다고 하였다. 즉 인지발달이 사회구성원과의 상호작용을 통해서 이루어지는데, 이때 언어가 이를 중재하는 도구가 된다고 하여 언어발달을 중시하였다. Vygotsky에 의하면, 인간은 동물과는 다른 고등정신기능을 가지고 있는데 이 고등정신기능이 곧 인지이며, 언어를 매개로 하여 사회구성원과의 사회적 상호작용을 함으로써 고등정신기능이 발달한다고 하였다.

언어는 사고 형성의 틀을 잡아준다. Vygotsky는 언어와 인지는 서로 불가분의 관계에 있다고 하고, 언어를 가장 중요한 심리적 도구로 보았다. Piaget가 인지발달에 따라 언어가 발달한다고 본 것과는 다르게, Vygotsky는 언어와 사고가 초기에는 아무런 관계없이 독자적인 기능을 수행한다고 하였다. 즉 사고가 시작하기 이전에도 언어가 나타나며(예: 옹알이, 울음), 언어로 표현되지 않아도 사고가 존재한다고 하였다. 이렇게 독립적으로 발달하던 언어와 사고는 영유아가 성장함에 따라 서로 만난다고 하였다. 이들은 어느 시기가 되면 서로 통합되는데, 이때가 되면 유아는 생각을 말로 표현할 수 있고 논리적으로 말을 할 수도 있다. 즉 언어에 의해서 사고가 발달하기 시작한다고 한다. 그러므로 Vygotsky는 언어는 사고와 같은 고등정신의 발달에 매우 중요한 역할을 한다고 하였다.

4) 근접발달 영역과 비계

Vygotsky는 영유아는 독립적으로 기능할 수 있는 영역인 근접발달 영역 내에서 발달한다고 하였다. 근접발달 영역(zone of proximal development, ZPD)이란 영유아가 혼자 독립적으로 문제를 해결할 수 있는 실제적 발달 수준과 영유아가 성인이나 유능한 또래로부터 도움을 받아 성취할 수 있는 잠재적 발달 수준 간의 간격을 의미한다. 실제적 발달 수준이 비슷한 두 유아가 있을 때 이들의 실제적 수준은 비슷하지만 잠재적 발달 수준은 다를 수 있다. 두 유아에게 성인이 도움을 주어 문제를 해결하게 했을 때 그 수준은 차이가 날 수 있기 때문이다. 즉 두 유아의 근접발달 영역이 다르기 때문이며, 도움을 받아 수행능력이 증가하면 할수록 근접발달 영역은 더 넓어진다.

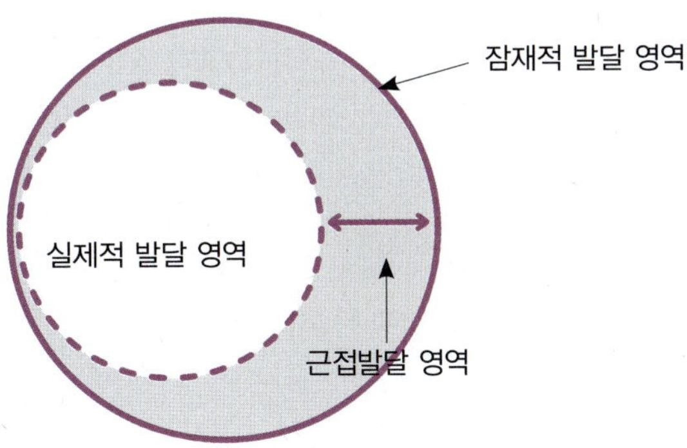

[그림 2-6] 근접발달 영역

출처: 정옥분(2003). p. 233.

근접발달 영역의 설명에서 중요한 것은 비계(scaffolding)를 설정해 주어야 한다는 것이다. 비계는 건축에서 나오는 용어로, 공사할 때 높은 곳에서 디디고 서도록 긴 나무나 쇠파이프를 얽어서 발판을 만들어 놓은 것을 말한다. 즉 비계설정은 영유아가 과업을 성취하고 자신의 능력에 미치지 못하는 목표를 성취할 수 있도록 도와주는 것이다. 영유아는 처음에는 성인이나 유능한 또래의 도움을 받아 과제를 수행하지만 점차 능동적으로 새로운 지식과 기술을 구성할 수 있도록 스스로 동기화되면서, 결국에는 자신이 과제를 스스로 해결할 수 있게 된다.

|사진 2-14| 성인이나 유능한 또래의 도움(비계)으로 과제를 해결할 수 있다.

5) Vygotsky 이론에 대한 평가

Vygotsky 이론은 인지발달에 있어 사회문화적 맥락의 중요성을 강조하였다. 그는 환경이 행동에 영향을 미치고 반대로 행동도 환경에 영향을 미치는 상호작용을 강조하면서 환경과 문화적 요소, 그리고 개인 간의 상호작용을 통해 발달이 이루어진다고 보았다. 이러한 사회문화적 이론은 아동의 발달에 있어서 성숙과 생물학적 측면을 뛰어넘는 철학적 측면을 갖고 있다고 평가받는다(Agbenyega, 2009). 또한 Vygotsky는 근접발달 영역이 학습이 일어날 수 있는 한계를 설정하는 동시에 학습과 인지발달의 관계를 명확히 하는 중요한 역할을 한다고 주장함으로써 학습을 통해 인지발달이 이루어진다고 보았다. 이처럼 Vygotsky는 Piaget와 달리 교육이 발달에 도움을 준다며 환경의 역할을 강조하였다. Vygotsky의 연구는 최근 읽기와 언어교육, 특히 문해 출현(emergent literacy) 프로그램에 많은 영향을 미쳤다.

반면 Vygotsky 이론은 사회문화적 맥락의 차이에 대한 설명은 있으나 발달적 차이에 대한 설명이 부족하기 때문에 이 이론이 인지발달이론인가 하는 근본적인 의문을 낳는다. 여기에 문화적, 사회적 경험을 강조한 반면, 인간발달의 생물학적 측면을 간과했다는 점, 근접발달 영역의 개념이 모호하다는 점, 엄마와 영유아 간의 상호작용은 집중적으로 다루었으나 또래관계나 아버지와의 관계에 대해서는 그 내용이 부족하다는 점 등이 비판을 받고 있다.

3. 정보처리이론

1960년대 컴퓨터의 개발에 따라 컴퓨터의 정보처리 과정이 연구되었으며, 심리학자들은 인간의 인지 활동을 정보처리 과정에 적용하여 이해하려고 하였다. 정보처리이론의 관점에서 발달을 연구하는 학자들은 Piaget의 인지발달이론을 인정하면서 정보처리이론을 보다 확장시켜 나간다. 즉 Piaget의 인지발달이론이 그 공헌도에도 불구하고 비판을 받으면서, 인지발달 과정을 다른 관점에서 접근하여 연구하려는 하나의 시도로 정보처리이론(information processing theory)에 관심을 갖기 시작한 것이다. Piaget 이론이 인지발달을 단계로 설명하는 것과 달리 정보처리이론은 발달을 연속적이고 계속적인 과정으로 본다. 이러한 입장의 학자들에는 Case, Pascual-Leon 등 신 Piaget 학파의 학자들도 있다.

1) 기본 원리

정보처리이론의 입장에서 볼 때, 인지란 주의, 지각, 기억, 개념형성, 문제해결 등의 과정을 포함한다. 정보처리 과정은 개인이 주위 환경으로부터 정보를 얻고 조작하고 처리하며 기억하는 것에 초점을 둔다. 즉 외부에서 제시되는 정보를 표상하고 조직하며, 이러한 정보를 기억과정을 통해 저장하고, 시간의 흐름에 따라 저장된 정보를 전환하며, 마지막으로 정보를 효율적으로 인출하는 일련의 정보처리 과정을 통해 인지발달을 설명한다.

정보처리이론은 인간의 인지과정을 컴퓨터의 정보처리 과정과 유사하다고 본다. 정보처리 체계는 일반적으로 구조와 과정으로 구분된다. 구조란 컴퓨터의 하드웨어에 해당되는 인간의 뇌와 신경계로, 정보처리 용량의 한계를 결정하며 감각기관, 단기기억 또는 작업기억, 장기기억, 근육기관의 네 가지 주요 요소로 구성되어 있다. 과정은 컴퓨터의 소프트웨어에 해당되는 특정한 문제해결을 위한 계획이나 책략으로, 정보처리 체계 내에서 정보들을 변형시키고 그 흐름을 통제하는 정신적 작용을 말한다. 이에는 주의, 지각, 기억 등의 요소가 있다(Flavell, 1971). 정보처리 과정은 제한된 용량을 가지고 있으며, 모든 인지적 활동은 그것이 아무리 복잡하고 정교하게 보일지라도 정보처리 과정 내 요소들의 작용으로 설명할 수 있다.

정보처리이론은 인지과정을 세 가지 체계로 개념화한다. 첫째, 외부세계로부터의 정보를 시각, 청각, 미각, 후각 등의 감각기관을 통해 인지체계에 투입(input)한다. 둘째, 감각기관에 투입된 정보를 다양한 방법으로 저장하고 전환한다. 여기에는 정보를 부호화(encoding), 저장(storage), 인출(retrieval)하는 과정이 포함된다. 부호화는 정보가 필요할 때 기억할 수 있도록 다양한 방법을 사용하여 기록하는 과정이고, 저장은 정보를 기억 속에 넣어두는 과정이며, 인출은 저장된 정보를 필요할 때 꺼내는 과정이다. 정보처리에 관한 대부분의 연구가 이 부분에 집중되어 있다. 마지막으로, 이러한 정보를 산출한다(output).

새로운 기술이 개발됨에 따라 컴퓨터의 구조와 프로그램이 복잡해지는 것처럼 인간의 인지과정도 성장하면서 점점 더 복잡해진다. 영유아 및 아동은 발달하면서 점차적으로 정보처리 능력이 발달하고, 이에 따라 점점 더 복잡한 지식과 기술을 습득하게 된다. 예를 들면, 유아보다 초등학교 아동이 기억을 더 많이 할 수 있는데, 이는 두 가지로 설명이 가능하다. 하나는 하드웨어의 차이로, 아동의 뇌와 신경계가 유아에 비해 더 성숙했기 때문이다. 다른 하나는 소프트웨어의 차이로, 유아에 비해 아동이 다양한 기억책략을 사용할 수 있기 때문이다(Kail, 1992). 정보처리 모델에 관해서는 제7장 영유아의 인지발달에서 구체적으로 설명한다.

2) 정보처리이론에 대한 평가

정보처리이론은 Piaget와 마찬가지로 영아 및 아동을 매우 능동적으로 정보를 탐색하고 처리하는 존재로 보았다. 또한 인간의 인지과정을 컴퓨터의 정보처리 과정과 비교하여 인간의 복잡한 사고과정을 한눈에 알기 쉽게 설명하였다. 지각, 주의, 기억, 정신작용 등이 어떻게 관련되었는가를 밝혀냈으며, 특히 기억, 표상, 문제해결 분야의 연구를 과학적으로 분석하여 발전시켰다(Miller, 2011). 또 다른 정보처리이론의 공헌점은 영유아 및 아동이 문제해결을 위해 사용하는 정보처리 책략을 면밀하게 검토함으로써 오답의 원인을 정확하게 밝혀내어 문제해결에 도움을 줄 수 있다는 것이다. 따라서 정보처리적 접근을 시도한 연구들은 인지발달에 관한 Piaget 이론의 수정을 요구할 뿐만 아니라 종래의 Piaget 이론에 입각한 교육의 이론과 방법에도 커다란 영향을 미칠 것으로 전망된다.

그러나 정보처리이론은 논리적이고 규칙적이므로 상상력이나 창의성 같이 비논리적 측면의 연구를 소홀히 했으며, 과제의 처리기제나 처리과정에만 초점을 맞추었을 뿐 그 과정이 일어나는 맥락이나 개인의 욕구, 능력 및 이들 간의 관련성은 간과했다는 비판을 받는다(Miller, 2011). 또한 정보처리이론의 대부분 연구가 인위적인 실험실 상황에서 진행되었기 때문에 실제 학습상황에서 나타나는 중요한 특성을 고려하지 못했다는 비판도 있다(Berk, 2012).

5 동물행동학이론

동물행동학(ethology)이론은 Darwin의 진화론에 근거하여 영유아발달에 있어서 생물학적인 역할을 강조한다. 진화론의 기본 전제는 모든 종의 개체발달은 그 종의 진화과정을 통해 내재된 생물학적 역사와 특정한 환경 맥락의 영향을 받는다는 것이다. 동물행동학은 인간행동의 많은 부분을 인간이 공통적으로 가지고 있는 종 특유의 유전적 기제로 설명한다. 여기에서는 대표 동물행동학자인

Lorenz의 각인이론과 이 이론을 영유아발달에 적용한 Bowlby의 애착이론을 살펴본다.

1. Lorenz의 각인이론

1) Lorenz의 생애

Lorenz
(1903~1989)

동물행동학의 주창자인 Lorenz는 1903년 오스트리아에서 의사의 아들로 출생했다. 그는 어려서부터 동물에 관심을 보여 동물들을 집에서 길렀으며, 일기 형태로 조류의 행동을 자세히 기록하기도 했다. Lorenz는 의학을 공부한 후 의사자격을 획득했지만 야생동물 연구에 대한 미련 때문에 비엔나 대학교에서 동물학을 연구하여 1933년에 동물학 박사학위를 취득하였다. 그후 갈가마귀와 회색기러기 같은 조류를 관찰한 일련의 연구논문들을 발표하여 국제적인 명성을 얻었다. Lorenz는 빈 대학교에서 비교해부학과 동물심리학을 강의하였고, 1948년 오스트리아의 알텐베르그 비교행동학연구소 소장이 되었다. 그는 1973년 Timbergen, Fritz와 함께 노벨생물학상을 공동수상하였다.

2) 각인

Lorenz는 동물의 행동은 자연환경 속에서만 정확히 이해할 수 있다고 하여 실험실에서 연구하는 것을 배제하고 자연관찰에 의한 연구방법을 고집하였다. 그는 모든 생물 종은 생존을 위해서 종 특유의 행동을 한다는 것을 발견하였으며, 자연관찰에 의해서만 종 특유의 고유한 행동패턴을 관찰할 수 있다고 하였다. 그중 가장 유명한 사례가 청둥오리의 각인행동이다.

Lorenz는 청둥오리가 낳은 알을 두 집단으로 나누어 한 집단은 어미 청둥오리가 부화시키고 다른 집단은 Lorenz 자신이 직접 부화시켰다. Lorenz가 부화시킨

청둥오리 새끼들은 부화 후 처음 본 그를 어미 따르듯 졸졸 따라다니는 행동을 보였다. Lorenz는 부화 후 처음 본 대상에 대한 새끼 청둥오리의 이러한 추종행동을 각인(imprinting)이라 명명하였다.

각인이란 어린 동물이 생후 초기의 특정한 시기(결정적 시기) 동안 어떤 대상에 노출되어 그 대상에 애착하는 것(Crain, 1983)이다. 만일 결정적 시기 이전이나 이후에 그 대상에 노출된다면 애착은 형성되지 않고 그 행동은 습득할 수 없다. 청둥오리는 부화 후 13~16시간이 가장 민감한 시기인데 이 시기에 자신이 본 움직이는 물체를 어미로 인식한다. 알에서 깨어난 청둥오리 새끼가 Lorenz를 어미로 인식하고 따라다니는 행동은 움직이는 대상을 따르려는 생득적 경향성과 알에서 깨어난 후 일정시간 내에 실제로 움직이는 대상이 있는 환경을 만날 때 각인되는 종 특유의 행동인 것이다.

Lorenz는 각인현상이 출생 후 일정기간 내의 결정적 시기에만 일어나지만 각인된 행동은 나머지 생애 동안 지속된다는 것을 밝혀냈다. 발달학자들은 Lorenz의 각인이론을 인간발달에 적용하여 인간의 모든 행동에는 결정적 시기가 있다고 주장하였다(김정희, 김현주, 손은경, 송연숙, 정인숙, 2003).

|사진 2-15| Lorenz에게 각인된 오리들은 Lorenz를 어미로 알고 따라다녔다.

3) Lorenz 이론에 대한 평가

Lorenz의 각인이론은 발달을 설명하는 데 있어 진화론적인 견해를 첨가함으로써 인간 행동을 해석하는 새로운 접근방식을 제시하였다. 특히 동물을 통해서 인간의 행동을 볼 수 있는 새로운 관점을 제시하였다는 점에서 기존의 발달이론들과 차별화된다. 또한 결정적 시기와 각인이라는 새로운 개념을 제안하였다는 점에서 의의가 있다. Lorenz는 자연스러운 일상생활 환경에서 대상을 관찰하여 연구함으로써 아동 연구에 관찰법을 적용하는 데 영향을 미쳤다.

그러나 Lorenz의 이론은 자연적인 관찰법에 의존하므로 연구 수행에 어려움이 있으며, 비교적 최근에 대두된 학문적 접근방법인 만큼 이 이론에 대한 검증과 비판이 다른 고전적 발달이론들에 비하여 축적되지 못하였다. Lorenz 이론은 인간의 발달에서 학습과 경험의 역할을 무시하였다는 점에서 학습이론가들에 의하여 주로 비판을 받아왔다. 또한 행동 연구에 초점을 두고 아동의 언어나 추상적 사고와 같은 발달에 대해서는 별로 관심을 기울이지 않았다는 비판도 있다 (Miller, 2011).

2. Bowlby의 애착이론

1) Bowlby의 생애

Bowlby
(1907~1990)

애착이론의 창시자인 Bowlby는 1907년 런던에서 외과의사의 아들로 태어났으며, 아버지의 뜻에 따라 케임브리지 대학교에서 의학공부를 했다. 2차 세계대전 후 임상의로 근무하면서 수용시설에서 자라는 아동에게 여러 정서적 문제가 있는 것을 발견하고 관심을 가졌다. 그 후 많은 아동을 관찰한 결과, Bowlby는 엄마와 유아 간의 관계에 대해 세심한 주의를 기울이지 않고는 아동발달을 이해할 수 없다는 확신을 가졌고, 동물행동학적 이론의 틀 안에서 당시의 애착이론을 논의하였다(Bowlby, 1958). 저서로는 『애착과 상실: 애착(*Attachment and loss: Attachment*)』(1969), 『안전기지(*A secure base*)』(1988) 등이 있다.

2) 애착

동물행동학의 영향을 받아 가장 넓은 범위로 연구된 발달심리학적 영역은 애착이라고 할 수 있다. Bowlby는 인간이 가진 종 특유의 내적 기제에 의하여 주양육자와 영아 간의 초기 애착이 형성되는 과정에 대한 이론을 수립하였다. 그는 애착을 인간에게서 나타나는 종 특유의 행동으로 보고 영아가 자신을 가장 가까이에서 돌봐주는 엄마(일차 양육자)에게 애착을 형성하는 과정을 이론적으로 정립하였다.

Bowlby는 종 특유의 행동은 특정 외부 자극에 의해 유발된다고 하였다. 이를 애착에 적용하면, 영아는 선천적으로 다른 사람에게 접근하고자 하는 성향, 즉 애착욕구를 가지고 태어나는데 이에 대한 엄마의 민감하고 따뜻한 반응에 의하여 영아와 엄마 간의 친밀한 유대관계가 형성된다고 하였다. 즉 영아는 선천적으로 양육자에게 신호를 보내도록 하는 내적 기제를 가지고 태어나고, 엄마는 자기가 낳은 아이의 생물학적 신호에 반응하게 된다고 설명하였다. 이러한 상호작용이 오랜 기간 반복되면서 영아와 엄마 간의 애착이 형성된다.

대부분의 동물은 결정적 시기가 생후 몇 시간에서 최고 며칠 이내로 짧은 편이지만, 인간의 경우 결정적 시기가 훨씬 오래 지속된다고 볼 수 있다. Bowlby의 이론에 따르면, 생후 1년 동안 아기는 자신을 잘 돌봐주고 같이 놀아주며 모성행동을 보이는 사람에게 애착을 유발하는 행동을 강하게 자주 나타낸다. Bowlby는 우리가 애착이라고 부르는 복잡한 행동체계의 일차적 기능이 위험으로부터 영아를 보호하기 위한 것이며, 영아로 하여금 성인으로 발달할 수 있도록 자신을 돌보는 것이라고 하였다.

또한 Bowlby는 수주 동안 양육자와 격리된 영아의 반응을 관찰하였는데, 처음에는 울며 반항하던 영아가 격리가 오래 지속되면 엄마에 대하여 아예 흥미를 잃

|사진 2-16| 영아와 엄마 간의 친밀한 유대관계가 애착을 형성한다.

어버리는 초월상태(detachment)가 되는 것을 알아냈다. 그는 이렇게 격리로 인해 불안을 나타내다가 엄마를 외면하게 되는 것을 방어적 행동유형으로 설명하였다. 마찬가지로 양쪽 부모 아래에서 성장했어도 엄마와 장기간 분리를 경험한 아동은 고아들과 유사한 징후를 보인다는 것도 알았다. 즉 어려서 부모나 엄마의 부재를 경험한 아동은 충격을 받아 지속적으로 타인과 밀접한 유대관계를 형성하지 못하였다. Bowlby는 이러한 아동의 정서적 문제의 이유가 생의 초기에 엄마와의 친밀한 인간관계를 통한 애착을 확고하게 형성할 기회가 없었기 때문이라고 해석하였다. Bowlby(1969)는 애착이 형성되는 기간을 아동기 말까지로 보고, 애착의 단계를 4단계로 설명하였다. 이 부분은 제10장 영유아의 정서발달에서 설명한다.

3) Bowlby 이론에 대한 평가

Bowlby의 애착이론은 영유아의 사회, 정서발달 연구에 큰 영향을 미쳤으며, Lorenz의 이론과 함께 진화의 관점에서 인간의 발달을 보는 것이 중요하다는 것을 시사한다. 즉 영유아의 행동을 변화시키기에 앞서 자연의 계획을 어떻게 따를 것인가를 생각하게 한다. Bowlby는 근본적으로 정신분석학자로서 훈련을 받았던 만큼 어린 시절 초기 경험의 중요성을 강조하였고, 비록 초기 경험이 후기 발달의 모든 것을 결정하지는 않을지라도 후기 발달의 가능성을 제한할 수 있다는 점을 시사하였다(조성연 외, 2010). Bowlby의 애착연구는 애착관계의 발달과정과 질에 대한 연구들을 활발하게 촉진시킨 공로가 있다.

그러나 Bowlby의 이론은 영유아기에만 치중했다는 비판을 받았다. 또한 동물행동학적 개념을 인간에게 적용하는 데 있어서 그 범위가 명확치 않다는 비판을 받기도 한다.

6 생태학적 이론

대부분의 발달이론이 인간의 발달을 설명하는 데 있어서 인간의 심리나 행동에 초점을 두고 있는 것과는 다르게 생태학 이론은 인간을 둘러싼 환경에 초점을 맞추고 있다. 여기에서는 가장 대표적인 Bronfenbrenner의 생태학적 체계이론을 살펴보기로 한다.

1. Bronfenbrenner의 생태학적 체계이론

1) Bronfenbrenner의 생애

Bronfenbrenner
(1917~2005)

Bronfenbrenner는 러시아의 모스크바에서 출생했으며, 여섯 살 때 미국으로 이주하였다. 그는 코넬 대학교에서 음악과 심리학을 전공하였으며, 1942년 미시간대학교에서 박사학위를 받았고, 1948년 코넬대학교에서 교수가 되었다. 그는 1979년 『인간발달 생태학(*The ecology of human development*)』이라는 저서에서 자신의 생태학적 이론을 설명하였다.

2) 생태학적 모델

Bronfenbrenner는 생태학적 모델(ecological model)을 통해 영유아에 대한 이해가 사회문화적 맥락에서 이루어져야 한다고 주장하였다. Bronfenbrenner의 생태학적 모델은 영유아의 생활에 직·간접적으로 작용하는 사회적 환경의 상호 연계성을 체계화하였다. 이 모델에 의하면, 영유아는 여러 겹으로 된 구조의 생태계 속에서 살고 있다. 영유아를 중심으로 영유아 가까이에 있는 체계일수록 직접적이고 크게 영향을 미친다. 뿐만 아니라 외부에 있는 체계는 그 안에 있는 체계에 영향을 미치고, 모든 체계는 상호작용하며 영향을 미친다. Bronfenbrenner는 이 구조를 네 가지 체계, 즉 미시체계, 중간체계, 외체계, 거시체계로 나누었고, 후에 시간체계를 하나 더 첨가하여 다섯 가지 체계로 구성하였다(Bronfenbrenner, 1979).

(1) 미시체계(microsystem)

생태학적 모델에서 영유아는 중앙에 위치하며, 미시체계는 부모, 가정, 친구, 학교, 교사, 지역사회 등 영유아가 속한 가장 직접적인 환경을 말한다. 미시체계는 영유아와 밀접하게 상호작용함으로써 영향력을 행사하는데, 영유아가 살고 있는 지역, 동네에 있는 놀이시설의 양과 수준, 도서관에 비치된 도서의 양 등과 같은 물리적 특성과 또래집단의 사회경제적 지위, 부모의 교육 수준, 교사의 신념 등 영유아발달에 영향을 미칠 수 있는 심리적, 사회적 특성들도 포함한다. Bronfenbrenner에 의하면, 영유아는 환경의 영향을 받는 수동적인 존재가 아니라 환경을 구성하는 능동적인 주체이므로 영유아가 성장하면 미시체계도 변화하게 된다. 영유아와 관련된 사회문화적 영향에 대한 대부분의 연구는 미시체계에 초점을 맞추고 있다.

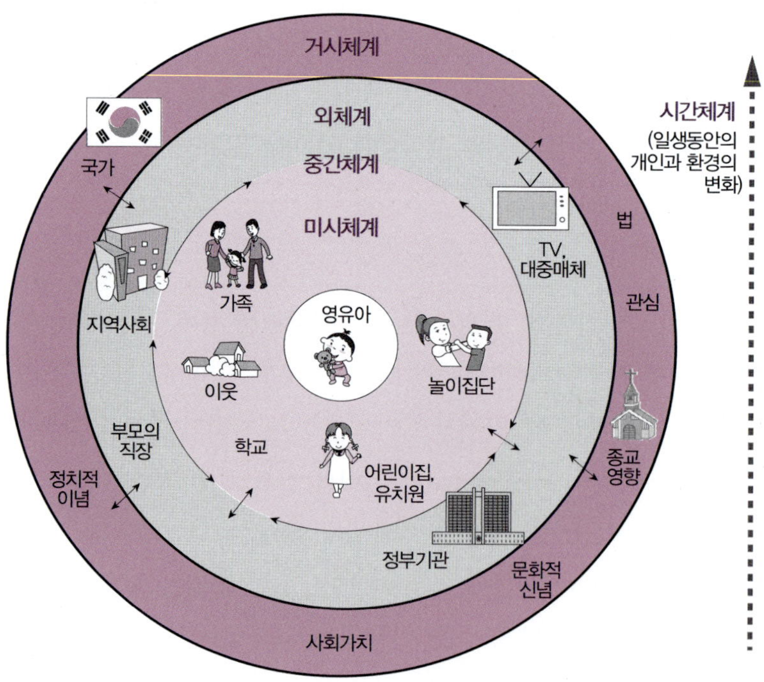

[그림 2-7] Bronfenbrenner의 생태학적 모델

(2) 중간체계(mesosystem)

중간체계는 두 가지 이상의 미시체계들 간의 관계, 다시 말하면 환경들과의 관계로 구성된다. 중간체계 수준의 상호작용은 사적이며 직접적으로 이루어지는데, 여기에는 학교(교사)와 가정(부모) 간의 관계, 형제간의 관계, 가정과 또래집단 간의 관계가 포함된다. 예를 들어, 부모와의 관계가 원만하지 않은 유아는 친구와의 관계도 원만하지 않을 수 있는데, 이는 중간체계가 유아의 발달에 영향을 미쳤기 때문이라고 볼 수 있다. 일반적으로 이 체계들 간의 관계가 밀접할수록 영유아의 발달은 순조롭게 진행된다.

|사진 2-17| 미시체계인 형제간의 관계가 중간체계(형제관계)가 된다.

(3) 외체계(exosystem)

외체계는 영유아와 직접 상호작용하지는 않으나 영유아의 미시체계에 영향을 주는 사회적 환경을 말한다. 즉 지역사회 수준에서 기능하고 있는 사회의 주요 기관으로 부모의 직장, 학교운영위원회, 정부기관, 교통·통신시설, 문화시설 등이 포함된다. 영유아가 직접 이러한 외체계에 참여하지는 않지만 이러한 환경은 영유아의 행동에 여러 가지 영향을 미친다. 예를 들어, 엄마의 취업 여부나 정부의 보육정책에 따라 영유아의 생활 패턴이 달라지는 것을 외체계의 영향이라고 할 수 있다. 그러나 외체계가 영유아에게 미치는 영향력은 비개인적이고 간접적이며 일방적이다.

(4) 거시체계(macrosystem)

거시체계는 미시체계, 중간체계, 외체계에 포함된 모든 요소뿐만 아니라 개인이 살고 있는 문화적 환경까지 포함한다. 거시체계는 법률과 같이 명백한 형태를 가진 것도 있으나 문화적 신념, 국가, 정치적 이념, 관습, 일상생활 습관 등 대부분 비형식적인 것들로 구성된다. 영유아가 속해 있는 사회문화적 배경에 따라 부모의 양육태도 등 가치관이 달라지며 이러한 가치관은 영유아의 발달에 지속적으로 영향을 미친다. 거시체계는 영유아의 삶에 직접적이지는 않으나 매우 강한 영향력을 발휘한다. 일반적으로 거시체계는 다른 체계보다 더 안정적이지만 때로는 사회변화에 따라 변할 수도 있으며, 하위체계에 대한 지지기반과 가치준거를 제공해준다(Elder & Caspi, 1988).

(5) 시간체계(chronosystem)

시간체계는 Bronfenbrenner가 처음 발표한 생태학적 모델에는 포함되지 않았으나 생태학적 관점에서 아동을 설명하는 데 필요한 체계로 간주되어 후에 새롭게 포함되었다. 시간체계는 시간적으로 한 시점의 사건이나 경험이 아닌 전 생애에 걸쳐 일어나는 변화와 사회역사적인 환경을 의미한다. 즉 어떤 시대에 출생하여 성장하였는가에 따라 영유아는 그 발달과 삶에 큰 영향을 받는다.

이상에서 본 바와 같이 사회라는 환경은 계속 변화하고, 그 사회 속에 있는 유기체인 영유아도 끊임없이 변화한다. 유기체와 환경 간의 상호작용인 생태체계 안에서 이 둘은 서로에게 영향을 미친다. 부모, 가족, 친구, 학교 등 영유아를 둘러싼 미시체계에서부터 문화, 관습, 이념 등의 거시체계에 이르기까지 모든 생태체계는 영유아에게 영향을 미치며, 이러한 생태환경은 과거, 현재, 미래라는 시간체계의 변화 속에서 작용한다. 그러므로 영유아에 대한 이해는 이러한 생태체계 내에서 포괄적으로 이루어져야 하며, 이는 결국 영유아가 그가 속한 사회에 어떻게 적응하는지를 이해하는 데 도움을 준다.

3) Bronfenbrenner 이론에 대한 평가

많은 연구가 영유아의 발달 자체에 관심을 가지고 기술되었거나 영유아와 환경의 관계를 다루더라도 영유아 주변의 직접적인 환경에만 한정하여 환경을 매우 협소하게 이해하였다. 이에 반해 Bronfenbrenner의 생태학적 체계이론은 영유아를 둘러싼 환경을 직접적이고 큰 영향을 미치는 미시체계부터 영향력이 작은 시간체계까지 겹겹의 구조로 체계화하여 이들 체계와 영유아발달과의 관계를 설명하였다(정옥분, 2003).

Bronfenbrenner의 생태학적 체계이론은 영유아의 발달이 일어나는 맥락과 발달에 영향을 미치는 환경을 고려하였으나 실제로 이러한 모든 맥락과 환경을 고려하여 연구를 수행하는 데는 어려움이 있기 때문에 이론의 검증 가능성에 대한 비판이 제기된다. 또한 생태학적 체계이론은 다양한 환경의 영향에 대해서는 강조하였으나 영유아의 능동적 발달과정이나 생물학적인 면과 성숙 등의 영향에 대해서는 간과하고 있다는 비판도 받고 있다(정옥분, 2003). 이를 보완하기 위해 Bronfenbrenner(1995)는 그의 이론에 생물학적인 영향력을 첨가하여 자신의 생태학적 모델을 생물생태학적 모델(bioecological model)이라고 재명명하였다. 그럼에도 불구하고, 그의 이론은 여전히 생태학적, 환경적 영향력이 우세하다고 볼 수 있다.

 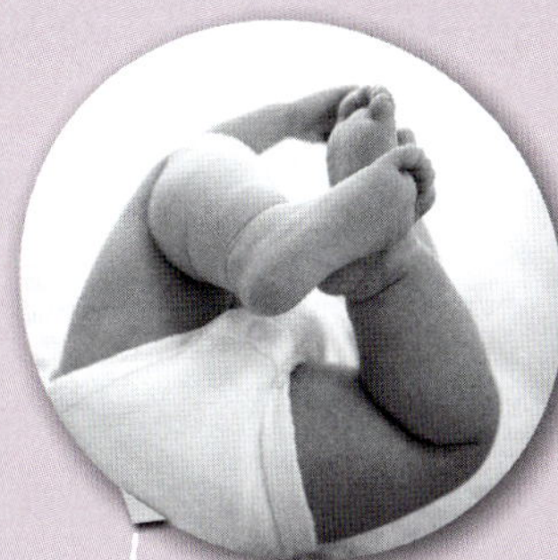

CHAPTER 3

영유아발달 연구방법

연구방법은 연구가 과학적인가를 판단하는 핵심적 기준으로, 연구자가 어떻게, 어떠한 절차를 거쳐서 연구를 수행하는가는 매우 중요하다. 따라서 본 장에서는 먼저 일반적으로 과학적 연구의 기초가 되는 기준과 구성 요소를 소개하고 과학적 연구의 진행 과정을 살펴보고자 한다. 다음으로 영유아발달 연구에서 사용되는 연구의 종류와 다양한 자료수집방법에 대해 알아보고, 연령과 관련된 발달 변화를 평가하는 데 유용한 연구설계의 유형에 대해 소개하고자 한다. 끝으로 영유아를 대상으로 하는 연구에서 반드시 준수해야 할 윤리적 측면에 대해 알아보고자 한다.

1 과학적 연구의 기초 및 과정

과학적 연구는 과학적 방법을 사용하여 수행된다. 과학적 방법이란 연구자들이 연구를 설계하고 수행하며, 연구결과를 평가하고, 연구결과에 대해 다른 연구자들과 소통하기 위해 사용하는 규칙들의 체계이다(Vasta, Haith, & Miller, 1999). 여기서는 객관성과 관찰 가능성, 측정 가능성 등 과학적 방법의 기준과 이론, 가설 등 과학적 연구의 주요 요소에 대해 살펴본 후, 과학적 연구에서 일반적으로 거치는 과정에 대해 설명할 것이다.

1. 과학적 연구의 기준

모든 과학 분야에서와 같이 영유아발달을 연구하는 학자들도 객관적이고, 측정이 가능하며, 다른 연구자들이 반복할 수 있는 방식으로 연구를 수행하고자 한다. 이러한 방식을 한마디로 과학적 방법이라고 한다. 먼저 객관성(objectivity)은 연구가 과학적인지를 판단하는 중요한 기준의 하나이다. 이는 어떤 연구자가 수행하건, 원칙적으로는 해당 연구를 동일한 방식으로 수행하는 것이 가능하도록 연구를 진행한다는 의미이다. 연구의 객관성을 유지하기 위해 연구자는 자료수집 전에 연구결과를 미리 단정하지 말아야 하며, 수집된 자료에 자신의 선입관이나 편견이 반영되지 않도록 주의해야 한다.

과학적 연구의 또 다른 기준인 현상이나 사건의 관찰 가능성과 측정 가능성은 발달 연구의 객관성을 높이는 데도 도움이 된다(Vasta et al., 1999). 연구자는 연구를 수행할 때 관찰이 가능한 행동에 중점을 두는 것이 좋다. 영유아발달 연구에서는 영유아의 특성이나 행동에 대해 기술하고, 특성이나 행동의 변화 과정을 설명하며 변화의 원인과 결과를 밝히고자 한다. 이때 추상적인 개념보다 관찰이 가능한 특성이나 행동에 중점을 두는 것이다. 예를 들어, 유아의 자아존중감을 연구하고자 하면 사회적 상황에서 유아가 또래들과 어떻게 상호작용하는지를 살펴보고, 인지 능력에 대해 연구하고자 하면 지능 검사에서 보이는 수행력을 살펴보는 것이다. 또한 연구의 초점이 되는 행동이나 관련 요인을 측정할 수 있어야 한다. 이를 위해서는 해당 행동을 매우 정확하고 자세하게 정의해야 한다. 예를 들어, 연구자가 유아의 공격성에 관심이 있다면, 연구에서 의미하는 공격성이 무엇인지를 정확히 구체적으로 정의해야 한다. 예를 들어, 공격성을 또래 상호작용에서 고함치기, 던지기, 밀기, 때리기가 나타난 횟수나 지속 시간으로 정의하고, 이러한 행동을 체계적인 관찰 절차를 통해 측정할 수 있다.

과학적 연구는 반복 또는 재현이 가능해야 한다. 반복 가능성(replicability)은 원래의 연구 결과와 동일한 결과가 나올 확률을 말한다(Caulfield, 2001). 즉 다른 연구자가 수행한다고 할지라도 동일한 절차를 거치면 유사한 결과가 나타날 가능성을 의미한다. 따라서 연구자가 연구의 과정을 명확하게 밝히고 연구에서 사용한 개념을 관찰이 가능하고 측정이 가능하게 제시해야 한다.

이러한 기준에 덧붙여 과학적 연구에서는 대표적인 표본을 이용해야 한다. 즉 연구자가 관심을 가지고 있는 모집단의 특성을 잘 대표하는 표본에서 자료를 수집해야 한다. 연구자들은 보통 '우리나라의 3, 4세 남아들' 또는 '맞벌이 가정의 영아들'과 같이 상당히 광범위한 대상에 관심이 있다. 연구자가 관심을 가지고 있고 연구결과를 적용시키고자 하는 대상 전체를 모집단(population)이라고 한다. 하지만 이러한 모집단 내 모든 구성원으로부터 정보를 수집하는 것은 여러 가지 측면에서 매우 어렵다. 따라서 거의 모든 연구들은 모집단의 일부분인 표본을 대상으로 자료를 수집한다. 표본(sample)은 모집단의 일부로 연구자가 실제 자료를 수집하는 대상을 의미한다. 연구자는 표본에서 수집된 자료를 분석해 모집단의 특성을 추론하게 된다. 따라서 모집단의 특성을 잘 대표할 수 있는 표본을 사용하는 것이 중요하다.

2. 과학적 연구의 주요 요소

과학적 연구에는 그 기초를 형성하는 조직화된 원칙들이 있다. 이러한 원칙에는 법칙, 이론, 가설이 포함된다(Stangor, 2007). 먼저 법칙(laws)이란 모든 상황에 적용되는 매우 일반화된 원칙을 의미한다. 자연과학 분야에서 잘 알려진 법칙의 예로 중력의 법칙(the law of gravity)을 들 수 있다. 하지만 행동과학 분야인 발달 연구에서 일반적으로 받아들여지는, 모든 상황에 적용되는 원칙을 찾기는 쉽지 않다. 따라서 여기서는 발달 연구의 수행과 밀접한 관련이 있는 이론과 가설의 개념을 중심으로 살펴보기로 한다.

발달 연구에서 이론(theory)은 발달을 설명하고 예측할 수 있도록 만들어진, 조직화된 아이디어들의 집합이다(Kail, 2012). 이론은 이를 확증하거나 반증하는 새로운 경험적 정보를 바탕으로 수정되거나 정교해진다. 따라서 과학적 사실의 발견, 과학적 사실의 축적은 이론 수립, 경험적 검증, 이론 수정 등을 끊임없이 순환하는 과정이 되기도 한다.

이론은 연구에서 검증될 수 있는 가설을 도출하는 데 도움이 된다. 또한 연구자들은 구체적인 가설을 이용해 특정 이론에서 예측하는 바가 맞는지를 평가하게 된다. 가설(hypothesis)이란 변인들 간의 관련성에 대한 구체화되고 검증이 가능한 형태의 예측이다. 즉 현상이나 요인들 간의 예측된 관계에 대해 진술한 것이다. 연구자는 가설을 형성하기 위해 이론이나 선행 연구결과와 같은 문헌, 여러 가지 현장 정보를 바탕으로 연구 관심사에 대해 집중적으로 살펴본 후, 연구의 관심이 되는 사건이나 현상이 어떠할 것인지를 논리적으로 예측해야 한다. 가설은 이론과 마찬가지로 과학적 연구에서 매우 중요한 역할을 한다. 왜냐하면 가설은 연구자가 구체적으로 어떤 변인을 조작하고 어떻게 측정하는지 등을 결정할 때 영향을 미치기 때문이다.

연구자들은 가설에서 변인들 간의 관련성을 규명하는 데 관심을 가지고 있다. 이때 변인(variable)이란 값이나 가치가 변화할 수 있는 요인을 말한다. 영유아발달 연구에서 변인은 측정 시기마다 혹은 개인마다 다른 특성이나 경험, 행동 등이 될 수 있다. 연구자들은 궁극적으로는 변인들 간의 인과관계를 밝히는 데 관심을 가지고 있다. 즉 현상의 원인이 무엇인지, 결과가 무엇인지를 알아내고자 한다. 예를 들어, 영아가 부모와 상호작용하는 방식이 영아의 지능에 영향을 미칠 것인지, 유아가 폭력적인 TV 프로그램을 많이 보면 공격적으로 행동하게 될 것인지와 같은 문제에 답하고자 한다.

연구를 수행하기 위해 연구자는 관심을 가지고 있는 변인을 조작적으로 잘 정의해야 한다. 조작적 정의(operational definition)란 연구의 변인을 측정이 가능한 형태로 구체화시키는 것을 말한다. 특정 연구 변인에 대해 연구자마다 다른 조작적 정의를 사용할 수도 있다. 예를 들어, 유아의 공격성이 관심 변인일 때, 어떤 연구자는 주양육자가 평가한 유아의 신체적 적대감이라고 정의할 수도 있고, 다른 연구자는 실험실에서 또래 자유놀이시간에 관찰된 유아의 고함지르기, 때리기, 던지기, 밀기 행동의 빈도와 강도라고 정의할 수도 있다. 따라서 연구자는 자신의 연구를 다른 연구자가 반복할 수 있을 정도로 각 연구 변인들의 측정 절차에 대해 정확히 기술해야 한다. [그림 3-1]에는 이론과 가설, 변인과 조작적 정의의 예가 제시되어 있다.

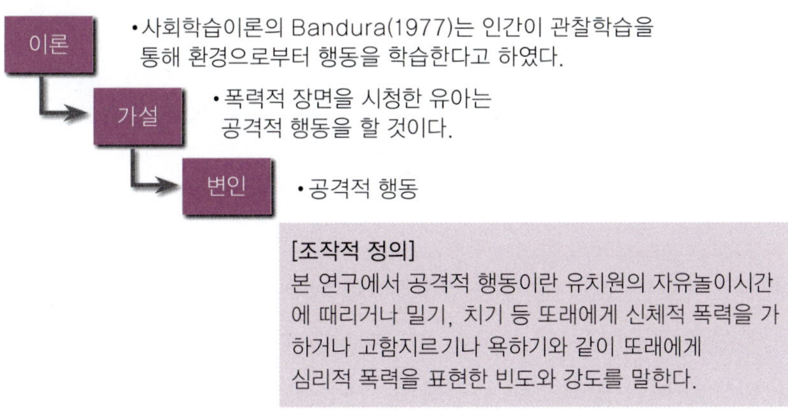

[그림 3-1] 이론과 가설 및 변인의 구체적인 예시

3. 과학적 연구의 과정

과학적 연구의 진행 과정을 크게 다음과 같이 정리할 수 있다(그림 3-2). 먼저 연구할 문제를 선택한다. 연구자는 해당 분야의 이론이나 문헌, 다양한 출처, 경험을 통해 연구하고자 하는 문제를 규명한다. 발달이론이나 선행 연구들을 고찰하면서 연구할 문제를 찾아내거나 관찰을 통해 연구할 아이디어를 도출하기도 한다. 연구할 문제를 찾아내고 나서 이를 잠정적인 진술문의 형태인 가설로 작성한다.

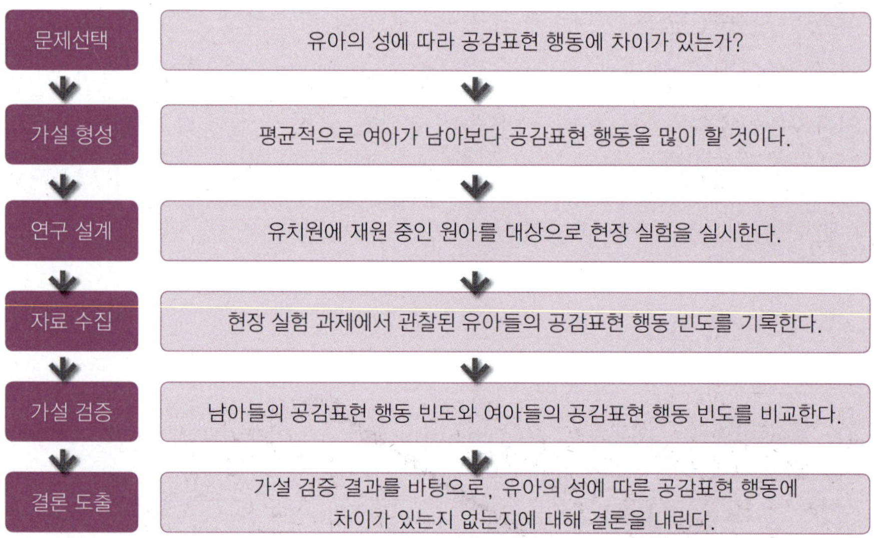

[그림 3-2] 과학적 연구의 진행 과정과 간략한 예

연구자가 가설을 만든 후에는 연구를 보다 구체적으로 설계해야 한다. 연구설계에는 가설을 검증하는 데 필요한 연구대상을 어떻게 구하며, 연구 관심사인 사건이나 현상을 어떤 방식으로 측정하며, 연구자료는 언제, 어떤 방식으로 수집하는지 등 자세한 계획이 포함되어야 한다. 설계를 마친 후, 연구자는 실제로 자료를 수집한다. 자료수집 시에는 사전에 설계된 방식에 따라 단일 방법을 이용할 수도 있고 다중 방법을 이용할 수도 있다. 가설 검증 과정에서는 수집한 자료를 분석하여 연구자가 제시한 가설이 이들 자료에 의해 뒷받침되는지 살펴본다. 일반적으로 연구자가 실제 자료를 수집하는 대상의 규모는 연구자가 연구결과를 적용시키고자 하는 대상의 규모에 비해 작다. 즉 연구자는 표본에서 나온 결과를 모집단에 적용하고자 한다. 따라서 가설 검증 과정에서는 자료를 분석해 표본에서 나타난 현상이 모집단에서도 나타날 것인지에 대해 통계적으로 추리하게 된다. 가설을 검증한 결과를 바탕으로 연구의 결론을 도출하게 되며, 도출된 결론을 바탕으로 기존의 관련 이론을 더욱 정교화하거나 수정하게 된다.

2 발달연구의 종류

인간이나 동물을 대상으로 하는 연구의 설계방법은 매우 다양하다. 각각의 설계방식은 강점과 약점을 가지고 있다. 따라서 연구자들은 각 설계방식을 잘 이해하고 연구목적에 잘 부합하는 방식을 선택해야 한다. 여기서는 영유아발달 연구에서 사용되는 여러 설계방법에 대해 기술 연구, 상관 연구, 실험 연구, 준실험 연구, 사례 연구, 동물 연구 순으로 살펴보고자 한다.

1. 기술 연구

발달 연구의 첫 번째 목표는 개인의 생각, 느낌, 행동을 묘사하는 것이다. 기술 연구(descriptive research)는 현상이나 사건의 현 상태를 묘사하는 방식으로 연구가 수행된 시점에 나타난 연구대상의 생각이나 느낌, 행동에 대한 정보를 제공한다(Stangor, 2007). 즉 행동을 예로 들면, 연구 관심사인 행동이 어떤 조건에서 얼마나 자주 일어나는지에 대해 묘사하는 것이다. 이러한 연구유형은 발달연구에서 가장 오래된 방식이다. 연구자는 관찰이나 조사를 통해 연구의 관심이 되는 변인이나 특성에 대해 체계적으로 기술할 뿐, 변인들 간의 관련성을 규명하려고 시도하지는 않는다. 기술 연구의 고전적 예로, Gesell이 관찰을 통해 영아의 신체발달과 관련된 규준을 기록한 것을 들 수 있다.

기술 연구의 강점은 복잡한 인간의 행동이나 현상, 사건들을 일목요연하게 요약해 현 상태에 대한 체계적인 정보를 제공해 준다는 것이다. 기술 연구는 일반적으로 발달의 특정 측면을 이해하고자 할 때 출발점으로 활용된다. 하지만 기술 연구는 현 상태를 그저 묘사할 뿐, 그러한 행동이나 사건과 관련되는 것은 무엇인지, 왜 그러한 행동이나 사건이 일어났는지 등에 대한 정보는 제공하지 못한다.

2. 상관 연구

영유아의 발달 변화에 관심이 있는 연구자는 보통 별다른 조작을 가하지 않은 자연 상태에서의 변화에 관심을 갖는다. 영아의 신체적 성숙에 대해 연구하고자 한다면 이를 실험적으로 조작할 수는 없으므로, 보통 연구자가 관심을 갖는 특성들이 예측되는 방식으로 동시에 변화하는지 알아보는 방식을 택한다. 예를 들어, 한 특성이 많아질수록 다른 특성도 많아지는지, 한 특성이 적어질수록 다른 특성도 줄어드는지 혹은 한 특성이 많아질수록 다른 특성은 적어지는지 등을 살펴본다. 이렇게 두 가지 이상의 특성이나 요인의 관련성에 대해 살펴보는 연구를 상관 연구(correlational research)라고 한다. 기술 연구에서 영유아의 행동을 관찰하고 묘사하는 데 그쳤다면, 상관 연구에서는 이러한 관찰 자료들 간에 체계적인 관련성이 있는지 살펴보고자 한다.

연구자가 두 특성의 변화를 살펴보았을 때 두 특성이 일관성 있게 예측이 가능한 방식으로 함께 변화한다면 두 특성 간에 관련이 있다고 본다. 만약 한 특성이 증가할수록 다른 특성도 증가하거나 한 특성이 감소할수록 다른 특성도 감소한다면 이들 두 특성 간에 정적 관련성(positive correlation)이 있다고 말한다. 반면 한 특성이 증가할수록 다른 한 특성은 감소한다면 이들 두 특성 간에는 부적 관련성(negative correlation)이 있다고 말한다. 예를 들어, 영유아의 신체 특성인 키와 몸무게 간에는 정적 관련성이 있다. 키가 클수록 몸무게가 많이 나가는 경향이 있기 때문이다. 반면 엄마의 근무시간과 영유아 자녀와 함께 보내는 시간 간에는 부적 관련성이 있다. 직장에서 엄마의 근무시간이 길수록 가정에서 자녀와 함께 보내는 시간은 짧아지는 경향을 보이기 때문이다.

상관 연구는 특별한 조작을 가하지 않은 상태에서 관심이 되는 행동이 일상에서 자연스럽게 나타날 때 이를 평가해 두 변인들 간의 관련성에 대한 정보를 제공한다는 강점이 있다. 반면 두 변인들 간 인과관계, 즉 무엇이 원인이고 무엇이 결과인지에 대한 정보는 제공하지 못한다. 따라서 추후 사건을 예측하는 정보로 활용되기는 어렵다.

3. 실험 연구

실험이란 연구자가 관심을 가지고 있는 한두 가지의 특성은 변화가 가능하도록 하고 그 외의 특성들은 고정시킨, 엄격히 통제된 상황에서 일어나는 현상을 관찰할 수 있는 환경이다(Smith & Davis, 2001). 따라서 실험 연구(experimental research)에서 연구자는 관심이 되는 특성이 자연적으로 일어나기를 기다리는 것이 아니라 직접적 조작이나 처치를 이용해 연구대상의 변화를 이끌어낸다. 즉 연구자는 실험을 통해 독립 변인의 형태로 일련의 자극을 제시하고 이들 자극이 종속 변인에 미치는 영향을 관찰하여 독립 변인과 종속 변인 간 있을 수 있는 인과관계를 찾아내고자 한다. 실험의 기본 목적은 독립 변인을 조작하고 그 조작의 효과가 종속 변인의 변화로 나타나는지 알아봄으로써 독립 변인과 종속 변인 간의 인과관계를 밝히는 데 있다.

실험 연구에서는 연구자가 연구대상을 둘 이상의 집단으로 나누고, 각 집단의 연구대상에게 다른 처치를 하거나 다른 경험을 제공한다. 그 후 각 집단의 연구대상으로부터 연구 관심사인 특성을 측정하여 비교한다. 집단 간 연구 관심사인 특성에 차이가 나타난다면 그 차이가 연구자가 앞서 제공한 처치나 조작 때문에 나타났다고 결론내리는 것이다. 실험 연구에서 구분하는 집단 중 실험 집단은 연구자가 관심을 가지고 있는 처치를 실시한 집단을 말하고, 통제 집단은 그러한 처치를 실시하지 않은, 실험 집단과 비교가 되는 집단을 말한다. 따라서 실험적 처치가 도입되기 전 실험 집단과 통제 집단은 반드시 동일한 상태여야 한다. 그렇게 해야 처치를 한 후에 종속 변인을 평가해 실험 집단과 통제 집단에서 차이가 나타나면, 이러한 차이가 처치의 효과라고 결론내릴 수 있기 때문이다.

처치가 도입되기 전 이들 각 집단이 동일하도록 연구대상을 할당하는 것이 중요하다. 무선할당(random assignment) 방식은 실험 연구에서 연구대상을 각 집단에 무작위로 배정하는 것을 말한다. 이 방식을 이용하면 각 연구대상이 실험 내 각 집단에 할당될 확률이 동일해진다. 연구대상 개개인이 다양한 특성을 가지고 있지만 무선할당을 통해 이들을 대략적으로 균일하게 각 집단에 배치시킴으로써 독립 변인을 제외한 다양한 개인적 특성이 종속 변인에 영향을 미치더라도 그 정도가 각 집단마다 비슷하게 분포되도록 하는 방법이다.

예를 들어, 한 연구자가 자유놀이 상황에서 어머니의 존재 여부에 따라 영아의 탐색행동에 차이가 있는지 살펴보고자 한다고 가정하자. 연구자는 [그림 3-3]에 제시된 절차를 거쳐 실험 연구를 진행하게 된다. 먼저 영아를 실험 집단과 통제 집단에 할당해야 한다. 이때 무선할당 방식을 이용하면 실험 집단의 영아나 통제 집단의 영아나 별다른 차이가 없게 된다. 연구자는 독립 변인을 조작해 실험 집단 영아가 자유놀이를 할 때는 어머니가 놀이실에서 나가 있도록 하고, 통제 집단 영아가 자유놀이를 할 때는 어머니가 놀이실에 함께 있도록 한다. 실험을 마친 후 두 집단 영아의 탐색행동을 비교하여 차이가 있다면, 연구자는 그러한 탐색행동의 차이는 어머니의 존재 여부 때문에 나타난다고 결론지을 것이다.

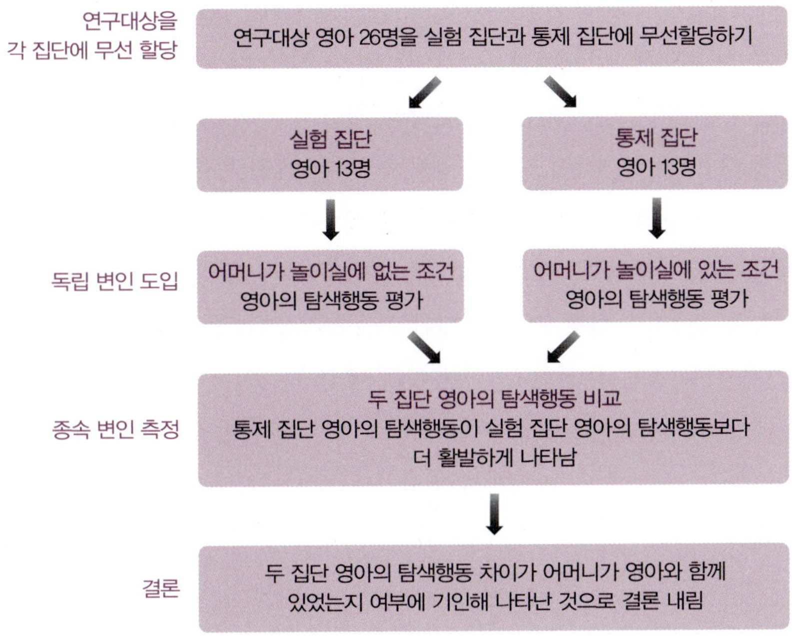

[그림 3-3] 실험 연구 진행 절차의 예

4. 준실험 연구

영유아발달 연구에 실험적으로 조작할 수 없는 요인이 포함되는 경우도 많다. 예를 들어, 남아와 여아의 신체발달 속도를 비교해 보고자 하는 경우, 양부모가정과 한부모가정 영아의 애착 안정성을 비교하고자 하는 경우 등에서 성별이나 가족형태 요인은 인위적으로 조작할 수 없다. 준실험 연구(quasi-experimental research)는 이러한 경우에 적절하다. 준실험 연구는 연구가 시작되기 전에 이미 형성된 집단에 대한 정보를 바탕으로 연구를 수행하는 것이다. 예를 들어, 문화권, 인종, 민족, 성별과 같은 집단적 특성은 이미 개인이 가지고 있는 것이다. 혹은 태아알코올증후군 집단이나 아동학대를 받은 경험이 있는 집단과 같은 경우도 연구자가 윤리적으로 조작할 수 없는 특성이다. 따라서 이러한 경우 연구자는 특정 집단에 개인을 무선적으로 할당할 수 없고 기존에 형성되어 있는 집단을 이용하여 연구 관심사인 특성을 집단별로 비교하고 분석해야 한다.

준실험 연구에서 연구자는 연구대상과 집단을 정할 때 비교하고자 하는 특성 외의 것들은 최대한 유사하도록 구성해야 한다. 예를 들어, 연구자가 영아의 성별에 따른 심장박동률의 차이를 알아보고자 한다면, 신체 크기 및 일반적인 건강상태 등이 유사한 영아를 선택해 심장박동률을 측정한 후 남아 집단과 여아 집단을 비교해야 할 것이다. 신체 크기나 일반적인 건강상태는 심장박동률에 영향을 미칠 수 있기 때문이다. 준실험 연구는 이미 형성되어 있는 집단을 이용하고 연구자가 연구대상의 경험을 조작할 수 없으므로 실험 연구에서처럼 연구자의 조작, 즉 독립 변인의 효과로 종속 변인에서 변화가 나타났는지에 대해 확신하기 어렵다는 약점이 있다.

5. 사례 연구

사례 연구(case study)는 한 개인을 집중적으로 살펴보는 연구이다. 사례 연구에서는 연구자가 한 명의 영유아를 대상으로 자연적으로 일어나는 행동과 발달을 기록한다. 연구자는 영유아의 행동과 발달을 그저 관찰해 기록할 뿐 영유아의 경험에 개입하지 않는다. 19세기 Darwin이 그의 아들 Doddy의 성장과정을 관찰하여 기록한 영아전기는 사례 연구의 예가 된다(Cairns, 1998).

|사진 3-1| 1842년 Darwin과 그의 아들

이후 20세기 Freud나 Piaget와 같은 학자들도 사례 연구를 통해 자신들의 발달이론을 만들었다. 또한 Curtiss(1977)는 사회적으로 고립되어 학대받았고 언어적 자극에 노출되지 않았던 13세 소녀를 대상으로 언어발달에 대한 사례 연구를 수행한 바 있다. 특히 Curtiss(1977)의 연구대상은 일반적인 대상과 다른 극히 이례적이고 특별한 경우였다. 사례 연구는 이러한 경우에도 연구를 수행할 수 있는 방법이 된다.

사례 연구에서는 연구자가 별다른 통제나 조작을 하지 않고 발생한 행동이나 발달에 관해 기술하는 특성이 강하다. 하지만 사례 연구는 한 명이나 극히 소수를 연구대상으로 하는 특성으로 인해 연구의 결과를 다른 영유아들에게 일반화시키기는 어렵다. 앞서 예로 든 Curtiss(1977)의 경우와 같이 매우 특별한 아동을 대상으로 수행된 경우일수록 추후에 동일한 연구결과가 재현될 가능성이 낮아진다. 나아가 연구자가 결과를 해석할 때 이론적으로 편향되어 있다면 연구결과를 다른 대상에 적용하기는 더욱 힘들어진다.

6. 동물 연구

연구자가 영유아의 발달과 관련된 문제에 답을 찾고자 연구를 수행할 때 연구대상인 영유아에게 위험이나 해로운 결과가 생길 가능성이 조금이라도 있다면 윤리적으로 그 연구는 수행할 수 없다. 이와 같은 경우, 연구자들은 인간이 아닌 동물을 대상으로 연구를 수행했다. 흔히 침팬지나 원숭이 같이 유전적으로 인간과 유사한 동물을 이용한다.

동물 연구의 예로, Harlow와 Zimmerman(1959)이 수행한 애착연구를 들 수 있다. 이들은 애착을 형성하는 데 중요한 요인이 무엇인지 알아보기 위해 새끼원숭이를 대상으로 실험을 했다. 포근한 헝겊으로 만든 어미와 우유가 나오지만 차가운 철사로 만든 어미를 놓아두고 새끼원숭이가 어디서 시간을 보내는지 관찰했다. 그 결과, 애착을 형성하는 데는 우유와 같은 먹이가 아니라 헝겊 어미가 제공한 따뜻하고 편안한 접촉이 중요하다고 결론내렸다. 이 연구를 위해 새끼원숭이는 원래의 어미와 격리되고 실험을 위해 만들어진 우리 안에서 지내야 했으므로 동물이 아닌 인간을 대상으로는 수행될 수 없는 연구였다. 따라서 인간과 유사한 동물을 대상으로 연구하였고, 이러한 연구의 결과는 인간의 애착형성을 이해하는 데도 기여하였다.

하지만 동물을 대상으로 한 연구결과를 늘 인간에게 적용할 수 있는 것은 아니다. 모든 종은 고유의 특성이 있으므로 특정 자극이나 경험이 미치는 효과도 종마다 매우 다르게 나타날 수 있다. 예를 들어, 1950년대 후반 독일의 제약회사에서 임산부의 입덧을 완화시킬 목적으로 만든 Thalidomide라는 약은 인간을 대상으로 시판하기 전에 영장류 동물을 대상으로 그 효과와 부작용 등에 대해 철저한 실험을 거쳤다. 영장류 동물이 출산한 새끼들에게서 별다른 문제가 나타나지 않았지만 이 약을 복용한 많은 임산부는 기형아를 출산했다. 따라서 동물 연구의 결과를 인간에게 적용시킬 수 있는가에 대해서는 여전히 논란이 있으므로 불가피한 경우에 인간에게 적용시킬 때는 매우 신중을 기해야 한다.

3 자료수집방법

발달 연구에서 연구자들은 기억이나 지능, 스트레스 수준, 공격성 등과 같이 다양한 연구 관심사를 적절히 측정해 자료를 수집하는 여러 방법을 고안해 냈다. 각각의 자료수집 방법에는 강점과 약점이 있으므로, 연구자는 답하고자 하는 문제의 특성에 따라 적절한 방법을 선택해야 한다. 여기서는 크게 관찰, 면접과 질문지, 표준화 검사, 심리생리학적 방법을 이용하는 방식에 대해 살펴보기로 한다. 〈표 3-1〉에는 이들 각 자료수집 방법의 강점과 약점이 정리되어 있다.

1. 관찰

관찰(observation)이란 연구자가 관심을 가지고 있는 대상이나 현상에 대한 정보를 입수하기 위해 특정 상황에서 나타나는 인간의 행동 양상을 살펴보고 체계적으로 기록하는 것을 말한다(Johnson & Christensen, 2004). 관찰은 사람들이 실제로 하는 행동에 대한 정보를 입수하는 데 있어 매우 중요한 자료수집방법이 된다. 특히 언어적 의사소통에 제한이 있는 영아나 유아의 발달을 연구하는 데

〈표 3-1〉 영유아 대상 자료수집 방법의 강점과 약점

방법		강점	약점
관찰	자연 관찰	일상 환경에서 자연스럽게 발생하는 영유아의 행동 자료를 수집할 수 있음.	자연적인 발생 빈도가 낮은 행동에 대한 자료수집이 제한됨. 개인적 공간에 접근하기 어려울 수 있음.
	구조화 관찰	통제된 환경에서 연구 관심사인 행동을 적극적으로 유도할 수 있음.	영유아가 실험실에서 나타낸 행동은 일상 환경에서의 행동과 차이가 있을 수 있음.
면접	구조화 면접	문해 능력이 없는 대상으로부터도 쉽게 정보를 수집할 수 있음.	응답자가 솔직한 정보를 제공하지 않을 수 있음.
	비구조화 면접	응답자의 사고나 태도, 상태 등에 대해 심도 있는 자료를 수집할 수 있음.	응답 자료를 수량화하거나 체계적으로 비교하기 어려움.
질문지		자료 수집이 용이함. 다양한 관심사에 대한 정보 수집이 가능함.	응답자가 정확한 정보를 제공하지 못할 수 있음.
표준화 검사		같은 연령대의 다른 영유아들의 수행력과 비교가 용이함.	연구 관심사인 변인을 측정할 수 있는 검사의 종류와 수가 한정되어 있음.
심리생리학적 방법		다른 평가 정보들을 확인해 주는 수렴적 증거를 제공할 수 있음.	특정 행동이나 정서에 대한 자료로 한정됨. 자료수집과 해석이 어려움.

유용한 방법이 된다.

관찰이 진행되는 맥락에 따라 자연 관찰과 구조화 관찰로 구분할 수 있다. 먼저 자연 관찰(naturalistic observation)은 연구대상의 실제 생활환경에서 자연적으로 발생하는 행동을 살펴보고 체계적으로 기록하는 것이다. 영유아의 가정, 놀이터, 유아교육기관 등 일상생활을 하는 환경이라면 어디라도 자연 관찰의 장소가 될 수 있다. 자연 관찰에서 연구자는 변인을 조작하지 않는다. 연구자는 자연 상황에서 펼쳐지는 사건이나 현상으로부터 연구의 관심이 되는 행동을 그저 관찰하고 기록할 뿐이다. 연구자는 자연 관찰을 시작하기 전에 관찰하고자 하는 사건이

나 현상, 행동이 무엇인지를 규명한 후, 이러한 연구 관심사의 발생이 가능한 곳을 선택해 해당 현상에 대해 체계적으로 기록하게 된다. 예를 들어, 유아들의 자발적인 자연 탐색 행동이 연구의 관심사라면 유아가 야외놀이를 할 때 꽃이나 나무를 살펴보는 식물탐구행동을 관찰하여 체계적으로 기록할 것이다.

한 연구(Ginsburg, Pappas, & Seo, 2001)에서는 자연 관찰을 이용해 취학 전 유아가 자유놀이활동에서 수학적 개념을 사용하는 정도에 대한 자료를 수집하였다. 연구자들은 4곳의 어린이집에서 80명의 유아들을 대상으로 자유놀이시간 동안 15분씩 비디오 촬영을 했다. 그런 후, 평가자들이 비디오 자료를 보고 6가지 형태의 수학적 활동(예: 분류, 크기 비교 등)이 나타나는지 관찰하고 기록하였다. 그 결과, 유아는 관찰된 자유놀이시간의 약 50% 정도에서 수학적 개념과 관련된 활동을 했다.

자연 관찰의 강점은 연구자가 관심을 가지고 있는 행동이나 사건이 일어나는 전체적 맥락과 과정에 대한 정보를 입수할 수 있다는 것이다. 연구 관심사인 특정 행동의 선행 사건과 행동의 결과로 나타나는 현상 등에 대해 파악함으로써 사건의 순서에서 중요한 관련성을 찾아낼 수도 있다. 또한 연구대상의 실제 생활 현장에서 자연스럽게 발생하는 자료를 수집하기 때문에 연구 결과의 적용 가능성이 높다. 반면 연구대상이 관찰자의 존재를 인식하여 평소와는 다른 행동을 보일 수도 있다. 이를 연구대상의 반응성(reactivity)이라고 한다. 예를 들어, 영유아의 경우 낯선 관찰자가 어린이집 공간에 함께 있으므로 인해 관찰자에게 흥미를 보일 수도 있을 것이다. 또는 관찰자가 발생한 사건을 연구자의 가설이나 주장과 일치하도록, 편향적으로 해석해 기록할 가능성도 있다. 이를 관찰자 편견(observer bias)이라고 한다. 따라서 연구자는 연구대상의 반응성이나 관찰자 편견을 최소화하는 방식으로 자연 관찰을 수행해야 한다.

구조화 관찰(structured observation)은 실험실과 같이 구조화된 환경에서 연구자의 관심이 되는 행동을 연구대상으로부터 유도하기 위한 상황을 만든 후, 연구대상의 행동을 관찰하고 체계적으로 기록하는 것이다. 자연 관찰과 같이 관심이 되는 행동을 관찰하지만, 구조화 관찰에서는 상당히 통제된 조건에서 발생한 행동을 관찰한다는 차이가 있다. 한 연구(Mischel, Shoda, & Rodriguez, 1989)에서는 4세 유아들의 자기조절 능력의 하나로 만족지연 능력을 평가하기 위해 실험 상황을 고안한 후, 유아들의 반응을 관찰하였다. 이 연구에서는 실험실에서 유아들에게 마시멜로우나 쿠키와 같이 유아들이 좋아하는 간식을 보여 주고 실험자가 나갔다가 돌아올 때까지 기다리면 2개를 받을 수 있지만, 그렇지 못하면 1개만 받을 수 있다고 설명하였다. 실험자가 실험실을 나간 후, 유아가 보인 다양한 행동을 비디오카메라를 통해 녹화하고 관찰하였다(그림 3-4). 그 결과, 실험에 참가했던 유아들 중 약 1/3은 실험자가 돌아올 때까지 15분의 시간을 기다린 후 더 많은 보상(2개의 쿠키)을 받을 수 있었다.

[그림 3-4] 유아의 만족지연 능력을 평가하기 위해 고안해 낸 실험실 상황에서 유아의 행동을 비디오카메라를 통해 녹화하고 관찰한다.

구조화 관찰의 강점은 상황에 대한 통제가 가능하므로 연구자가 관심을 갖고 관찰하고자 하는 행동이 발생하도록 보다 적극적으로 유도할 수 있다는 것이다. 연구 관심사인 특정 행동이 발생할 때까지 수동적으로 기다릴 필요가 없으므로 시간도 절약된다. 또한 그 과정과 절차도 표준화시켜 진행할 수 있기 때문에 관찰로 입수된 자료를 집단이나 대상별로 비교하기가 용이하다. 하지만 구조화 관찰에서는 일상 상황에서 발생하는 여러 복잡한 요인을 인위적으로 제거한 상태로 연구대상의 반응을 관찰한다. 따라서 실험실과 같은 인위적인 환경에서 발생한 행동을 실제 생활환경에 적용할 수 있는지에 대해 논란의 여지가 있다. 영유아들의 경우 낯선 환경이 실제 생활환경보다 흥미로워서 혹은 겁이 나서 평소와 다르게 반응할 수도 있을 것이다. 덧붙여 실험실에서 관찰을 진행하는 데는 일방경 장치나 녹화 장비 등과 같은 도구와 실험 상황을 진행하는 데 필요한 인력, 비용 등도 필요하다.

2. 면접과 질문지

연구에 따라 영유아가 무엇을 이해하는지 혹은 어떻게 행동하는지에 대한 정보를 수집하는 효율적이고 쉬운 방법은 영유아나 양육자에게 직접 물어보는 방식일 수도 있다. 예를 들어, 또래들 중 누구를 좋아하는지, 누구를 생일잔치에 초대하고 싶은지, 장난감을 던지는 것은 왜 나쁜 행동인지 등에 대한 영유아의 생각을 말하게 한 후, 이를 듣고 기록하는 것이다. 면접과 질문지 모두 연구대상에게 자신의 태도, 느낌, 지각, 신념 등에 대해 직접 응답하도록 하여 정보를 수집한다는 공통점이 있다. 하지만 면접에서는 질문이 구두로 제시되고 응답자의 답변을 면접자가 기록하는 반면, 질문지를 이용하면 질문이 글로 제시되고 응답자가 직접 답변을 기록하게 된다.

영유아발달 연구에서 자료를 수집할 때 흔히 사용되는 면접과 질문지의 종류를 살펴보면 다음과 같다. 먼저 구조화 면접(structured interview) 방식은 응답자에게 구두로 표준화되어 있는 질문을 하고, 그 응답을 기록하는 것이다. 다시 말해 구조화 면접에서는 각 연구대상에게 동일한 내용을 동일한 순서로 질문하게 된다. 따라서 면접을 실시하기 전 면접 내용에 대한 프로토콜이 작성되고, 그에 따라 면접이 진행된다. 이 방식은 응답 자료를 점수화하기 용이하고, 응답자 간 점수를 비교할 수 있다. 또한 이 방식은 문해 능력이 부족한 영유아나 노인 등을 대상으로 자료를 수집하는 데도 유용하다.

한 연구(이승하, 2013)에서는 구조화 면접을 이용해 5~6세 유아들을 대상으로 또래 수용 및 또래 거부를 측정하였다. 면접자는 유아에게 버스 그림과 같은 반 또래들의 사진을 보여 주며, "버스를 타고 소풍을 갈 건데, 네가 가장 같이 가고 싶은 친구 세 명을 고를 수 있니?"라고 물었다. 유아가 또래들의 사진 중에서 세 명의 사진을 고르면, 면접자는 선택된 유아들을 또래에게 수용되는 유아들로 기록하는 방식을 사용했다. 이어서 "네가 가장 같이 가고 싶지 않은 친구 세 명을 고를 수 있니?"라고 물은 후, 유아가 또래들의 사진 중에서 세 명의 사진을 고르면, 면접자는 선택된 유아들을 또래에게 거부되는 유아들로 기록하였다. 이러한 면접 방식은 연구대상 유아 95명에게 동일하게 적용되었다.

[그림 3-5] 유아와의 구조화 면접 장면

비구조화 면접(unstructured interview) 방식은 응답자의 답변에 따라 후속 질문이 달라질 수 있는, 보다 융통성이 있고 개방된 형식의 자료수집방법이다. 이 방법을 임상 면접(clinical interview)이라고도 부른다. 대표적인 예로, Piaget(1929)의 연구에서 아동을 대상으로 연령과 관련된 인지 능력의 변화를 탐색하는 데 필요한 자료를 수집한 것을 들 수 있다. 비구조화 면접을 이용하면, 응답자의 사고와 관점 등에 대해 심층적인 자료를 수집할 수 있다. 하지만 응답자의 답변에 따라 이어지는 질문이 달라지므로, 각 응답자에게 동일한 질문을 하기 힘들고, 응답자들의 답변을 체계적으로 비교하기 어렵다. 또한 면접자의 태도가 응답에 영향을 미치거나 면접자가 응답을 잘못 이해하거나 잘못 기록할 가능성도 배제하기 힘들다.

질문지(questionnaire) 방식은 구조화된 질문을 서면 형식으로 제공하고 응답자에게 직접 답변을 표시하도록 하여 자료를 수집하는 것이다. 영유아발달 연구에서는 주로 영유아의 부모나 교사와 같은 대상에게서 정보를 수집할 때 활용된다. 한 연구(박지영, 강성단, 권경숙, 2010)에서는 5~6세 유아 200여 명을 대상으로 또래 유능성에 영향을 미치는 요인을 살펴보았다. 이를 위해 인구학적 배경 변인뿐만 아니라 유아의 기질, 또래 유능성을 모두 평가해야 했는데, 연구자는 유아의 어머니에게 질문지를 이용해 유아의 기질과 또래 유능성을 평가하도록 하였고 인구학적 배경 정보도 기록하도록 하였다. 이처럼 질문지를 이용해 자료를 수집하는 방법은 많은 정보를 상대적으로 저렴한 비용으로 빠르게 수집할 수 있고, 수집된 자료를 쉽게 수량화하여 분석할 수 있다. 반면 면접이나 질문지 방식과 같이 응답자의 답변을 바탕으로 자료를 수집할 경우 정보의 정확성과 한계점을 잘 이해해야 한다. 왜냐하면 응답자는 여러 가지 이유로 인해 정확하게 답하지 않을 수 있기 때문이다. 예를 들어, 과거의 행동이나 사건에 대한 질문에 제대로 기억하지 못해서 부정확하게 응답하거나 실제 자신의 생각이 아니라 사회적으로 바람직하다고 판단되는 방향으로 응답할 수도 있다.

3. 표준화 검사

표준화 검사(standardized test)는 각 영역의 수행력을 평가하기 위해 표준화 과정을 거쳐 개발된 검사이다. 표준화는 검사를 개발하는 과정으로 검사를 모집단을 잘 대표하는 표본에게 실시한 후, 수집된 자료를 이용해 점수의 분포를 만든다. 대표적 표본의 자료를 이용해 만든 점수의 분포는 추후 동일한 검사를 받는 사람들의 수행력을 평가할 때 사용된다. 따라서 표준화 검사를 실시하면, 개인의 수행력을 다른 사람들의 수행력과 비교할 수 있다. 표준화 검사는 지능, 수행력, 인성 등을 평가하는 데 활용된다.

영유아를 대상으로 한 표준화 검사의 예로, 3~7세 유아의 지능을 측정하기 위한 한국 유아용 웩슬러 지능 검사(Korean Wechsler Preschool and Primary Scale of Intelligence, K-WPPSI)(박혜원, 곽금주, 박광배, 1996), 2~12세 사이 영유아와 아동의 지능을 측정하기 위한 한국판 K-ABC(Korean version of the Kaufman Assessment Battery for Children)(문수백, 변창진, 1997), 생후 2주에서 만 6세 사이 영유아의 발달 상태를 측정하기 위한 한국판 Denver 발달선별 검사 II(신희선, 한경자, 오가실, 오진주, 하미나, 2002), 만 4~6세를 대상으로 학습과 관련된 기본 능력을 측정하기 위한 유아용 종합학습능력진단 검사(문용린, 1995) 등이 있다.

표준화 검사에서는 동일 연령대 영유아들의 점수 분포를 바탕으로 영유아 개인의 점수를 해석하게 된다. 예를 들어, 표준화 지능 검사에서 지능은 평균이 100이고 표준편차가 10인 정규 분포를 나타낸다(그림 3-6). 따라서 어떤 유아가 지능 검사에서 100점을 받았다면 이 유아의 지능은 같은 연령대 유아들을 대상으로 만들어진 규준에 근거해 평균 수준이라는 것으로 해석할 수 있다. 이처럼 표준화 검사는 개인의 능력이나 성격 등을 평가할 수 있고, 상대적인 비교가 용이하다는 강점이 있다. 하지만 검사를 개발하고 규준을 수립하는 과정에 많은 시간과 비용이 소요된다. 또한 연구자들의 다양한 연구 관심사를 모두 각각의 표준화 검사로 개발하기는 현실적으로 힘들다.

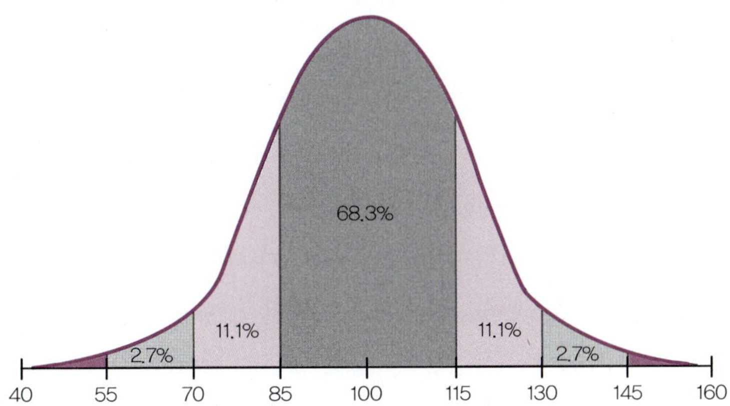

[그림 3-6] 지능 검사 점수의 분포 예

4. 심리생리학적 방법

심리생리학적 방법(psychophysiological method)은 연구대상의 생리학적 반응을 측정하는 것이다. 이 방법을 이용해 연구대상의 생리학적 과정과 행동 간의 관련성을 평가하는 자료를 수집할 수 있다. 따라서 발달과 개인차에 있어 중추신경계의 역할을 살펴보고자 하는 연구자들은 이 방법을 이용해 자료를 수집한다.

인간이 보이는 자율신경계의 반응은 심리적 상태에 매우 민감하므로, 심리적 상태가 변화하면 자율신경계의 반응이 바뀔 수 있다. 이는 심장박동이나 혈압률, 호흡, 동공의 수축 정도, 피부의 전기적 전도도 등과 같이 인간이 의도적으로 통제할 수 없는 자율신경계의 반응과 심리적 상태가 연관되어 있다는 것이다. 예를 들어, 심박수(심장이 1분 동안 뛰는 횟수)를 이용해 영유아가 자극을 멍하게 응시하고 있는 것인지, 자극 정보를 주시하고 있는 것인지 추론할 수 있다(Izard, 1991; Porges, 1992). 전자의 경우 심박수가 변화하지 않고 안정적인 반면, 후자의 경우 집중하는 동안 심박수가 감소하고 느려지기 때문이다. 또는 영유아가 스트레스를 받고 있다면, 심박수는 증가하게 된다. 뿐만 아니라 영유아의 수줍음이나 사교성과 같은 기질 측면도 특정 자율신경계의 활동과 관련이 있는 것으로 보인다(Kagan, 1998).

특히 근래에는 두뇌의 기능이나 활성화 정도를 평가하는 기술이 과거에 비해 발전함으로써 발달 연구에서 두뇌과학 분야와의 연계가 보다 활발해졌다. 발달 연구에서 EEG(electroencephalogram)를 이용해 뇌의 전기적 활성화 정도를 기록하기도 한다. 뇌파는 영유아의 정서 상태에 따라 상당히 다른 양상을 보인다. 예를 들어, 영유아들이 행복한지 혹은 슬픈지에 따라 뇌파의 양상이 달라진다는 것이다(Jones, Field, Fox, Lundy, & Davalos, 1997). 또한 기능성 두뇌이미지화 기법(functional brain-imaging techniques)으로 두뇌 활동에 대한 3차원 이미지를 산출하게 되면서 인간이 언어나 정서와 같이 특정 기능을 수행하는 두뇌의 영역에 대해 정확한 정보를 입수하게 되었다. 기능성 자기공명영상(functional magnetic resonance imaging, fMRI) 장치를 이용하면 영유아에게 특정 자극을 제시했을 때 나타나는 두뇌의 혈류 변화를 찾아내어 활성화 영역에 대한 컴퓨터 이미지를 산출할 수 있다. 예를 들어, 한 연구(Giedd, Snell, Lange, Rajapakse, Casey, Kozuch, & Vaituzis, 1996)는 기능성 자기공명영상을 활용해 4~18세 사이의 유아와 아동, 청소년을 대상으로 연령과 관련된 두뇌 조직이나 두뇌 기능의 변화를 살펴보았다.

연구자들은 심리생리학적 방법을 이용해 인간의 중추신경계의 구조가 발달과 수행력 등에서 나타나는 개인차에 기여한다는 점을 밝힐 수 있었다. 이 방법은 특히 영아나 유아와 같이 자신의 감정이나 행동, 특성을 명확히 표현하기 어려운 연구대상들의 지각 능력과 사고 능력 및 정서에 대한 정보 등을 연구하는 데 유용한 자료를 제공한다. 하지만 인간의 생리학적 반응들을 해석하는 데는 추론이 필요하다. 특정 자극이 있을 때 영유아의 자율신경계나 두뇌 활성화 정도에서 상당히 일관된 양상이 나타난다고 해도 과연 영유아가 특정 자극을 같은 방식으로 처리하기 때문에 생리적 반응 패턴이 일관되게 나타나는 것인지를 확신하기 어렵다. 또한 연구자가 관심을 가지고 있는 자극 외에 다른 요인들에 의해 생리학적 반응이 나타날 수도 있다. 예를 들어, 심박수나 호흡률, 두뇌 활성화 정도와 같이 정보 처리의 지표로 사용되는 반응들은 영유아가 피로하거나 지겨워서 혹은 배가 고파서 나타날 수도 있다. 따라서 반응이나 변화를 해석할 때 어려움이 있다. 더욱이 심리생리학적 방법의 종류에 따라 고가의 장비나 전문 인력이 요구되는 경우도 많다.

4 발달적 변화를 평가하는 연구 설계의 종류

발달은 시간의 흐름에 따른 행동이나 태도, 특성의 변화를 포함한다. 영유아발달 연구에서도 연령이 다른 영유아에게서 나타나는 행동의 차이나 연령에 따른 변화를 알아보고자 한다. 이처럼 연령에 따른 행동이나 특성의 차이나 양상을 비교하기 위해서 연구자가 사용하는 연구 설계에는 종단 연구 설계와 횡단 연구 설계 등이 있다. 여기서는 영유아발달 연구에 사용되는 두 가지 방법에 대해 설명하고 강점과 약점에 대해 살펴보기로 한다(표 3-2).

〈표 3-2〉 발달적 변화를 살펴보는 연구 설계의 강점과 약점

설계	강점	약점
종단 연구 설계	동일한 연구 대상의 정보를 이용하므로 연령 변화에 따른 발달 특성의 안정성에 대한 정보를 알려줌.	연구 수행에 시간과 비용, 자원이 많이 필요하고, 연구 대상자가 중간에 참여를 그만둘 수 있음.
횡단 연구 설계	각 연령집단의 정보를 한번에 입수하므로 짧은 시간 내에 연구를 수행할 수 있음.	발달 특성의 안정성에 대해 알 수 없고, 동시기 출생집단 효과로 인해 연령 집단 간 차이가 나타날 수 있음.

1. 종단 연구설계

종단 연구설계(longitudinal research design)는 동일한 연구대상을 시간의 경과에 따라 일정한 시간 간격을 두고 반복적으로 추적 조사하는 방식이다. 연구의 관심이 되는 특성을 측정하고, 연구대상이 성장함에 따라 시간 간격을 두고 다시 몇 차례에 걸쳐 측정하면서 자료를 수집한다. 즉 동일 연구대상에게 반복적으로 자료를 수집해 연령별 수행력이나 관측치를 비교하는 것이다(그림 3-7). 이를 통해 해당 특성이 연령증가에 따라 어떻게 변화하는지에 대해 알아볼 수 있다. 예를 들어, 영유아의 신장에 관심이 있다면, 출생 후에 신장을 측정하고, 1세, 3세, 5세가 될 때 반복해 측정한 후, 영유아가 성장함에 따라 신장의 변화를 살펴보는 것이다.

종단 연구 설계의 기간은 연구마다 매우 다양하다. 상대적으로 짧은 기간 진행되는 단기 종단 연구도 있는 반면, 출생 후부터 아동기나 성인기까지 장기적으로 추적 조사하는 경우도 찾아볼 수 있다. 예를 들어, Thomas와 Chess(1977)는 영

유아의 기질에 대해 연구하기 위해 141명의 영아를 대상으로 출생 후부터 7세에 이를 때까지 주기적으로 영아의 특성과 행동을 관찰하고 어머니와 면담을 통해 자료를 수집한 바 있다. Eisenberg와 동료들(1999)은 32명의 4세 유아를 대상으로 이들이 24세가 될 때까지 약 2년에 한 번씩 친사회적 행동을 평가해서 친사회적 행동의 안정성에 대해 연구한 바 있다.

따라서 종단 연구설계는 개인이 성장함에 따라 나타나는 특성의 변화나 안정성을 평가하는 데 매우 유용하다. 또한 한 단계에서 다음 단계로 전환되는 발달의 순서를 이해하는 데 핵심적 정보를 제공한다. 반면 종단 연구 설계에서는 연구대상의 중도탈락(attrition)이 문제가 된다. 연구가 장기간에 걸쳐 진행되므로 중간에 연구대상이 이사를 간다거나 아프다거나 혹은 부모가 더 이상 참여하기를 거부한다거나 하는 등의 이유로 연구대상의 수가 줄어들게 된다. 또한 연구대상의 특성이 반복해서 측정되기 때문에 나타나는 문제도 있다. 예를 들어, 유아에게 동일한 검사를 여러 번 실시하게 되면, 어떤 유아는 검사에 익숙해져서 수행력이 좋아지는 경우도 있고, 어떤 유아는 검사에 싫증을 내서 수행력이 나빠지는 경우도 있으므로 유아의 수행력을 연구자가 의도한 대로 제대로 평가하기 어려울 수도 있다. 덧붙여 종단 연구 설계를 수행하는 데는 여러 명의 연구 인력과 시간, 노력, 비용 등이 요구된다.

2. 횡단 연구설계

횡단 연구설계(cross-sectional research design)는 여러 연령의 연구대상을 포함해 연령집단별 행동이나 특성의 발달적 차이를 한 번에 조사하는 방식이다. 즉 연구의 관심이 되는 특성을 여러 연령집단을 대상으로 같은 시기에 한 번 측정해 자료를 수집한다(그림 3-7). 예를 들어, 유아의 기억력에 관심이 있다면, 종단 연구설계에서는 동일한 유아를 대상으로 3세 때 기억력을 평가하고 3년을 기다려 6세가 되었을 때 다시 이를 평가해 3세와 6세의 기억력이 차이가 있는지를 살펴본다. 하지만 횡단 연구설계에서는 같은 시기에 3세 유아를 대상으로 기억력을 평가하는 동시에 6세 유아를 대상으로도 기억력을 평가해 두 집단 유아들의 기억력이 차이가 있는지를 살펴보는 것이다.

횡단 연구설계는 종단 연구설계에 비해 연구 수행 기간이 상대적으로 짧고, 연구 대상의 탈락 문제가 발생할 가능성이 낮으며 연구를 수행하는 데 드는 비용도 더 저렴하다. 즉 짧은 시간에 자료를 수집해 분석하고 그 결과를 알 수 있다.

반면 횡단 연구설계에서는 동일한 연구 대상들을 추적 조사하는 것이 아니므로, 행동이나 특성의 안정성에 대해 답하기 어렵다. 또한 횡단 연구결과는 연구 주제에 따라 동시기 출생집단 효과의 영향을 받는다. 동시기 출생집단 효과(cohort effect)란 출생 시기가 같은 특정 연령 집단이나 특정 세대만이 경험하는 독특한 사건이나 조건에 영향을 받아서 나타나는 행동이나 특성의 차이를 말한다. 교육, 기술, 의학, 경제, 사회문화적 분위기 등에서 나타난 변화로 오늘날 영유아의 경험과 수십 년 전 영유아의 경험은 차이가 있을 수밖에 없다. 따라서 횡단설계에서 여러 연령대의 집단이 보이는 특성을 비교할 때, 특성의 차이가 연령이 아닌 동시기 출생집단 효과로 인해 나타날 수 있다는 점을 주의해야 한다.

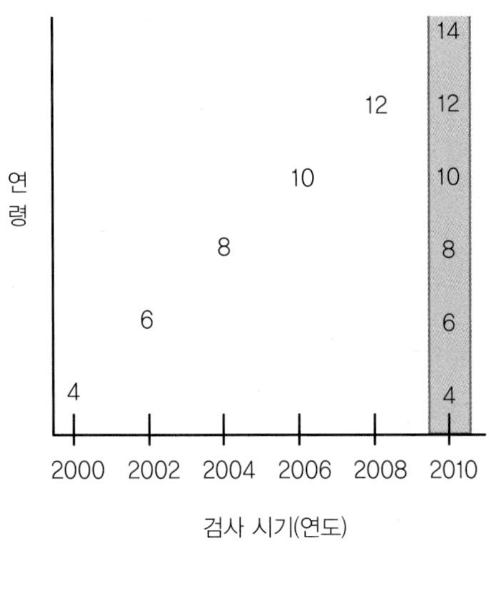

[그림 3-7] 종단 연구 설계와 횡단 연구 설계 비교

종단 설계의 예로 2000년 4세 집단이 2010년 14세가 될 때까지 지속적으로 검사하여 자료를 수집한다. 횡단 연구 설계의 예로 그림에 막대로 표시된 것처럼 2010년에 4세, 6세, 8세, 10세, 12세, 14세 이들 6개 연령집단을 동시에 검사해 자료를 수집한다.

출처: Fabes & Martin(2000). p. 55, 발췌 후 수정.

5 영유아발달 연구와 윤리

연구윤리(research ethics)란 윤리적으로 문제가 없다고 인정받을 수 있는 연구활동을 수행하기 위한 지침과 원칙을 말한다(Gross, 2011). 모든 연구는 연구윤리에 위배되지 않아야 하지만, 특히 인간을 연구대상으로 하는 경우에는 이러한 연구윤리가 한층 강조된다. 인간대상 연구를 수행하기 위해서는 대학이나 연구소 등과 같이 연구자가 소속된 기관의 연구윤리위원회(Institutional Review Board, IRB)에서 연구계획을 승인받아야 한다. 연구윤리위원회에서는 연구자의 연구진행 계획과 절차에 윤리적 문제가 없는지 확인한 후에 연구계획을 승인한다. 특히 영아나 유아와 같이 스스로 연구참여 여부를 결정할 능력이 없는 대상을 포함하는 연구의 경우, 연구윤리위원회에서는 매우 엄격한 기준을 적용해 심사를 한다.

영유아발달에 대한 연구는 영유아나 부모, 교사, 나아가 사회에 이롭고 도움이 되는 결과를 찾아낼 수 있다. 그럼에도 불구하고, 인간을 대상으로 하는 연구에서는 연구대상인 인간을 다양한 수준의 잠재적인 위험 상황에 노출시킬 수 있는 가능성도 배제할 수 없다. 따라서 연구자는 연구절차나 실험으로 인해 나타날 가능성이 있는 부정적인 효과가 정확히 무엇인지, 연구결과가 가져올 잠재적인 이득이나 혜택이 그러한 위험 요소보다 더 중요하고 가치 있는 것인지에 대해 철저히 살펴볼 의무가 있다(Fisher & Tryon, 1990). 이러한 의무는 과거에 비해 현대사회에서 매우 강조되고 있다. 연구윤리에 대한 사람들의 생각도 시대의 영향을 받아 변화했기 때문이다. 일례로, 어린 Albert를 대상으로 쥐와 같이 털이 있는 동물을 두려워하도록 만든 조건화 실험을 했던 Watson과 Rayner(1920)의 연구는 오늘날과 같은 시대에는 윤리적인 문제로 인해 수행하기 어려울 것이다.

영유아를 포함한 아동을 대상으로 연구를 하고자 하는 경우 다음과 같은 윤리적 기준을 준수하는 것이 중요하다(Cook & Cook, 2005; Fabes & Martin, 2000).

- 해로움으로부터의 보호: 모든 아동들은 잠재적인 신체적, 심리적 해로부터 보호되어야 한다. 아동들에게 해를 유발할 수 있는 처치나 실험 조작을 사

용해서는 안 된다. 따라서 연구자는 아동에게 신체적, 심리적으로 해로울 수 있는 절차는 사용하지 말아야 하며, 항상 연구대상의 스트레스 가능성을 최소화해야 한다.

- 위험과 혜택의 문제: 연구자는 연구를 수행함으로써 연구대상들에게 잠재적 이득이 있을 수 있는 위험보다 훨씬 중요하고 큰 경우에만 연구를 수행해야 한다. 즉 연구대상이 경험할 수 있는 스트레스나 불편함, 해로움에 비해 연구결과로 입수되는 정보가 충분히 중요한 가치가 있도록 연구를 설계해야 한다.
- 연구절차에 대한 정보가 제공된 연구 참여 동의서: 연구자는 연구를 위해 표집하고자 하는 연구대상에게 연구의 목적과 절차, 알려진 위험과 혜택을 설명해야 한다. 아동과 같이 스스로 연구 참여 여부를 결정하기 힘든 대상을 표집하기 위해서는 부모나 보호자에게 연구에 대해 설명하고 서면으로 승낙서를 받아야 한다. 각 아동의 보호자는 연구절차에 대해 알 권리가 있고 이러한 정보는 보호자가 아동의 연구 참여를 결정할 때 사용될 수 있다.
- 개인 정보 보호: 연구자는 연구 과정에서 입수한 연구대상에 대한 모든 정보의 기밀을 유지해야 한다. 연구대상의 실명이나 연구대상을 식별할 수 있는 어떠한 정보도 노출시키지 말아야 한다. 대부분의 연구에서는 집단의 평균 정보나 여러 연구대상들을 통해 누적된 점수 정도를 발표한다. 개인 자료의 경우라면 반드시 익명으로 처리해야 한다.
- 이로운 처치를 받을 권리: 아동은 연구에 사용된 효과적인 처치를 받을 권리가 있다. 따라서 아동이 처치를 받지 않은 통제 집단에 속한 경우라도, 연구를 마친 후에는 실험 집단 아동이 받았던, 성공적인 것으로 판명된 이로운 처치를 받을 권리가 있다.
- 제대로 설계된, 의미 있는 결과를 도출할 수 있는 연구 수행의 의무: 연구자는 아동을 대상으로 제대로 계획된, 결과를 충분히 신뢰할 수 있는 연구를 수행해야 한다. 연구자는 연구결과의 의미가 없거나 신빙성이 없는 연구에 아동을 대상으로 할 권리가 없다.

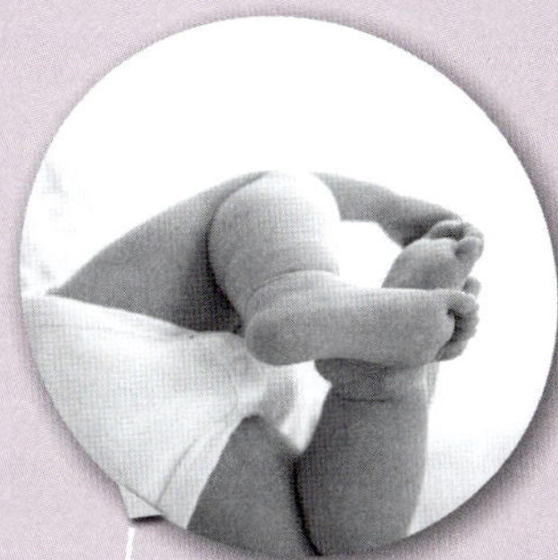

CHAPTER 4

태내 발달 및 출산

생명의 시작은 출생하기 이전으로 거슬러 올라가 수정의 순간부터 이루어진다. 건강한 아기는 건강한 엄마의 몸속에서 만들어지므로 태아에게 나쁜 영향을 미치는 여러 요소를 잘 알아두는 것은 매우 주요하다. 본 장에서는 태내발달 단계 및 출산과정에 대해 알아보고자 한다.

1 임신

1. 수정

생명의 시작은 출생하기 이전으로 거슬러 올라가 수정의 순간부터 이루어진다. 즉 정자가 여성의 난자와 결합하는 아주 짧은 순간에 새 생명이 시작된다고 본다. 그러므로 생명은 엄마의 뱃속에서 밖으로 나오기 훨씬 더 이전부터 시작된다.

남자의 정자는 사춘기부터 만들어지기 시작하며 매일 약 1억 마리의 정자가 생성된다. 정자는 올챙이 모양이며 몸에서 가장 작은 세포 중 하나이다. 정자는 난자 크기의 1/40 정도이다. 한 번의 사정으로 360억 마리의 정자가 방출되며 약 72시간 생존한다. 난자는 난소에서 한 달에 한 개씩 배출된다. 여자는 태어날 때 자궁 속에 약 5백만 개의 미숙한 난자를 있고 성장과 더불어 줄어들어 사춘기에는 약 3천 개 정도가 남아 있다. 이 중에 약 4백여 개가 성숙하고 가임기 동안에 한 달에 1개씩 배란이 된다. 난자는 월경과 다음 월경의 중간 정도에 배출이 되고 생존기간은 약 24시간이다. 난자의 모양은 둥글며 인체 내에서 가장 큰 세포로서 크기가 0.14~0.2mm로 때로는 현미경이 없이도 볼 수 있다. 난자는 정자보다 약 100,000배 이상 무게가 더 나간다. 이처럼 난자와 정자의 크기에는 상당한 차이가 있지만 새 생명에게 제공하는 유전적 기여는 같다. 정자는 24~48시간 난자와 수정할 수 있는 능력을 유지할 수 있고 난자는 24시간 수정이 가능하다.

정자가 난자의 세포막을 뚫고 들어가면 정자의 끝에 달린 꼬리는 잘리고 정자의 핵과 난자의 핵이 결합하여 하나의 새로운 세포체를 형성하게 된다(사진 4-1). 이러한 과정을 수정이라고 하고 새로 생긴 단일세포를 수정란이라 한다. 이 수정란은 접합체라고 불리는데 이것이 곧 새로운 생명의 시작이다. 수정란이 자궁에 도달하여 자궁내막에 착상되면 임신이 시작된 것이다. 신생아는 수정란이 자궁에 착상한 후 자궁 내벽으로부터 영양을 공급받으면서 약 9개월 동안 자란 후 태어난다. 임신기간은 마지막 월경 시작일로부터 280일, 수정된 날로부터는 266일 동안이다. 새로운 생명체의 절반 정도만이 살아남아 출생에 이르게 된다. 그중 1/4은 유전자의 결함으로 수정 후 2~3일 이내에 소실되고, 나머지 1/4은 임신기간 중에 자연유산을 한다.

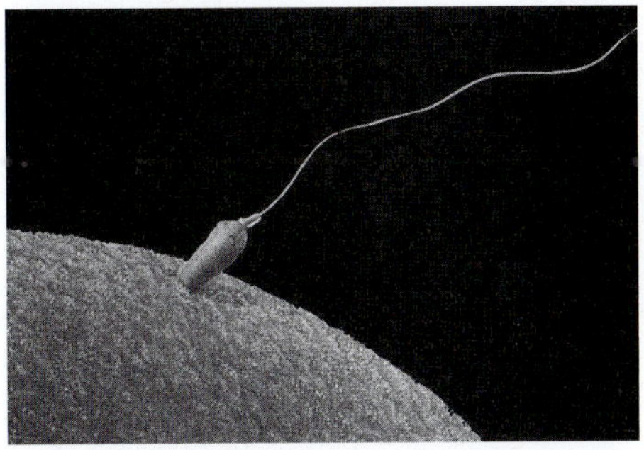

|사진 4-1| 생명의 시작

출처: Bukatko & Daehler(1995).

2. 유전적 기초

인간의 신체는 무수히 많은 세포로 이루어져 있다. 모든 세포의 내부에는 핵이 있고 핵은 엄마와 아버지로부터 물려받은 23쌍의 염색체를 가지고 있다. 염색체는 DNA라고 하는 화학물질로 구성된 두 개의 긴 가닥으로 되어 있다. DNA의 구조는 두 개의 사슬이 새끼줄처럼 꼬인 이중나선 형태이다. 하나의 인간 염색체에는 대략 2만~2만 5,000개에 이르는 유전자가 들어 있다. 유전자는 어떠한 특징을 한 세대에서 다음 세대로 전수하는 유전의 구성단위이다. 성별, 눈 색깔, 신장 등 수천 가지의 특징들이 유전자 속에 부호화된다. 일란성 쌍생아를 제외하면 모든 사람은 서로 다른 유전자 조합을 가진다. 성별, 키, 머리나 눈동자 색깔 등이 다른 것은 모든 유전자의 차이 때문이다.

수정 후 인간의 성장과 발달은 세포분열로 진행되는데 인체에는 두 종류의 세포가 있다. 하나는 체세포로서 유사분열로 재생산되며 골격, 신경, 근육, 소화기관을 형성한다. 다른 하나는 난자와 정자를 만드는 생식세포로써 감수분열로 재생산된다.

생식세포는 체세포의 절반에 해당하는 23개의 염색체만을 가지고 있다. 생식세포가 형성될 때 46개에서 23개로 염색체의 수가 줄어들므로 이를 감수분열이라고 한다. 감수분열 시 세포 내 46개 염색체는 23개의 염색체 쌍을 형성하고 세포가 둘로 나누어질 때 각각 23개의 염색체로 나누어지면서 결과적으로 생식세포는 23개의 염색체만을 보유하게 된다. 23개의 염색체로 나누어질 때 어떤 염색체가 포함될지 알 수 없다. 이러한 과정으로 인해 같은 부모로부터 태어난 쌍생아가 아닌 자녀가 유전적으로 동일할 가능성은 1/700조 정도로 매우 낮다(Gould & Keeton, 1996). 그러므로 감수분열은 형제가 공통의 특성을 가지고 있지만 왜 다른지를 이해하는 데 도움이 된다.

인간은 한 특성에 관해 부모로부터 한 쌍의 대립유전자(alleles)를 물려받는다. 만일 양쪽 부모에게서 동일한 대립유전자가 전달되면 동질접합(homozygous)이 이루어지고 상이한 대립유전자가 전달되면 이질접합(heterozygous)이 이루어진다. 예를 들어, 아버지와 엄마 모두에게서 검은색 머리의 대립유전자가 전달되면 자녀의 머리 색깔의 대립유전자는 동질접합이다. 반면 아버지로부터는 검은색의 대립유전자를 물려받고 엄마로부터는 갈색의 대립유전자를 받으면 자녀의 머리 색깔의 대립유전자는 이질접합이 된다. 이질접합의 경우 단지 한 개의 대립유전자만 자녀의 특성에 영향을 미치는데 이것을 우성인자라고 하고, 영향을 미치지 않는 대립유전자는 열성인자라고 한다.

머리카락의 색깔처럼 우리의 눈으로 관찰할 수 있는 특성을 표현형(phenotype)이라 하고, 눈에 보이지 않지만 특수한 유전자의 결합에 의한 유전소질을 인자형(genotype)이라 한다(정옥분, 2012). 표현형은 유전자형과 환경이 함께 작용하여 나타나는 결과라고 할 수 있다. 예를 들어, 어떤 사람의 부모가 모두 키가 크다고 하면 이 사람은 부모에게서 키가 큰 유전자형을 물려받을 가능성이 크다. 그러나 영양 상태가 좋지 못한 환경에서 자란다고 한다면 이 유전자형이 모두 겉으로 드러나지 않고 키가 작은 상태로 성장할 수도 있다. 이러한 방식이 바로 표현형이 나타나는 방식이다.

23쌍의 염색체 중에 22쌍은 상염색체(autosomes)이고 23번째 쌍이 성염색체(sex chromosomes)이다. 여성의 성염색체는 XX이고 남성의 성염색체는 XY이다. 난자는 23번째 염색체에 X를 가지고 있으나 정자는 X나 Y 중 하나를 가지고 있다. 만약 X를 가지고 있는 정자가 난자에 수정되면 23번째 쌍은 XX가 되어 여자가 되고, Y를 가지고 있는 정자가 난자에 수정되면 23번째 쌍은 XY가 되어 남자가 된다.

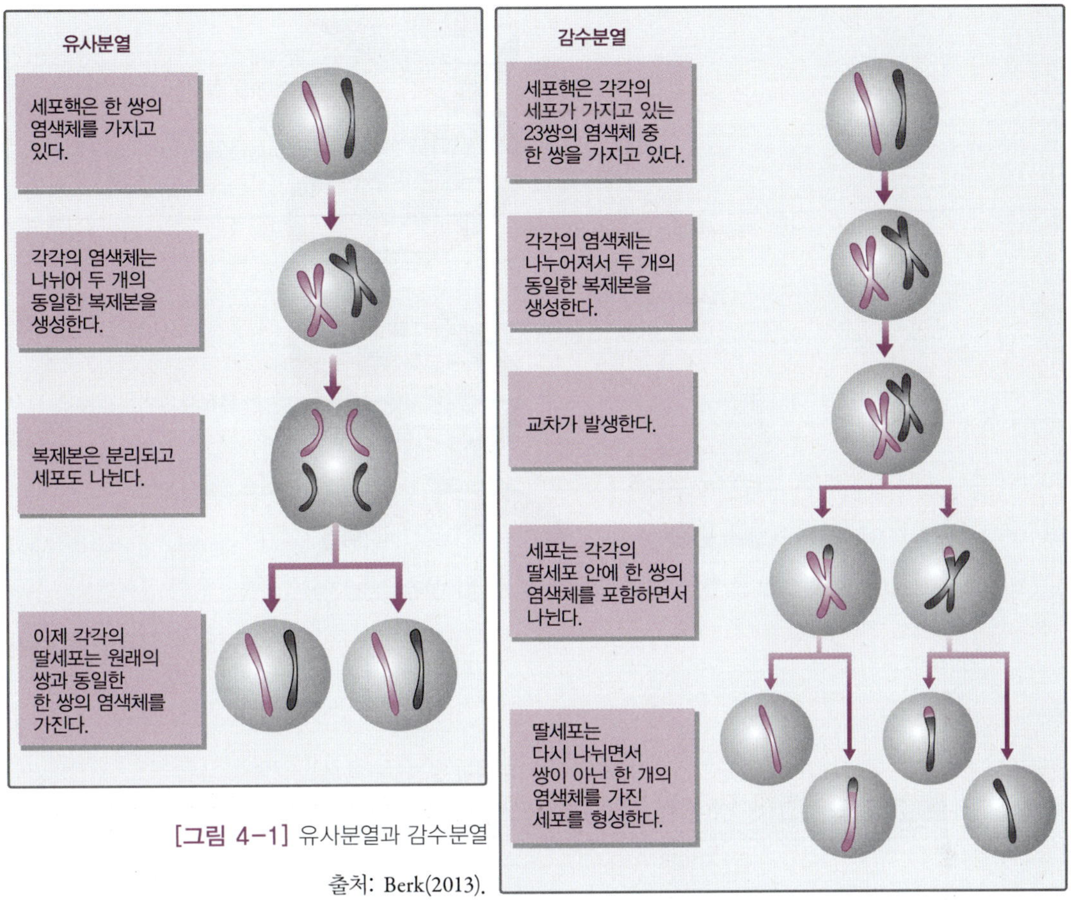

[그림 4-1] 유사분열과 감수분열

출처: Berk(2013).

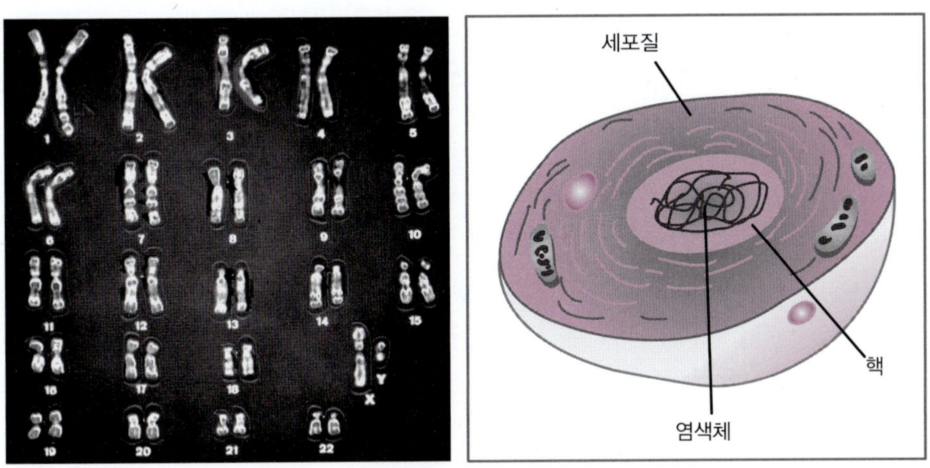

[그림 4-2] 인간의 염색체

출처: Berk(2013).

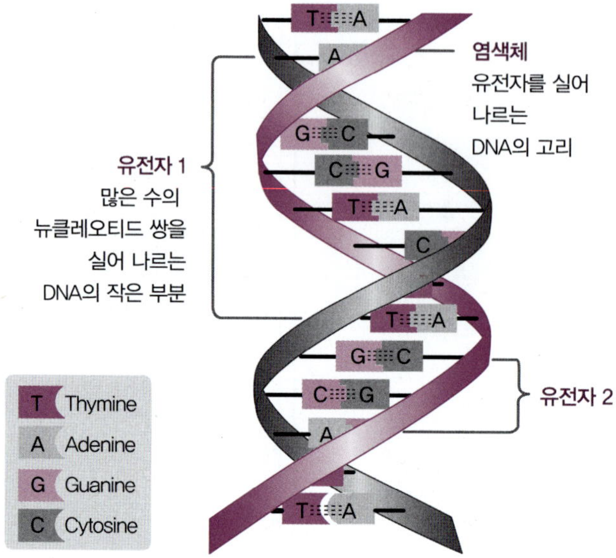

[그림 4-3] DNA 구조

출처: 곽금주 외(2012).

〈표 4-1〉 우성과 열성인자의 예

우성인자	열성인자
검은 머리	금발
정상 모발	대머리
곱슬머리	직모
빨간 머리 외	빨간 머리
보조개	보조개 없음
정상 청력	청각장애
정상 시력	근시
원시	정상 시력
정상 피부	알비니즘
혈액형 A	혈액형 O
혈액형 B	혈액형 O
혈액형 Rh^+	혈액형 Rh^-

3. 유전자와 염색체 이상

1) 유전자 이상

많은 장애와 질환은 열성 대립유전자로부터 초래된다. 가장 흔히 일어나는 장애가 페닐케톤뇨증(phenylketonutia 혹은 PKU)이며 상염색체성 유전대사 질환이다. 두 개의 열성 대립유전자를 가지고 태어나는 아기는 단백질 속에 함유되어 있는 페닐알라닌을 분해하는 효소가 부족하다. 이 효소가 없으면 페닐알라닌은 중추신경계에 손상을 입히는 유해물질을 생성하게 된다. 1세 정도에 PKU가 있는 영아는 영구적으로 지적장애가 된다.

희귀한 몇 가지 질환만이 우성 대립유전자에 기인한다. 그중 하나가 중추신경계가 퇴화하는 헌팅턴병(Huntington's disease)이다. 헌팅턴병은 4번 염색체의 유전자 이상이 발병 원인으로 밝혀졌다. 이 질병은 근육조절이 되질 않아 손발이 춤추듯 마음대로 움직이고 인지와 정서장애를 보이는 것이 특징이다. 증상은 대개 35세까지 나타나지 않으며 대부분 발병 후 15~20년 이내에 사망한다.

2) 염색체 이상

열성 유전자 외에 염색체 이상이 발달 문제의 주요 원인이기도 하다. 대부분의 염색체 이상은 난자와 정자가 생성되는 감수분열을 하는 과정에서 발생한다. 가장 흔한 염색체 이상은 다운증후군(Down's syndrome)이며, 이는 감수분열 중에 21번째 염색체가 한 개 더 많아 2개가 아니라 3개를 유전 받는다. 다운증후군의 학명은 삼염색체성 21(trisomy 21)인데, 1860년대 이 장애를 밝혀낸 영국 의사 John Langdon Down의 이름을 따서 다운증후군이라고 부른다. 다운증후군의 결과로 지적장애, 기억과 언어문제, 운동 발달지체가 생긴다. 이 증후군이 있는 사람은 키가 작고 땅딸막한 체격에 아몬드 모양의 눈, 납작한 코, 삐죽 나온 혀 등의 특징을 가지고 있다. 다운증후군이 있는 영아는 백내장과 청각손상, 심장과 장의 결함을 가지고 태어난다. 그리고 이 아기들은 잘 웃지 않고 눈 맞춤이 잘 안

되고 사물에 대한 관심도 적다.

다운증후군은 산모의 나이와 관련이 있다. 산모의 나이가 증가할수록 다운증후군의 발생률이 높아진다. 그러나 정확하게 왜 고연령 엄마가 감수분열에서 이상이 있는 난자를 더 배출하는지는 알려지지 않았다(Berk, 2009).

다운증후군 이외 상염색체의 장애는 발달이 심각하게 손상되어 유산이 일어난다. 설령 태어나더라도 거의 유아기 이상을 살지 못한다. 그러나 성염색체 이상은 대개 문제가 더 적다. 성염색체 이상으로 인한 장애는 사춘기가 지연되는 청소년기가 되어서야 인식된다. 가장 흔한 문제는 가외의 염색체(X 혹은 Y)가 있거나 여성의 경우 X 염색체가 없는 경우이다. 클라인펠터증후군(Klinefelter syndrome)은 남성에게 나타나는 유전적 질환으로 2개 이상의 X 염색체와 적어도 1개 이상의 Y 염색체를 가진 경우를 말한다. 1,000명의 남성 중 1명 정도가 가지고 있는 가장 흔한 염색체 이상 질환 중 하나이며 대부분 불임이고 성호르몬 이상, 여성형 유방증, 지능 저하 등의 증상이 나타난다.

대조적으로, 여자의 경우 남자와 달리 X 염색체가 2개 있어야 하는데, 터너증후군(Turner syndrome)은 이 염색체의 1개가 전혀 없거나 혹은 부분적으로 없어서 다양한 증상을 나타내는 질환이다. 이 증후군의 특징은 키가 작고 목 부분의 피부가 주름져 있으며 난소에 기능 장애가 발생하여 조기 폐경이 발생하고 난임이 된다.

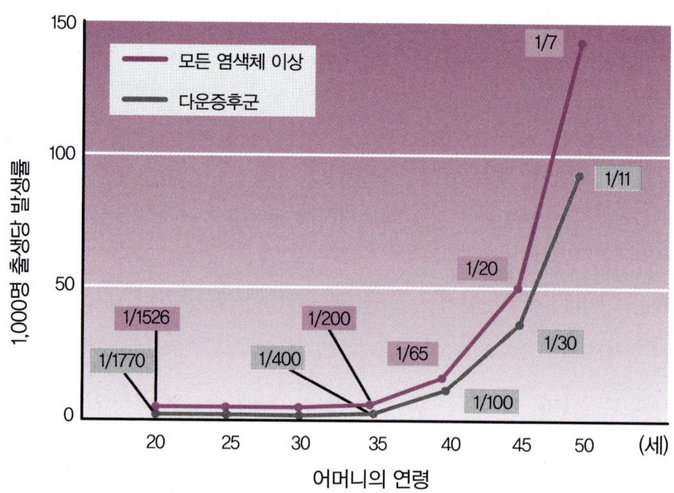

[그림 4-4] 엄마 연령에 따른 다운증후군과 모든 염색체 이상

출처: Berk(2013).

4. 산전 진단

과거에는 아기가 태어나기 전까지는 유전적으로 정상인지 알 방법이 없었으나 오늘날은 새로운 기술의 개발로 태내발달과 유전적 결함을 확인할 수 있게 되었다. 양수 검사, 융모막 검사, 초음파 검사가 가장 많이 사용되는 검사로 이 검사를 통해 태내발달이 정상적으로 이루어지는지 출산 전에 미리 알아볼 수 있다.

1) 양수 검사

산전 진단에서 가장 많이 사용되는 방법은 임신 14~16주에 실시하는 양수 검사이다. 양수 검사는 가느다란 바늘을 임신부의 배에 꽂아 자궁 속으로 넣어 태아를 보호하고 있는 양막의 아랫부분에서 소량의 양수를 채취하는 방법이다. 채취된 양수는 태아세포를 걸러 배양과정을 거치고 염색체 검사를 한다. 양수는 태아의 세포를 포함하고 있어서 다운증후군, 에드워드증후군(Edward's syndrome) 등의 유전적 결함이 있는지를 확인할 수 있을 뿐만 아니라 태아의 성숙도와 성별도 감별할 수 있다.

전문가들은 산모가 35세 이상의 고령이거나 이전에 염색체 이상이 있는 아기를 임신한 적이 있거나 부모 중 염색체 이상이 있는 경우라면 기형아 검사와 관계없이 양수 검사를 권유한다. 그런데 양수 검사는 보통 임신 14~16주에 실시하고 검사결과가 나오는 데도 시간이 다소 걸린다. 융모막 검사보다 간편하고 유산 가능성도 약간 더 낮지만 검사 시기가 늦다는 단점이 있다. 그래서 만약 태아가 심각한 결함을 가지고 있다는 것을 알아도 태아의 움직임을 느낄 수 있을 때 유산을 결정하는 데 어려울 수 있다.

2) 융모막 검사

융모막 검사는 태아의 유전적 결함이 있는지 세포를 검사하는 방법이다. 이 검사는 초음파를 이용하여 먼저 태아 및 태반의 정확한 위치, 태아의 건강상태, 다

태아 임신의 여부, 정확한 임신 주 수, 태아의 기형, 자궁의 이상 유무를 확인한다. 그다음 가느다란 플라스틱 바늘을 자궁경관을 통해 삽입하여 융모막 융모를 소량 채취하거나 복벽을 통하여 바늘을 직접 융모막 융모로 접근시켜 조직을 채취한다. 이 검사로 채취한 샘플을 가지고 다양한 유전질환을 찾아낼 수 있다. 이 검사는 임신 초기(9~11주)에 실시할 수 있고 검사결과도 수 시간~수일 내에 알 수 있어 조기진단이 가능하다. 또한, 치료 불가능한 태아의 이상을 발견할 시에는 흡입 임신중절이 가능하므로 모체에 신체적·정신적 부담을 덜어주는 장점이 있다.

3) 초음파 검사

초음파 검사는 태아가 정상적으로 발달하고 있는지를 알아보는 데 가장 보편적으로 사용되는 방법이다. 초음파 검사는 초음파를 생성하는 탐촉자를 임신부의 복부에 밀착시켜 초음파를 보낸 다음 되돌아오는 초음파를 실시간 영상화하는 방식이다. 초음파 검사는 수정 후 빠르면 4~5주에 할 수 있으며, 그 이전에는 태아가 너무 작아서 식별하기가 어렵다. 초음파 검사는 간편하고 인체에 해가 없다. 또한, 이 검사는 처음에 배아가 정상적으로 자궁 내에 착상이 되었는지를 확인하고 태아와 태반의 위치, 태아의 크기, 신체 기형을 찾아낼 수 있다. 임신 20~24주에는 태아의 전반적인 구조적 기형에 대해 평가하는 정밀초음파 검사가 있는데, 이 검사는 보통 때 시행하는 초음파 검사보다 검사시간이 다소 오래 걸린다.

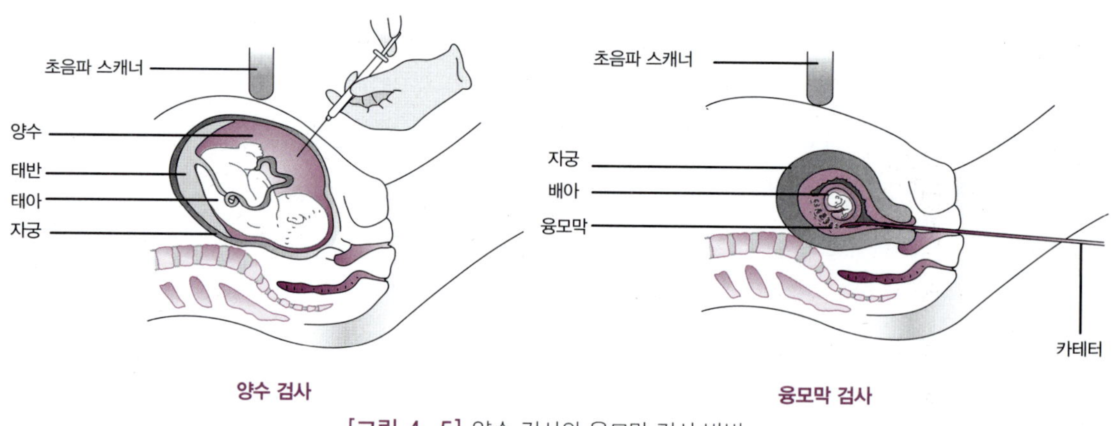

[그림 4-5] 양수 검사와 융모막 검사 방법

2 태아발달 단계

태아발달은 배종기, 배아기, 태아기의 세 단계를 거쳐 이루어진다. 태내기는 수정부터 출산까지의 기간으로 약 280일 정도이며 인간의 전 생애에서 가장 빠르고 극적인 발달과정을 겪는다.

1. 배종기

정자와 난자가 결합한 수정란이 자궁벽에 착상하는 2주까지의 기간을 배종기 혹은 발아기라고 한다. 이 시기는 인간의 생애에서 사망률이 가장 높은 시기이지만 신체는 이에 대해 전혀 지각하지 못한다. 수정란 혹은 접합체는 자궁을 향해 계속 움직이면서 세포분열을 시작한다. 수정된 난자는 분열을 계속하면서 난관 내부의 섬모운동과 난관의 수축작용으로 나팔관 아래로 내려가 약 3~4일 후에는 자궁에 도착한다. 수정된 난자는 그 형태가 미분화 배아세포라고 불리는 액체로 가득 찬 공 모양으로 바뀌며, 그때부터 자궁 내에서 하루나 이틀 동안 자유롭게 떠다닌다. 그 후에 자궁벽에 착상하는 데 약 10~14일 정도 걸린다. 착상이란 수정된 배아가 자궁 내벽에 붙어 태아가 모체로부터 산소 및 영양분을 받을 수 있는 상태를 말한다.

일단 자궁 내에 완전히 착상되면 그 세포 덩어리는 배아라고 불린다. 이때 배아의 크기는 마침표(•) 정도지만 이미 엄마의 영양분과 산소를 흡수할 만한 시스템을 가동하기 시작한다.

2. 배아기

수정란이 자궁벽에 착상한 후부터 8주까지를 배아기라고 말한다. 이 시기는 매우 급속한 분화와 변화를 겪는다. 배아기 동안 수정란은 외배엽, 중배엽, 내배엽의 세 개 층으로 분리된다. 외배엽은 피부, 손톱, 발톱, 감각세포, 신경계로, 중배엽은 근육, 골격, 순환기관, 배설기관으로, 내배엽은 소화기관, 호흡기관 등으로 발달한다.

이 시기에 심장, 뇌, 간, 폐 그리고 난소와 고환을 포함한 주요한 모든 신체 구조가 형성된다. 그리고 일부 장기는 기능하기 시작하는데, 심장이 박동하고 간은 혈액세포를 만들고 고환은 성호르몬을 생산한다. 눈, 코, 귀, 치아 싹 그리고 턱이 형성되고 팔과 다리가 나타난다. 이 시기 말에는 눈, 코, 입술 등의 얼굴 모양과 함께 사람의 모습을 대체로 갖춘다.

특히 배아기는 신체의 주요 기관이 형성되고 빠른 속도로 세포분열이 이루어지는 시기이므로 영양결핍, 약물, 질병, 방사선 등의 여러 유해요소에 민감하게 영향을 받는다.

사실상 모든 출생 결함(언청이, 사지 기형, 맹아 농아 등)은 임신기에서 결정적 시기인 첫 3개월 동안에 일어난다. 결함의 정도가 심한 배아는 대개 이 시기를 넘기지 못하고 자연적으로 유산된다. 발달을 저해하는 사건이 생기면 영구적인 손상을 입는다. 이 두 번째 기간에 매우 중요한 발달이 이루어지지만 8주 말에 배아는 크기는 단지 14~20mm이고 무게는 3g보다 적게 나간다.

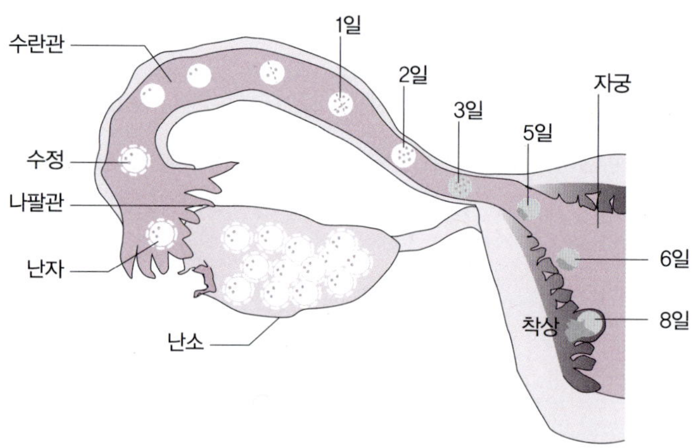

[그림 4-6] 수정과정

3. 태아기

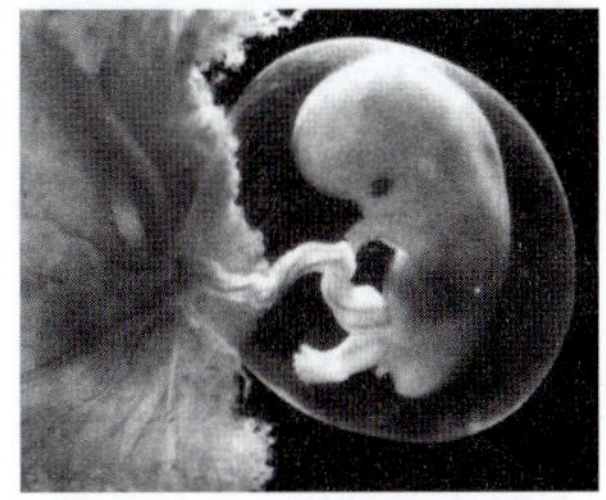

|사진 4-2| 9주된 태아

출처: Code & Cole(1993).

태내발달의 마지막 기간은 태아기라고 부르고 9주부터 출산할 때까지 지속된다. 이 시기에는 새로운 기관의 형성보다는 성장이 가속화된다. 태아기 동안 손, 손가락, 발, 발가락이 형성되고 뼈가 발달한다. 신경세포가 증가하고 머리카락과 손톱이 나온다. 모든 신체 시스템은 기능하기 시작한다.

9주 무렵에는 태아는 입술을 여닫고, 이마를 찌푸리고, 눈썹을 올리고 내리고, 머리를 돌리기도 한다. 12주에는 빨고, 숨 쉬고, 삼키는 기본적인 움직임을 보여 줄 수 있다. 팔이 닿으면 손가락을 구부릴 수 있다. 이러한 것은 말초근육과 신경이 점점 복잡한 방식으로 기능하고 있음을 나타낸다(Samuels & Samuels, 1986).

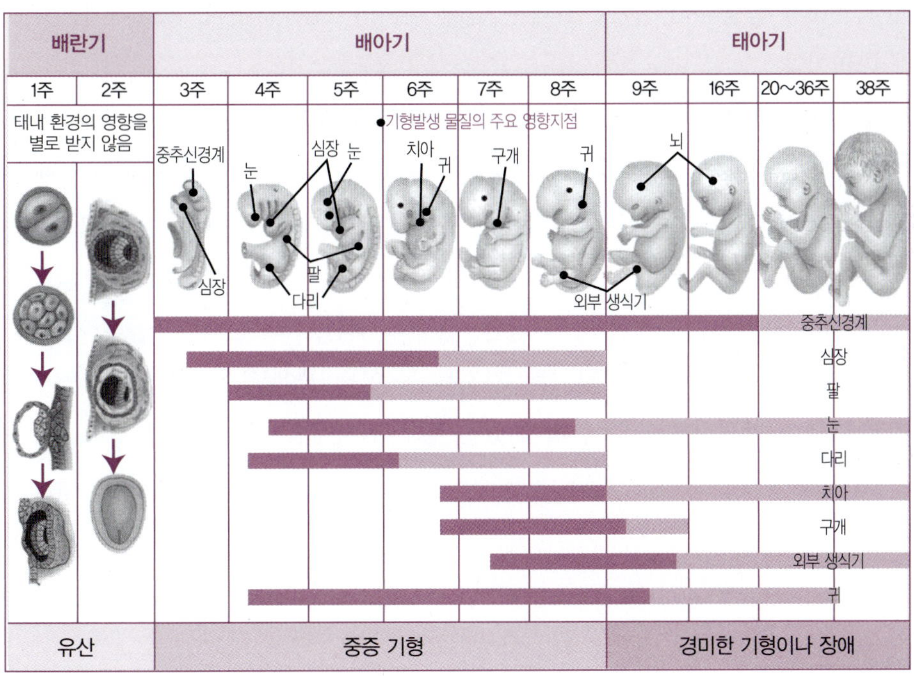

[그림 4-7] 태내발달의 민감기

출처: Morre & Persaud(1993), 재인용.

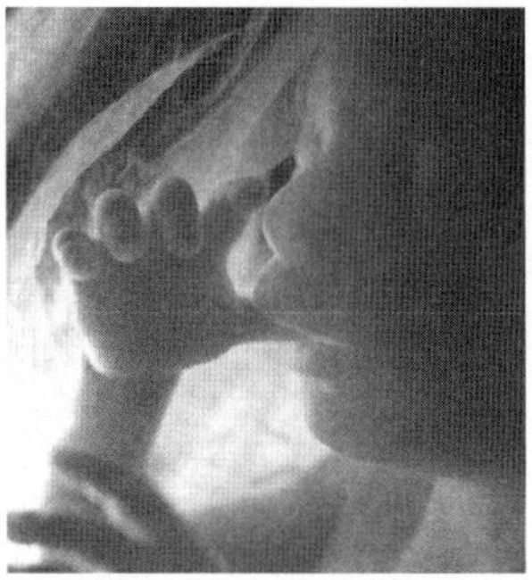

|사진 4-3| 수정 후 18주 된 태아

출처: Bukatko & Daehler(1995).

이 무렵에 인간의 형체를 닮기 시작하고 팔과 다리의 움직임이 나타나며 태아의 성별을 확실하게 구분할 수 있다. 5개월 초 무렵에 임신부는 태아의 움직임인 태동을 느낄 수 있다. 마지막 3개월 동안에 태아의 체중은 급격하게 증가하여 자궁 내 움직임을 위한 공간이 줄어든다. 이 시기에는 태아는 소리와 진동에 반응한다. 8~9개월에는 뇌가 놀라울 정도로 발달하며, 피하지방이 형성되어 인간으로서의 모습을 갖춘다. 태아의 크기와 무게의 증가로 인하여 38주 말에 평균 태아의 무게는 3kg 이상이고 크기는 50cm 정도 된다.

태내발달 동안에 신체 여러 부분은 다른 속도로 성장한다. 먼저 머리 영역이 몸통과 다리보다 매우 급속하게 발달하고 나중에 신체 하부가 빠르게 성장한다. 2주 무렵, 태아의 머리는 전체 신체 길이의 65%를 차지하고 나머지 35%가 몸통이다. 출생 시에는 신체 길이의 25%가 머리, 42%가 몸통, 33%가 다리이다.

태반은 이 시기에 안정되므로 이전에는 유산의 위험이 크다. 임신 초 태반은 태아보다 더 빠른 속도로 성장해 임신 17주 정도에는 태아의 몸무게와 비슷해지며, 만삭이 되면 태아 몸무게의 1/6 정도 된다. 평균 길이는 18.5cm, 두께 2.3cm이고 무게는 500g 정도 나간다. 태반은 모체의 자궁 내벽에 붙어 태아와 탯줄로 연결되어 있으며 태아에게 필요한 가스 교환, 영양소 교환, 호르몬 분비 등의 기능을 한다. 태반의 자궁 내 위치는 앞, 뒤, 기저부 등 어느 곳에도 위치할 수 있으며 이때 자궁 입구를 완전히 막거나 근처에 있는 경우 전치태반이라고 한다.

〈표 4-2〉 태내기 발달의 이정표

분기	사진	주	신장과 체중	주요 변화
제1기	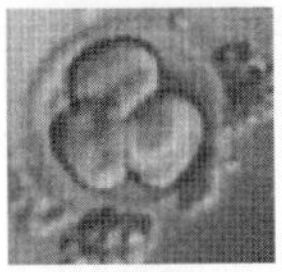 접합자	1		•단일세포 접합자가 증식하여 배반포를 형성한다.
		2		•배반포는 자궁의 내막으로 파고든다. •발달 중인 유기체에 영양을 공급하고 보호하는 구조인 양막, 융모막, 난황주머니, 탯줄이 형성하기 시작한다.
	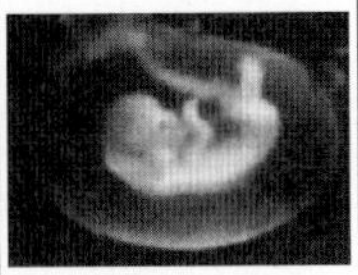 배아	3~4	1/4인치(6mm)	•원시적 뇌와 척추가 나타난다. •심장, 근육, 갈비뼈, 등뼈, 소화기계통이 발달하기 시작한다.
		5~8	1인치(2.5cm) 1/7온스(4g)	•많은 외적 신체구조(얼굴, 팔, 다리, 발가락, 손가락)와 내적 기관이 형성된다. •촉각이 발달하기 시작하고 태아가 움직일 수 있다.
	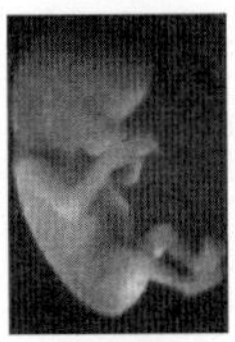 태아	9~12	3인치(7.6cm) 1온스 이하(28g)	•크기가 빠르게 증가하기 시작한다. •신경계, 기관, 근육이 조직되고 연결되며 새로운 행동능력(차기, 엄지손가락 빨기, 입 열기, 호흡)이 나타난다. •외적 성기가 충분히 형성되고 태아의 성이 분명히 드러난다.
제2기	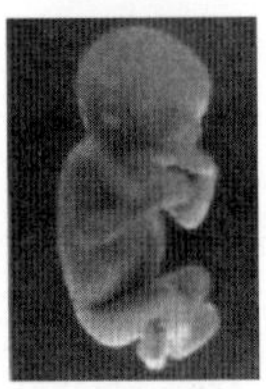	13~24	12인치(30cm) 1.8파운드(820g)	•태아가 빠르게 자란다. 중반기에 엄나는 태아의 움직임을 느낀다. •태지와 배내 솜털이 피부를 양수 속에서 트지 않게 해준다. •뇌의 뉴런은 24주에 나타난다. •태아의 눈은 빛에 민감해지고 소리에 반응한다.
제3기	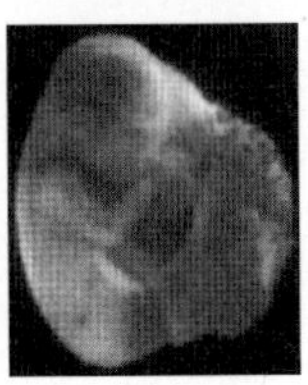	25~28	20인치(50cm) 7.5파운드(3,400g)	•이 시기에 태어나도 태아는 생존 가능성이 있다. •태아의 크기가 커진다. •폐가 성숙한다. •빠른 두뇌발달로 인하여 감각과 행동능력이 확대된다. •이 시기의 중반쯤 피하지방층이 생성된다. •질병으로 보호하기 위하여 엄마의 항체가 태아에게 전달된다.

출처: Berk(2013).

3 태내 환경의 영향

엄마의 태중교육 10개월이 출생 후 스승에게 10년을 배우는 것보다 더 중요하다는 말이 있다. 그만큼 태내 환경이 중요하다는 것을 의미한다. 건강한 아기는 건강한 엄마의 몸속에서 만들어진다. 태내 환경에 미치는 여러 영향을 구체적으로 살펴보기로 한다.

1. 영양

임신기의 충분한 영양섭취는 태아의 발달과 엄마의 건강을 위해서 중요하다. 태내기 동안에는 다른 어떤 시기보다 아기는 엄마의 영양에 의존한다. 대개 임신부는 자연적으로 식욕이 증진되므로 임신기에 체중 증가량은 자연스럽게 해결된다. 정상 체중인 여성은 임신기 동안 체중이 적어도 11.5~16kg 증가해야 하고, 임신 전에 체중이 표준 이하였던 여성은 더 증가해야 한다.

임신부가 적당히 균형 잡힌 식사를 하고 하루 300~500kcal 정도씩 열량 섭취를 증가시키면 태아에게 적당한 영양을 공급할 수 있다. 식사의 양뿐만 아니라 영양이 풍부한 음식을 섭취하는 것도 중요하다. 단백질과 식이섬유가 풍부한 음식을 먹고 당분이 많은 음식을 피해야 적정한 혈당이 유지된다. 한 실험에 의하면, 임신 중에 달고 기름진 음식을 많이 먹은 어미의 쥐에서 태어난 새끼는 알코올과 약물 중독에 걸릴 위험이 커지는 것으로 나타났다(YTN TV, 2013. 8. 31.). 고지방과 고당질 음식이 태아의 뇌 보상 시스템을 변형시키기 때문인데 임신 중에 과도한 지방과 당분 섭취는 피하는 것이 좋다. 임신 중기부터 태아가 모체의 철을 흡수해 자신의 혈액을 만들기 시작하므로 엄마는 철분이 부족해지기 쉽다. 철이 부족하면 빈혈과 임신중독증의 원인이 될 수 있다.

불충분한 영양공급으로 인하여 사산이나 유산을 할 가능성이 있으며 조산아나 미숙아가 태어날 확률이 높다. 특히 태내기는 뇌세포가 급격하게 증가하는 시기이므로 지적 발달에 영양을 줄 수 있다. 2차 세계대전 당시 네덜란드에 기근이 닥쳤을 때, 임신 초기에 영양결핍을 경험한 임신부는 신체적 결함을 가진 아기를 낳을 가능성이 컸고, 태내기 후반의 경우는 태아가 대개 생존은 하였으나 다수가 저체중이거나 작은 머리를 가지고 태어났다(Berk, 2008). 그뿐만 아니라 부적절한 영양은 면역체계의 발달을 저해하기 때문에 태내기 동안 영양결핍은 호흡기 질환을 자주 유발한다(Chandra, 1991). 그러므로 자궁 안에서 특정한 영양소가 부족하면 아기의 미래 건강에는 나쁜 영향을 미치게 된다.

〈표 4-3〉 24세 임신 여성과 비임신부 간의 영양소 필요량의 차이

영양소	비임신부	임신부	퍼센트 증가	식품
엽산	180mcg	400mcg	+ 122	푸른잎 채소, 간
비타민 D	5μg	10μg	+ 100	강화유제품
철	15mg	30mg	+ 100	고기, 달걀, 곡물
칼슘	800mg	1200mg	+ 50	유제품
인	800mg	1200mg	+ 50	고기
B_6	1.6mg	2.2mg	+ 38	고기, 간, 강화곡류
B_1	1.1mg	1.5mg	+ 36	강화곡물, 돼지고기
아연	12mg	15mg	+ 25	고기, 해산물, 달걀
리보플라빈	1.3mg	1.6mg	+ 23	고기, 간, 강화 곡류
단백질	50g	60g	+ 20	고기, 생선, 닭, 오리고기
요오드	150mcg	175mcg	+ 17	요오드첨가 식염, 해산물
비타민 C	60mg	70mg	+ 17	감귤류, 토마토
에너지	2200kcal	2500kcal	+ 14	단백질, 지방, 탄수화물
마그네슘	280mg	320mg	+ 14	해산물, 콩류, 곡류
나이아신	15mg	17mg	+ 13	고기, 견과류, 콩류
비타민 B_{12}	2.0mcg	2.2mcg	+ 10	동물성 단백질
비타민 A	800μg	800μg	0	녹황색 및 황색 과일, 채소, 간

출처: Bukatko & Dehler(1996).

한편 적절한 음식을 섭취하면 태아의 건강에 효과가 있는 것으로 밝혀졌다. 예를 들면, 임신 전과 임신 중에 매일 400μg의 엽산을 복용하면 이분척추(척추가 두 개로 갈라진 중증의 장애)와 같은 신경관계 결함을 가진 아기를 낳을 확률이 줄어든다. 임신 말기 10주 동안에 엽산 섭취를 적절히 하면 조산과 저체중 출산의 위험을 반으로 줄일 수 있다(Scholl, Heidiger, & Belsky, 1996). 이러한 결과 때문에 미국과 캐나다에서는 모든 가임기 여성에게 하루에 0.4mg 엽산을 섭취하도록 권장하고 있으며, 빵, 밀가루, 쌀, 파스타에 엽산을 첨가하고 있다.

2. 질병과 약물

질병이 있는 여성이 임신하거나 임신 중에 질병에 걸릴 수도 있다. 감기와 같은 가벼운 질병은 태아에게 크게 영향을 주지 않지만 어떤 질병은 치명적인 손상을 입힌다. 가령 풍진은 임신부에게는 감기처럼 가벼운 질병이지만 태아에게는 결함을 유발하는 질병이다. 만약 임신 3개월 이전에 엄마가 풍진에 걸릴 경우 시각장애나 청각장애, 지적장애가 있는 아기를 낳을 확률이 높다. 그러므로 임신 가능성이 있는 여성들은 풍진 검사를 하고 만약 면역성이 없다면 백신을 접종해야 한다.

매독, 임질 등의 성병에 걸린 경우 태아의 30%는 출산 이전 사망, 기형아 출산, 시각장애가 발생한다. 그리고 면역체계를 파괴하는 질병인 에이즈에 걸린 임산부에 의해 감염된 신생아도 증가하고 있다. 산업화된 국가에서는 에이즈 발생률이 감소하고 있지만 개발도상국에서는 여전히 만연하고 있다. HIV 바이러스에 감염된 아기는 6개월까지 체중감소, 설사와 반복적 호흡계 질환, 두뇌손상이 나타난다. 태내기에 HIV 바이러스에 감염된 영아는 이러한 증상이 나타난 지 5~8개월 정도밖에 살지 못한다(O'Rahilly & Müller, 2001). 이외에도 많은 동물에게 발견되는 기생충에 감염되어 발생하는 톡소플라즈마증이라고도 불리는 톡소포자충증이 있다. 임신부가 덜 익은 고기나 날고기를 먹거나 혹은 톡소포자충에 감염된 고양이의 배설물에 의해 감염될 수 있다. 임신 초기에 감염되면 눈과 두뇌손상을 일으킬 수 있다.

엄마가 임신 중에 복용하는 약물이 태아에게 영향을 미친다. 한때는 태반이 유해한 요소로부터 보호해주기 때문에 태아가 안전하다고 믿었다. 이제는 엄마가 섭취한 거의 모든 것이 어느 형태로든지 또 어느 정도로든 태아에게 전달된다는 사실을 알고 있다. 약물도 산소, 물, 이산화탄소 등과 마찬가지로 태반을 통과할 수 있다.

임신 초기에 복용한 약물은 큰 영향을 미친다. 1960년에 해표지증을 갖고 출생하는 아기들이 태어나기 시작했다. 팔다리가 몸에 붙어서 쓸모가 없고 시각과 청각에 결함이 있고 일부는 귀와 눈이 없으며 어떤 경우는 다른 기형적 이상을 가지고 있었다. 이것의 원인은 엄마가 임신 초기에 복용했던 신경안정제 탈리도마이드라는 약 때문이었다. 한때 유럽의 의사들이 입덧으로 어려움을 겪는 임신부들에게 탈리도마이드를 처방했다. 탈리도마이드를 복용한 엄마의 아기들은 지금은 성인이 되었지만 엄마가 임신 중에 복용한 약물이 태아에게 미치는 영향을 보여 준 아주 비극적인 사례이다.

일반적으로 이따금 복용하는 아스피린은 태아에게 유해하지 않는 것으로 간주하지만 이러한 진통제도 동물에 있어서 다양한 중추신경계의 기형을 초래한다고 보고되었다. 아스피린의 과다복용도 매우 위험하다. 임신한 지 3개월 동안 자기진단으로 편두통 때문에 10~15알을 복용한 사람은 심한 기형아를 출산한 것으로 나타났다. 따라서 임신 가능성이 있는 여성에게 있어서 가장 현명한 일은 가능한 약물을 복용하지 않고, 임신 중에는 약국에서 마음대로 약을 사서 먹지 말아야 하는 것이다. 그리고 처방된 약의 안전성에 대해 의사에게 반드시 문의해야 한다. 그런데 태아에게 나쁜 영향을 줄까 봐 약을 먹지 않아 임신부의 병이 악화되어 오히려 태아에게 좋지 않은 영향을 주는 일도 있다. 간질이나 당뇨병, 갑상샘질환, 요도염, 천식 등이 그렇다. 이와 같은 질병은 반드시 적극적으로 치료해야 하고 다행히 임신부가 비교적 안전하게 사용할 수 있는 약물들이 있으므로 의사와 상의하여 복용하도록 한다.

그리고 임신부는 카페인이 든 음식이나 약품을 피하거나 조금씩 섭취하는 것이 바람직하다. 비록 사람을 대상으로 한 연구에서는 일관된 연구결과가 나타나지 않았지만, 동물실험에서는 출생 결함이 보고되고 있다. 쥐에게 막대한 양의 카페인(20~24잔 분량)을 주사한 후 그 새끼에게 사지와 골격에 강한 기형이 발생한 것으로 보고되었다. 많은 양의 커피(하루에 3잔 이상)를 마시는 임신부는 커피를 적게 마시거나 마시지 않는 임신부에 비해 저체중아를 출산하는 경향이 있었다(Narod, de Sanjose, & Victora, 1991).

3. 흡연과 음주

담배 속에 포함된 니코틴과 여러 화학물질은 임신부의 체내를 통과하여 태아 및 영아 사망, 저체중과 같은 심각한 문제를 유발할 수 있다. 흡연은 탄산가스를 증가시키고 이는 엄마와 태아의 혈액 속에 산소를 대체한다. 그로 인해 중추신경계에 손상을 입고 성장이 저해된다. 특히 니코틴은 태반으로 혈액이 흘러가는 것을 감소시킨다. 임신부가 담배를 피우면 태아의 심장박동률은 증가하는데 이것은 적절한 산소량을 보유하기 위해 계획된 반응이다(Samuels & Samuels, 1986).

흡연 임신부를 조사한 연구에서 가장 일관된 결과는 흡연하는 임신부는 비흡연 임신부와 비교하여 저체중아를 분만할 확률이 높다는 것이다(Cliver, Goldenberg, Cutter, Hoffman, Davis, & Nelson, 1995; Nordentoft, Lou, Hansen, Nim, Pryds, Rubin, & Hemmingsen, 1996; Sprauve, 1996). 임신기 동안 엄마가 담배를 많이 그리고 오래 피울수록 출산 시 아기의 체중은 적게 나간다. 흡연 임신부는 자연유산과 사산을 더 많이 할 뿐만 아니라 출산을 하더라도 출생 직후 아기가 사망하는 경우가 더 많은 것으로 보고되었다(Streissguth, Barr, Sampson, & Bookstein, 1994). 흡연은 유산, 조산, 천식, 암과 같은 심각한 결과의 가능성도 증가시킨다(Franco, Danias, Akamine, Kawamoto, Fortes, Scavone, & Tostes, 2000; Jaakkola & Gissler, 2004).

임신부의 흡연 결과는 훨씬 더 오랫동안 아동에게 영향을 미치는 것으로 보고

된다. 임신기에 흡연한 엄마에게 태어난 아동과 청소년을 조사한 결과, 주의집중 시간이 더 짧고, 기억력이 더 저조하며, 지능지수가 더 낮을 뿐만 아니라 행동문제가 더 많이 나타났다. 그러나 태내기에 흡연의 노출에 대한 장기간의 결과는 다른 요인과 혼재되어 있어서 명확하게 알 수 없다. 흡연 남성의 정자는 비흡연 남성의 정자에 비해 기형이 더 많이 나타나고 정자의 수를 감소시켜 생산능력이 저하(약 20% 감소)되었다. 이와 같은 직접 흡연뿐만 아니라 흡연하는 남편이나 주변 사람들로 인해 간접흡연도 출산 시 저체중, 영아 사망과 같은 심각한 문제와 관련이 있는 것으로 보고되었다.

임신 중의 음주도 역시 태아에게 심각한 영향을 미친다. 태아의 알코올 분해능력은 성인의 절반 수준이며 알코올에 상당히 민감하게 반응을 보인다. 소량의 알코올조차도 비정상적인 발달을 일으킨다. 임신 중에 과도하게 음주한 여성의 아기에게 태아알코올증후군(Fatal Alcohol Syndrome, FAS)을 가지고 태어난다는 사실이 규명되었다. 태아알코올증후군인 아기는 출생 시 매우 작고 태어난 후에도 정상적으로 성장하지 못한다. 이 증후군이 있는 아기는 비정상적으로 작은 머리, 심장결함, 얼굴의 이상, 관절이상, 지적장애, 주의집중력 결핍 등의 특징을 보인다(Connor, Sampson, Bookstein, Barr, & Streissguth, 2001; Sokol, Delaney-Black, & Nordstrom, 2003). 이 증후군이 있는 아기들은 독특한 얼굴 특징을 가지는데, 넓은 미간, 낮은 콧등, 얇은 윗입술, 두뇌가 충분히 발달하지 못했음을 표시하는 작은 머리를 가진다. 나중에 풍부한 영양이 공급되어도 정상적인 신체 크기를 따라잡지 못한다.

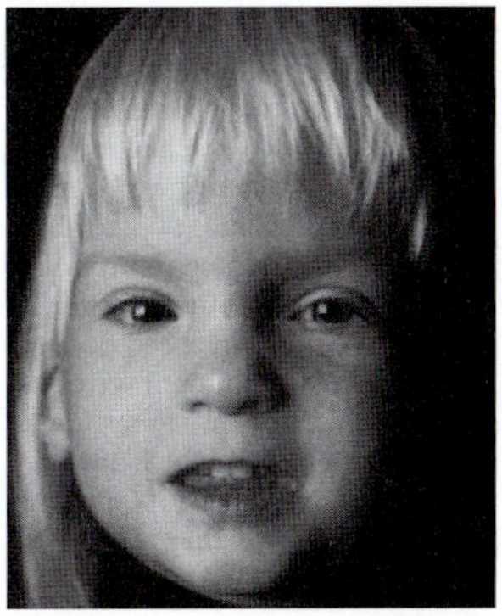
|사진 4-4| 태아알코올증후군

알코올이 태아의 발달에 심각한 장애를 유발하는 이유는 알코올이 초기의 신경관 세포의 복제와 수초화를 방해하기 때문이다. 그리고 알코올을 대사하기 위하여 신체가 더 많은 산소를 사용하는데 임신부가 과도하게 음주를 하면 태아의 세포 성장을 위해 사용해야 할 산소를 뺏어갈 수 있다. 따라서 적은 양의 알코올도 안전하지 않으므로 임신부는 음주는 하지 않는 것이 좋으며 알코올 의존증이 있는 여성은

임신하기 전에 의사의 도움이 필요하다.

4. 연령

최근 들어 결혼연령의 증가로 30대뿐만 아니라 40대에 출산하는 여성들도 많아졌다. 최적의 임신기는 25~29세이며 임산부의 나이가 35세를 넘으면 노산으로 간주한다. 나이가 많은 임산부는 유산, 사산, 난산, 미숙아 출산을 할 가능성이 클 뿐만 아니라 임신중독증에 걸리거나 다운증후군을 가진 아기를 출산할 확률이 높다. 다운증후군의 원인 중 하나는 에스트로겐의 수준과 관련이 있다고 한다. 에스트로겐 수준은 20~35세에 절정을 이루며 호르몬 분비의 부족은 21번째 염색체의 이상을 초래하는 결과를 낳는다(정옥분, 2012). 나이가 20세 이하이거나 55세 이상이면 다운증후군의 위험은 급격하게 증가한다. 즉 임신부의 나이가 20세일 경우에는 다운증후군의 아기를 가질 확률이 1/1770이었으나 35세에는 1/400이다가 45세가 되면 1/30로 증가한다.

노산뿐만 아니라 10대 임신부도 건강하지 않은 아기를 출산할 위험이 상당히 큰데 이는 산모의 연령 때문만은 아닐 수 있다. 적절한 산전 관리가 불충분한 것이 이유일 수 있는데 대부분의 10대 임신부는 스트레스, 영양부실, 건강문제를 가진 저소득 가정에 속한다(Berk, 2008). 특히 가난으로 인해 임신 중에 적절한 영양섭취나 의료 서비스를 받지 못할 가능성이 크기 때문으로 보인다.

5. 정서 상태

임신한 엄마가 정서적으로 심각한 스트레스를 경험하면 태아의 발달에 나쁜 영향을 미친다. 임신은 신체 변화에 대한 적응문제와 가족생활에 여러 변화를 가져오기 때문에 어느 정도의 불안이나 긴장은 정상적일 수 있다. 그러나 만성적이거나 극심한 불안은 태아에게 위험할 수 있다. 강한 불안은 유산, 출산 시 저체중, 순환기질환, 소화기 이상과 관련이 있는 것으로 나타난다.

스트레스가 태아에게 좋지 못한 영향을 주는 것은 다음과 같은 이유 때문이다. 스트레스는 자율신경계에 영향을 주어 부신호르몬의 분비를 촉진하며 이것은 태반을 통해 전달된다. 혈관이 수축하면 태반 내 혈액이 감소하여 태아는 충분한 산소나 영양을 공급받지 못한다. 태반을 통과한 스트레스 호르몬은 태아의 심장 박동과 활동을 매우 급격히 증가시킨다. 이처럼 임신기간에 엄마의 정서 상태는 태아에 직접적인 영향을 끼치므로 임신부는 항상 평온한 마음가짐이 필요하다. 우리나라에서는 예로부터 태교의 중요성을 강조하였다. 모체의 정서 상태가 긴장된 채 오래 계속될 때에는 이것이 태아의 발달에 영향을 미치게 된다는 등 여러 연구가 발표됨에 따라 현대에도 태교의 중요성은 지속해서 강조되고 있다.

6. 환경오염

산업의 발달로 우리는 여러 가지 화학물질에 노출될 기회가 많아졌다. 환경오염 물질은 모든 사람의 건강을 위협하지만, 특히 태아에게 치명적이다. 여러 환경오염 물질 중에 수은(Hg)은 태아에게 신체 기형, 정신지체, 씹고 삼키기의 어려움, 부조화된 움직임이라는 결과를 초래한다. 수은으로 인한 선천성 기형은 1950년대 초 일본의 미나마타 지방에서 처음 발견되었다. 이 지역 가까이에 있던 플라스틱 공장에서 흘러나온 무기수은이 미생물에 의해 메탈수은으로 변하여 물고기에 침착되었으며, 임신 시 이 물고기를 섭취하였던 임신부의 6%가 뇌성마비나 소두증의 기형아를 출산하였다(구재옥, 1997). 또 다른 기형발생 물질인 납(Pb)은 낡은 건물 벽의 페인트에서 떨어져 나오고 산업현장에서 사용되는 일부 물질에 들어 있다. 높은 수준의 납 성분에 노출되는 것은 조산, 출산 시 저체중, 두뇌손상 등 다양한 신체적 결함과 관련이 있다(Dye-White, 1986).

대기오염 또한 태아에게 영향을 미치는 것으로 알려졌다. 스페인 환경역학연구센터 Pedersen 박사는 유럽 12개국에서 실시된 14건의 코호트연구 분석시험 결과, 대기오염은 태아의 발육 지연뿐만 아니라 출생 후 호흡기 질환 등의 여러 부작용을 일으킨다고 발표하였다. 그리고 영국산부인과학회는 임신 중 일반적인 오염물질에 노출되면 태아 발육이 지연되어 출생 시 체중이 낮아지는 것으로 밝혀졌다고 보고하였다(국민일보, 2013. 10. 18.).

방사선도 염색체 손상을 가져올 수 있다. 방사선의 피해는 결정적 시기에 영향을 미치는 것으로 보이는데 임신 중 특정 시기에 노출된 방사선 때문에 특정한 결함이 나타날 수 있다. 대부분 피해는 주요 조직의 발달시기인 임신 6주 이전에 이루어진다.

4 출산 과정

1. 출산 준비

출산은 태아가 자궁 밖으로 나오는 과정을 의미한다. 태아는 인생의 다음 단계를 준비하느라 머리를 자궁경부에 대고 세상 밖으로 나갈 수 있는 자세를 취하기 위해 움직이는 동안 가족은 기대와 관심을 가지고 출산의 순간을 기다린다.

출산예정일은 최종 월경 시작일의 달에 9를 보탠 수가 출산 달이고, 12보다 많을 경우는 월 수로부터 3을 뺀다. 출산일은 최종 월경 시작일의 수에 7을 보탠 수이며, 30보다 많아지면 그 수만큼 다음 달로 넘어가고 동시에 출산 달도 달라진다. 아기는 엄마의 몸속에서 280일 후에 태어나는 것으로 기대하지만 단지 소수의 아기만이 출산예정일에 태어난다. 임신기간은 보통 40주이지만 37~42주에 분만하는 것을 정상 분만이라고 한다. 경우에 따라서 이 기간을 모두 채우지 않고 분만하면 조산이라고 하고 기간을 넘겨서 분만하는 것을 만산이라고 한다.

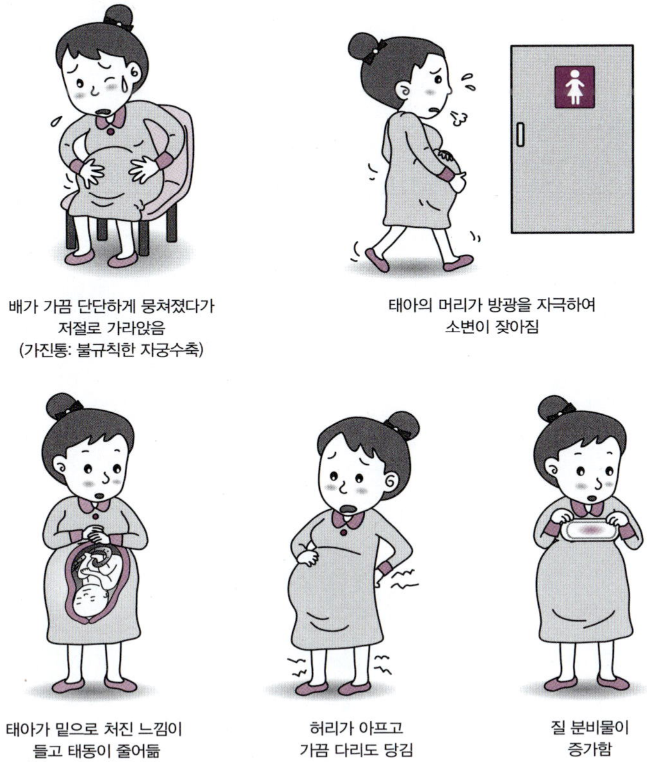

[그림 4-8] 출산의 징조가 되는 증상

출처: 국가건강정보포탈(http://health.mw.go.kr).

2. 출산 단계

아기가 세상에 나올 준비를 마쳤다는 신호가 바로 진통이다. 언제 진통이 시작하는지는 정확히 알 수 없다. 출산이 가까워지면 산모의 뇌하수체에서 자궁수축을 유발하는 옥시토닌 호르몬을 분비한다. 자궁수축으로 배가 자주 당기고 허리와 등이 아프면서 아랫배가 단단해지는 느낌이 드는데 이것이 진통의 첫 신호이다(그림 4-8). 출산은 처음 자궁경부가 벌어지는 초기 단계와 아기가 산도를 통해 밀고 나오는 두 번째 단계 그리고 태반과 탯줄의 나머지가 밀려 나오는 세 번째 단계로 나뉜다(그림 4-9). 출산에 걸리는 시간은 초산의 경우 보통 16~18시간,

경산의 경우에는 6~8시간 정도이나 산모에 따라 개인차가 크므로 정확하게 예측하기 어렵다.

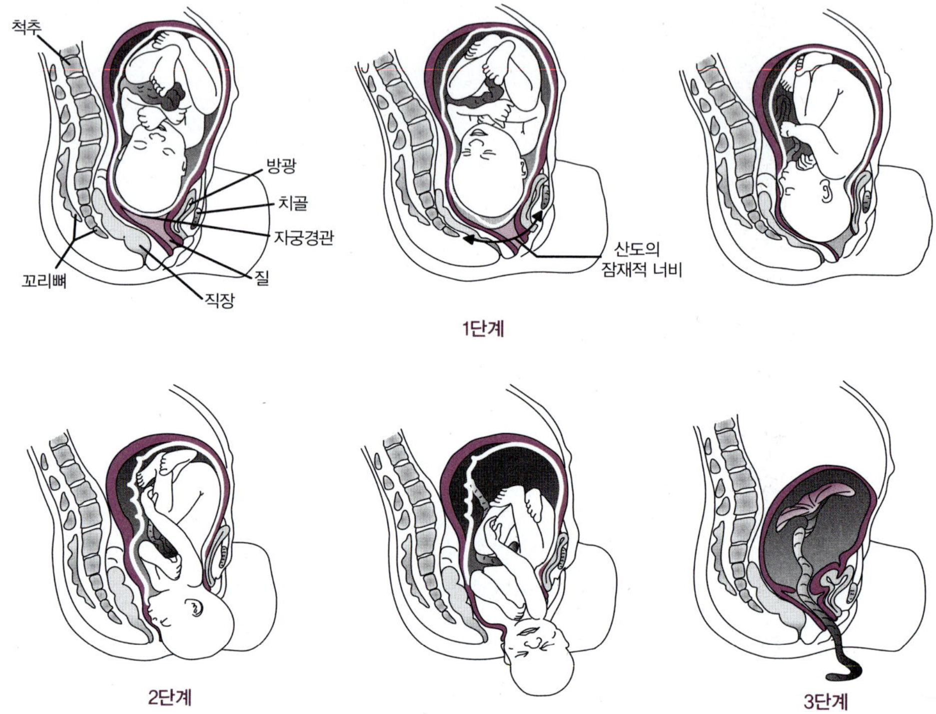

[그림 4-9] 출산단계

출처: Bukatko & Daehler(1995).

1) 개구기

개구기는 자궁경관 및 자궁구가 크게 열리는 시기로서 먼저 규칙적인 자궁의 수축이 일어나기 시작한다. 이것이 개구진통이며, 처음에는 10~20초 동안의 진통이 약 20분 간격으로 있다가 점점 진통 간격이 짧아지고 진통시간은 길어진다. 1분 정도의 진통이 2~3분 간격으로 오면 자궁 안의 압력이 높아지면서 자궁 입구가 열리기 시작한다. 초산부는 자궁경부가 3~4cm 정도 열리고 진통이 활성화된 시점으로부터 평균 9시간 정도 걸린다. 이 시기는 출산과정에서 가장 많은 시간이 걸리는데 초산부는 평균 10~12시간, 경산부는 4~6시간이 소요된다.

2) 배출기

자궁경부가 약 10cm가량 완전히 벌어지게 되면 아기가 산도를 통해 나오는 두 번째 단계가 시작된다. 배출기는 자궁경부가 완전히 확장되고 아기가 밖으로 나올 때까지를 말한다. 아기가 완전히 빠져나오기까지는 수분에서 수 시간이 걸리는데, 이것은 모체의 준비 상태, 육체적 조건 등에 따라 다르며, 태아가 빠져나올 때는 머리가 먼저 나온다. 대개 초산부는 2~3시간, 경산부는 1~1시간 30분 정도 걸리는 것으로 알려져 있으나 이는 개인차가 있다. 개구기(제1기)에 비해 비교하면 짧은 시간이지만 태아가 나오는 중요한 시기이다.

3) 후산기

후산기는 아기가 태어난 후부터 태반이 탯줄과 함께 나올 때까지의 시기로서 잠시 멎었던 진통이 아기가 태어난 후 10~15분 경과하면 새로이 나타나기 시작한다. 이것을 후산진통이라 하는데, 앞서보다 발작은 짧고 간헐은 길며 통증도 가볍고 이와 동시에 태반이 나온다. 이로써 출산은 끝난다.

5 출산 방법

출산 시 통증은 자연스러운 과정이지만 상당한 고통이 수반된다. 출산 시 산모의 고통을 완화하는 여러 대안 분만법이 도입되어 시행되고 있다. 대표적인 몇 가지 출산방법을 소개한다.

1. 무통분만

무통분만은 산모의 통증을 줄이기 위하여 마취를 이용하여 분만하는 방법이다. 제일 보편적으로 시행하는 무통분만의 시술법은 경막외마취로서, 산모의 허리 쪽 척추를 싸고 있는 경막 바깥에 가느다란 관을 삽입하고 희석한 마취제를 지속해서 주입하는 방법이다. 자궁이 3~4cm 정도 열려 출산 진통이 가장 활발할 때 시술한다. 시술 후 감각신경이 느끼는 통증을 완화시키나 운동신경이 그대로 남아 있어 다리를 움직일 수 있고 의식에도 영향이 없어 분만 진행을 느낄 수 있으며 힘주기도 가능하다.

무통분만은 극심한 고통을 덜어주어 편안하게 분만할 수 있고 통증 감소로 혈관을 수축시키는 카테콜아민이 감소되어 자궁으로 가는 혈류량이 유지될 수 있다. 또한, 산모의 과호흡으로 인한 태아의 저산소증 등을 막을 수 있는 장점이 있다. 그러나 무통분만 자체가 혈압을 떨어뜨리기 때문에 저혈압 환자나 혈소판 수치가 낮아 출혈소인이 큰 사람은 무통분만을 하기 어렵다.

2. 제왕절개 분만

제왕절개 분만은 산모의 복부를 절개한 후 자궁을 절개하고 태아를 분만하는 수술법이다. 제왕절개 분만(cesarean delivery)은 로마시대의 시저(Cesar)가 산모의 배를 가른 후 꺼내졌다 하여 붙여진 용어라는 설도 있으나 이는 근거가 없는 것으로 알려졌다. 제왕절개 분만율이 감소하였으나 난임치료로 인해 다태아를 출산하는 경우가 증가하면서 제왕절개 분만도 늘어났다. 특히 고령 출산일 경우 자연분만은 신생아에게 위험하다.

제왕절개에 의한 분만은 산모의 진통을 덜어주고 출산일도 산모가 편한 대로 조정하는 융통성이 있으나 회복기간은 길다. 따라서 자연분만으로 출산했을 때보다 더 오래 쉬어야 한다. 제왕절개 분만은 태아의 머리가 크거나 엄마의 골반이 너무 좁은 경우, 태아 위치 이상 및 전치태반일 경우, 정상적인 분만 진행과정을 넘어서 지연되는 난산일 경우 필요하다. 또한 HIV 바이러스나 다른 질병으로부터의 감염을 예방하거나 다태아를 출산할 때 제왕절개를 시행하는 것이 일반적이다.

3. 르부아예 분만

르부아예 분만은 프랑스 산부인과 의사 Leboyer가 출산과정에서 산모의 고통에만 관심을 둘 것이 아니라 태아를 위한 배려도 있어야 한다는 취지에서 고안한 방법이다. Leboyer는 오랜 기간 신생아 분만을 도우면서 태아에게 분만이란 어떤 의미인지 생각하였다. 태아가 40주 동안 지내던 엄마의 자궁 안은 어둡고 조용하며 양수가 있는 공간이었는데 갑자기 강렬한 빛과 소리로 불안한 상태에서 산소를 공급받던 탯줄마저 잘리게 되어 신생아는 공포와 불안으로 떨게 된다. 그래서 이와 같은 세상 환경의 충격으로부터 신생아를 보호하고 적응할 수 있도록 주위 환경을 조성하자는 취지이다.

르부아예 분만은 신생아의 감각을 고려하여 출산을 덜 충격적인 경험으로 받아들이게 하기 위해서 몇 가지 방법을 제시한다. 먼저 어두운 자궁 안에서 나온 태아를 분만실의 밝은 조명으로부터 보호하고 안정감을 주기 위해 분만실을 아기의 형태만 알아볼 수 있을 정도로 어둡게 한다. 아기의 감각 가운데 가장 발달한 것이 바로 청각이므로 분만실 안에 있는 의료진은 조용히 말한다. 아기가 태어나는 즉시 산모 배 위에 아기를 얹어 엄마의 따뜻하고 부드러운 살결을 느끼게 해준다. 신생아가 폐호흡에 적응하도록 분만 후 4~5분간은 탯줄을 자르지 않고 기다린다. 탯줄을 자르고 나서 아기를 천천히 물속에 놓아두어 긴장이 사라지게 한 다음 다시 천천히 건져 올리는 과정을 반복한다.

4. 라마즈 분만

라마즈 분만법은 1950년대 프랑스의 산부인과 의사인 Lamaze Fernand가 자연분만법을 기초로 정리한 분만법이다. 라마즈 분만법은 호흡법, 이완법, 연상법을 이용하여 산모 스스로 진통을 조절하며 통증을 최소화하는 것이다.

호흡법의 주된 목적은 산소를 체내에 충분히 공급함으로써 근육 및 체내 조직의 이완을 돕고 또 태아에게도 산소공급을 원활히 해주는 것이다. 그리고 통증의 박자와 리듬에 맞추어 호흡함으로써 진통에만 집중하던 관심을 호흡 쪽으로 분산시켜 통증을 덜 느끼게 한다. 연상법은 즐거웠던 일을 연상함으로써 진통을 경감시킬 수 있고, 이완법은 근육을 이완시킴으로써 긴장으로 인한 스트레스와 통증을 줄일 수 있다. 라마즈 분만법은 임신 32~34주부터 매일 꾸준히 해야 몸의 이완이 마음먹은 대로 가능하며, 숙련되어야 실제 진통 시 응용할 수 있다.

5. 수중 분만

수중 분만은 고대로부터 내려온 자연분만법 중 하나이다. 수중 감염에 대한 우려 때문에 현대의학에 의해 밀려났다가 1960년대에 러시아의 수영 강사인 Igor Chavkovskii가 다시 시작한 것으로 알려졌다. 그 뒤 프랑스 의사 Michelle Odent이 일반인들에게 보급했다. Odent가 약물 사용을 줄이고 의사가 출산에 개입하는 횟수도 줄일 수 있다고 판단하여 산모를 욕조의 따뜻한 물속에서 산모 자신의 방법으로 아기를 낳도록 유도했다.

수중 분만은 임산부가 누운 자세가 아닌 앉은 자세로 분만하는데, 앉은 자세에서 골반이 가장 잘 벌어지고 힘을 주기도 쉽기 때문이다. 양수와 비슷한 환경이라서 출산 시 태아의 상태가 편안하며 산모 역시 진통에 대한 두려움과 긴장이 줄어 들고 자궁수축으로 인한 통증과 불편도 줄일 수 있다. 그러나 수질 관리가 철저하게 이루어지지 않을 경우, 산모와 태아가 감염의 위험이 있고, 수중 진통 시 태아에 대한 지속적인 감시가 어렵다는 단점이 있다.

앞에서 제시한 분만방법 외에도 그네와 같은 특수 분만대에 앉아 출산하는 그네 분만, 공을 이용한 공 분만, 아로마요법을 분만에 적용한 아로마 분만, 지압법을 이용하여 분만 중 진통을 완화하는 경락 분만 등이 있다.

6 출산의 문제

1. 산소 부족

출산하는 과정에서 발생할 수 있는 주요 위험은 산소 부족이다. 산소 부족 혹은 산소결핍증은 신체조직에 산소의 공급이 부적절하여 일어나는 증상이며, 심하면 두뇌 손상이나 기관 손상을 일으킨다. 특히 출산 시 탯줄이 엉키거나 태반이 자궁의 벽에서 떨어졌거나(태반 조기박리) 분만시간이 긴 경우에 태아가 산소결핍증에 걸릴 확률이 높다. 이외에도 태아의 혈액형이 RH^{+}이고 모체가 RH^{-}인 경우 Rh^{-}인 모체의 혈액은 Rh^{+}에 대항하기 위해 항체를 만들며 이것이 태아의 혈액에 들어가 적혈구를 파괴하면 산소결핍증이 발생한다(정옥분, 2012).

산소 부족이 오래 지속되면 크게 문제가 되지 않지만 오래 지속되면 뇌손상, 발작, 뇌성마비, 지적장애, 운동기능의 결함 등의 문제를 일으키고 심하면 사망한다. 그러나 최근 의료기술의 발달에 따라 출생 시 산소 부족으로 뇌손상을 입기 쉬운 미숙아와 저체중아의 생존율이 높아졌다.

2. 미숙아

11월 7일은 세계 미숙아의 날이다. 이날은 조산을 공공보건 문제로 인식하기 위해 국제단체들이 2011년 처음으로 지정한 날이다. 최근 국내에서도 미숙아 및 저체중 출생아가 늘고 있어 이에 관한 관심이 커지고 있다.

조산이란 마지막 생리 시작일로부터 14일 후에 배란이 되어 태아가 만 20주를 지나고 만 37주가 되기 전에 태어나는 것을 말하며, 이때 진통이 오는 것을 조기진통이라고 한다. 세계보건기구(WHO)에 의하면, 임신기간 37주 미만 또는 최종 월경일로부터 259일 미만에 태어난 아기를 미숙아(premature) 또는 조산아(preterm infant)라고 한다. 최근 국내에서는 세상에 빠른 출산을 한 아기라는 한

글 새 이름으로 '이른둥이'로 부르고 있다.

미숙아를 출산하는 원인은 정확히 알 수 없는 경우가 대부분이지만 주로 임산부의 나이가 16세 미만이거나 35세 이상인 경우, 오랜 기간 서 있거나 물리적 스트레스를 받는 활동을 하는 경우, 급성 또는 만성 질환이 있는 경우에 미숙아를 분만할 가능성이 크다고 한다. 그뿐만 아니라 다태아인 경우, 이전에 미숙아를 분만한 경우, 자궁기형이나 전치태반, 임신성 고혈압이나 임신성 당뇨 등의 산과적 질환이 있는 경우, 태아 상태가 안 좋은 경우에 미숙아로 출생할 확률이 높다.

미숙아는 몸통보다 머리가 크고 혈관이 피부 속으로 비쳐 보이며, 피하지방층이 만들어지는 임신 말기를 거치지 않고 나왔기 때문에 체온을 조절하는 지방층이 얇아 스스로 체온 조절을 하지 못한다. 면역력이 떨어져 감염의 위험에 쉽게 노출되며 호흡장애를 일으키는 경우도 적지 않다. 미숙아는 엄마의 자궁 속에서 신체기관이 100% 발달하지 못한 상태로 세상에 나오기 때문에 기초적인 호흡부터 체온 유지, 영양분 섭취를 스스로 하는 힘이 매우 약하다. 따라서 신생아집중치료실(Neonatal Intensive Care Unit, NICU)에서의 전문가의 집중치료와 보살핌이 필요하다. 의학기술의 발달 덕분에 조산아 생존율은 크게 높아졌다. 과거에는 생존한다고 하더라도 장애아가 될 확률이 높았지만, 요즘은 조산아들도 정상적으로 자랄 가능성이 크다.

3. 저체중 출생아

최근 우리나라에서는 고령 출산과 다태아 출산이 늘면서 미숙아, 저체중아 출생아 발생률도 계속 증가하는 추세이다. 통계청에 따르면, 2.5kg 미만 저체중 출생아 발생률은 2000년 전체 신생아(63만여 명)의 3.8%(2만 3,918명)에서 2014년 신생아(43만여 명)의 6.7%(2만 9,086명)로 두 배 가까이 늘었다(chosun.com, 2016. 6. 28). 저체중 출생아는 37주 이상의 임신기간을 거친 경우라도 태내에서 성장지연의 영향으로 출생 시에 체중이 2.5kg 미만의 아기를 저체중아라고 한다. 저체중아 중에서도 임신기간과 상관없이 출생체중을 기준으로 하여 출생체중이 2.5kg 미만인 경우는 저체중 출생아(low birth weight), 출생체중이 1.5kg 미만인 경우는 극소 저체중 출생아(very low birth weight), 그리고 출생체중이 1kg 미만은 초극소 저체중 출생아(extremely low birth weight)로 분류하기도 한다. 의술의 발전으로 1.0kg 미만의 아이도 집중적인 치료와 관리를 받는다면 생존할 가능성이 커졌다.

저체중아의 원인은 태아가 자궁 내에 있을 때 태반을 통해서 영양공급이 원활하게 이루어지지 않았거나 선천적인 원인, 모체의 부주의 등으로 발생한다. 일반적으로 저체중 출생아는 다른 영유아보다 발달이 지체된다. 특히 초극소 저체중아는 시각운동과 언어결핍, 학습장애, 행동문제를 보이고 사회적 기술이 부족하며 또래들에게 거부되는 경향이 있다(Lukeman & Melvin, 1993; McCormick, Workman-Daniels, & Brooks-Gunn, 1996). 그러나 다행스럽게도 많은 저체중 출생아는 놀라울 정도로 잘 성장하고 있다. 북아메리카, 유럽, 오스트레일리아, 뉴질랜드에서 수행된 80개 이상의 연구로부터 자료를 분석한 결과에 의하면, 저체중 출생아와 정상 체중아 사이의 지적 발달과 다른 발달능력은 단지 적은 차이만 나타났다(Aylward, Pfeiffer, Wright, & Verhulst, 1989).

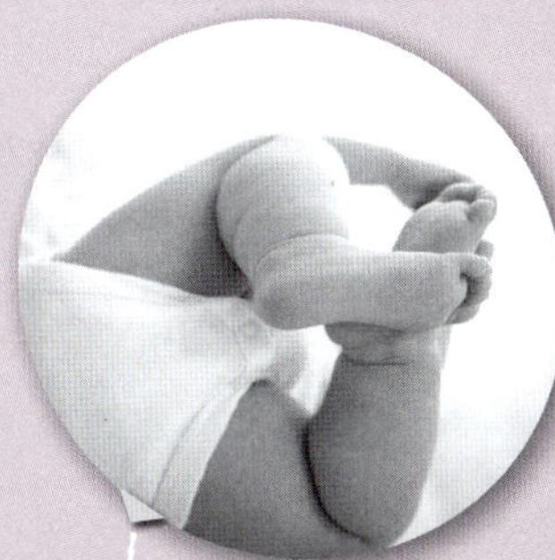

CHAPTER 5

신생아기

신생아기는 출생에서 약 한 달까지의 기간을 말한다. 신생아기는 짧은 기간이지만 낯선 새로운 환경에 적응해야 하는 매우 중요한 시기이다. 우리가 일반적으로 알고 있는 것과는 다르게 신생아는 놀랄 정도로 복잡한 감각과 운동능력을 갖추고 세상에 태어난다. 본 장에서는 신생아기 발달적 특징과 신생아의 발달을 도모하기 위한 양육자의 역할에 관하여 알아보고자 한다.

1 신생아의 특징

신생아는 엄마의 자궁 밖으로 나온 후 첫 한 달을 말하며, 이 시기는 엄마에게서 떨어져 나와 독립적인 존재로 전환하는 과정이다. 신생아의 외모는 볼품없고 작아서 얼핏 보기에 먹고 자는 것밖에는 아무 일도 할 수 없는 것처럼 보이지만 생존하는 데 필요한 여러 능력을 갖추고 있다. 신생아는 태어나면서부터 주변의 물리적·사회적 환경에 적극적으로 반응한다.

1. 신체 및 생리적 특징

신생아의 피부는 붉은색을 띠며 쭈글쭈글하고 몸 전체가 끈적끈적한 태지와 솜털로 덮여 있다. 머리는 몸에 비해 상당히 크고 몸통은 짤막하며 허리와 무릎을 구부리고 있다. 임신기 동안 부모가 마음속으로 생각하였던 이상적인 이미지와는 아주 다르더라도 아기의 둥근 얼굴, 볼록볼록한 볼, 큰 이마는 사랑스런 느낌을 준다.

신생아의 평균 키는 남아가 51.12cm이고 여아는 49.35cm이다. 평균 체중은 3.41kg, 3.29kg이다(표 5-1). 출생 당시의 신체 크기는 아기의 성별, 엄마의 영양상태 및 건강상태, 부모의 체격 등과 관련이 있다. 출생 시 남아가 여아보다 키가 더 크고 체중은 더 많이 나가지만, 여아가 남아보다 신체 지방은 약간 더 있다. 그리고 첫째 아이가 둘째 이하보다 체중이 더 적은 경향이 있다.

신생아는 생후 며칠 동안 수분이 빠지기 때문에 체중이 5~10% 정도 감소하나 약 5일째부터는 체중이 늘기 시작하여 10~14일이 되면 출생 때의 체중으로 회복된다. 출생 때 신생아는 크림과 같은 끈적끈적한 태지로 싸여 있는데 이것은 엄마의 자궁 안에 있을 때 양수로부터 태아의 피부를 보호하고, 출산과정에서 윤활유의 기능을 하여 태아가 자궁에서 쉽게 빠져나오도록 돕는다. 또한, 태어난 후에는 세균 감염을 막아주는 보호막 구실을 하는데 며칠 안에 마른다. 온몸이 솜털로 덮여 있으나 며칠이 지나면 빠진다.

〈표 5-1〉 한국 신생아 및 영아 표준성장도표

남아			연령	여아		
신장 (cm)	체중 (kg)	머리둘레 (cm)		신장 (cm)	체중 (kg)	머리둘레 (cm)
49.88	3.35	34.46	출생시	49.15	3.23	33.88
54.72	4.47	37.28	1개월	53.69	4.19	36.55
61.43	6.38	39.13	3개월	59.80	5.85	39.53
67.62	7.93	42.56	6개월	65.73	7.30	42.20
70.60	8.62	44.53	8개월	68.75	7.95	43.37
73.28	9.16	45.41	10개월	71.48	8.48	44.23
75.75	9.65	46.07	12개월	74.02	8.95	44.90
79.15	10.31	46.81	15개월	77.51	9.60	45.66
82.26	10.94	47.37	18개월	80.71	10.23	46.24
87.12	12.15	48.25	24개월	85.72	11.48	47.18
91.93	13.30	48.94	2.5세	90.58	12.71	47.93
96.50	14.74	49.83	3세	95.41	14.20	48.85

출처: 보건복지부 질병관리본부·대한소아과학회(2017).

출생 후 3~4일이 지나면 아기의 피부와 안구가 노랗게 되는 신생아 황달을 겪는다. 이 현상은 간의 미성숙 때문에 일어나는데 대개는 심하지 않고 일주일이 지나면 간 기능이 원활하게 되어 회복된다.

신생아의 머리는 몸 전체 길이의 1/4가량 되고 신생아의 두개골에는 여섯 개의 천문(숫구멍)이 피부 바로 아래 단단하고 탄력 있는 엷은 막으로 덮여 열려 있다. 두개골의 뼈와 뼈 사이를 이어주는 결체조직에 의해 만들어진 천문은 두개골을 유연하게 하여 출생 때 태아가 산도를 통과하기 쉽게 한다. 여섯 개의 천문 중에 대천문과 소천문이라 불리는 두 개의 천문은 외부에서도 쉽게 볼 수 있다. 앞이마 위에 있는 대천문은 생후 18개월 무렵이 되면 닫히고, 머리 뒤쪽에 있는 소천문은 생후 1년 이내에 닫힌다.

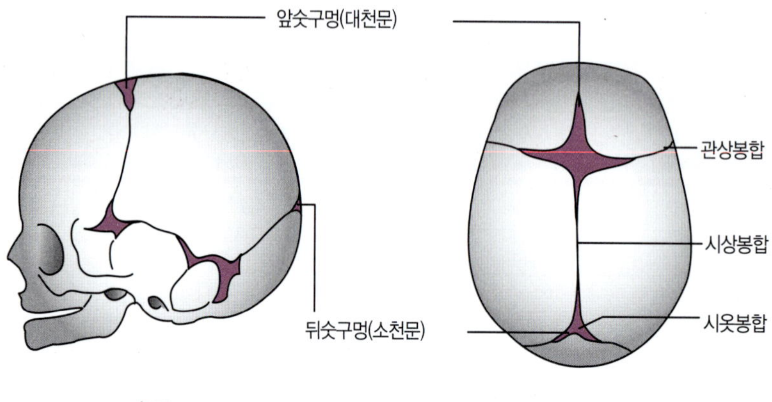

[그림 5-1] 신생아의 천문

출생 전부터 엄마와 태아는 독립된 순환기 계통을 가지고 심장박동을 한다. 신생아의 심장박동은 성인보다 빠르고 불규칙하며 속도는 1분에 120~160회 정도이고 출생 후 4~5일 지나면 약간 느려진다. 엄마 뱃속에 있는 동안에는 탯줄을 통해 산소를 공급받고 이산화탄소를 배출하였으나 엄마 몸 밖으로 나온 후 신생아는 더 많은 산소가 필요하고 혼자서 구해야 한다. 출생 즉시 신생아는 허파 벽에 있는 공기주머니를 팽창시켜서 산소를 흡입한다. 출산할 때의 아기의 울음은 최초의 호흡으로 1분당 35~45회 호흡하며 성인의 두 배이다. 신생아의 호흡은 일반적으로 얕고 불규칙하며 딸꾹질과 재채기를 하기도 한다.

신생아의 체온은 성인보다 약간 높은 평균 37~37.5℃이다. 신생아는 체온 조절이 잘되지 않기 때문에 춥다고 많이 덮어 주면 몸이 금방 따뜻해지고 옷을 입히지 않으면 금방 차가워진다. 이렇게 신생아의 체온이 잘 조절되지 않은 이유는 명확하지 않으나 뇌에 있는 온도 조절 기제가 미성숙하거나 아기의 피하지방층이 얇기 때문에 단열이 잘되지 않아서 그럴 수 있다고 한다. 체온 조절 능력은 땀샘 호르몬이 제구실할 수 있는 한 살 때까지는 완전히 발달하지는 않는다. 아기는 스스로 체온 조절을 못하므로 양육자는 실내온도를 자주 점검하고 아기가 어느 정도로 옷을 입고 있을 때 편안해하는지 살펴보아야 한다. 이처럼 신생아가 성인에 비해 호흡과 맥박이 빠르고 체온이 높은 것은 신생아의 신진대사의 속도가 성인보다 더 빠르다는 것을 의미한다.

출생 후 하루나 이틀 동안은 하루에 4~5회 태변을 배설하는데 그 빛깔은 검은 녹색을 띠며 끈끈하다. 이것은 태중에서 손가락을 빨거나 할 때 양수를 삼켜 직장에 고여 있던 것이다. 신생아는 하루에 18회 정도로 자주 소변을 보며, 요산염이 많아서 기저귀가 황갈색이 되기 쉽다.

2. 반사행동

밝은 빛을 보면 눈을 깜박이거나 무릎을 살짝 맞으면 발을 앞으로 차는 것 등은 의도적이거나 계획된 자발적인 행동이 아니라 무의식적 반사행동으로 반응하고 있는 것이다. 반사행동은 어떤 특정 자극에 대해 타고난 자동 반응이다. 신생아는 여러 가지 반사행동을 가지고 세상에 나온다. 예를 들어, 손가락으로 아기의 볼을 부드럽게 건드리면 머리를 손가락으로 건드린 방향으로 돌리거나 아기의 손바닥에 손가락을 얹으면 아기는 그 손가락을 꼭 쥔다. 아기를 안고 있다가 갑자기 내려놓으면 팔을 활모양으로 휘는 반응을 보이는데 이와 같은 반응이 반사행동이다. 〈표 5-2〉는 신생아의 반사행동을 보여준다.

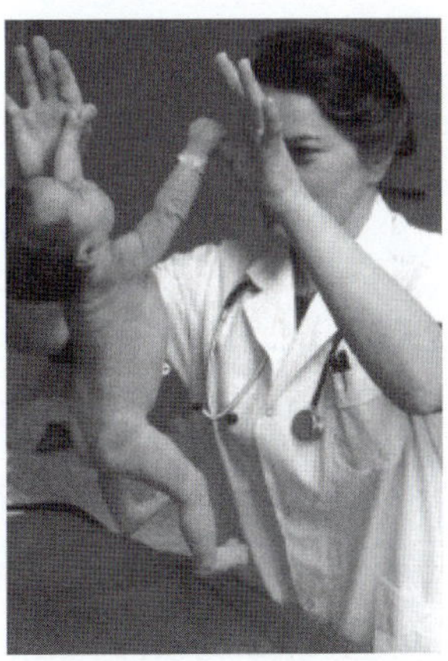

|사진 5-1| 신생아의 파악반사

출처: Berk(1994).

〈표 5-2〉 신생아의 반사행동

반사 유형	자극	반응	사라지는 시기	중요성
찾기 반사	입 주변의 뺨을 건드린다.	자극을 준 쪽으로 머리를 돌린다. 입을 벌린다.	3주	젖꼭지를 찾는다.
빨기 반사	아기의 입에 손가락을 댄다.	손가락을 규칙적으로 빤다.	영구적 반사	젖을 빤다.
수영 반사	물속에 아기의 얼굴을 담근다.	수영 동작으로 손을 휘젓고 다리를 버둥거린다.	4~6개월	물속에 빠졌을 때 생존에 도움을 준다.
바빈스키 반사	발바닥을 건드린다.	발가락을 부챗살처럼 펴고 발을 안으로 비튼다.	8~12개월	알려지지 않음
모로 반사	아기의 등을 수평으로 받친 채 갑자기 머리를 떨어뜨리거나 또는 갑자기 큰 소리를 낸다.	팔과 다리를 벌리고 손가락을 펴며 마치 무엇을 껴안으려고 하는 자세를 한다.	6개월	진화 과정에서 엄마에게 매달리도록 한다.
파악 반사	아기의 손바닥을 손가락으로 누른다.	성인의 손가락을 자동적으로 쥔다.	3~4개월	자발적인 잡기를 훈련한다.
걷기 반사	아기의 팔 밑을 잡고 평평한 곳에 맨발이 닿게 한다.	걷는 것처럼 발을 교대로 움직인다.	2개월	자발적인 걷기를 준비한다.
눈깜박임 반사	아기의 눈에 밝은 빛을 비춘다. 머리 가까이에서 손뼉을 친다.	눈꺼풀을 빨리 닫는다.	영구적	강한 자극으로부터 보호한다.
목강직 반사	등을 바닥에 대고 눕히고 머리를 한쪽으로 돌린다.	한쪽 팔은 머리가 향하고 있는 방향 앞으로 펴고 다른 팔은 구부리며 마치 펜싱 자세를 한다.	4개월	자발적인 뻗기를 준비한다.

신생아가 보여 주는 일부 반사행동은 생존하는 데 필요한 것이 있다. 예를 들어, 아기가 엄마의 젖꼭지를 찾는 데 도움을 주는 찾기반사와 입에다 젖꼭지를 물려주면 반사적으로 빠는 빨기반사는 생존에 필요하다. 이와 같은 행동이 자동적으로 이루어지지 않는다면 젖꼭지를 빠는 데 필요한 혀와 입술의 움직임 같은 복잡한 행동을 신생아에게 가르칠 수 없을 것이다. 또한, 모로반사와 파악반사는 아

기가 엄마에게 매달리는 데 도움을 준다. 생후 첫 1주 동안에도 신생아의 쥐는 힘이 매우 강해 손가락 힘만으로 온몸이 매달려 있을 정도이다(사진 5-2). 이와 같은 반사행동은 아기와 부모 간에 만족스러운 관계가 빨리 형성되도록 돕는다. 수유할 때 엄마의 젖을 성공적으로 찾아서 빨고, 엄마가 손가락을 갖다 대면 꼭 쥐는 아기의 행동은 아기를 사랑으로 대하도록 고무한다. 또 어떤 반사는 나중에 발달할 복잡한 운동기술을 위한 기초가 되기도 한다. 예를 들어, 목강직반사는 아이가 스스로 뻗기를 준비할 수 있게 한다. 등을 바닥에 대고 펜싱자세로 누워 있을 때 아기는 자연스럽게 눈앞에 있는 손을 응시한다. 이 반사는 아기에게 눈과 팔의 움직임을 조합하도록 해주고 궁극적으로는 대상물에 손을 뻗게 해준다(Berk, 2006). 이처럼 일부 반사행동은 인간의 생존에 도움을 주기는 하나 모든 반사가 기능적이지는 않다.

반사행동이 아기의 성장발달에 중요한 이유는 반사행동의 유무가 신경 발달을 평가하는 데 지침이 되기 때문이다. 반사행동이 나타났다가 사라지는 데는 일정한 시간표가 있다. 대부분의 반사행동은 생후 6개월이 되면 사라진다. 이것은 대뇌피질이 발달함에 따라 점차 행동을 자발적으로 조절할 수 있기 때문이다. 만약에 출산과정에서 신생아에게 뇌 손상이 있었다면 반사행동이 약하거나 전혀 나타나지 않을 수도 있으며, 반사행동이 정상적으로 사라져야 할 시기에도 계속될 수도 있다. 뇌성마비의 조기 징조 중의 하나는 목강직반사, 모로반사, 파악반사가 계속해서 나타나는 것이다(Barabas & Taft, 1986). 그러나 반사행동에도 개인차가 있어서 신생아의 신경계의 정상 여부를 정확하게 판단하기 위해서는 다른 방법과 함께 검토해야 한다고 전문가들은 조언한다.

3. 수면

신생아의 수면은 두 가지 상태로 구성되는데, 불규칙적 또는 Rapid-Eye-Movement(REM) 수면과 규칙적 또는 Non-Rapid-Eye-Movement(NREM) 수면이

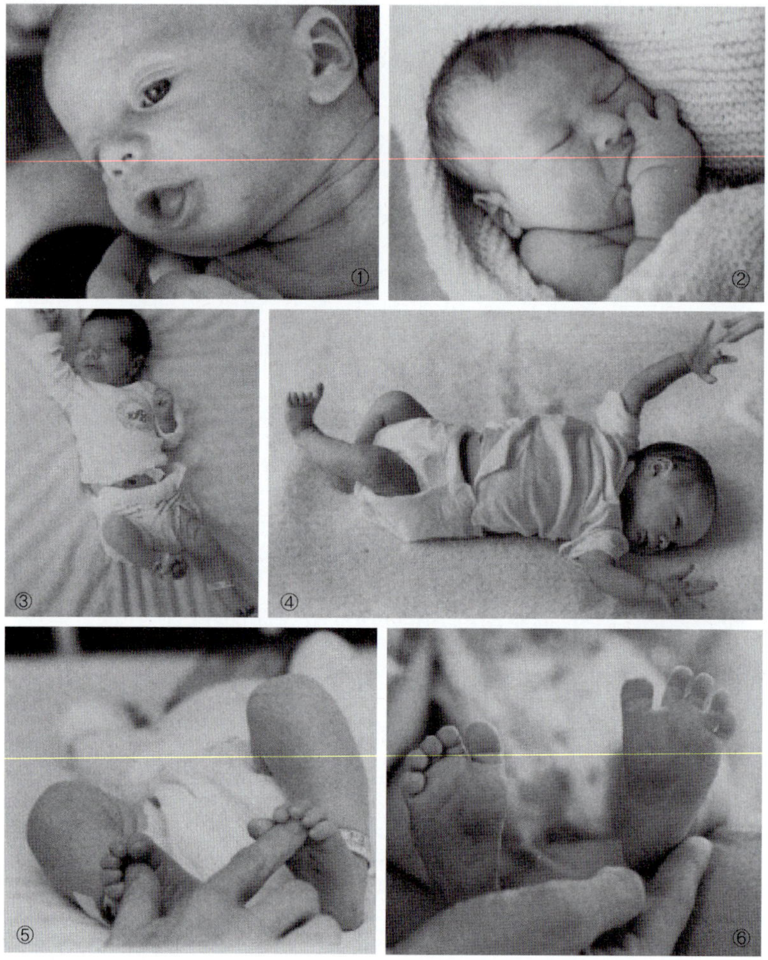

① 찾기반사 ② 빨기반사 ③ 목강직반사 ④ 모로반사 ⑤ 족부반사 ⑥ 바빈스키반사

|사진 5-2| 신생아의 반사행동

출처: Schickedanz, Schickedanz, Hansen, & Forsyth(1993).

다. REM 수면은 두뇌와 사지의 움직임이 상당히 활발하게 일어나고 전기뇌파 활동이 깨어 있는 상태와 매우 유사하다. 눈꺼풀 아래로 눈동자가 움직이고, 심장박동, 혈압, 호흡 등이 고르지 않다. 반면 규칙적 또는 NREM 수면은 몸을 움직이지 않고 심장박동, 호흡, 전기뇌파 활동이 느리고 규칙적이다.

신생아는 아동이나 성인과 마찬가지로 REM과 NREM 수면 사이를 오간다. 그러나 [그림 5-2]에서 보는 바와 같이 신생아의 수면에는 REM 수면의 시간이 훨씬 더 길다. 즉 신생아기 동안에는 REM 수면이 전체 수면량의 50%를 차지하고 3~5세가 되면 20%로 줄어들고 성인기까지 비슷한 양상을 보인다. 아동과 성인은 잠이 든 후 70~100분이 될 때까지는 REM 수면으로 들어가지 않지만, 신생아는 REM 수면주기부터 시작하는 것이 특징이다. 많은 시간을 REM 수면으로 보내는 이유는 REM 수면이 두뇌활동에 중요하기 때문이다. 자동자극이론(autostimulation theory)에 의하면, REM 수면은 신경계의 성장에 중요하다고 한다. 깨어 있는 상태가 짧아 주변 환경으로부터 정보를 얻을 수 있는 시간이 부족한 것을 REM 수면을 통해 보상한다는 것이다. REM 수면은 잠을 자는 동안에도 자극을 제공하는 상태이다. 한 연구결과에 의하면, 아기가 다소 오랜 시간 깨어 있는 경우 REM 수면의 양이 줄어든 것으로 나타났다. 한편 신생아의 정상적인 수면행동은 체계화되어 있어서 수면 상태의 관찰은 중추신경계의 이상을 확인하는 데 도움을 준다. 뇌 손상이 있거나 심각한 출산 외상을 경험한 신생아의 경우에는 불안한 REM-NREM 수면주기가 종종 나타난다(Theorell, Prechtl, & Vos, 1974).

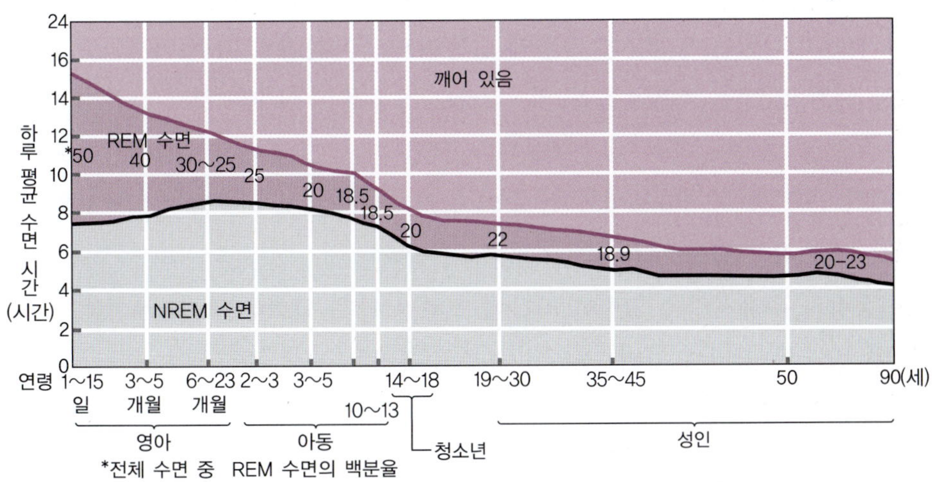

[그림 5-2] 신생아의 REM 수면과 NREM 수면

출처: Berk(2012).

4. 수유

신생아는 출생 당시에도 이미 소화효소를 분비하고 있어 음식물을 충분히 소화할 수 있다. 그러나 위의 모양이 수직이어서 많이 먹으면 토할 수 있으므로 자주 젖을 먹여야 된다. 신생아는 일반적으로 2~3시간 간격으로 하루에 7~8회 젖을 먹는다. 몇 주가 지나면서 4시간 정도로 수유 간격이 길어지나 이는 영아 개인에 따라 차이가 있다. 신생아의 소화체계는 단백질과 당분을 흡수하고 소화시키기에 충분한 효소를 만들어 내지만 포화지방은 잘 흡수할 수는 없어서 지방이 많은 조제분유보다 모유가 신생아에게 적합하다. 모유는 소화하기 쉽기 때문에 모유를 먹는 아기는 배고픔을 자주 느낀다. 첫 1~2일에 산모에게서 나오는 황갈색의 초유는 신생아에게 먹이는 것이 좋은데 이것은 초유가 태변의 배설을 촉진할 뿐만 아니라 면역체를 함유하고 있기 때문이다. 모유는 아기들에게 가장 적합하기 때문에 WHO는 첫 6개월 동안 전적으로 모유수유를 권장하며, 6개월 이후부터는 고형 음식물과 함께 만 2세까지 모유수유를 하도록 제안한다(Berk, 2008).

모유의 여러 장점에도 불구하고, 조제분유를 먹어야 하는 경우가 있다. 산모의 건강이 좋지 않거나 아기가 너무 약하여 모유를 빨지 못할 수 있다. 조제분유는 모유가 가지고 있는 영양분에 가깝게 만들어져 조제분유로 자란 아기들도 건강하게 잘 자라고 있다. 조제분유를 먹이더라도 모유를 먹일 때처럼 편안한 자세에서 아기를 안고 접촉을 하는 것이 중요하다. 젖을 다 먹인 후에는 5~10분 정도 아기를 세워 안고 등을 쓰다듬어서 위 속의 공기가 트림으로 나오게 한다. 젖을 먹인 후에는 반드시 트림을 시켜야 토유(吐乳)가 적다.

수유량과 수유시간은 일정한 시간에 정해진 양을 엄격히 지키기보다는 영아의 개인적 요구와 상태에 따라 융통성 있게 수유하는 것이 좋다. 영아마다 소화력, 영양상태, 성장속도 등이 달라서 개인차를 고려하여야 한다(유효순, 원혜경, 김정희, 2013).

5. 울음

울음은 아기가 양육자에게 음식과 위안 또는 자극이 필요하다는 것을 알리는 최초의 의사전달 방법이다. 아기들은 배가 고플 때 우는 것이 가장 일반적이고 아무 것도 입지 않았을 때, 온도 변화나 갑작스러운 큰 소리와 고통스러운 자극 등에 대한 반응으로 운다.

아기의 울음은 훌쩍거리는 것에서부터 전력을 다해 고통을 호소하는 울음에 이르기까지 강도가 다양하고 복잡하다. 아기의 울음은 강도, 높낮이, 리듬의 세 가지에 따라 다르다(그림 5-3). 예를 들어, 배가 고프거나 놀아달라는 울음은 높낮이가 규칙적이며 숨을 쉴 때 끊어지고, 불만을 나타내는 울음소리는 낮고 작다. 아프거나 괴로워서 우는 울음은 먼저 숨을 급히 들이쉰 후 길고 높은 비명을 지르는 것처럼 울며 3~5초의 일정한 간격을 두고 울어서 다른 울음과 구별된다.

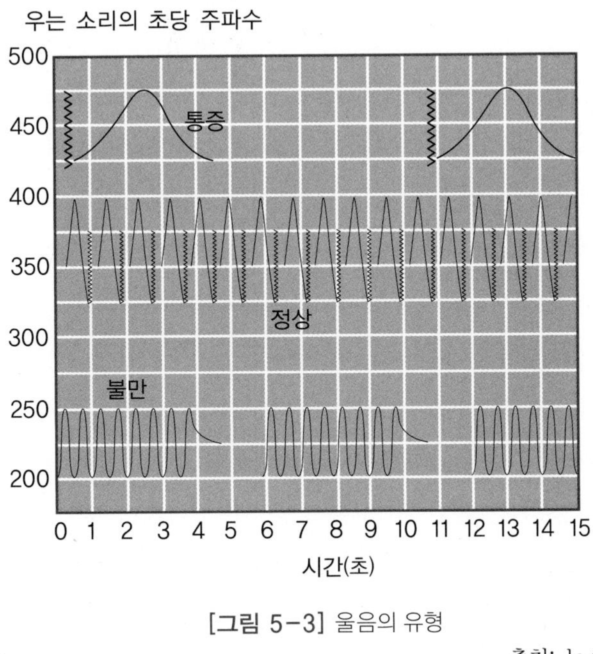

[그림 5-3] 울음의 유형

출처: 뉴스위크 한국판(1999).

반사와 수면 패턴과 같이 영아의 울음은 중추신경계 문제에 대한 실마리를 제공한다. 뇌가 손상되었거나 태아기 및 출생 시 결함이 있었던 아기의 울음은 건강한 아기의 울음보다 날카롭고 찢어지는 듯한 소리이며 지속기간도 짧다(Boukydis & Lester, 1998; Green, Irwin, & Gustafson, 2000). 영아산통 혹은 지속해서 우는 것과 같은 아주 일반적인 문제를 가진 신생아도 귀에 거슬리는 높은 톤의 소리로 우는 경향이 있다(Zeskind & Barr, 1997). 영아산통의 원인은 알려지지 않았지만 불쾌한 자극에 특히 강하게 반응하는 특정 신생아들은 그렇게 울기도 한다. 이런 울음은 강렬하여 다른 아기보다 달래기가 어렵다. 영아산통은 대개 3~6개월에 없어진다(Barr, Paterson, MacMartin, & Lehtonen, 2005; St. James-Roberts, 2007).

6. 학습능력

학습이란 경험의 결과로 행동이 변화하는 것을 말한다. 아기들은 경험으로부터 즉각적으로 도움을 받을 수 있는 학습능력을 갖추고 세상에 나온다. 신생아가 출생 후 며칠 내 엄마의 목소리와 낯선 사람의 목소리를 구별할 수 있고 엄마의 냄새를 재빨리 식별할 수 있는 것은 신생아가 학습한다는 것을 보여 준다. 영아는 고전적 조건형성과 조작적 조건형성 방식으로 학습할 수 있다. 어떤 연구자는 고전적으로 조건이 형성되는 신생아의 능력을 연구하기 위해 2~48시간 된 신생아에게 달콤한 액체를 주기 직전에 뺨을 부드럽게 건드렸더니 아기들은 건드리는 자체에 반응하여 빠는 행동을 보였다. 이때 달콤한 액체는 무조건 자극이고 빠는 행동은 무조건 반응이다. 뺨을 건드리는 행동은 중립적 자극으로 달콤한 액체와 짝지어지면 중립적 자극인 뺨을 건드리는 행동으로도 빠는 행동을 유발할 수 있다(그림 5-4).

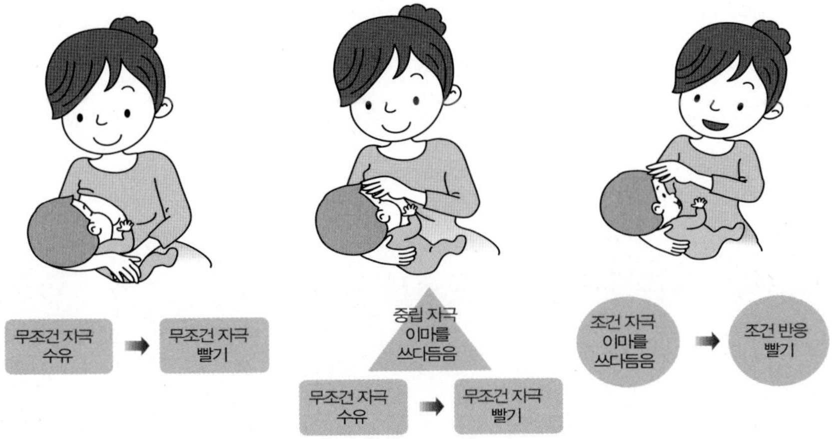

[그림 5-4] 고전적 조건형성 과정

출처: Berk(1994).

신생아는 또한 조작적 조건형성을 통해서도 학습할 수 있다. 조작적 조건형성에 의한 학습의 예를 들면, 신생아가 머리를 특정한 방향으로 돌릴 때마다 달콤한 액체를 제공했을 때 정확한 방향으로 머리를 돌리는 횟수가 증가하였다. 이와 같은 연구결과는 신생아도 보상을 통해 구체적 행동을 학습한다는 것을 시사한다. 아주 어린 아기는 조건이 형성된다고 하더라도 어떤 자극에 무조건 반응하는 것은 아니다. 학습이 쉽게 되기 위해서는 조건을 형성할 때 요구되는 반응이 아기에게 의미가 있어야 한다. 즉 달콤한 액체를 맛보게 하는 것은 효과가 있지만 고개를 돌린다든지 발로 차는 행동은 노력의 가치가 없을 수 있다고 한다. 이와 같은 연구결과는 영아가 환경에 대해 반응할 수 있고 경험으로 학습할 수 있음을 보여준다.

신생아는 보상이 없이도 다른 사람의 행동을 관찰하고 모방하는 뛰어난 학습능력이 있다. 태어난 지 12~24일 된 아기도 성인의 몸짓, 예를 들어, 입술을 앞으로 내밀거나 입을 벌리거나 혀를 내미는 것 등을 흉내 낼 수 있다. 한 실험에서 7분에서 71시간 된 신생아가 입을 벌리거나 혀를 내미는 행동을 모방하였다는 것을 보여 주었다(Meltzoff & Moore, 1983, 1989). 또 다른 실험결과에 따르면, 태

어난 지 하루 반이 된 신생아가 실험자의 기뻐하고 슬퍼하며 놀라는 표정을 흉내 낼 수 있었다(Fiel, Woodson, Greenberg, & Cohen, 1982). |사진 5-3|은 신생아의 모방행동을 보여 주는 예로서 생후 2일에서 몇 주 된 아기도 성인의 다양한 얼굴 표정을 모방하는 것을 알 수 있다.

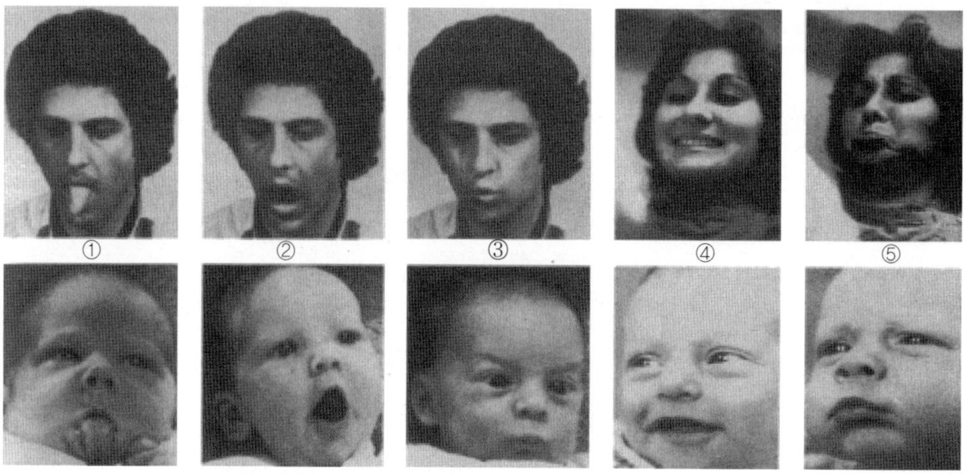

①~③은 생후 2~3주 된 신생아가 성인의 표정을 모방하고 있음.
④~⑤는 생후 2일 된 신생아가 성인의 행복하고 슬픈 표정을 모방하고 있음

|사진 5-3| 신생아의 모방행동

출처: Berk(1994).

신생아의 모방행동은 학습을 위한 수단이 된다. 모방을 통하여 신생아는 사회적 세계를 탐색하고 주변 사람들과 행동을 함께함으로써 그들을 알아가게 된다. 이러한 과정에서 아기는 자신과 다른 사람의 행동이 같다는 것을 알아차리며 자기 자신을 발견하기 시작한다. 성인의 표정과 몸짓을 모방하는 놀랄 만한 신생아의 능력은 양육자와 사회적 상호작용을 촉진한다. 양육자는 자신의 얼굴 표정과 동작을 모방하는 아기에게서 상당한 즐거움을 얻게 되므로 신생아의 모방행동은 부모-자녀 사이를 원만하게 만드는 능력으로 간주된다(Berk, 2006).

2 신생아의 행동검사

신생아의 전반적인 행동 상태와 개인차를 평가하는 여러 검사도구가 개발되었다. 이러한 검사도구의 개발로 신생아의 개인차와 문화적 차이를 이해하게 되었으며 부모가 영아의 요구에 적절하게 반응하는 데 도움이 되었다.

1. 아프가 검사

행동평가 도구인 아프가(Apgar) 검사는 분만실에서 신생아의 신체적 건강상태를 측정한다. 이 검사는 Apgar 박사가 개발한 것으로 심장박동, 호흡, 근육의 긴장 상태, 반사운동의 민감성, 피부색 등 다섯 요소를 출생 후 1분에 한 번과 5분에 한 번 검사한다(표 5-3). 각 영역에 대해 0~2점으로 평가한 후 총점이 아프가 점수가 되며, 점수가 높을수록 아기의 건강 상태가 좋은 것으로 해석한다. 즉 아프가 지수 10은 각 요소가 최상의 상태를 의미한다. 아프가 검사는 태어나자마자 또는 태어난 지 며칠 이내에 특별한 처치를 해야 하는 신생아를 찾기 위해 개발되었는데 7~10점은 정상으로 간주하며, 4~6점은 건강하지 못하고, 0~3점은 위험한 상태로 진단한다. 이 검사는 태어난 후 1분과 5분에 두 번 평가하기 때문에 점수의 변화 또한 매우 의미가 있다. 두 번의 점수가 모두 낮거나 두 번째 검사 점수가 급격하게 떨어지면 즉각적인 처치가 필요하다.

〈표 5-3〉 아프가 검사의 기준과 점수

점수	피부색 (Appearance, A)	심장 박동 (Pulse, P)	반사 행동의 민감성 (Grimace, G)	근육 긴장 상태 (Activity, A)	호흡 (Respiration, R)
0	푸르고 창백함	없음	무반응	축 늘어짐	없음
1	몸은 분홍색 사지는 푸른색	느림(1분당 100회 이하)	얼굴을 찡그림	사지를 약간 구부림	느리고 불규칙
2	몸 전체가 분홍색	빠름(1분당 100회 이상)	울음	사지를 활발하게 움직임	힘찬 울음

2. 신생아 행동평가 척도

가장 많이 사용되는 것이 소아과 의사인 Brazelton 박사가 개발한 신생아 행동평가 척도(Neonatal Behavioral Assessment Scale, NBAS)이다. 이 검사 도구는 출생 후 7~10일에 실시하며 아기의 반사행동, 물리적이고 사회적 자극에 대한 반응, 상태 변화 등을 평가한다.

이 검사에 포함된 항목을 보면, 감각운동 능력 중에 청각능력은 신생아의 한쪽 귀에 부드럽게 말을 한 다음 신생아가 소리가 나는 쪽으로 고개를 돌리는지 평가한다. 시각능력은 영아 눈앞에서 밝은 색깔의 공을 수평으로 그리고 수직으로 움직인 다음 아기의 눈이 공을 따라 움직이는지 살펴본다. NBAS를 통해 아기에게 심각한 중추신경계의 손상이 있는지를 진단한다. 신생아의 행동은 상당히 급격하게 달라지기 때문에 NBAS 검사결과가 이후의 발달을 예언하지는 않는다고 한다.

3. 고위험 신생아 검사

고위험 신생아는 생후 수일간 질병에 걸리거나 사망할 위험이 크고 특별한 간호가 필요한 신생아를 말한다. 태어날 때 체중이 2.5kg 미만인 저체중아와 임신 37주 전에 태어난 조산아, 출생 과정에서 발생한 문제 등으로 사망 위험이 높은 신생아가 포함된다. 고위험 신생아는 모체 측의 고위험 임신, 분만에 의한 것과, 신생아 자체에 원인이 있다. 모체의 고위험요인을 가진 것은 신생아의 10~20% 정도로 태아 및 신생아 사망의 반수 이상의 원인이 된다고 한다. 고위험 기간은 태아기 및 생후 28일까지이며 출생 전과 출생 시, 그리고 출생 후 동안 발생할 수 있는 생명과 건강에 대한 위협을 포함한다. 예방적 산전 검사는 혈액 검사, 소변 검사, X-선 검사를 통해 이루어진다.

3 감각 발달

유기체의 감각체계는 환경에서 정보를 받아들이는 가장 기본수단이다. 정상 신생아는 모든 감각체계를 가지고 세상에 태어난다. 신생아가 사물을 응시하거나 소리에 반응을 하며 맛을 알고 냄새를 구별하며 찔리거나 아플 때 울음을 터뜨리는 것은 감각능력이 있다는 것을 입증한다. 지각이란 감각정보에 대한 해석을 하는 것으로, 보이는 것이나 들리는 것 또는 지금 맡은 냄새가 무엇인지에 대해 아는 것을 의미한다. 즉 감각이 자극에 대한 감각기관의 반응이라면 지각은 그 자극에 대한 해석이라 볼 수 있다(정옥분, 2002).

신생아기의 지각발달은 다른 발달과정을 이해하는 데 중요하다. 예를 들어, 촉각, 시각, 청각은 다른 사람들과 상호작용을 하며 정서와 사회성 발달의 바탕이 된다. 청각을 통해 언어를 습득하며 세상에 대한 지식은 감각을 통해 먼저 얻어지기 때문에 인지발달에도 중요한 바탕이 된다. 그러나 신생아는 자신의 경험을 언어로 설명할 수 없어서 지각능력을 연구하는 데는 어려움이 있다. 그래서 지각능력은 영아가 자극을 받았을 때 나타내는 보거나 빠는 행동, 고개 돌리기, 표정, 놀람 등의 다양한 반응과 호흡 및 심장박동의 변화 등을 이용하여 파악한다. 또한 지각적인 변별을 할 수 있는지를 규명하기 위해 습관화 연구, 선호도, 뇌파 측정을 사용하기도 한다.

1. 촉각

촉각은 출생 이전부터 상당히 발달되어 있다. 신생아는 특히 입 주위, 손바닥, 발바닥 주변의 촉각에 민감하다. 이 부분은 생식기와 함께 태내에서부터 가장 먼저 민감해진다. 온도 변화에 대한 반응도 출생 때부터 존재한다. 아기가 아무것도 입지 않았을 때 울음으로 불편함을

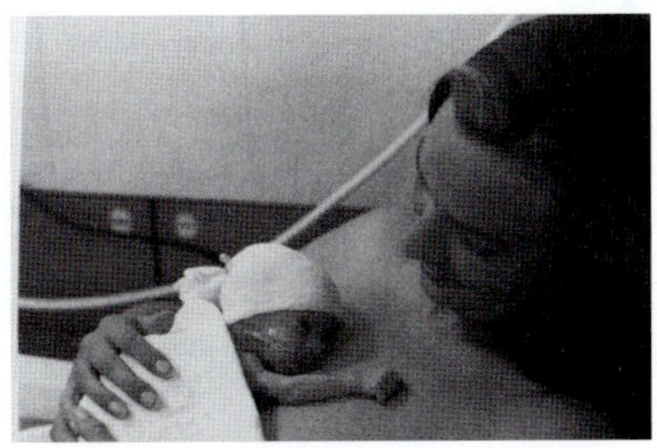

|사진 5-4| 캥거루 케어
출처: Berk(2013).

표현한다. 신생아는 신체 온도보다 낮은 온도에 민감하다.

피부 접촉은 초기 신체적 성장을 촉진하고 정서발달에도 영향을 미친다. 건강하고 행복한 아동으로 성장하는 데 신체 접촉이 매우 중요하다. 아기를 안아 주거나 부드럽게 마사지를 해주면 부모-자녀 간의 의사소통이 원활해질 뿐만 아니라 면역체계도 강화되는 등 긍정적인 효과가 있다. 또한 마사지를 받은 미숙아는 그렇지 않은 미숙아보다 빠르게 체중이 증가한다는 사실이 발견되었다. 이와 관련하여 엄마와 아기가 서로 피부를 맞대고 안는 캥거루 케어가 미숙아의 회복과 성장을 촉진시키는 효과가 있다고 한다.

출생 때부터 아기는 고통에 아주 민감하다. 신생아는 고통을 느끼며 나이가 많아짐에 따라 신경조직이 발달하여 통증에 대해 더욱 민감해진다. 한동안 신생아는 고통을 느끼지 못한다고 생각하여 남자 아이의 포경수술을 할 때 마취제의 부작용을 이유로 이를 사용하지 않았었다. 그런데 수술하는 동안 아기는 강렬하고 높은 톤으로 울고 심장박동과 혈압이 증가하며 수술 후에 잠을 편안하게 자지 못하였다고 한다. 이로써 아주 작은 아기라 하더라도 성인이나 아동과 마찬가지로 고통에 대해 무감각한 것처럼 취급해서는 안 된다는 것이 알려졌다. 신생아로 하여금 통증을 견디게 하는 것은 후기 발달에 영향을 미친다는 연구결과가 보고되었다. 포경수술을 하는 동안 국소마취를 하지 않은 신생아들은 4~6개월이 되어 백신 접종을 할 때 마취제를 맞은 신생아에 비해 더 강렬하게 반응하였다고 한다 (Taddio, Katz, Ilersich, & Koren, 1997).

2. 미각

태아에게 혀의 미뢰는 임신 7주에 나타난다. 아기들은 미각이 발달되어 있으며 단것을 선호한다. 신생아는 맹물과 단맛이 나는 포도당액을 구별할 수 있으며 신맛, 쓴맛, 짠맛을 싫어하여 이러한 맛을 제공하였을 때는 덜 빤다. 신생아는 표정으로 맛의 선호를 드러낸다(사진 5-5). 단맛이 나는 것에 대해서는 성인처럼 얼굴

근육이 이완되고 신맛이 나는 물체에는 입술을 오므린다. 쓴맛일 때는 입을 벌려 아치와 같은 모양을 보인다(Rosenstein & Oster, 1988). 특히 단맛이 나는 액체를 선호하는데 이는 엄마의 젖이 달기 때문으로 생존 욕구에 아주 잘 적응되어 있다는 것을 의미한다. 짠맛은 단맛, 신맛, 쓴맛과는 다른 발달과정을 거친다. 출생 때에 신생아는 맹물과 비교하여 짠맛이 나는 액체에는 반응이 없거나 거부 반응을 보이지만 4개월 이상이 되면 짠맛을 선호하는데 이러한 변화는 짠 음식을 받아들이는 준비과정으로 보인다. 생후 2~3개월에는 특정한 맛에 대한 기호가 생길 정도로 미각이 발달한다.

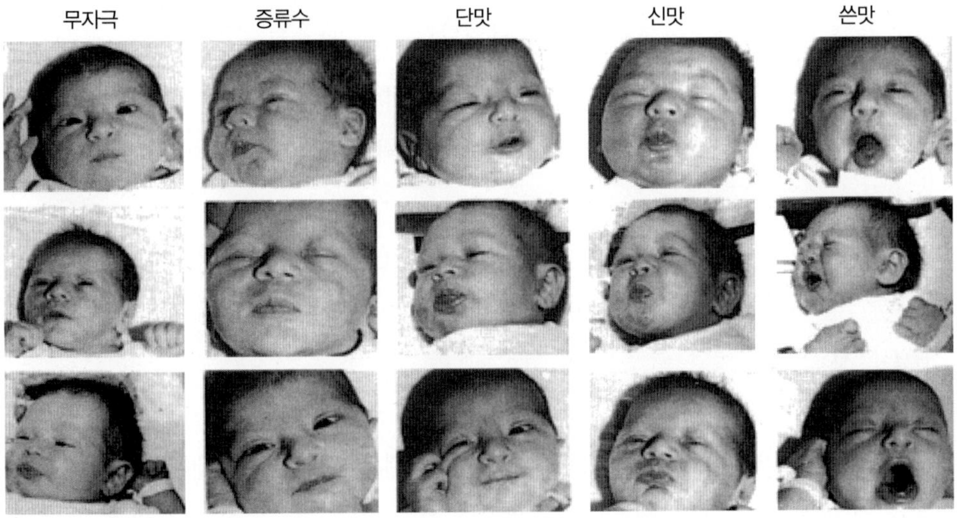

|사진 5-5| 신생아의 미각반응

출처: Bukatko & Daehler(1998).

3. 후각

후각은 출생 초기부터 상당히 발달되어 있다. 신생아는 매우 발달한 후각을 가지고 있어서 엄마의 젖과 몸의 냄새를 빨리 학습한다(사진 5-6). 모유 수유를 하는 영아는 엄마가 가까이 왔다는 것을 엄마의 젖 냄새로 알아차린다. 모유를 먹

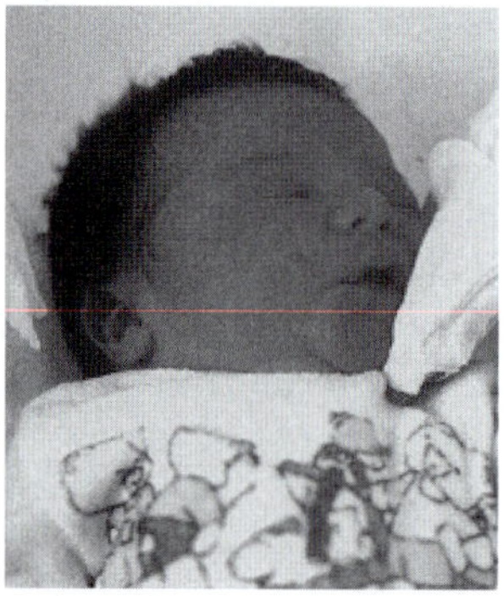

|사진 5-6| 신생아가 엄마의 젖 냄새가 나는 쪽으로 고개를 돌리는 모습

출처: Santrock(1994).

는 생후 4일 된 아기는 다른 여성의 젖 냄새보다는 자신의 엄마의 젖 냄새를 더 선호하였다(Cernoch & Porter, 1985). 미각과 마찬가지로 어떤 냄새에 대한 신생아의 반응이 성인과 유사하다는 사실은 냄새에 대한 선호가 본능적이라는 것을 시사한다. 예를 들어, 신생아가 바나나나 초콜릿과 같이 달콤한 향을 맡으면 유쾌한 표정을 짓고, 썩은 달걀 냄새를 맡으면 얼굴을 찡그린다. 신생아는 냄새의 위치를 추적할 수 있어서 불유쾌한 냄새를 맡으면 다른 방향으로 머리를 돌린다. 한 실험결과(Reiser, Yonas, & Wikner, 1976)에 의하면, 생후 16시간~5일 된 영아에게 소량의 암모니아 염화물을 제시했을 때 냄새를 피하려고 고개를 돌리는 것이 관찰되었다. 강하고 자극적인 냄새를 맡았을 때 냄새가 없는 액체를 제시했을 때보다 더 빨리 숨을 쉬고 더 많이 움직였다.

4. 청각

신생아는 다양한 소리를 들을 수 있지만 어떤 특정 소리 자극에 더 민감한 반응을 보인다. 단순한 음향보다는 소음이나 목소리와 같은 복잡한 소리를 더 좋아한다. 여러 높낮이의 소리를 들려주었을 때 소리가 높아질수록 신생아의 심장박동과 몸 움직임이 증가하였다. 아기는 생후 20일만 되어도 엄마의 목소리와 낯선 사람의 목소리를 구별할 수 있다. 아기가 엄마가 아닌 다른 여자보다 엄마의 목소리가 녹음된 것이나 외국어보다는 모국어를 들려줄 때 젖꼭지를 더 열심히 빨았다고 한다(Moon, Cooper, & Fifer, 1993). 그리고 출산 전부터 들은 소리에 더 민감하게 반응을 보인다. DeCasper와 Spence(1986, 1991)는 임신부가 출산 전 6주 동안 특정 책 내용의 일부를 소리 내어 여러 번 암송하였을 때 출생 후 신생아가 다른 책 내용보다 태내에서 반복해서 들었던 내용을 선호하는 것을 발견하였다.

출생 전의 청각적 학습에 대한 실험결과는 신생아가 낯선 사람보다 자기 엄마의 목소리를 선호하는 이유를 설명한다(최경숙, 2000, 재인용).

소리에 대한 반응은 신생아가 주변 환경을 탐색하도록 돕는다. 생후 3일만 되어도 신생아는 소리가 나는 방향으로 머리와 눈을 돌린다. 소리의 진원지를 구별하고 추적할 수 있는 능력은 6개월이 지나면 크게 향상된다. 특히 신생아는 사람의 말소리에 민감하며 모든 종류의 언어에 반응할 수 있도록 준비되어 세상으로 나온다. 신생아의 청각능력에서 가장 놀라운 특징은 모든 언어의 음소를 들을 수 있다는 것이다. 아기들은 프랑스어의 eu에서부터 일본 성인도 구분하지 못하는 r, l에 이르기까지 모든 언어의 음소를 들을 수 있다. 그러나 매일 접하는 언어에 없는 음소는 더는 이상 감지할 수 없다고 한다. 청각 신경세포가 계속 접하지 않는 음소는 포기하고 계속 접하는 음소만 탐지하기 때문이다.

5. 시각

시각은 감각 중 가장 마지막으로 발달한다. 신생아의 눈은 크기가 작고 망막구조가 불완전하며 시신경이 덜 발달되어 있다. 이 때문에 신생아의 눈은 초점이 잘 맞지 않으며 시력이 한정되어 있다(사진 5-7). 신생아의 시야는 뿌옇게 흐린 상태지만 3개월 안에 움직이는 물체를 추적할 만큼 발달한다. 생후 한 달이 되면 사물에 초점을 맞추고 응시하는 것이 가능하며, 20~38cm 떨어진 곳(수유하는 사람과의 거리)에 있는 물체에 가장 초점을 잘 맞춘다.

비록 신생아가 사물을 잘 볼 수는 없지만, 주변 환경을 활발하게 탐색한다. 신생아의 눈동자의 움직임은 느리고 부정확하지만 흥미로운 것을 목격하면 자세히 쳐다보고 움직이는 물체를 추적하려고 한다. 시각 체계는 생후 몇 달이 지나면 급속히 성숙하므로 3개월 무렵에는 성인과 같은 수준으로 한 대상에 대해 초점을 모을 수 있게 된다. 신생아가 일단 한 대상에 초점을 두면 한 특징만 쳐다보는 경향이 있다. 예를 들어, 삼각형의 전체 모양을 보는 것이 아니라 한구석만 본다. 사람 얼굴의 사진을 보여 주면 1개월 된 영아는 주로 얼굴의 윤곽에 눈을 고정하는데, 3개월이 되면 윤곽 안의 상세한 부분들에 초점을 맞춘다(그림 5-5)

신생아는 색에 민감하다. 신생아가 회색과 같은 무채색보다는 색채가 있는 것을 보는 것을 선호하지만 색의 변별은 잘하지 못한다. 색의 변별능력은 한두 달이 지나면 향상되는데, 색 정보를 처리하는 뇌 회로가 급속하게 성숙해짐에 따라 생후 1~2개월 영아는 모든 스펙트럼에 따라 색깔을 변별한다. 그뿐만 아니라 파랑색과 초록색에 더 가까운 파란색 두 가지를 인식할 수 있어 같은 범주에 속하지만 약간 다른 색깔도 구별할 수 있다.

|사진 5-7| 신생아의 시력

출처: Berk(1994).

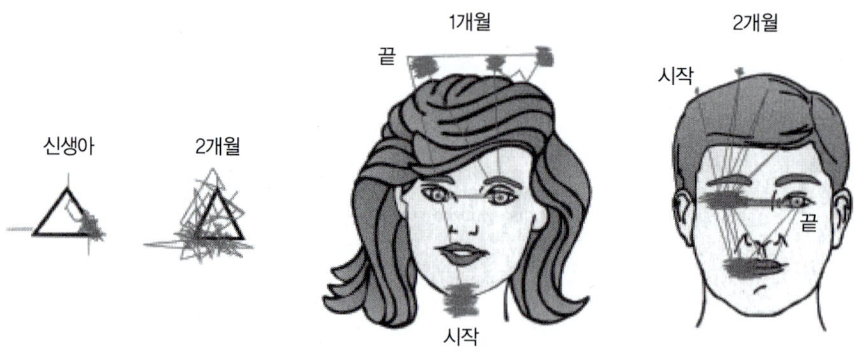

[그림 5-5] 단순하고 복잡한 패턴에 대한 신생아의 눈 움직임

출처: Berk(1994).

4 신생아의 발달을 도모하기 위한 양육자의 역할

신생아기는 엄마의 자궁 내에서 안전하게 보호받던 생활에서 나와 낯설고 새로운 환경에 적응하는 기간이다. 이 시기는 한 달 정도로 매우 짧지만 독립적 개체로 전환하는 아기에게는 매우 중요하고 의미가 있는 시간이다. 앞에서 설명한 대로 신생아는 우리가 생각하는 것보다 훨씬 많은 감각과 능력을 갖추고 세상에 태어난다. 그러나 아직 미성숙한 기관을 가지고 있고 양육자에게 전적으로 의존함으로써 생존이 가능하다. 따라서 양육자는 신생아가 세상에서 순조로운 출발을 할 수 있도록 정성껏 보살펴야 한다.

신생아는 대부분 잠을 자고 있어서 될 수 있는 대로 안정시키고 쓸데없이 안아주거나 얼굴을 가까이 대지 않는 것이 좋다. 감기 등의 전염을 막고 병에 걸리지 않도록 하기 위해서이다. 신생아는 체온 조절 능력이 부족하므로 각별한 주의가 필요하다. 따라서 실내온도를 자주 점검하고 옷이나 담요로 체온을 잘 유지시켜야 한다. 아기의 몸에 불필요한 부담을 주지 않도록 부드럽게 다루며 너무 꼭 죄거나 흔들지 말아야 한다. 그리고 아기를 엎어 재우면 돌연사의 위험이 있다. 머리 모양을 만든다고 엎어 재우거나 푹신한 요를 사용하는 것은 질식사의 위험성을 높이는 요인이 되므로 주의해야 한다.

신생아는 매일 2~3시간꼴로 운다. 신생아들이 우는 이유는 다 다르며 울음소리 또한 다르다. 대부분 부모는 우는 아기의 요구에 반응하려고 관심과 주의를 기울이지만 때때로 울음을 그치지 않으면 좌절하여 기운이 빠질 수도 있고 화를 내게 된다. 울음은 신생아가 다른 사람들과 의사소통하려는 첫 시도라는 것을 기억하고 아기가 무엇을 말하려고 하는지를 파악하여 신속한 반응을 할지 아기 스스로 진정하도록 잠시 내버려 둘지를 결정할 필요가 있다. 아기의 울음소리와 움직임을 주의해서 살펴보면 어떤 요구인지 구별할 수 있다.

부드러운 접촉은 아기의 물리적이고 사회적 환경에 대한 긍정적 반응성을 높인다. 편안하고 따뜻한 보살핌과 자극을 주는 양육자와의 상호작용은 신생아가 세상에 순조롭게 적응할 수 있도록 도와줄 것이다.

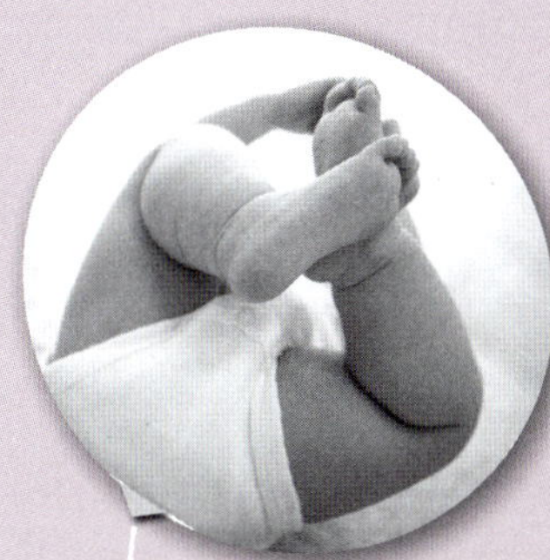

CHAPTER 6

영유아의 신체발달

태내기와 신생아기를 거쳐 영아기에는 신체 성장 속도가 매우 급속하게 일어나는 데 반해 유아기에는 신체적 성장과 발달이 완만하게 이루어진다. 영유아 시기에 일어나는 신체의 발달과 운동기능의 발달은 영유아로 하여금 다양한 신체적 활동에 참여할 수 있게 한다. 본 장에서는 영아기와 유아기로 구분하여 각 시기별로 나타나는 신체적 발달(운동기능) 및 뇌와 신경계의 발달 특성에 관하여 살펴보고 이 시기 영유아의 신체발달을 지원하기 위한 바람직한 양육자의 역할에 관하여 다루어 보고자 한다.

1 영아기 신체발달

일반적으로 영아기는 신생아기를 거쳐 만 2세까지를 의미한다. 특히 이 시기에는 급속한 신체 성장이 이루어진다. 생후 12개월 전후로 영아의 신장과 몸무게가 급속하게 증가하며, 첫 출생 후 4개월이 넘어서야 영아는 점차 목을 가눌 수 있게 된다. 생후 18~36개월 전후로 팔을 움직이기나 걷기와 같은 큰 근육을 사용하는 대근육 운동기술이 발달한다. 또한 손가락 움직임과 같은 미세한 근육을 사용하는 소근육 운동기술은 그 이후 점차적으로 발달한다.

1. 영아기 신체 성장

평균적으로 출생하여 첫돌이 되면 영아의 신장은 출생 시의 50% 정도인 25cm 이상 성장하고, 체중은 출생 시의 3배 이상을 넘어 대략적으로 10.42kg 정도가 된다. 정상 분만한 신생아인 경우 출생 시 신장은 평균 50.8cm, 체중은 3.4kg인데, 2세 무렵에는 약 87.7cm 정도로 성인 평균 신장의 절반 정도 크기로 성장한다. 또한 신체비율도 변하는데, 일반적으로 만 1세까지는 머리가 몸에 비해 상대적으로 크지만 몸통이 다른 부분에 비해 가장 빠르게 성장하고, 만 2세부터는 팔과 다리가 다른 부분에 비해 빠르게 성장한다. 출생 직후 신생아인 경우 머리가 전체 신장의 25% 크기이지만, 만 2세 무렵이 되면 신장의 20% 정도로 축소, 그 이후 성인이 될 때까지 전체 몸에서 머리가 차지하는 비율이 줄어든다.

2. 뇌와 신경계의 발달

1) 결정적 시기 vs. 민감한 시기

발달학적 관점에서 영아기는 뇌가 신경연결망을 형성하거나 공고화하기 위해 특정한 투입 정보에 반응하는 매우 중요한 시기이다. 그 이유는 출생 시 완벽한 뇌의 구조와 기능을 가지고 태어나더라도 2세까지 시지각을 받지 못하면 이후 시각장애인이 될 수 있기 때문이다. 그러나 최근에는 뇌발달에 있어 영아기를 결정적 시기(critical period)라는 관점에서 보기보다는 기회의 창이 줄어든 이후라도 각 영역에서 숙련도가 상대적으로 떨어지나 학습은 가능하다는 점에서 민감한 시기(sensitive period)로 보는 경향이 강하다. 이는 이후 환경적 경험의 결과로 일생동안 지속적으로 변화하는 뇌의 능력인 가소성(plasticity)의 측면에서 인간의 발달을 설명하기 때문이다.

영아의 신경계는 뉴런이라는 구조적 기본단위와 시냅스라는 기능적 단위로 구성되는데, 영아의 뉴런과 시냅스들은 성인보다 더 많고 촘촘한 연결고리를 만든다. 영아기에 어떠한 환경을 흡수하는가에 따라 영아의 뇌는 놀라운 속도로 연결고리를 만들 수 있다.

2) 뇌과학을 이해하기 위한 기초내용

최근 영아기 뇌와 신경계의 발달을 이해하기 위해 뇌의 구조와 기능 및 뇌에서 발현되는 사고작용의 성격을 체계적으로 규명하고자 하는 노력이 활발하게 진행되고 있다. 그중에서 비교적 새롭게 정립되고 발전하고 있는 관련 학문이 바로 뇌과학(brain science)이다. 여기에서는 영아기 뇌와 신경계 발달에 관련된 뇌과학 분야의 기초내용을 중심으로 다루고자 한다(Diamond & Hopson, 2002; Eliot, 2004; Levitt, 2005; Zambo, 2008).

(1) 뇌의 구조와 기능

MacLean(1990)의 삼위일체의 뇌(triune brain) 분류방식에 의하면, 인간의 뇌는 크게 뇌간(brain stem), 변연계(limbic system) 그리고 대뇌피질(cerebral cortex)의 세 개의 기본영역으로 구성되어 있다(그림 6-1).

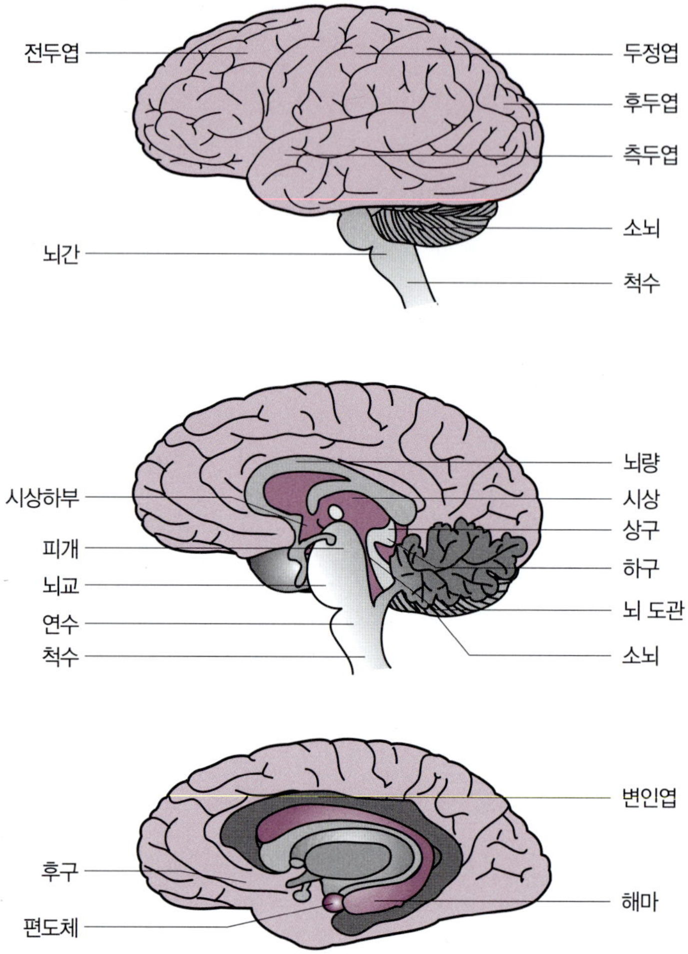

[그림 6-1] 뇌의 구조

① 뇌간

뇌간(brain stem)은 인간의 뇌에서 가장 아래쪽에 위치하는 부위이다. 뇌간의 뒤 쪽에 자리잡고 있는 조직이 바로 소뇌이다.

- 뇌간은 태아기부터 생후 15개월까지 발달하는 부분으로 두뇌의 부위 중 가장 먼저 발달한다. 인간의 생존과 관련된 기능(예: 숨쉬기, 위장관 움직이기, 땀내기, 동공반사 등)을 담당하는 매우 중요한 곳이다.

- 소뇌는 균형, 자세 유지 및 근육기능 협응을 담당하는 곳으로 출생~2세까지 발달한다. 2세 무렵이면 거의 성인 수준에 이른다. 주로 걷기, 잡기, 컵 들기 등 이후에 발달하는 대뇌피질이 동작을 계획하고 주도하면 소뇌는 정보를 받고 해당 움직임을 수행하기 위해 필요한 근육들을 조절하는 기능을 수행한다.

② 변연계

변연계(limbic system)는 뇌에서 주로 감정, 성욕, 식욕 등 인간의 본능적 욕구 충족에 중요한 역할을 담당하는 곳으로 뇌간과 대뇌피질 사이에 위치한다.

- 시상(thalamus)과 시상하부(hypothalamus): 시상은 후각을 제외한 모든 감각기관과 피질 간의 정보 흐름을 안내하는 중계소 역할을 한다. 시상하부는 체온 조절, 식욕, 성욕, 수면, 공격행동 및 쾌락 조절에 관여한다. 예를 들면, 어린 시절 개를 보고 놀란 경험이 있는 사람이 길에서 다시 개를 본 순간 심장박동수가 증가하거나 땀이 나는 등의 신체 반응에 변화가 생긴다면 시상하부가 활동한 것이다.

- 편도체(amygdala): 주로 공포나 불안의 정서에 관여하며 얼굴 표정의 인식과도 관련된다. 3세 무렵이면 성숙이 가능하다. 예를 들면, 과거 교통사고를 경험한 사람이 '삑' 하는 차의 브레이크 소리를 듣고도 가슴이 두근거리는 것은 정서적 요소를 지닌 무의식적 기억이 일어난 것으로 이는 바로 편도체가 작동한 것이다.

- 해마(hippocampus): 편도체와는 달리 '의식되는 기억'을 담당하는 부위이며, 또한 단기기억에서 장기기억으로 변환시키는 중요한 역할을 수행한다. 해마는 뇌의 다른 부위에 비해 성장속도가 느리기 때문에 약 4세 무렵이 되어야만 완전히 성숙하여 제 역할을 수행할 수 있다. 예를 들어, 3세 이전에 개에 물린 경험이 있는 영아가 성장하면서 그 사건에 대한 의식적인 기억은 없지만, 개를 보면 왠지 모르게 불안하고 무서운 느낌이 드는 이유도 바로 해마

보다는 편도체가 빨리 성숙하기 때문이라고 볼 수 있다.

③ 대뇌피질신피질

대뇌피질(cerebral cortex)은 뇌에서 가장 부피가 크며(전체 약 80%), 뇌의 가장 바깥쪽에 위치하고 있다. 전두엽, 두정엽, 후두엽, 측두엽으로 구성되어 있으며, 주로 언어 및 사고 등 인간의 고등기능을 담당한다.

- 전두엽(frontal lobe): 브로카(broca, 말을 실제로 할 수 있게 하는 기능 담당)라는 언어센터가 있어 언어기능을 수행 가능하게 한다. 또한 전두엽 가운데에서도 전전두부에서는 자기행동의 결과를 예측하고 장래의 계획을 설정하며, 여러 추상적인 개념을 이해할 수 있는 등 인간에게서만 볼 수 있는 고등정신 기능을 담당한다.

- 두정엽(parietal lobe): 머리의 정상부분으로 감각중추가 있어 외부로부터 전해지는 감각을 수용하고 인지하는 체감센터들이 자리잡고 있다. 공간적 사고와 인식 기능, 계산 등을 수행하며, 위치상 여러 부위의 신피질(neocortex)에서 전해지는 정보들을 연합하는 기능도 수행한다.

- 후두엽(occipital lobe): 머리 뒤통수에 해당하며 시각중추가 있어 시각정보를 처리하는 곳이다. 인간이 눈을 통해 사물의 상을 본다면 이곳을 통해 사물이 무엇인지 인식할 수 있다.

- 측두엽(temporal lobe): 뇌의 옆부분에 위치하며, 언어를 이해하고 해석하며 말을 할 때 단어를 정확한 구문으로 종합해 주는 베르니케(wernicke) 언어중추가 자리잡고 있다.

(2) 영아기 뉴런과 시냅스의 발달

신경계는 뉴런(neuron)이라는 구조적 기본단위와 시냅스(synapse)라는 기능적 단위로 구성되어 있다.

① 뉴런

신경계를 구성하는 기본단위로서 신경세포체, 수상돌기, 축색돌기 세 부분으로 구성된다(그림 6-2).

- 신경세포체: 별모양의 세포로 핵과 세포질로 되어 있으며, 많은 수상돌기가 있다. 수상돌기에 입력된 정보를 통합한다.
- 수상돌기: 신경세포체에서 뻗어나온 돌기로서 수가 많고 짧은 것이 수상돌기이다. 다른 뉴런과 연결되어 다른 뉴런으로부터 전기충동, 전기충격 등을 받아들이는 짧은 머리카락의 입력(input) 섬유이다.
- 축색돌기: 정보를 운반하는 출력(output) 섬유이다. 축색종말이 뻗어나와 시냅스를 통해 다른 수상돌기와 연결된다.

뉴런의 수나 위치는 유전적으로 프로그램화되어 예정대로 발달하지만, 수상돌기는 출생 이후에도 환경적 자극에 의해 영향을 많이 받는다. 우리가 출생 후 학습을 하는 경우에는 뉴런의 이러한 기능으로 이해 경험한 것들이 두뇌에서 물리적·화학적 흔적으로 남는다. 출생 시 타고난 1,000억 개의 뉴런 중 대부분은 서로 연결되지 않는 상태로 후천적 경험과 환경적 자극을 통한 시냅스 발달이 이루어질 때 뉴런 간의 상호연결(학습·발달)이 된다.

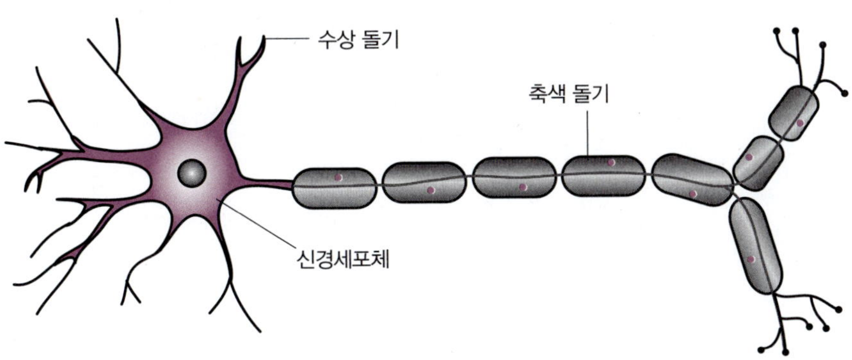

|그림 6-2| 뉴런의 구조

② 시냅스

뉴런과 뉴런 사이의 작은 틈에서 뇌에서 정보의 흐름과 저장이 일어나는 주된 통로이다. 시냅스는 신호전달과 기억정보 저장의 역할을 담당한다. 기억이 활성화되기 위해서는 뉴런들 간의 시냅스가 연결되어야 한다. 이는 화학물질이 분비될 때 이루어진다. 하나의 뉴런이 활성화되면 화학물질인 신경전달물질이 분비되어 수상돌기에 결합하고, 이로써 시냅스 작동이 일어난다. 즉 시냅스 작동의 활성화를 통해 세포 간의 정보연결망이 이루어진다.

영아기(생후 3년)의 시냅스는 놀라운 속도로 생성되어 성인의 2배에 달하는 수준으로 증가한다. 이후 7년 동안에는 안정된 추세를 보이다가 점차 제거되어 사춘기 무렵에는 성인과 비슷한 수준으로 감소한다. 이 시기의 경험으로 반복되어 사용되는 시냅스 회로는 성인이 될 때까지 지속적으로 남고, 일상생활 속에서 적극적으로 사용되지 못한 회로는 곧 제거된다. 후천적 환경의 경험 제공과 학습의 결과로 시냅스 밀도는 촘촘해지며, 시냅스의 유효성이 변화되는 현상을 시냅스 가소성(synaptic plasticity)이라고 한다.

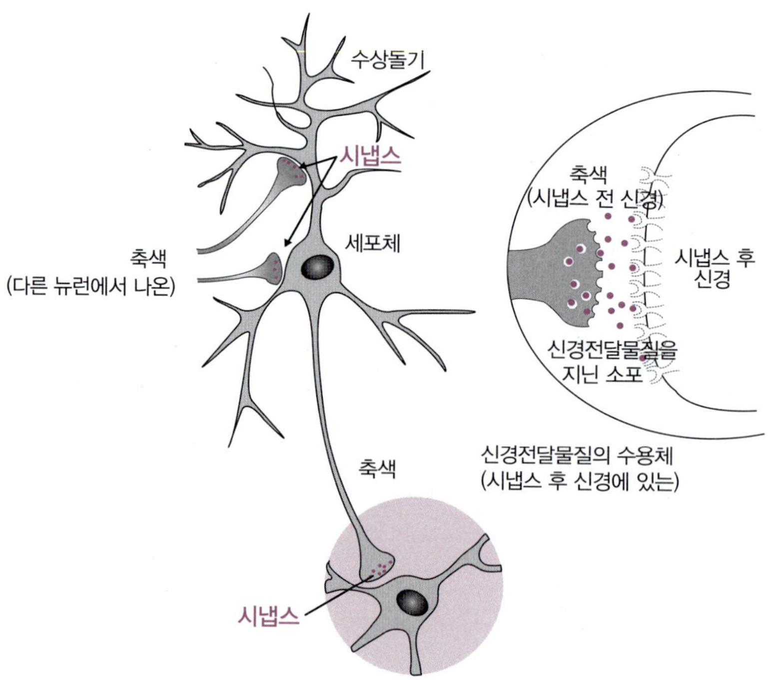

|그림 6-3| 시냅스 형성과정

생후 24개월에 접어든 영아의 전두피질(그림 6-4 왼쪽 그림)을 보면, 수상돌기가 우거진 데다 수많은 가시돌기로 인해 뇌 안에서 신경접속이 무성함을 알 수 있다. 이렇듯 뇌 안에서 신경접속이 무성해짐으로써 영아는 무엇이든 수월하게 배울 수 있다. 이러한 과다 신경접속이 솎이고 다듬어진 후에야(pruning, 가지치기) 적극적으로 사용하지 않았던 신경회로는 제거된다.

일생을 통한 모든 학습은 시냅스 연결 패턴을 따른다. 우리는 지속적으로 경험하고 물리적·개념적 정보를 습득하기 위해 시냅스를 즉시 스캔하여 관련된 정보에 접근하거나 새로운 시냅스를 연결한다. 이러한 과정을 통해 우리 두뇌의 물리적 구조는 지속적으로 변한다.

출생 시 영아의 두뇌에는 이미 수천억 개의 뉴런이 형성되어 있지만, 이 뉴런들은 점차적으로 지각, 사고, 말하기 및 기억하기에 적절한 체계로 발달해야 의미가 있다. 이는 영아가 경험하는 여러 가지 긍정적인 환경 자극에 의해 형성되는 시냅스와 뉴런의 역동적인 네트워크로 인해 이루어지는 과정으로 영아기 성장과 발달이 이루어지기 때문이다. 따라서 영아기에 어떠한 뇌기제가 작동하여 발달의 제 영역에 영향을 미치는가에 대한 과정을 살펴보는 것은 영아보육현장에 함의하는 바가 크다.

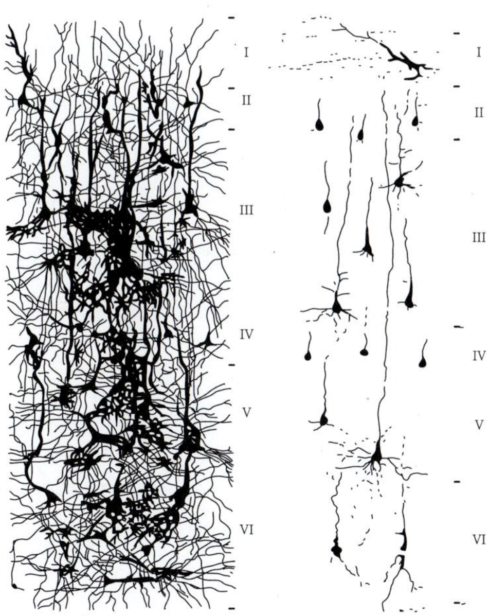

|그림 6-4| 영아의 뇌 발달

출처: Diamond & Hopson(2002).

3. 영아기 운동기능의 발달

1) 운동기능 발달의 원리와 과정

영아는 자신의 신체를 통해 주변 세계를 탐색하고 이를 통해 학습한다. 또한 신체를 통해 자신의 감정을 표현한다. 따라서 영아기 자신의 운동기술을 연습하고 발달시킬 수 있는 기회를 제공받는 것은 매우 필요하다. 영아는 스스로를 신체적으로 유능한 존재로 인식함으로써 점차적으로 균형감각과 공간능력을 발전시킨다.

일반적으로 운동기능의 발달은 문화에 관계없이 일정하게 일어난다. 운동발달의 일반적인 원리와 과정은 다음과 같다.

첫째, 발달은 위에서 아래로의 자발적인 근육조절 과정을 의미하는 두미방향(cephalocaudal)의 특성을 가진다. 아기는 처음 목을 조절하고 나서 몸통을 조절하며, 이후에 나머지를 조절하므로 머리에서 말단으로 움직임을 조절한다. 둘째, 발달은 중심에서 시작하여 바깥쪽으로, 아래에서 진행되는 중심-말초(proximal-distal)의 특성을 지닌다. 셋째, 발달과 조절은 대근육에서 시작하여 좀 더 미세한 소근육으로 진행된다.

영아에게 있어 새로운 운동기능 또는 기술을 성취하는 것 자체가 학습의 목표이다. 영아는 이 시기에 새로운 운동기술에 도전하고 익숙해질 때까지 계속해서 실행한다. 영아는 끊임없이 도달하거나 움직이려고 노력하고, 이 시기에 급속하게 변하는 체중, 신체비율, 자세에 적응하기 위해 노력한다. Thelen(2000)은 운동발달이 단순히 유전적으로 예정된 일련의 성취라기보다는 영아의 목적이나 요구와 신체역학의 제약 사이에서 발생하는 긴장에 대한 지속적 문제해결이라고 보았다.

여기서는 영아기 운동기능의 발달을 대근육과 소근육 기술을 구분하여 서술하고자 한다. 그러나 발달은 서로 간의 밀접한 영향을 주고받는다. 예를 들면, 3개월 된 영아에게 줄 달린 고리를 보여주면 고리를 따라 머리를 위아래로 움직이는데, 균형을 잡기 위해 손을 사용하지 않고도 안정적으로 앉을 수 있게 되면 물건을 집어 들고, 한손에서 다른 손으로 전달하며, 용기에 물건을 넣고, 나아가 물건을 던질 수 있는 능력이 발달한다.

2) 영아기 대근육 운동기술

영아기에 스스로 돌아다닐 수 있는 대근육 운동기능의 발달은 매우 중요한 발달적 과업이다. 영아는 생후 1개월 무렵이 되면 머리를 앞으로 올릴 수 있으며, 3개월이 되면 가슴을 올리고 균형을 잡기 위해 팔을 사용할 수 있다. 4개월 전후에는 몸을 뒤집을 수 있으며, 6개월 무렵에는 도움 없이도 앉을 수 있게 된다. 7~8개월 정도에는 기어 다니며 도움 없이 설 수 있다. 10~11개월에는 가구 등을 붙잡고 걸을 수 있으며, 12개월 전후로 아무런 도움 없이 걸을 수 있다. 그러나 영아기 대근육 운동기술(gross-motor skill) 발달에는 개인차가 있다.

영아기 대근육 운동기술 발달 특성을 월령별로 요약하여 〈표 6-1〉에 제시하였다.

〈표 6-1〉 영아기 대근육 운동기술 발달 특성(0~36개월)

월령	특성
영아기 초기	
0~3개월	• 바로 누운 자세에서 엎드린 자세로 구부린다. • 줄 달린 고리를 보여주면 고리를 따라 머리를 위아래로 움직인다. • 엎드린 자세에서 머리를 들고 고개를 돌린다. • 다리를 번갈아 가면서 차거나 동시에 활기차게 찬다. • 안겼을 때 머리를 똑바로 든다.
4~6개월	• 엎드린 자세에서 20초 이상 머리를 든다. • 최소 5분 정도 베개나 이불 등에 기대어 앉는다. • 배밀이를 한다. • 서도록 도와주었을 때 발바닥의 대부분을 바닥에 댄다.
7~9개월	• 손으로 짚지 않고 10분 이상 똑바로 앉아 있는다. • 엎드린 자세에서 다른 지지대를 잡고 서 있는다. • 15cm 정도 높이의 계단 또는 낮은 탁자를 기어오른다.
10~12개월	• 가구를 잡고 돌아다닌다. • 양육자의 도움으로 몇 걸음 걷는다. • 혼자 선다. • 좌우 60cm 떨어져 있는 물건을 잡기 위해 몸을 자유롭게 돌린다.

영아기 중기	
13~18개월	• 스스로 균형 있게 서서 거의 넘어지지 않고 몇 발자국 앞으로 간다. • 아이의 허리 아래 정도의 가구 위에 올라간다. • 도움 없이 편평한 바닥에서 똑바로 무릎을 꿇는다. • 도움을 받아 계단을 오르내릴 수 있다. • 침대에서 기어 내려올 수 있다. • 달리기 시작한다.
19~24개월	• 자기가 원하는 무엇인가를 얻기 위해 의자나 물체 위에 기어오른다. • 두 발을 모아 앞으로 뛸 수 있다(영아 걸음으로 1걸음 정도) • 장난감을 줍기 위해 웅크려 앉는다. • 계단과 같은 낮은 곳에서 뛰어내릴 수 있다. • 공을 찬다. • 미끄럼틀 계단에 올라간 후 다시 내려올 수 있다. • 발끝(까치발)으로 설 수 있다. • 한 손을 잡아주면 한 발로 설 수 있다.
영아기 후기	
25~30개월	• 일직선으로 걸을 수 있다. • 계단에서 어른의 손을 잡거나 난간을 잡고 한 층에 한 발씩 발을 바꾸어 가며 오르내릴 수 있다. • 넘어지지 않고 5~6걸음 정도 뒤로 걸을 수 있다. • 어설프더라도 넘어지지 않고 뒤로 점프할 수 있다. • 1~5초 동안 도움 없이 한 발로 설 수 있다. • 세발자전거 페달을 발로 두 번 정도 돌려서 앞으로 나간다. • 공을 굴리고, 차고, 던지고, 앞뒤로 차면서 초기 공놀이가 가능하다. • 15cm 정도 높이의 평균대 위를 어른의 손을 잡고 걸을 수 있다.
31~36개월	• 높이 10cm 문지방 정도의 장애물을 뛰어넘을 수 있다. • 15cm 정도 높이의 평균대 위를 혼자서 걸을 수 있다. • 발끝으로 걸어갈 수 있다. • 도움 없이 발을 바꾸어 가면서 계단을 오를 수 있다. • 손을 머리 위까지 들어 공을 던질 수 있다. • 사다리, 정글짐을 기어오를 수 있다.

출처: 서소정 외(2010).

3) 영아기 소근육 운동기술

출생 직후 신생아는 소근육을 전혀 조절하여 사용하지 못한다. 점차적으로 팔과 손, 손가락, 손과 눈의 협응기술 등이 발달함에 따라 손과 손가락 움직임과 같은 작은 근육을 사용하는 소근육 운동기능이 발달한다. 〈표 6-2〉는 영아기 소근육 운동기술(fine-motor skill) 발달의 예를 보여준다.

〈표 6-2〉 영아기 소근육 운동기술 발달 특성

월령	특성
영아기 초기	
0~3개월	• 두 눈을 같은 방향으로 함께 움직인다. • 물체나 사람의 얼굴을 따라서 눈을 좌우로 움직인다. • 누워 있을 때 물건을 보거나 소리를 들으면 소리가 나는 쪽으로 팔을 뻗어 휘젓는다. • 손을 움켜쥐기보다 손을 완전히 펴거나 느슨하게 편다. • 딸랑이와 고리를 쥐고 흔든다. • '잼잼잼' 같은 손가락놀이를 할 때 손을 쥐었다 폈다 한다.
4~6개월	• 앉은 자세로 안고 있거나 엎드려 놓았을 때 자신의 손가락을 쥐거나 만지작거린다. • 손에 놓인 물건을 의도적으로 잡는다. • 엎드린 자세에서 가까이에 있는 장난감을 향해 손을 뻗어 잡는다. • 장난감을 집어들 때 장난감을 손 가운데에 놓고 손가락으로 감싸쥔다. • 양손에 하나씩 물건을 쥔다. • 엄지와 다른 손가락을 이용하여 물체를 잡는다.
7~9개월	• 작은 물체들에 흥미를 느끼며 집어서 입으로 가져간다. • 손뼉을 친다. • 다른 장난감을 잡기 위해 쥐고 있던 장난감을 놓는다. • 원하는 장난감을 1분 이상 쥔다. • 엄지와 검지를 이용하여 과자조각이나 빵조각을 집어든다.
10~12개월	• 물건을 가리킨다. • 각각의 손가락을 독립적으로 사용한다. • 물건을 하나씩 차례로 집어 올리고 떨어뜨리면 다시 집어 올린다. • 장난감을 떨어뜨리지 않고 의도적으로 내려놓는다. • 컵에 작은 물건을 서너 개 이상으로 넣었다 뺀다. • 집게 잡기로 작은 물건을 집어 들어올린다. • 양육자의 도움으로 책장을 넘긴다.
영아기 중기	
13~18개월	• 끈으로 장난감 차를 끌어당긴다. • 상자 뚜껑 닫는 것을 모방한다. • 한 손에 2개의 작은 물건을 집어 올려서 쥔다. • 컵에 주사위 6개 이상 넣는다. • 혼자서 블록을 3~4개 정도 쌓는다. • 1cm 정도의 구멍에 실을 끼울 수 있다.

19~24개월	• 종이를 어설프게 접는다. • 혼자서 블록을 6~8개 정도 쌓는다. • 혼자서 전원 스위치를 끄고 켜거나 버튼을 누른다. • 수직선이나 수평선 그리는 것을 보여주면 따라 그린다.
영아기 후기	
25~30개월	• 다른 사람이 종이에 선으로 원을 그리면 따라 그린다. • 혼자서 책장을 넘길 때 한 번에 한 장씩 넘긴다. • 4조각 정도 퍼즐을 맞춘다. • 찰흙을 주면 굴리고, 치고, 비틀거나 떼어낸다. • 종이를 가로나 세로로 접는 것을 보여주면 그대로 따라한다.
31~36개월	• 안전가위로 종이를 자르려고 할 때 한손으로 종이를 잡고 다른 손으로는 가위날을 벌리고 오므린다. • 성인처럼 엄지나 다른 손가락 사이로 연필, 크레용이나 펜을 잡는다. • 종이를 대각선으로 제시하면 위에 따라 그린다. • 혼자서 블록을 10개 정도 쌓는다. • 블록 3개로 다리 모양 만드는 것을 보여주면 그대로 따라 만든다. • 혼자서 큰 단추를 푼다.

출처: 서소정 외(2010).

4. 영아의 뇌와 신경계 및 감각 · 신체발달을 위한 양육자의 역할

영아기는 인간 전 생애의 초석을 형성하는 인생의 가장 중요하고 변화 가능성이 매우 큰 시기이다. 최근 뇌과학 발달로 인한 영아의 초기 능력과 잠재력에 관한 사회적 관점이 변하였다. 기존의 영아를 바라보는 시각은 수동적이고 무능력한 존재라고 간주하였다면, 최근에서는 능동적이고 주변 환경과의 상호 호혜적인 유능한 존재로 영아를 바라보게 되었다. 이에 영아의 성장과 발달을 극대화할 수 있는 보육과정과 환경을 제공하고 양질의 영아보육 및 양육을 담당하고 있는 주 양육자를 위한 바람직한 역할을 제시하고자 한다. 특히 여기서는 영아의 뇌와 신경계 및 감각·신체발달을 지원하기 위한 양육자의 바람직한 역할에 관하여 구체적으로 제시하면 다음과 같다.

1) 신생아기

임신에서 출생까지에 해당하는 태내기는 엄마의 자궁 내에서 태아의 기본 신체 구조와 기관이 형성되고 발달하는 시기이다. 이 시기를 거쳐 생후 첫 2주~1개월을 지칭하는 신생아기에 양육자는 풍부한 영양공급과 정서적으로 안정감을 느낄 수 있는 태교를 제공하는 것이 필요하다. 신생아기에는 태내 환경과 상이한 외부 환경에 잘 적응할 수 있도록 양육자는 세심하게 주의를 기울이는 것이 중요하다 (제4장 '태내발달을 위한 양육자의 역할' 부분 참고).

2) 영아기 초반(0~8개월)

신경회로인 시냅스 형성을 통해 두뇌발달이 주를 이루는 시기이므로 충분한 영양공급 및 자유롭게 주변 환경을 탐색할 수 있는 다양한 기회를 제공하는 것이 필요하다. 신체적 요구에 민감하게 반응하는 것이 중요한데, 수면할 수 있는 편안한 환경을 조성하고 애정어린 신체적 접촉을 통한 정서적 유대감을 형성하는 것이 좋다. 모든 감각을 자극하되, 동시에 여러 감각을 자극할 필요는 없다. 오감을 활용한 교육과 다양한 경험을 지속적으로 제공함으로써 영아가 스스로의 신체 움직임을 통해 유능감을 경험하는 것이 필요하다.

영아기 초반 영아는 자신에게 특별하고 의미있는 성인과의 지속적인 관계형성을 통해 애착을 형성하게 되고, 자신을 돌보는 성인을 신뢰하게 된다. 양육자는 영아를 안아주고 눈을 맞추고 달래주며, 눈짓, 웃음 등 비언어적과 언어적으로 대화를 나누면서 영아의 요구에 민감하게 반응해야 한다. 특히 신체발달을 지원하기 위해서 환경은 이러한 영아의 발달적 특성에 부합하여 바닥에서 자유로이 몸을 움직일 수 있는 안전한 공간, 잠을 잘 수 있는 조용하고 편안한 공간, 넘어지지 않게 기대앉아서 바닥에다 사물을 두드리거나 양손으로 사물을 부딪칠 수 있는 공간 등 영아가 자유롭게 자신의 신체를 이용하여 주변 환경을 탐색할 수 있는 환경과 기회를 제공해야 한다. 생후 8개월로 접어들면 다소 개인차는 나겠지만, 영아는 서 있는 자세로 몸을 들어 올릴 수 있는 준비가 되며 이를 위해 성인과 눈을 맞추거나 팔에 안기기 위해 몸을 위로 올리려고 한다. 이때 바닥에 성인을 위한 별도 공간을 마련하고 이러한 영아의 신체 움직임을 적극적으로 지원하는 것이 필요하다.

3) 걸음마기 영아(8~18개월)

초기 한두 걸음은 이전 단계까지의 대근육 운동기술의 총체적 조절능력을 반영하는 단계로 영아기 신체발달의 중요한 발달과정이라고 볼 수 있다. 이는 이후 영아의 공간지각능력, 탐색과 인지능력, 사회성 발달에도 중요한 역할을 한다. 따라서 가정에서 양육자는 영아가 혼자서 걸을 수 있는 기회를 제공하고, 걷기연습을 할 때에도 영아를 안아서 이동시키기보다는 언어적 또는 행동적 지지를 하며 영아가 스스로 걸을 수 있도록 지원한다. 또한 어린이집에서 보육교사는 영아에게 손으로 밀고 다니는 장난감을 제공하고 그것을 영아가 스스로 밀 수 있도록 도와준다. 이때 영아의 걸음이 장난감의 이동속도보다 더 늦을 수 있어 영아가 넘어질 가능성이 있으므로 옆에서 주의깊게 살펴보아야 한다.

13개월에 접어들면서 영아는 도움을 받아 계단을 오르내릴 수 있는데, 계단 오르내리기와 같은 행동은 두 발의 교대 움직임과 몸의 근육조절을 통해 균형감각을 향상시킬 수 있는 발달 과정의 하나이다. 계단의 높이 차이를 지각할 수 있는 반사조절 능력을 키움으로써 상황 대처능력을 발달시키도록 기회를 제공하는 것이 필요하다.

또한 혼자서 블록이나 작은 장난감을 서너 개 이상 쌓기활동을 할 수 있는 환경을 제공하는 것이 중요하다. 블록쌓기는 사물에 정확하게 손 뻗기, 잡기, 놓기 등 조작능력과 눈과 손의 협응력 등 손을 이용할 수 있는 기본적인 기술을 필요로 한다. 이 시기 소근육 운동기술의 발달은 이후 독립적인 자조기술과 놀이기술을 향상시키는 데 기초를 제공하기 때문에 양육자는 가정에 있는 작은 상자나 플라스틱, 큰 블록 등을 영아에게 건네며 쌓기놀이를 하도록 자주 격려하는 것이 바람직하다.

4) 영아기 후반(19개월 이후)

뇌의 전두엽과 변연계의 발달이 주를 이루는 시기로 신체적 움직임, 정서조절, 관계 형성을 통한 학습이 적절하게 이루어져야 한다. 우선 기본 식습관 및 식생활 지도가 이루어져야 한다. 이 시기에 형성된 식습관은 이후에도 지속적으로 영향을 미치기 때문에 영양적으로 균형을 갖춘 식단을 제공하고 올바른 식습관을 형성할 수 있도록 지도해야 한다. 이는 영아 개인의 신체발달뿐만 아니라 이후 어린이집에서 단체급식을 통해 타인과의 식사를 함께 할 수 있는 기본 식사예절을 익힐 수 있기 때문에 사회정서발달에도 영향을 미친다.

19개월 이후부터는 영아는 원하는 것을 얻기 위해 기어 오르기, 두 발을 모아 앞으로 점프하기, 계단과 같은 낮은 곳에서 뛰어내리기, 공차기 등 기본적 운동기술을 학습한다. 이를 통해 자신의 몸 전체의 근육조절이 가능하고 균형잡기와 공간에 대한 지각능력도 서서히 발전시킨다. 따라서 양육자는 주기적인 실외놀이 활동을 통해 대근육 운동기술을 발달시킬 수 있는 다양한 기회를 제공하는 것이 중요하다.

24개월부터는 커다란 페그보드, 구슬꿰기, 안전장치가 부착된 가위질하기, 그림 그리기, 색칠하기 등과 같은 정교한 소근육을 사용한 운동과제를 제공하는 것이 필요하다. 손목과 손가락의 더 미세한 근육을 사용하여 혼자 전원 스위치를 끄거나 버튼을 누르기 등 조작운동을 발달시킬 수 있는 기회를 일상생활 속에서 제공함으로써 영아는 자신의 목적에 부합되는 행동의 인과관계를 직접 확인할 수 있는 자연스러운 기회를 경험할 수 있다. 주양육자는 영아와의 정서적으로 안정된 관계 형성을 통해 이들의 스트레스를 최소화하여 즐겁게 신체활동에 집중할 수 있는 분위기를 조성하는 것이 가장 중요하다. 즉 영아 자신의 행동을 스스로 선택할 수 있는 기회를 제공하는 것이 중요한데, 현행 발달 단계에 비해 너무 어렵거나 너무 쉽지 않은 새롭고 신기한 일상의 과제와 도전적 기회를 제공함으로써 신체적으로 유능감을 느끼게 도와준다.

또한 영아는 자신의 신체를 사용하여 주변 세계를 적극적으로 탐색한다. 주변 사물이나 도구를 사용하는 것에도 동기화되어 있다. 초기에는 주로 자신의 손바닥으로 사물에 반응하고 얼굴이나 입으로 사물을 가져가는 등 반사행동이 주를 이루다가 이후에는 사물을 잡는 것이 더욱 더 의도적이며 목적지향적으로 변한다.

6개월 정도에 접어들면서 잡기와 놓기를 스스로 통제할 수 있으며 이때부터 영아는 사물을 도구로 사용하기 시작한다. 예를 들면, 우유병을 잡고 우유를 마실 수 있으며, 양손으로 장난감을 들고 소리를 내며 흔들기 시작하고, 소리 나는 인형을 들고 부딪치기, 흔들기, 입에 대기 등과 같은 미세한 운동능력을 활용함으로써 주변의 장난감과 도구를 즐길 수 있다. 12개월이 지나면서 손가락을 사용하여 스스로 집어 먹고, 병이나 손잡이가 달린 뚜껑이 있는 컵을 사용하여 스스로 마실 수 있다. 초기 공간개념을 형성하는 데 있어서도 그릇에 작은 사물을 채우기와 비우기 등과 같은 행동을 반복적으로 실시하면서 도구 사용을 통한 공간적 관계의 탐색을 한다. 24개월 무렵에는 협응력이 증가하고 도구 사용을 통한 인지발달의 기회가 증가함에 따라 다양한 필기도구, 물감, 책장 넘기기, 단추와 지퍼 올리기 등의 활동이 흥미로워진다.

영아기 신체운동발달을 효과적으로 지원할 수 있는 다양한 전략을 소개하면 다음과 같다(서소정 외, 2010).

영아기 신체운동발달을 지원할 수 있는 다양한 전략

1. 어린 영아에게 배를 바닥에 대고 엎드려서 함께 놀이할 수 있는 기회를 많이 제공하는 것이 좋다. 이는 영아가 몸통과 목의 조절을 강화하도록 도와준다.
2. 누워 있는 영아에게 손을 뻗치고 발을 차서 모빌 등 장난감을 잡거나 건드릴 수 있는 기회를 제공하고, 기는 영아에게는 충분하게 공간을 탐색할 수 있는 독립된 공간을 제공하는 것이 필요하다. 신체 움직임을 촉진할 수 있는 다양한 공간과 활동의 기회를 제공하라!
3. .보행기는 어떠한 경우에도 사용해서는 안 된다. 보행기는 영아가 움직이고 있는 자신의 사지를 볼 수 없는 방식으로 고안되어 있기 때문에 초기 신체운동 발달에 부정적인 영향을 미친다. 비록 양육자가 영아를 지켜보더라도 보행기를 타는 동안 상해를 입을 수 있다.

4. 어린 영아가 바닥에 등을 대고 누워 있을 때 옆에서 선호하는 장난감(소리 나는 딸랑이)을 제공하여 영아 스스로가 팔을 뻗고 몸을 돌리도록 유도하라! 스스로 뒤집기를 할 수 있는 기회를 제공하는 것이 좋다.
5. 영아가 스스로 이동할 수 있는 시기로 들어서면 잡고 걸을 수 있는 안전한 표면이 필요하다. 주로 영아는 가정에서 소파나 낮은 탁자를 사용하는데 안전한가를 늘 주의 a깊게 살펴야 한다.
6. 대근육 운동발달 지원을 위한 음악을 제공하는 것이 필요하다. 특히 걸음마기 영아는 춤추거가 노래하는 등 리듬에 맞춰 몸을 움직이는 것을 선호한다.
7. 하루 일과에서 정해진 시간에 날씨가 허락되는 한 지속적으로 바깥산책 및 놀이활동을 제공하라! 자연스러운 일과에서 계절의 변화를 감각적으로 인식하고 걷기, 오르기, 달리기 등 양육자가 영아를 위해 흥미롭고 도전적인 환경을 제공하는 것은 신체운동 발달에 필수 요소이다.
8. .영아의 현행 발달 수준(대 · 소근육 기술)을 파악하라! 영아의 현재 발달 상태를 정확히 알면, 이에 적절한 활동을 제공할 수 있다. 신체 성장이 급속하게 이루어지는 생후 1년 동안에는 항시 곁에서 언어적 · 행동적으로 상호작용을 하는 양육자와 함께 신체적으로 접촉하며 놀이하는 것이 가장 중요하다.

2 유아기 신체발달

유아기는 이전 영아기에 비해 성장 속도는 상대적으로 완만하지만 지속적인 신체적 성장이 이루어지며 운동 능력도 함께 꾸준히 발달한다. 유아에게 신체활동놀이는 신체기능뿐만 아니라 신체 발육이나 안전 능력, 인지 및 사회성 발달을 위해서도 꼭 필요한 활동이다.

1. 유아의 신체적 성장 및 변화

신체의 발달과 운동기능의 발달은 유아로 하여금 다양한 신체적 활동에 참여할 수 있게 한다. 이 시기 유아는 활동성이 증가하기 때문에서 다양한 신체 활동에 참여함으로써 신체 및 운동 기능을 발달시킬 수 있다.

1) 키와 몸무게

유아들은 매년 평균적으로 키가 5~7cm 정도 증가하며 몸무게도 2~3kg씩 증가한다. 남아가 여아에 비해 키가 더 크며 몸무게도 더 나아가는 등 평균적으로 더 큰 경향을 보인다.

6세 남아의 평균 신장 및 체중은 113.3cm와 19.6kg, 여아의 평균 신장과 체중은 110.4cm와 19.1kg이다(표 6-3). 유아기에 접어들면서 신장과 체중의 완만한 증가는 신체 비율의 변화를 가져온다. 머리가 몸 전체에서 차지하는 비율이 점차적으로 감소하여 영아기에 보이던 큰 머리, 볼록 튀어나온 배와 짧은 팔다리의 모습이 신체 각 부분이 함께 성장하면서 길고 홀쭉해지게 된다.

유아기의 신체 각 부분의 다른 성장 속도는 유아의 신체 비율을 변화시킨다. 몸의 지방도 점차적으로 줄어든다. 이에 살집이 통통했던 아기도 이 시기를 거치면서 대부분이 말라 보인다. 대체로 남아는 근육조직이 여아는 지방조직이 다른 성에 비해 상대적으로 많아지게 된다. 신체 크기에서는 영아기에 비해 개인차가 현저하게 나타나게 되지만 대부분의 유아는 신체 비율과 신체적 능력 면에서 유사한 특징을 보인다.

〈표 6-3〉 한국 유아의 신장과 체중 도표

연령	신장(cm)		체중	
	남	여	남	여
3세	89.7	89.0	13.5	12.9
4세	97.8	96.5	15.5	14.8
5세	105.1	103.8	17.5	16.9
6세	113.3	110.4	19.6	19.1

출처: 보건복지부 질병관리본부·대한소아과학회(2007).

2) 골격의 발달

유아기에 들어서면서 연골조직은 더욱 단단해지며 이에 따라 외관이 점차적으로 단단해지는 경화현상이 일어난다. 이러한 경화현상은 아동기를 거쳐 청년기까지 계속된다. 2~6세경에 약 45개의 새로운 골단(epiphyses) 또는 성장센터가 생성하며 연골 속의 성장충추가 단단해진다. 방사선 촬영을 통해 유아의 성장판과 골격 연령을 측정함에 따라 향후 신체 성장장애 진단을 예방할 수 있다(Berk, 2007).

또한 뼈의 발달을 통해 유아의 외모에도 많은 변화가 생긴다. 6세경으로 접어들면서 볼록 튀어나온 배도 들어가고 젖살이 빠지면서 성인과 비슷한 외형으로 변화한다. 어깨와 골반의 근육은 아직 발달하지 않아 성차를 구분할 수 있는 성인과 같은 체격적 특성은 아직 나타나지 않는다(이순형, 이혜승, 이성옥, 황혜신, 이완정, 이소은 외, 2013).

3) 치아의 발달

만 4~5세로 접어들면서 유치가 1~2개 빠지면서 영구치가 나기 시작한다. 일반적으로 여아가 남아에 비해 신체발달이 빠르며, 유치도 더 일찍 빠진다. 유치는 일시적이기는 하지만 이후 치아의 건강과 관련이 있기 때문에 영아기 때부터 이를 잘 닦는 습관을 갖도록 지원해 주는 것이 필요하다(박성연, 백지숙, 안지영, 오미경, 이사라, 이주연 외, 2011). 이 시기에 손가락을 빠는 행동은 치열이 고르지 않게 하는 등 치아발달에 부정적인 영향을 줄 수 있으므로 유의해야 한다(이순형 외, 2013).

2. 두뇌 및 신경계의 발달

6세에 뇌의 무게는 성인 뇌의 70~90%로 증가한다. 뇌의 무게가 증가하는 것과 아울러 뇌의 신경계는 수많은 시냅스가 형성된다. 발달학적 관점에서 유아기는 이전 단계인 영아기에 형성된 뇌의 신경연결망을 공고화하기 위해 특정한 투입 정보에 반응하는 매우 중요한 시기이다.

4세경에는 전두엽(frontal lobe) 영역의 시냅스의 수가 거의 성인의 2배가 될 정도로 시냅스가 과잉 생산된다. 이렇게 과잉 생산된 시냅스는 두뇌의 가소성과 관련되어 이후 뇌의 특정 부위가 손상되더라고 다른 부위에서 그 기능을 대신 수행해 유아가 특정 능력을 습득할 수 있도록 도와준다.

3. 유아의 신체적 성장에 영향을 주는 요인

유아기 신체적 성장과 건강은 유전적 요인과 이후 후천적인 요인에 의해 영향을 받을 수 있다. 유전적 요인은 태내기, 영유아기에도 지속적으로 영향을 미칠 수 있는 요인으로 작용할 수 있다. 반면에 환경적 요인은 유아-양육자와의 애착관계에서 오는 정서적 안정감, 영양상태, 수면상태, 그리고 질병이나 상해 등을 들 수 있다(문혁준, 서소정, 김정희, 김혜연, 김태은, 이종신, 2011; 박성연 외, 2011; 이순형 외, 2013).

1) 유전적 요인

부모로부터 물려받은 유전자는 유아의 신체 호르몬 분비를 조절하여 신체 크기와 성장 속도에 영향을 미친다. 특히 뇌하수체에서 분비되는 성장 유도 호르몬인 성장호르몬과 갑상선자극호르몬은 유아의 신체발달에 매우 중요한 영향을 미친다. 키와 몸무게는 대표적인 유전적 요인의 예로 들 수 있다.

2) 영양 상태나 수면 습관

유아기는 편식이 심한 시기이다. 이 시기에 유아가 편식을 하는 이유는 유아의 성장 속도가 영아기에 비해 상대적으로 감소했기 때문에 유아가 새로운 음식을 섭취하거나 섭취하는 양이 자연스럽게 감소되기 때문이다. 따라서 유아가 적은 양을 섭취하더라도 상대적으로 영양적 균형을 고려한 식단을 제공해야 한다. 특히 단백질, 칼슘, 비타민 등 영양적 균형을 갖춘 음식을 골고루 섭취해야 하며, 지방, 염류, 당분이 많은 음식은 이후 소아비만을 유발하므로 가급적 피하는 것이 좋다.

유아의 수면 습관 역시도 이 시기 신체발달에 중요한 영향을 미친다. 아이가 수면을 취하는 시간 동안 성장호르몬이 분비되므로 충분한 수면과 안정적인 수면 습관이 형성되어야 한다. 영아기에 비해 총 수면 시간이 10~11시간 정도로, 어린 유아는 낮잠을 1~2시간 정도 취하기도 한다. 밤에 잠을 자는 동안 유아는 종종 악몽을 꾸기도 하는데 이는 현실과 환상을 아직 구별하지 못하는 유아기 인지적 발달 특성에 기인한다. 낮 동안 유아는 활발하게 활동을 하기 때문에 밤에 편안하게 잠들 수 있도록 조용한 수면 환경을 조성해 주는 것이 필요하다.

3) 정서적 안정감과 스트레스 수준

영아기와 마찬가지로 유아 역시도 양육자와의 긍정적인 관계를 통해 경험하게 되는 정서적 안정감과 스트레스 수준은 유아의 신체 및 건강 발달에 긍정적인 역할을 한다. 예를 들어, 유아가 부모의 이혼 또는 경제적 빈곤 등으로 인해 심한 스트레스를 경험하게 된다면 이들의 성장호르몬 생성을 방해하여 호르몬 분비량이 감소하게 되어 연령에 비해 상대적으로 성장발달이 더딜 수 있다.

4) 질병과 상해 발생

유아기에는 다양한 질병과 상해에 노출될 가능성이 크다. 홍역, 볼거리, 풍진, 수두, 호흡기 질환 등 유아의 신체적 성장에 부정적인 영향을 미치는 질병에 노출될 가능성이 크기 때문에서 적절한 시기에 면역접종을 시키도록 하고 평소에 질병관리를 위해 신경을 써야 한다.

4. 유아기 운동기능의 발달

1) 유아기 대근육운동 기술

유아기에는 영아기에 발달된 단순한 신체 동작을 기초로 하여 더욱 복잡하고 다양한 운동 능력을 발달시킨다. 이는 유아기 신체발달의 특성상 상체가 가벼워지고 무게의 중심이 몸통 아래쪽으로 이동함에 따라 신체 균형감각이 크게 발달하면서 가능해지기 때문이다.

영아기에 비해 달리기, 뛰어오르내리기, 깡충깡충 뛰기, 한 발로 뛰기뿐만 아니라 공 던지고 받기, 그네 타기, 세발자전거 타기 등을 할 수 있게 된다. 유아기 후반으로 갈수록 공, 자전거, 스케이트, 그네 등 각종 기구나 도구에 흥미를 가지고 신체 활동을 한다. 운동 능력의 향상은 자신의 신체 움직임을 통해 자신의 이미지를 형성하므로 원활한 발달이 이루어지는 것이 중요하다. 유아기의 대근육운동 능력은 이후 아동기의 운동 능력 발달뿐만 아니라 또래관계 형성 및 사회성 발달에 중요한 초석을 마련한다.

다음의 〈표 6-4〉에서는 유아기 대근육운동 기술 발달 특성을 연령별로 요약하여 제시하였다.

〈표 6-4〉 유아기 대근육운동 기술 발달 특성

연령	특성	
3~4세	• 아래쪽을 쳐다보면서 공 던지기 • 큰 공 한 손으로 잡기 • 마루에서 뛰기 • 발을 맞대어 걷기	• 깡총 뛰기 • 한 발로 서기 • 양발로 3번 정도 뛰기 • 구르는 공 잡기
4~5세	• 공을 튕기고 잡기 • 장난감 유모차 밀고 당기기 • 5kg 정도의 물건 옮기기 • 방향대로 공 튕기기	• 뛰다가 멈추기 • 원하는 방향으로 공 차기 • 공 잡기 • 한 발로 4번 정도 구르기
5~6세	• 공 던지기 • 구르는 공 차기 • 인라인 롤러스케이트 타기 • 목적지에 공을 굴리기	• 7kg 정도의 물건 옮기기 • 발 바꾸어 뛰기 • 줄넘기 하기 • 보조 바퀴 달린 두발자전거 타기

출처: 김경회, 문혁준, 김선영, 김신영, 김지은, 김혜금 외(2014).

유아기 운동 기술 발달에 있어 개인차를 살펴본 연구에서는 차이점보다는 이 시기에 유사점이 더 많은 것으로 보고하고 있다. 그러나 일반적으로 여아가 남아에 비해 신체 근육이 더 빨리 성숙되는 경향이 있으므로 운동발달이 더 빠르다. 그러나 공 던지기, 공 차기 등과 같이 팔다리의 근육을 사용하는 운동 능력은 남아가 여아보다 더 빨리 발달하는 것으로 나타났다.

2) 유아기 소근육운동 기술

유아기는 영아기 후반부터 점차적으로 팔과 손, 손가락, 손과 눈의 협응기술 등이 발달됨에 따라, 손과 손가락 움직임과 같은 작은 근육을 사용하는 소근육운동 기능이 발달하게 된다. 유아기 후반경부터는 블록 쌓기, 퍼즐 맞추기, 자르고 붙이기, 그림 그리기, 구슬 꿰기 등의 더욱 정교하고 세밀한 활동을 할 수 있게 된다. 특히 자신의 신변을 돌볼 수 있는 자조기술이 발달하게 되는데, 단추 끼우기, 컵에 물 따라 흘리지 않고 마시기, 옷을 벗고 입기, 숟가락 사용하기 등을 주위의 도움 없이도 혼자 잘할 수 있게 된다. 또한 그림 그리기, 색칠하기 등을 어렵지 않게 할 수 있게 된다. 만 5세경이 되면 손, 팔, 몸 모두가 눈의 명령에 의하여 함께 움직일 수 있어 정교한 구조물을 완성하고 바느질 활동도 가능해진다.

유아기 자조기술의 발달은 스스로가 자신의 신체 활동을 통제할 수 있게 되면서 심리적 만족감과 유능감을 경험하게 한다. 아울러 정신적 표상 활동이 가능해짐에 따라 종이에 무엇인가를 그리게 되는데, 4세경이 지나면서 알아볼 수 있는 그림을 그리게 된다. 이는 소근육운동 기술 능력 발달과 인지발달이 이루어졌다는 것을 의미한다.

다음의 〈표 6-5〉는 유아기 소근육운동 기술 발달의 예를 보여 준다.

〈표 6-5〉 유아기 소근육운동 기술 발달 특성

연령	특성	
3~4세	• 원을 포함한 도형을 그리기 • 간단한 그림 그리기 • 풀칠하기 • 탑 만들기 • 인형 옷 입히기	• 선과 도형을 조합하여 그리기 • 종이 자르기 • 블록 쌓기 • 단순한 모양 그리기 • 흘리지 않고 컵에 물 따르기
4~5세	• 신발 끈 묶기 • 구슬 엮기 • 높은 탑 만들기 • 이름 쓰기	• 선 따라 자르기 • 옷핀 잠그기 • 여러 모양의 그릇에서 물 따르기
5~6세	• 종이 접기 • 종이 안의 모양 도려 내기 • 점토 만들기	• 다양한 도형 그리기 • 크레파스를 제대로 사용하기 • 글자 보고 따라 적기

출처: 김경회 외(2014).

5. 유아의 신체 및 운동기능 발달을 지원하기 위한 양육자의 역할

유아기는 영아기와 마찬가지로 자신의 움직임에 대한 욕구가 강하기 때문에 신체 및 운동기능의 발달이 지속적으로 일어난다. 건강한 유아는 잠시도 쉬지 않고 움직이면서 신체 활동에 참여하고, 주변 환경이나 자연을 탐색하는 경향이 강하며, 또래와의 다양한 활동에 열중하는 경향이 강하다. 이 시기에는 더욱 온전하게 달리기 등 이동운동 능력이 향상되고, 잡기 등 눈과의 협응력도 점차적으로 세련되게 발달된다. 유아들의 새로운 운동 기술과 소근육 발달 및 협응력을 기를 수 있도록 다양한 신체 활동 자료 및 기회를 제공하는 것이 무엇보다도 필요하다.

대소근육 활동 자료는 가정 내 독립된 여유 공간에 비치하여 유아가 자유롭게 이를 사용할 수 있도록 배려하는 것이 좋다. 대근육 활동 자료와 소근육 활동 자료는 균형 있게 제공하고 신체 크기와 움직임의 발달 정도에 따라 적절하게 구비하는 것이 필요하다. 예를 들면, 구르기용 매트, 세발자전거, 끌차, 이동식 농구대, 커다란 블록류(와플 블록, 큰 플라스틱 공간 블록, 대형 나무 블록 등), 여러 종류 및 크기의 공, 줄넘기, 훌라후프, 던지기용 고리 등을 비치해 두는 것이 좋다.

가정에서 흔히 비치할 수 있는 소근육 활동 자료의 대표적인 예로는 퍼즐류, 줄에 모양 끼우기, 뚜껑 맞추기, 옮겨 담기(예: 물, 콩, 쌀, 작은 구슬 등), 바느질 자료, 열쇠-자물쇠 맞추기, 단추 끼우기, 지퍼 올리기, 끈 끼우기 등 일상생활에서 흔히 볼 수 있는 다양한 자료를 활용하여 놀이 시 소근육운동 기술을 발달시킬 수 있는 기회로 삼는 것이 바람직하다.

유아기는 자신의 신체 움직임에 대한 통제와 조절이 원활하게 이루어지기 때문에 주변 자연환경을 적극적으로 탐색하면서 자연스럽게 경험하는 실외활동을 자주 제공하는 것이 좋다. 이러한 실외활동시간은 매일 계획하되 날씨, 계절, 유아의 건강상태, 전염성 질병 유행 등을 고려하여 융통성 있게 제공한다. 집 근처에 있는 지역사회 놀이터나 공원 등을 활용하여 산책하기, 자전거 타기, 미끄럼과 그네 타기, 달리기 등 대근육 활동뿐만 아니라 술래잡기, 그림자 따라다니기, 바람개비 돌리기, 모래 파고 담기 등 가정 내에서 경험할 수 없는 다양한 활동을 접하도록 한다. 하루 일과에서 정해진 시간에 날씨가 허락되는 한 지속적으로 바깥 산책 및 놀이 활동을 제공하는 것이 바람직하다. 자연스러운 일과 내에서 계절의 변화를 감각적으로 인식하고 걷기, 오르기, 달리기 등 양육자가 유아를 위해 흥미롭고 도전적인 환경을 제공함으로써 유아의 신체운동발달에 긍정적인 영향을 미친다.

유아는 신체를 통한 다양한 활동 속에서 자신의 신체 및 운동 능력을 발달시키며, 정서적 만족과 인지적 학습의 기회를 경험한다. 영아기에 비해 던지기, 오르기, 미끄럼 타기, 내려오기, 좁은 곳 통과하기 등 대부분의 신체 활동이 정교해지고 안정되어 가기 때문에 이러한 신체 활동을 일상생활에서 자주 경험함으로써 안정된 자세와 몸의 균형을 유지하면 건강한 생활을 할 수 있다. 따라서 양육자는 만 3세 이상 유아가 자신의 신체에 대한 관심과 탐색이 더욱 적극적으로 변화되는 것을 이해하고, 이를 기초로 유아 자신의 신체와 운동 능력에 대하여 보다 긍정적으로 인식할 수 있는 신체 활동 경험을 자주 제공해 주는 것이 중요하다.

쌓기놀이는 유아의 대·소근육을 발달시킬 뿐만 아니라 공간지각 능력을 키워

줄 수 있다. 또한 블록을 쌓고 무너뜨리는 쌓기놀이를 통해 즐거움과 동시에 스트레스를 해소시킬 수 있으며, 구성 능력 및 창의적인 사고력까지 향상시킬 수 있다. 이에 가정에서 유아가 다양한 재질 및 크기의 블록을 활용하여 쌓기놀이를 할 수 있도록 지원하는 것이 필요하다.

대근육 운동 기술 발달을 위한 별도의 음악을 준비하는 것이 좋다. 가정 내에서 양육자와 함께 리듬과 박자에 맞춰 몸을 자유롭게 흔들거나 노래를 부르는 등 음률 활동에 참여하는 것은 유아의 신체발달뿐만 아니라 사회정서 및 창의적 표현 발달에서 긍정적인 영향을 제공한다. 가정 내에서 유아가 양육자와 함께 할 수 있는 창의적인 신체 및 동작 활동의 예로는 다양한 음악이나 소리, 리듬을 듣고 그 느낌을 신체로 표현해 보기, 여러 소품(예: 스카프, 리본테이프 등)을 활용하여 음악에 따라 자유롭게 표현해 보기, 이야기의 내용을 듣고 몸으로 표현해 보기, 상상한 대상 또는 사물이 되어 움직여 보기(예: 내가 만약 프라이팬의 콩이 된다면, 내가 가을의 떨어지는 낙엽이 된다면 등) 등이 있다.

유아의 현행 발달 수준(대·소근육 운동 기술)을 파악하는 것이 중요하다. 유아의 현재 발달 상태를 정확하게 파악한다면 양육자는 유아의 근접발달 영역(zone of proximal development) 내에서 적절한 활동을 제공할 수 있게 된다. 유아기의 신체 및 운동기능 발달은 다양한 신체 활동을 통해 유아가 자신의 내적 에너지를 분출하고, 자신의 신체에 대한 긍정적인 이미지를 인식함으로써 신체적 유능감을 기르는 것이 가장 중요한 목적이다. 따라서 유아의 신체 움직임을 촉진할 수 있는 편안한 분위기 조성과 아울러 양육자의 수용적인 태도를 갖추는 것이 이 시기 신체 및 운동기능 발달의 핵심이다.

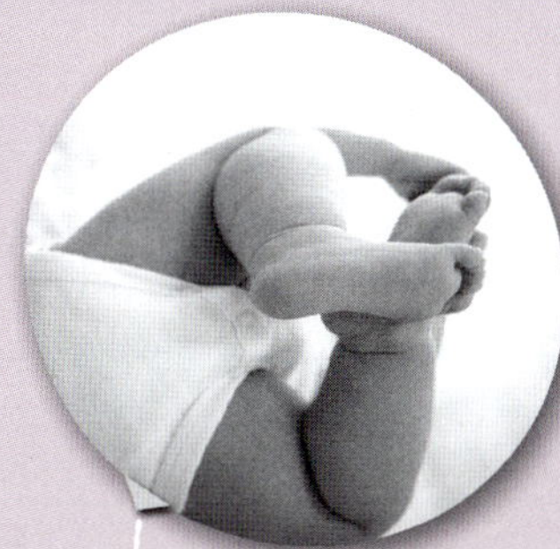

CHAPTER 7

영유아의 인지발달

인지란 지식의 습득으로 간단하게 정의내릴 수 있지만 지식의 습득과 사용에는 많은 정신적 기능들이 포함된다. 인지과정에는 주의, 지각, 학습, 사고, 기억 등과 같은 정신적 과정을 포함되기 때문에 개인의 인지능력은 개인이 학습하고 적응하며 자신의 환경 속에서 기회를 탐색하는 데 필수적인 요소이다. 본 장에서는 영아기와 유아기의 발달시기별로 인지발달에 관한 다양한 이론적 접근법에 대해 살펴보고, 발달시기별 인지발달 특징에 대해 살펴본 후, 영유아의 인지발달을 도모하기 위한 양육자의 역할에 대해 알아보고자 한다.

1 영아기 인지발달

영아기는 신기하고 놀라운 시기이다. 영아는 가끔씩 우리가 기대했던 것보다 훨씬 더 복잡한 행동을 하기도 하고 가끔씩은 아주 단순하게 여겨지는 일을 처리하지 못할 때도 있다.

1. 인지발달이론

이론가들마다 영아가 어떻게 지식을 습득하는지에 대해서는 접근하는 방법에 따라 조금씩 차이를 보인다.

1) Piaget의 인지발달이론

Piaget는 그의 세 자녀인 루시엔, 로렌, 재클린의 영아기를 자연스럽게 관찰하면서 인지가 어떻게 발달되는지에 대해 연구하였다. 그는 요람 옆에 앉아 자녀들이 노는 것을 자세히 기록하거나 영아의 눈동자 움직임 등을 관찰함으로써 출생 후 2년간의 감각운동기에 대한 연구를 두 권의 책–『*The origin of intelligence in the child*』(1953), 『*The construction of reality in the child*』(1954)–으로 출간하였다.

(1) Piaget의 인지발달이론의 주요 개념

Piaget는 지능을 개인이 복잡한 환경에 생물학적으로 적응하는 형태로 보았다. 신생아가 젖병에서 나오는 우유의 양을 조절하는 법을 배운다든지, 영아가 자신이 좋아하는 장난감을 조작하는 방법을 배운다든지 하는 모습은 적응의 예이다.

Piaget에 따르면, 첫째, 영아는 수많은 자극과 사건에 의해 도전을 받는 능동적 탐색자이다. 영아는 자신이 갖고 있는 기존의 사고방식과 주변 사건 간에 불균형이 일어나면 정신적인 조정과정을 거치게 된다. Piaget는 영아의 정신적 도식(기존의 지식)과 외부 환경 간의 불일치가 지적 성장을 촉발시킨다는 점을 강조한다

(Shaffer & Kipp, 2010).

둘째, Piaget에 따르면, 인지는 정신구조 또는 도식(scheme)의 정교화와 변화를 통해 발달한다(Piaget & Inhelder, 1969). 도식은 생각 또는 행동의 패턴이다. 그렇다면 영아는 어떻게 도식을 구성하고 변화시킬까? Piaget는 조직화와 적응이라는 타고난 지적 과정을 통해 도식이 형성된다고 보았다. 조직화는 기존의 도식을 새롭고 복잡한 지적 구조로 통합시키는 과정이다. 예를 들어, '잡기', '빨기', '뻗기'의 도식을 가진 영아는 전혀 연관이 없는 이 세 가지 도식을 더 복잡한 하나의 구조(손을 뻗어 우유병을 잡고 우유 먹기)로 조직화할 수 있다.

셋째, 영아는 조직화를 통해 주변 환경에 적응한다. 적응은 동화와 조절이라는 두 가지 상호 보완과정을 통해 이루어진다. 동화는 영아가 이미 가진 도식에 근거하여 새로운 경험을 해석하는 과정이다. 반면 조절은 새로운 경험을 설명하기 위해 기존의 도식을 수정하는 과정이다(표 7-1). 즉 인지발달이란 영아가 새로운 경험을 기존의 도식에 동화시키거나 혹은 기존의 도식을 조절하고, 새로 알게 된 지식을 새롭고 더욱 복잡한 도식으로 조직화하는 적극적 과정이다.

〈표 7-1〉 Piaget의 인지과정

	Piaget의 개념	정의	예
시작	평형	기존 도식과 경험 간의 조화	새 이외에는 날아다니는 것을 본 적이 없는 영아는 모든 날아다니는 것을 '새'라고 생각한다.
↓	동화	기존의 도식에 근거하여 새로운 경험을 해석	하늘을 나는 비행기를 보고 영아는 이것을 '새'라고 부른다.
↓	조절	새로운 경험을 더 잘 설명하기 위해 기존의 도식 수정	영아는 새로운 대상(비행기)이 깃털도 없고 날개를 펄럭거리지 않는다는 것을 발견하고 인지적 불균형을 경험한다. 그것이 새가 아니라고 생각한 영아는 "저게 뭐야?"라고 질문한다. 조절이 성공적으로 이루어지면 잠시 인지적 평형상태를 이룬다.
종결	조직화	기존의 도식들을 새롭고 더 복잡한 구조로 재정리	상위범주(날아다니는 대상)와 두 개의 하위범주(새와 비행기)로 구성된 위계적 도식을 형성한다.

출처: Shaffer & Kipp(2012).

(2) 감각운동기

영아의 지능은 타고나는 것으로, 조직화된 감각 및 운동행동의 패턴으로 나타난다. 생후 첫 2년간 영아는 매우 제한적인 지식을 가진 반사적 생명체에서 자기 자신, 가까운 주변 사람들, 또한 일상생활의 여러 사건에 대해 많은 것을 학습하는 능숙한 문제해결자로 발달한다(Shaffer & Kipp, 2010). 하지만 영아는 아직 상징을 사용하거나 자신의 행동에 대해 반성할 수 있는 인지적 능력이 덜 발달되었기 때문에 Piaget는 영아의 인지를 전상징적·전표상적·전반성적 '감각운동 지능'이라고 하였다(Flavell, Miller, & Miller, 1993).

Piaget는 감각운동기를 6단계로 나누어 제시하였다. 각 단계의 연령 범위는 근사치이며 개인에 따라 조금씩 차이가 있을 수 있지만 단계는 일정한 순서대로 진행되며 모든 아동에게 적용되는 보편적인 것이다. 또한 각 단계의 성취는 누적된다. 영아는 이전 단계에서 습득한 기능을 다음 단계가 되어도 기억하고 활용한다(Ginsburg & Opper, 1988).

① 1단계(출생~1개월): 반사활동

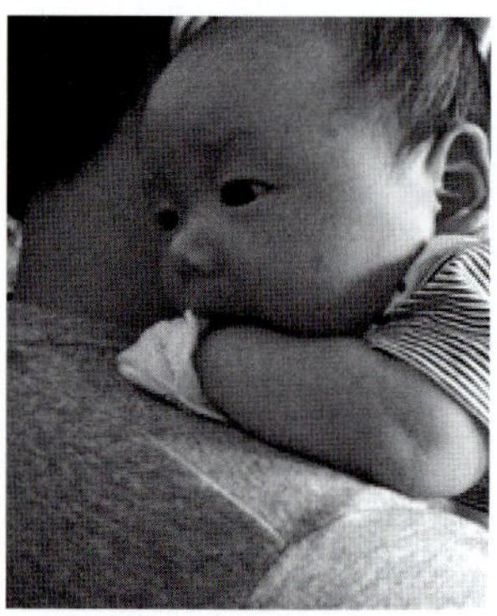
|사진 7-1| 영아는 반사적으로 이불이나 옷을 빤다.

유아는 다양한 반사능력을 가지고 태어난다. 반사능력 중 일부는 인지와는 전혀 관련이 없거나 연령이 지남에 따라 완전히 사라지기도 한다. 하지만 빨기, 응시하기, 손과 팔의 운동 등과 같은 반사들은 부단한 연습을 통해 더욱 정교화된다. 이러한 반사들은 유아가 최초로 갖는 감각운동 도식이다.

Piaget에 따르면, 영아는 생후 1개월 동안 선천적인 반사행동을 통해 새로운 사물을 반사도식에 동화시키거나(예: 젖을 빨듯이 이불이나 손가락 빨기)(사진 7-1) 새로운 사물을 이해하기 위해 기존의 반사도식을 조절한다.

② 2단계(1~4개월): 1차 순환반응기

이 단계에서는 감각운동 도식이 지속적으로 발달하고, 점진적으로 도식들 간에 협응이나 통합이 이루어진다. 예를 들어, 영아는 빨기, 보기, 소리내기, 쥐기 등과 같은 반사도식을 수없이 반복하는데, 그러한 과정에서 이 도식들은 하나의 운동능력으로 자리잡는다. 또한 도식들은 점진적으로 상호관계를 맺게 된다. 영아가 소리가 나면 소리가 나는 방향으로 머리와 눈을 돌리는 것은 시각과 청각 간의 협응능력이 발달되었음을 나타낸다.

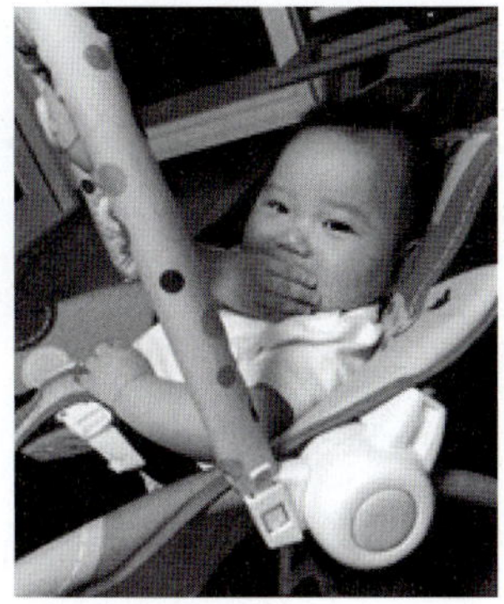

|사진 7-2| 영아는 모든 손가락을 입에 넣는 것이 아니라 엄지손가락만을 빤다.

> 로렌(생후 1개월 4일)의 오른손이 입을 향해 움직이는 것처럼 보인다. 그러나 집게손가락만 입으로 들어갔다가 손이 잠시 입에서 떨어진다. 곧바로 로렌의 손은 다시 입을 향한다. 이번에는 로렌의 엄지손가락이 입에 들어갔다. 이번에는 내가 로렌의 손을 입에서 뺀 후 허리 쪽으로 내렸다. 그러자 로렌은 몇 분 후 몇 번의 실패 끝에 손을 입으로 가져가 엄지손가락만 입에 넣고 계속 빤다.
>
> 출처: Piaget(1953).

위의 사례처럼 영아가 우연히 시도한 빨기 반응이 만족스러운 결과를 가져오면 영아는 그 행동을 반복하는데(사진 7-2). 이러한 과정을 통해 조직화된 도식이 형성된다. 하지만 이러한 습관들은 매우 단순하며 자신의 신체에 국한된다. 이러한 반응은 영아에게서 최초로 나타나는 운동 습관이기 때문에 '1차'이고, 반복적이기 때문에 '순환'이라고 부른다.

③ 3단계(4~8개월): 2차 순환반응기

2단계의 1차적 순환반응은 영아의 신체를 중심으로 일어나지만 3단계의 2차 순환반응은 외부 환경이나 사건에 초점을 둔다. 영아는 기어다니며 주변의 사물을 다루면서 우연히 발견한 흥미로운 사건을 되풀이한다.

아래에 제시된 |사진 7-3|처럼 영아가 새로운 장난감을 잡고 흔들었더니 예기치 않게 딸랑거리는 소리를 들으면 영아는 놀라서 잠시 흔들기를 멈추었다가 망설이면서 다시 한 번 흔들어 소리를 들어본다. 다음에는 더 빨리, 더욱 자신 있게 흔들며 이후에는 상당히 오랫동안 계속해서 흔드는 행위를 되풀이한다.

|사진 7-3| 영아가 딸랑이에서 소리가 나는 것을 들으면 그 소리를 듣기 위해 딸랑이를 계속 흔든다.

④ 4단계(8~12개월): 2차 순환반응의 협응기

|사진 7-4| 영아는 자신이 원하는 장난감을 잡기 위해 그림책을 치운 후 장난감을 잡는다.

이 시기에는 계획적이고 의도된 행동이 나타나기 시작한다. 이 시기 영아는 단순한 목표를 달성하기 위해 두 개 이상의 행동을 협응시키기 시작한다. 예를 들어, 영아는 그림책 뒤에 놓인 장난감을 갖기 위해 그림책을 밀어내고 장난감을 잡을 수 있다(사진 7-4). 이때 그림책을 밀어내는 행동은 우연한 행동이 아니라 장난감을 잡기 위한 의도적 도식의 일부이다. 즉 전혀 관련 없는 두 가지 행동(밀어내기와 잡기)이 목적을 위한 수단으로 통합된 것이다. Piaget는 이처럼 유아가 도식들을 통합하는 행동이 목표지향적 행동의 초기 형태라고 믿었다.

|사진 7-5| 영아는 다양한 소리를 탐색하기 위해 다양한 용기를 차례대로 두드리고 다양한 용기에서 나는 새로운 소리에 관심을 갖기 시작한다.

⑤ 5단계(12~18개월): 3차 순환반응

이 시기 영아는 주변의 환경에 대해 실험적이고 발견적인 접근을 하기 시작한다. 새로운 문제를 해결하거나 흥미로운 결과를 산출할 수 있는 방법을 알아내기 위해 노력한다. 새로운 대상이 주어지면 적극적으로 여러 행동을 시험하고 이 과정에서 새로운 행동패턴을 만들기도 하면서 대상의 특성이나 본질을 밝혀내고자 한다(사진 7-5). 이러한 새로움에 대한 관심이 3차 순환반응의 특징이다. 4단계에서 영아가 장난감을 갖기 위해 단순히 그림책을 밀어내는 행동을 했다면 5단계에서는 장난감을 갖기 위해 그림책을 밀어내기 위한 다양한 방법(그림책을 발로 밀어내거나 주변에 있는 막대기로 밀어내는 행동)들을 차례대로 시도한다.

⑥ 6단계(18~24개월): 상징적 문제해결

|사진 7-6| 행동하기 전에 마음속으로 생각하고 있는 영아의 모습

감각운동기에서 최고의 성취는 영아가 행동도식을 내면화하여 정신적 상징 또는 심상을 구성하기 시작한다는 것이다. 5단계의 영아는 목표를 달성하기 위해 외현적이고 시행착오적 시도를 하지만, 6단계의 영아는 마음속으로 상상하거나 표상함으로써 효과적인 방법을 찾아낸다(사진 7-6). 따라서 Piaget는 5단계를 '적극적인 실험을 통한 새로운 수단의 발견'이라고 한 반면, 6단계를 '정신적 결합을 통한 새로운 수단의 발명'이라고 하였다. 다음에 제시된 사례에서 루시엔이 입을 벌렸다 다물었다 하는 것은 성냥갑의 구조를 정신적으로 표상하고 있는 것을 의미한다.

> 루시엔은 아직 성냥갑을 열고 닫는 법을 모른다. 루시엔은 성냥갑 안에 들어 있는 시곗줄을 꺼내기 위해 틈새로 손가락을 넣어보지만 여러 번 실패한다. 루시엔은 호기심 어린 반응을 보이며 잠시 멈춘다. 루시엔은 성냥갑의 열린 틈새를 주의 깊게 바라본다. 그러고 나서 몇 번 자신의 입을 벌렸다 다물었다 한다. 처음에는 입을 조금 벌리지만 나중에는 점점 더 크게 벌린다. 그러고 나서 루시엔은 재빨리 틈새로 손가락을 넣고 성냥갑의 틈새를 더 벌린 다음 시계 줄을 잡았다.
>
> 출처: Piaget(1953).

감각운동기의 중요한 성과는 특정 행동이 특정 결과를 초래한다는 인과관계를 습득하는 것이다. 예를 들면, 풍선에 바람을 넣으면 점점 커지지만 풍선에 바람을 너무 많이 넣으면 터질 수 있다는 것을 알게 되면서 아빠가 풍선을 세게 불면 영아는 눈을 감거나 귀를 막는 행동을 취하게 된다.

또 다른 중요한 발전은 대상영속성을 갖게 되는 것이다. 영아기 초기에는 "눈에서 멀어지면 마음에서도 멀어진다."는 말처럼, 영아는 자기가 지금 여기에서 인지할 수 있는 것에만 관심을 가진다. 3개월 영아에게 흥미로운 장난감을 주면 장난감에 관심을 보이지만, 그 장난감을 천으로 덮어버리면 신기하게도 영아는 더 이상 장난감을 찾지 않는다. 오히려 영아는 그 장난감이 더 이상 존재하지 않는다는 듯이 행동한다. 하지만 8~10개월 정도가 되면, 영아는 자신이 갖고 놀던 장난감이 사라지면 놀라고 장난감을 찾는다. 이제 영아는 사물이 눈에서 사라졌다고 해서 존재하지 않는 것은 아니라는 것을 깨닫는다(Bogartz, Shinskey, & Schilling, 2000; Mash, Arterberry, & Bornstein, 2007). 대상영속성은 정신적 표상으로 가기 위한 기초단계이다.

이러한 정신적 표상이 가능해지면서 이전 단계까지는 불가능했던 지연모방(deferred imitation)이 가능해진다. 지연모방이란 어떤 행동을 보고 일정한 시간이 지난 후에 그 행동을 재현하는 것을 의미한다. 지연모방이 이루어지기 위해서는 그 행동을 기억해야 하고(정신적으로 표상할 수 있어야 하고) 그것을 정확하게 표현할 수 있어야 한다. 엄마가 입술에 립스틱을 바르는 모습을 본 영아가 이후에 립스틱처럼 생긴 통을 가지고 자신의 입술에 바르는 흉내 내는 것도 지연모방의 한 예이다. Piaget는 이러한 정신적 표상은 감각운동기의 후반부가 되어야만 발달하는 것으로 보았다.

2) 정보처리이론

정보처리이론은 인간의 마음을 복잡한 인지체계로 보는데, 인지체계의 작용이 컴퓨터의 작동과 유사하다고 보았다(Klahr & MacWhinney, 1998). 정보처리이론에서는 인지체계가 어떻게 작동하는지를 설명한다.

(1) 정보처리이론의 주요 개념

영유아의 사고의 질은 특정한 상황에서 그들이 어떤 정보를 표상하는지, 목표를 달성하기 위해 정보를 어떻게 조작하는지, 한 시점에서 얼마나 많은 정보를 마음속에 담아둘 수 있느냐에 달려 있다(Siegler, 1991).

정보처리 과정에는 부호화, 저장, 인출이라는 3가지 기본과정이 있다. [그림 7-1]은 부호화, 저장, 인출의 3가지 기본과정이 컴퓨터의 기능과 얼마나 유사한지를 보여주고 있다. 정보를 입력하는 부호화과정은 컴퓨터의 자판이 하는 기능에 해당하고, 저장과정은 정보가 저장되는 하드 드라이브의 기능에 해당하며, 인출과정은 정보가 나타나는 모니터 화면의 기능에 해당한다(정옥분, 2013).

[그림 7-1] 정보처리 과정

부호화는 외부에서 들어오는 자극이나 정보를 기록하는 과정이다. 수없이 많은 정보 중에서 필요한 정보에 주의를 기울이고 그것을 잘 기억할 수 있도록 시각, 청각, 촉각 등의 방법으로 부호화한다.

저장은 정보를 기억 속에 저장하는 과정이다. 감각저장(sensory store)은 영아가 감지한 원래의 감각 입력을 잔상의 형태로 저장한다. 단기기억(short-term store)은 제한된 양의 정보를 몇 초 동안 저장하고 조작할 수 있다. 감각기억의 정보에 주의를 기울이면 단기기억으로 전환될 수 있다. 장기기억(long-term store)은 세상에 대한 지식, 과거 경험과 사건에 대한 인상, 정보를 처리할 때 혹은 문제를 해결할 때 사용하는 전략 등을 포함한 방대한 정보들이 영구적으로 저장되어 있는 곳이다.

인출은 저장된 정보를 필요할 때 꺼내 쓰는 과정이다. 기억된 정보를 얼마나 쉽게 인출할 수 있는가는 유입되고 저장된 정보들이 얼마나 체계적으로 저장되어 있느냐에 달려 있다. 영아에게 있어 정보를 인출하는 것은 쉽지 않기 때문에 영아가 구체적인 정보를 인출할 수 있도록 단서를 주는 것이 도움이 된다.

(2) 정보처리 능력의 발달

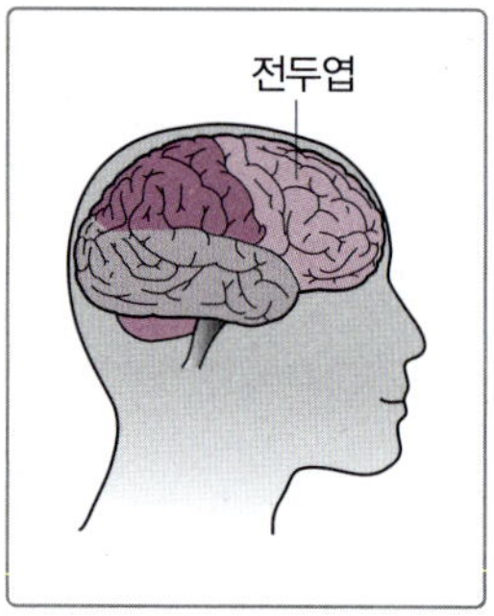

[그림 7-2] 전두엽은 정서조절, 문제해결 능력, 자발성, 충동조절, 판단 등과 관련된 영역이다.

영아기 정보처리 능력은 아동 및 성인의 정보처리 능력에 비해 아주 낮은 수준이다. 영아가 점차 성장함에 따라 주의집중 능력, 기억용량, 기억전략, 지식 등이 발달하면서 정보처리 능력도 향상된다. 여기에서는 영아의 정보처리 능력과 관련하여 영아의 주의집중과 기억을 중심으로 살펴보고자 한다.

영아가 정보를 부호화하고 유지하기 위해서는 우선 정보를 탐지하고 정보에 집중해야 한다. 하지만 어린 영아는 집중하는 데 어려움을 겪는다. 영아는 주의집중 시간(attention span)이 짧기 때문에 긴 시간 동안 한 활동에 집중할 수 없다. 영아의 경우 여러 다른 요인에 의해 쉽게 주의가 분산되기 때문이다. 이는 뇌발달과도 관련이 있는데, 뇌에서 주의집중에 관여하는 부분인 망상체(reticular formulation)는 영아기에는 미성숙한 상태이지만 이후 아동기와 청소년기를 거치면서 점차적으로 발달한다.

영아는 환경에서 제공되는 자극과 무관한 자극들을 무시하기 어려울 뿐만 아니라 자극과 관련 없는 생각을 억누르는 것을 어려워한다. 자극(과제)과 무관한 많은 정보는 작업기억에서 '인지적 혼란'을 일으키는데, 이는 작업기억의 공간을 축소시키며, 결과적으로 다른 인지전략을 실행하는 데에도 방해가 된다(Lorsbach, Latz, & Cupak, 1998). 주의를 조절하는 능력은 전두엽의 성숙과 관련된 것으로 나타났는데(Diamond & Taylor, 1996, 그림 7-2) 영아기에는 전두엽이 덜 발달된 상태이므로 주의조절능력이 부족할 수밖에 없고, 주의조절 능력은 전두엽의 성장과 함께 연령에 따라 증가하는 것으로 나타났다(Jones, Rothbart, & Posner, 2003).

한편 습관화를 통해 영아의 기억능력을 평가한 연구에 따르면, 단기기억 능력과 관련하여 생후 1년 동안 영아가 한 번에 기억할 수 있는 시각 정보의 양은 증가한다(Ross-Sheehy, Oakes, & Luck, 2003). 4개월 미만 영아의 경우 특정 자극에 습관화되는 데 상당히 오랜 시간이 걸리는 반면, 5~12개월 영아는 특정 자극을 몇 초만 주의 깊게 바라보아도 친숙한 것으로 인식할 수 있으며, 이 지식은 며칠 혹은 한 주 동안 기억할 수 있다(Fagan, 1984). 10~14개월의 영아는 사물뿐만 아니라 사물 간의 관계에 대해서도 습관화될 수 있다(Casasola, 2005). 이 실험에서 그릇을 엎어 놓고 그 위에 인형이 놓인 모습을 영아에게 지속적으로 보여주었다. 영아가 그릇과 인형의 관계에 습관화되면 영아에게 그릇 안에 인형이 들어 있는 모습을 보여줄 경우 그것을 더 오래 응시하였다. 이는 영아가 반복되는 정보를 입력하고 기억했다는 것을 의미한다.

영아기의 정보처리 능력은 아동기나 성인기에 비해 제한적이지만 성장하면서 다양한 경험 및 지식의 증가, 주의집중 능력의 발달, 기억용량 및 기억전략의 발달과 더불어 한층 효율적으로 변한다.

3) 현대의 영아기 인지발달에 대한 관점

Piaget는 영아기 인지발달 연구의 기초를 형성했다고 해도 과언이 아닐 만큼 인지발달 연구에 상당한 영향력을 미쳤고, 영아발달에 관한 Piaget의 많은 연구는 이후 연구자의 실증적 연구를 통해 검증되었다. 하지만 영아기 인지발달에 대한 최근의 연구결과를 살펴보면, Piaget는 영아기 인지발달에 대해 과소평가한 것으로 밝혀졌다(Flavell, Miller, & Miller, 1993; Keil, 2006; Shaffer & Kipp, 2010).

(1) 영아기 감각운동기에 대한 새로운 관점: 신생득론

영아기의 감각운동기와 관련하여 Piaget는 영아가 감각이나 운동을 통해 배우는 방식에만 초점을 두었다. 하지만 영아가 감각이나 운동 경험이 없어도 인지발달이 가능하다는 연구들이 보고되었다. 예를 들어, 엄마가 임신 첫 3개월 동안 thalidomide 진정제를 복용해서 팔다리가 없는 상태로 태어난 영아의 경우 정상적 감각운동 경험이 없었음에도 불구하고, 정상적인 인지능력을 발달시켰다(Décarie & Ricard, 1996).

이러한 결과는 영아가 태어날 때부터 물리적 세계의 본질에 대해 상당한 지식을 가지고 있다고 믿는 신생득론(neo-nativism; Gelman & Williams, 1998)의 관점을 지지한다. 예를 들어, Baillargeon(1987a)은 3~4개월 된 영아를 대상으로 대상영속성에 관한 실험을 진행하였다(그림 7-3). 영아에게 가능한 사건과 불가능한 사건을 보여주고 영아가 그것에 대해 어떻게 다르게 반응하는지를 살펴보고자 하였다. 우선 영아 쪽으로 눕혀져 있다가 서서히 뒤로 180도까지 넘어가는 스크린을 영아에게 여러 번 보여주었다(a). 이 사건에 친숙화된 영아에게는 광대 얼굴이 그려진 나무블록을 그 평편한 스크린 뒤에 놓고 보여주었다. 실제로 이 상자는 스크린 위에 놓인 것이 아니라 거울에 의해 만들어진 환영이었다. 그러고 나서 다음 그림과 같이 스크린을 180도 회전시켜 가능한 사건(스크린이 회전하다가 상자에 닿으면 멈춤)(b)과 불가능한 사건(스크린이 상자를 통과해서 180도 회전함)(c)을 보여주었다. 상자가 스크린에 가려 있더라도 상자가 여전히 존재한다고 생각한다면 영아는 스크린이 상자에 막혀 더 이상 회전하지 않는 장면(가능한 결과)보다 스크린이 상자를 통과하는 장면(불가능한 결과)을 더 오래 바라볼 것이다.

실험결과, 4개월 반 된 영아의 대부분과 3개월 반 된 영아의 대다수가 불가능한 결과에 대해 상당한 관심을 보였다. 영아는 스크린이 상자에 도달할 때까지는 별로 많이 쳐다보지 않았으나 상자를 통과하자 계속 쳐다보았다. 이러한 결과는 영아가 대상영속성뿐만 아니라 가능한 사건과 불가능한 사건을 구분하는 능력을 갖고 있다는 것을 반영한다.

(2) 영아기 모방능력에 대한 새로운 관점

영아의 모방능력과 관련하여 영아는 출생 직후 반사능력만을 보이는 것이 아니라 다른 사람들의 얼굴 표정을 따라 할 수 있는 것으로 보고되었다. Meltzoff와 Moore(1977)는 신생아의 모방능력에 대한 실험을 실시하였다. 그 결과, 실험자가 혀를 내밀었을 때는 영아가 혀를 내미는 행동을 더 많이 했고, 실험자가 입을 벌렸을 때에는 입을 벌리는 행동을 더 많이 했다.

또한 영아는 1개월 정도에 다른 사람을 흉내 낼 수 있을 뿐만 아니라 빠르게는 6개월 때에 모델의 새로운 행동을 지연 모방할 수 있다. 한 실험에서 6~9개월의 영아에게 성인 모델이 몸을 앞으로 기울여서 이마로 등을 켜는 새로운 행동

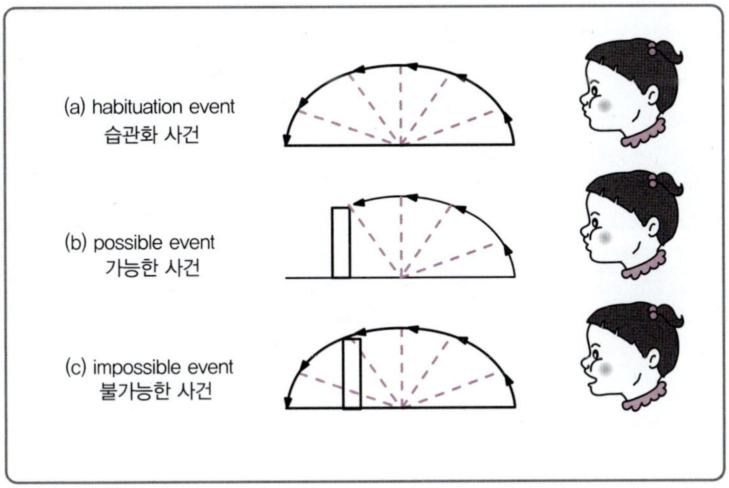

[그림 7-3] 영아 대상영속성 실험

출처: http://www.tusculum.edu/faculty/home/tharlow/Gateway%20Development/images/07p252.jpg.

을 보여주었다(Meltzoff, 1988). 일주일 후, 이 행동을 본 영아와 보지 않은 영아가 실험실에 왔을 때 이전에 이 행동을 보지 못한 영아는 아무도 등을 이마로 켜지 않았지만 이전에 이 행동을 관찰한 영아의 2/3 정도는 이마로 전등을 켰다(사진 7-7). 이 결과는 영아가 자신들이 본 것을 따라 기억했다가 이후에 모방할 수 있음을 의미한다.

이와 같은 영아의 인지능력에 대한 연구들은 이러한 연구결과를 입증하거나 반론하는 후속연구들을 불러일으켰으며, 현대 발달과학자들은 Piaget가 영아의 지각 및 인지능력을 과소평가했다는 것에 동의한다(Keil, 2006). 즉 영아의 대상에 대한 이해, 공간에 대한 이해, 인과관계 및 숫자이해 능력은 Piaget가 제시한 것보다 훨씬 더 빠른 시기에 발달됨이 밝혀지고 있다.

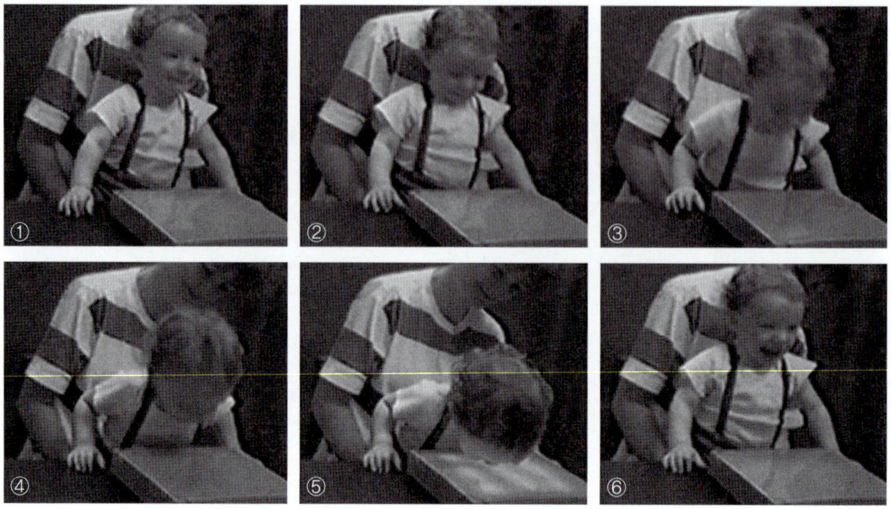

실험집단 아동은 이마를 전등으로 끄는 행동을 모방하고 있다.

|사진 7-7| 14개월 영아의 새로운 행동에 대한 모방 실험

출처: Meltzoff(2005).

2. 영아의 인지발달

영아는 아주 어린 시기부터 인지능력을 갖고 있으며 성장함에 따라 지속적으로 인지능력은 발달한다.

1) 지각

어린 영아도 다양한 감각기관을 통해 정보를 받아들이고 그 정보를 해석한다. 지각은 세상에 대한 직접적 정보(firsthand information)를 제공한다. 지각은 추리, 추론, 문제해결 등과 같이 더 높은 수준의 간접적(secondhand) 조작으로 나아가기 위해 반드시 거쳐야 하는 경로이다(Gibson, 1969). 따라서 영아가 주변의 수많은 자극 중 무엇을 지각할 수 있는지를 알아야 한다.

(1) 영아기 지각능력 측정방법

영아의 지각능력에 대해 과소평가할 수밖에 없었던 것은 무엇보다 영아의 지각능력을 평가할 수 있는 적절한 연구방법이 부족했기 때문이다. 영아의 지각능력에 대한 연구는 지각능력에 대한 연구방법의 발전과 함께했다고 해도 과언이 아니다.

영아는 얼마나 어린 시기부터에 지각할 수 있을까? 영아의 지각 연구에서 유용하게 사용되는 것은 영아의 외현적 행동을 측정하는 것이다. Fantz(1961)는 지각적 선호법(preference method)을 활용하여 영아의 지각능력을 평가하였다(사진 7-8). 실험자가 두 개의 도형을 동시에 제시한 후 영아가 각 도형을 얼마나 오랫동안 쳐다보는지를 측정하였다. 여러 번 시행한 후 영아가 어떤 도형보다 다른 도형을 더 오래 쳐다본다면 영아는 이 두 가지 도형을 구별할 수 있고, 영아가 두 가지 도형 중 어느 것에 더 주목하는 성향이 있는지를 파악할 수 있다. 즉 영아는 자극에 대한 변별능력을 가지고 있을 뿐만 아니라 자극에 대한 각기 다른 흥미를 갖고 있음을 의미한다.

영아의 지각을 측정하는 또 다른 방법은 습관화이다. 영아는 익숙한 자극보다는 새로운 자극에 관심을 갖는다. 새로운 자극에 제시되었을 때에는 더 많은 주의를 기울이지만 그 자극에 익숙해지면 덜 주의를 기울이는데 이것을 습관화(habituation)라고 한다(Bertenthal & Longo, 2002). 습관화를 이용한 연구에서 영아가 각기 다른 자극을 구별할 수 있는지를 측정하기 위해 우선 두 가지 자극 중 하나를 제시하여 영아가 이 자극에 더 이상 반응하지 않을 때까지 기다린다(습관화). 그 후 새로운 자극을 제시한다. 영아가 새로운 자극을 첫 번째 자극과 구별한다면 영아는 탈습관화되어 새로운 자극에 관심을 보이거나 호흡 또는 심장박동률에서 차이를 보인다(그림 7-4). 영아는 다양한 종류의 자극에 습관화되고 탈습관화되기 때문에 습관화는 영아의 지각능력을 평가하는 데 매우 유용하다.

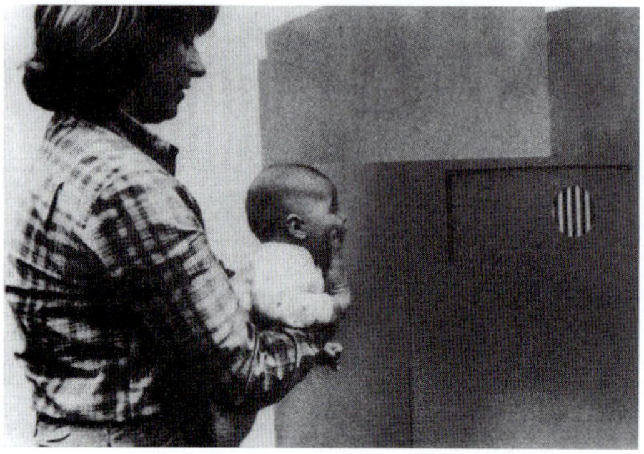

|사진 7-8| Fantz의 선호법 실험

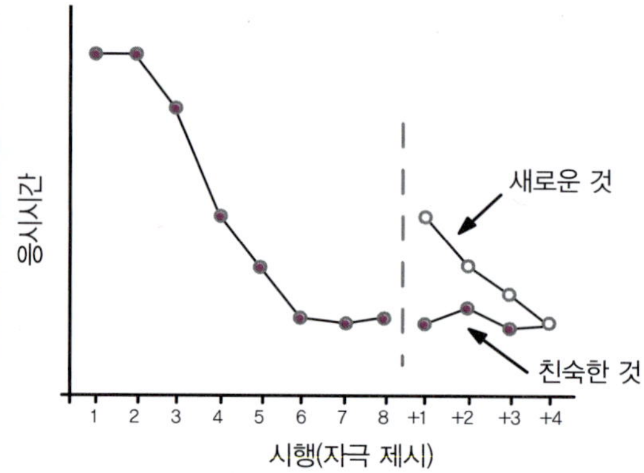

[그림 7-4] 습관화

출처: http://psych.hanover.edu/classes/sensation/chapters/Chapter%2015.pdf

(2) 영아기 지각능력의 발달

신생아가 사물을 지각하는 능력은 매우 제한적이지만 출생 후 몇 개월 동안 급격히 발달한다. 생후 4개월 무렵 영아는 다양한 단서를 이용하여 사물을 형성하는 요인들을 파악한다. 영아기에는 사물의 움직임에 대한 이해가 증가한다. 실제로 4개월 반 정도 된 영아는 사물이 규칙적으로 움직일 경우 그 사물을 잡기 위해 그 사물의 다음 위치를 아는 것처럼 손을 뻗곤 한다(von Hofsten, 2007).

영아의 운동지각과 관련된 또 다른 실험에서는 사람의 신체 몇 부분에 형광점을 붙이고 불을 끈 다음 영아가 어떠한 행동에 관심을 갖는지를 살펴보았다. 실험자가 움직이지 않고 가만히 서 있거나 아무렇게나 움직이는 것보다 걷거나 움직이는 운동을 하면(그림 7-5) 영아는 그 행동 패턴에 더 흥미를 보였다(Bertenthal, Profitt, & Cutting, 1984). 이는 영아가 인간의 움직임에 대해 지각할 수 있으며, 영아는 5개월 정도 되면 이러한 생물학적 움직임에 민감해짐을 의미한다(Arterberry & Bornstein, 2001).

또한 영아는 사물이 분리될 수 없는 하나의 실체임을 지각할 수 있다. 예를 들어, 강아지가 소파 뒤에 가려져 있어 머리와 다리만 보여도 강아지가 잘려진 것으로 지각하지 않는다. Eizenman과 Bertenthal(1998)은 실험(그림 7-5)을 통해 영아가 부분적으로 가려진 대상을 연속적인 단일한 실체라고 인식하는지를 살펴보았다. 영아에게 나무블록 뒤에 놓여 있는 막대기가 양 옆으로 동시에 이동하는 모습을 지속적으로 보여준 후(습관화), 영아에게 오른쪽 그림 아래에 있는 두 가지 검사배열을 보여주었다. 영아가 블록 뒤에서 움직이는 막대기가 하나라고 여겼다면 막대기 하나가 놓인 것(A)보다 분리된 두 개의 막대기가 놓인 것(B)을 더 오래 쳐다볼 것이라고 가정하였다. 실제로 4개월 된 영아는 분리된 두 개의 막대기(B)를 더 오래 쳐다보았다.

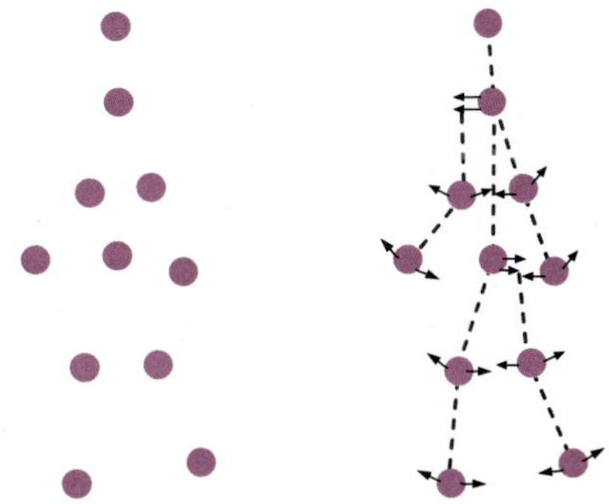

영아는 정지되어 있는(A)보다는 사람의 움직임을 나타내는 (B)를 더 선호한다.

[그림 7-5] 영아의 움직임에 대한 지각

출처: 곽금주, 김경은, 김근영, 김연수, 이강이, 한세영 역(2012).

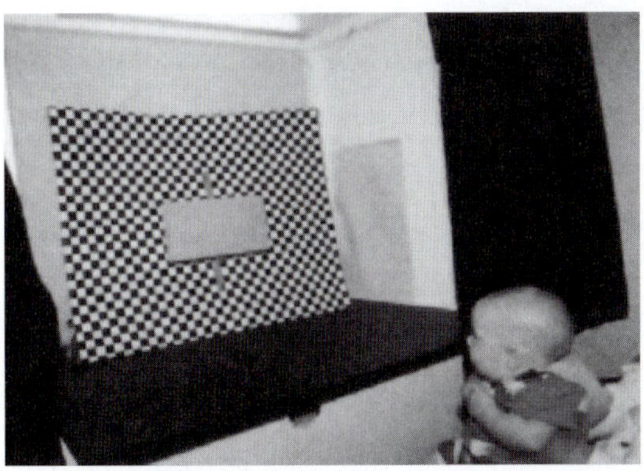

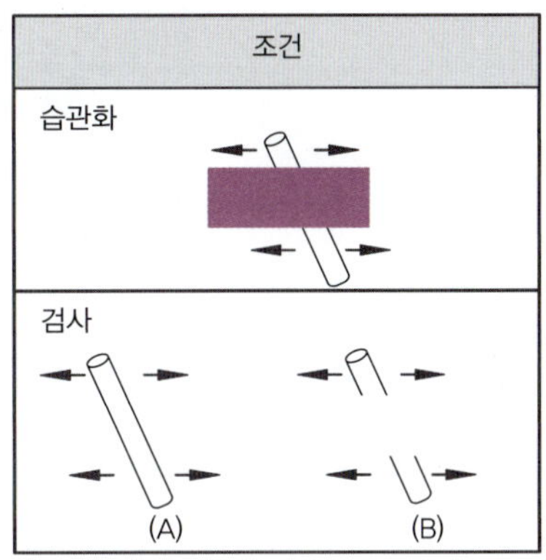

영아는 부모의 무릎에 앉아 자극물을 바라보고 있고 카메라는 자극에 대한 영아의 반응을 기록한다.
습관화 자극을 제공한 후 검사자극에 대해 어떻게 반응하는지를 살펴보는 것이다.

[그림 7-6] 대상에 대한 인식 측정

출처: Eizenman & Bertenthal(1998).

또한 영아기에는 깊이 지각이 발달한다. 깊이 지각은 영아가 주변 환경 속에서 어떻게 행동할지를 결정하는 데 있어 매우 중요하다. Gibson과 Walk(1960)은 영아가 깊이를 지각할 수 있는지를 알아보기 위해 시각절벽이라는 장치를 고안했다.

시각 절벽은 [그림 7-7]처럼 투명한 아크릴 판으로 덮여 있는 탁자이다. 얕은 구역의 경우 아크릴 판 바로 밑에 체크무늬가 놓여 있지만 깊은 구역의 경우 아크릴 판에서 1미터 정도 더 밑에 체크무늬가 그려져 있다. 대부분의 6~14개월 영아는 엄마가 자기를 부르더라도 깊은 영역으로 건너가지 않았다. 이러한 결과는 6개월 정도의 영아도 깊이를 지각할 수 있음을 의미한다.

[그림 7-7] 시각절벽

나아가 영아 초기부터 통합적 지각이 발달한다. 시각, 청각, 촉각으로 얻은 정보는 신생아기부터 통합된다. 엄마의 얼굴을 알아보는 신생아의 능력도 감각 간 통합능력을 반영한다. 태어난 지 얼마되지 않은 신생아는 낯선 사람들의 얼굴보다 엄마의 얼굴을 더 선호하였다. 신생아가 엄마 냄새를 맡을 수 없도록 후각적 단서를 통제했을 때에도 신생아는 여전히 엄마에 대한 선호를 보였다(Sai, 1990). 그러나 신생아가 엄마 목소리를 들을 수 없자 엄마 얼굴에 대한 선호를 보이지 않았다. 이는 신생아가 엄마를 인지하기 위해서는 보는 것과 듣는 것 간의 통합이 필요하다는 것을 의미한다(Sai, 2005).

이러한 통합된 감각은 영아가 세상을 탐색하고 학습하는 데 도움이 된다. 출생 직후에는 미분화되어 있던 감각 지각이 다양한 감각 자극을 경험할수록 통합된 지각으로 발달한다. 즉 영아가 보고, 듣고, 냄새 맡고, 보고, 느끼는 것이 많아질수록 다양한 감각을 구별할 수 있고, 더욱 세분화된 감각 양식으로 재통합할 수 있다(Bahrick, 2000).

2) 기억

기억은 환경에서 주어진 정보를 저장하는 것만을 의미하지 않는다. 영아가 잘 기억하기 위해서는 주변 환경의 자극과 정보에 주의를 기울여야 하고, 그 정보들을 저장하고 필요한 시점에 인출할 수 있어야 한다. 영아기 기억능력은 영아가 경험을 통해 지식을 쌓고 세상에 대해 이해하는 데 기초가 된다.

(1) 영아기 기억능력의 측정방법

영아가 기억할 수 있다는 것을 어떻게 측정할 수 있을까? Rovee-Collier (1997)은 |사진 7-9|와 같은 실험을 통해 영아의 기억능력을 측정하였다. 2~3개월 된 영아의 발에 리본을 묶어 모빌에 연결하면 영아는 자신의 발길질이 모빌을 움직이게 한다는 것을 알게 되고 반복해서 그 행동을 한다. 그러나 몇 일, 몇 주 후에도 영아가 모빌을 움직이게 하는 방법을 알고 있는가를 통해 영아의 기억을 측정하였다.

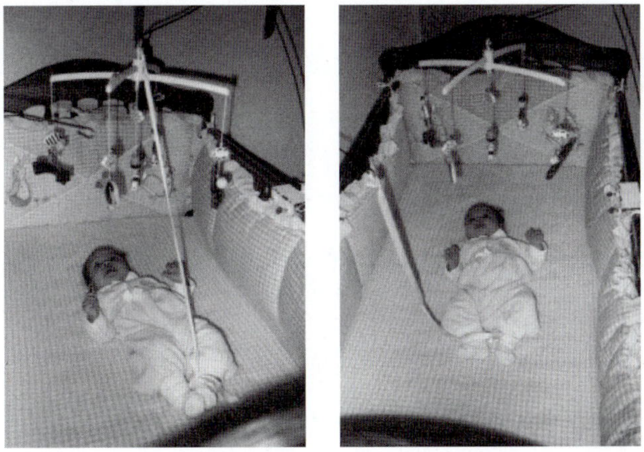

(A) (B)

|사진 7-9| 영아기 기억능력의 측정

출처: http://bernard.pitzer.edu/~dmoore/psych199s03articles/R-Collier_memory.pdf.

2개월 된 영아는 처음 학습이 이루어진 날부터 3일 동안 모빌을 움직이는 방법을 기억했지만, 3개월 된 영아는 일주일 이상 기억하는 것으로 나타났다. 하지만 몇 주일이 지나면 대부분 영아는 발길질이 모빌을 움직이게 한다는 것을 잊어버렸다. 이때 연구자가 한 집단에게는 발길질로 모빌이 움직일 수 있다는 것을 상기시켜 주었다. 연구자가 영아의 발에 리본을 묶어주자 영아는 모빌을 움직이기 위해 발길질을 하였다. 하지만 아무런 힌트를 주지 않은 집단의 영아는 모빌을 보아도 발길질을 하지 않았다. 이러한 결과는 2~3개월 된 영아가 과거의 사건을 어느 정도 기억하지만, 시간이 지나면 더 이상 기억하지 못하고, 이전 상황을 상기시킬 경우 다시 기억하는 데 도움이 된다는 것을 나타낸다.

이처럼 영아기 기억은 습관화를 통해 측정할 수 있다. 영아를 특정 자극에 습관화시킨 후 바로 새로운 자극으로 검사함으로써 단기기억(short-term memory)을 측정할 수 있다. 또한 습관화한 후 시간을 두고 이후에도 그것을 기억하여 재생할 수 있는지(지연모방)를 검사함으로써 장기기억(long-term memory)을 측정할 수 있다. 습관화한 후 그 다음 검사 간의 기간을 다르게 설정함으로써 영아가 시간 경과 후 어느 정도 정확하게 기억할 수 있는지를 알 수 있을 뿐만 아니라 연령의 증가와 함께 기억능력이 어떻게 변화하는지를 살펴볼 수 있다.

(2) 기억능력의 발달

앞서 살펴본 바와 같이, 2~3개월 된 영아의 초기 기억력은 매우 낮다. 하지만 1세가 지나면서 영아의 기억능력은 점차 빠르게 발달한다. 영아는 연령이 증가함에 따라 주변의 정보를 더 빠르고 더 효과적으로 습관화한다. 어린 영아에 비해 걸음마기 영아가 기억능력이 더 좋다.

지연모방은 영아가 자신이 관찰한 행동을 이후에 재생할 수 있는 능력으로 영아기 기억발달을 평가할 수 있는 또 다른 지표이다. 한 연구에서, 영아에게 손가락 인형의 손에서 벙어리장갑 벗기기, 벙어리장갑 흔들기, 벙어리장갑을 다시 손가락 인형의 손에 다시 끼어주기라는 세 가지 사건을 보여주고 24시간 이후 영아가 이것을 모방할 수 있는지 실험한 결과, 6개월 된 영아의 지연모방 빈도가 가장 낮았고, 그 다음은 12개월 된 영아였으며, 18~24개월 된 영아의 모방행동 빈도가 가장 높았다(Barr & Hayne, 2000).

영아는 연령의 증가와 함께 다양한 이전 경험과 학습, 기억에 도움이 되는 힌트를 통해 더 많은 정보를 더 오랫동안 기억할 수 있다(Courage & Howe, 2004; Hsu & Rovee-Collier, 2006). 또한 뇌의 성숙도 기억능력과 관련이 있다. 정보의 저장을 담당하는 뇌영역은 해마 모양의 융기와 편도인데, 이 영역은 꽤 일찍부터 발달한다. 그리고 저장된 정보를 재생하는 데 관여하는 전두엽은 2세 정도에 발달하는데 출생에서 2세까지의 기억능력의 발달은 뇌의 성숙과 관련된다(Kail, 2007).

3) 지능

지능이란 단일 요소가 아닌 다양한 요소로 구성된 인지능력의 집합체이다. 영아의 지능은 아동이나 성인의 지능에 비해 미분화되어 있고 덜 발달되어 있기 때문에 영아의 지능발달을 세부적으로 살펴보는 데에는 한계가 있다. 여기에서는 영아기 지능의 구성요소는 무엇이며 어떻게 측정되는지에 대해 살펴보고자 한다.

(1) 영아기 지능의 구성요소 및 측정방법

영아기의 지능 측정에 대해서는 의견이 분분하다. 영아기의 지능은 아직 충분히 분화되지 않아서 성인의 지능 요소와는 차이가 있을 수 있기 때문이다. 영아는 검사에 필요한 언어적 기술과 주의집중능력이 부족하기 때문에 Stanford-Binet 검사나 Wechsler 검사 같은 전통적인 지능 검사로는 영아의 지능을 측정하기가 어렵다.

Bayley(1969, 1993)는 발달적 이정표를 통해 영아의 지능을 측정하고자 하였다. 베일리 영유아발달 검사(The Bayley Scales of Infant Development)[1]는 2~30개월

1) Baley(2006)는 영유아발달 검사를 개정하여 베일리 영유아발달 검사 Ⅲ을 개발하였다. 연령대상을 1~42개월로 확장시켰고, 하위척도를 인지, 언어, 운동, 사회정서, 적응행동 등 5가지로 구별함으로써 영유아발달을 다각적 측면에서 살펴보고자 하였다.

의 영아를 대상으로 개발되었으며, 동작척도, 지능발달척도, 행동척도 등의 3가지 하위척도로 구성되어 있다. 동작척도는 공을 잡거나 컵으로 물을 마시는 것과 같은 운동능력을 측정하고, 지능발달척도는 사물의 분류, 숨겨진 장난감 찾기, 지시 따르기와 같은 적응적 행동을 측정하며, 행동척도는 목표지향성, 두려움, 사회적 반응과 같은 측면에서 영아의 반응을 측정한다. 이 중 동작척도(psychomotor development index)와 지능 발달척도(mental development index)의 점수에 근거하여 발달지수(developmental quotient)를 산출한다(표 7-2). 발달지수는 영아가 같은 연령의 또래집단에 비해 얼마나 수행을 잘하는지 혹은 못하는지를 파악하는 기준이 된다. 하지만 이 영아 검사는 영아의 발달적 경로를 추적하거나 장애의 징후를 진단하는 데에는 매우 유용하지만 아동기의 IQ나 학업성취를 예측하지 못한다(Rose, Feldman, Wallace, & McCarton, 1991). 이는 영아발달 검사의 경우 영아의 운동, 감각, 지각, 인지, 기억력, 언어, 사회적 행동을 측정하는 반면, 표준화된 지능 검사는 언어적 사고, 개념 형성, 문제해결능력과 같은 추상적인 능력을 강조하기 때문일 수도 있다(Shaffer & Kipp, 2010).

이에 반해 정보처리이론가들은 영아의 주의집중이나 습관화와 같은 능력 등을 통해 지능을 측정할 수 있다고 보았다. Horn(1968)은 영아에게는 지각과 파지(retention)와 같은 기초적 지능만 존재한다고 하였다. 따라서 영아의 경우 자극에 대한 습관화 속도, 친숙한 자극에 비해 새로운 자극을 선호하는 정도나 시각적 재인능력 등과 같은 기초적 정보처리 능력을 통해 지능을 측정하였다. 실제로 생후 1년 이내에 측정된 기초적 정보처리 능력은 아동기의 인지능력 평가와 유의한 상관(Strid, Tjus, Smith, Meltzoff, & Heimann, 2006; Tsao, Liu, & Kuhl, 2004)이 있을 뿐만 아니라 성인기의 지능 및 성인기의 학업성취와도 유의한 상관이 있는 것으로 보고되고 있다(Fagan, Holland, & Wheeler, 2007). 또한 Kavsek(2004)은 메타분석을 통해 영아기의 기초적 정보처리 능력(습관화/탈습관화)이 청소년기의 지능을 타당하게 예측할 수 있는 강력한 척도임을 주장하였다.

3. 영아의 인지 발달을 도모하기 위한 양육자의 역할

영아는 주변의 다양한 정보를 받아들여 그것을 적극적으로 해석하며, 여러 활동에 능동적으로 참여하는 과정에서 자신이 속한 세상을 이해한다. 영아는 인생의 초보자로서 세상에 적응하기 위해 생각하고 행동하고 그들의 주변 사람들과 상호작용을 하는 법을 배운다.

영아의 인지발달에는 영아의 환경적·유전적 요인 등 다양한 요인이 복합적으로 영향을 미친다. 특히 영아와 직접적인 상호작용을 하는 부모는 자극 제공자, 민감한 반응자로서 영아의 인지발달에 중요한 영향을 미친다. 여러 선행연구에서 부모의 특성이 영아의 인지발달에 영향을 미치는 것으로 보고되었다(Hart & Risley, 1992; NICHD Early Child Care Research Network, 2000).

영아의 인지발달을 도모하는 부모의 역할은 크게 민감한 관찰자로서의 역할과 반응적인 지지자로서의 역할로 구별할 수 있다. 우선 부모는 민감한 관찰자가 되어야 한다. 영아는 언어로 자신의 의사를 표현하는 데 어려움이 있기 때문에 영아가 무엇을 하기를 원하는지, 영아가 무엇을 할 수 있는지에 대해 관심 있게 살펴야 할 필요가 있다. 또한, 부모가 원하는 것이 아니라 영아가 원하고 할 수 있는 것을 토대로 영아에게 적합한 놀이나 환경을 구성할 수 있어야 한다. 민감한 부모일수록 영아의 발달에 적합한 물리적·심리적 환경을 구성할 수 있다.

둘째, 부모는 반응적인 지지자가 되어야 한다. 영아와 엄마의 초기 상호작용의 질은 이후의 학습과 발달에 영향을 미치는데, 초기 영아와 엄마의 상호작용에서 나타난 엄마의 언어적 자극은 초등학교 아동의 지능과 학업성취에 장기적 영향을 미치는 것으로 보고되었다(Hart & Risley, 1992; Walker, Greenwood, Hart, & Carta, 1994). 특히 엄마가 영아와의 상호작용 과정에서 엄마가 영아의 언어적·비언어적 시도에 대해 영아를 응시하고 이를 해석하여 소리, 몸짓 혹은 언어로 반응하는 협력적 과정을 통해 영아의 의사소통 능력을 키우고 인지능력을 높이게 된다.

엄마와 영아 간의 쌍방향적 상호작용이 원활하게 이루어지기 위해서는 성인과 영아 간에 공동주의(joint attention)가 필요하다. 공동주의란 영아가 흥미 있는 대상이나 사건에 대해 양육자와 의사소통하기 위해 그 대상을 함께 보는 것이다(Bakeman & Adamson, 1984). 이러한 공동주의는 영아의 사회적·인지적 성숙을 반영할 뿐 아니라 양육자의 민감성과 반응성을 반영하는 것으로써 영아와 양육자 간에 주의가 공유된 상황에서의 상호작용은 영아에게 최적의 학습 기회를 제공한다(Saxon & Reilly, 1999).

2 유아기 인지발달

유아기에 접어들면서 유아의 사고는 매우 많은 변화를 경험한다. 영아기에 비해 언어 능력이 발달함에 따라 자기 생각을 언어로 자유롭게 표현할 수 있게 되고 더불어 다른 사람들과 언어로 의사소통할 수 있게 됨에 따라 자신의 사고를 보다 확장시킬 수 있게 된다.

1. 인지발달이론

이론가들은 유아기에 급격한 인지발달이 이루어진다는 점에서는 동의하지만 유아의 인지가 어떠한 기제로 인해 발달하는지에 대해서는 각기 조금씩 다른 입장을 취한다.

1) Piaget의 인지발달이론

유아기는 Piaget가 제시한 인지발달 단계 중 두 번째 단계에 해당한다. 유아는 지금까지와는 다른 새로운 수준에서 사물이나 사건을 조작할 수 있게 된다(Piaget, 1973). 전조작기 유아의 인지 능력은 세 가지로 특징지을 수 있다. 첫째, 다른 사람의 관점을 이해하지 못한다(자기중심성). 둘째, 지각적 정보에 기초하여 대상이나 사건의 단지 한 가지 차원에만 집중한다(중심화). 셋째, 가역성을 요구하는 조작을 수행하지 못한다. '전조작적'이라는 것은 유아가 논리적으로 조작할 수 있는 능력이 발달되어 있지 않아 인지적으로 덜 성숙했음을 의미한다(Salkind, 1985).

Piaget는 2~7세에 해당되는 전조작기를 두 개의 하위 단계로 나누었는데, 2~4세까지를 전개념적 사고기(preconceptual period), 4~7세까지를 직관적 사고기(intuitive period)라고 하였다.

(1) 전개념적 사고기

Piaget는 2~4세 된 유아의 사고와 개념이 성인에 비해 초보적이라고 믿었다. 유아가 단어에 부여하는 의미나 단어와 연관된 개념은 아직 초기 단계를 벗어나지 못한다. 따라서 이 시기를 전개념적 단계라고 한다. 전개념적 사고의 가장 두드러진 특징은 상징적 사고, 자아중심성, 물활론적 사고, 전환적 추론을 들 수 있다.

① 상징적 사고

상징적 사고는 특정 대상이나 경험을 표상하기 위해 상징(예: 심상이나 언어)을 사용하는 능력으로서 영아기 말부터 나타나기 시작한다. 상징이란 어떤 것을 나타내는 징표이다. 일례로, '♥'는 사랑이나 우정을 상징하고, '☞'는 '이쪽으로 가세요'라는 방향성을 상징한다.

언어는 상징적 사고의 가장 명확한 예 중 하나로서 단어는 곧 상징이다. 예를 들어, '가방'은 무언가를 담아 들고 다닐 수 있는 것을 말하고, '의사'는 아픈 사람들의 병을 치료하는 사람을 가리킨다. 이처럼 유아가 상징을 사용함에 따라 유아는 이전의 경험을 재구성할 수 있고 눈앞에 있지 않은 대상에 대해 생각하거나 비교할 수 있게 된다.

유아가 좋아하는 활동인 가장놀이(상상놀이)는 상징적 사고의 또 다른 예이다(Garvey, 1990). 가장놀이에서 현실에서는 시도해 보기 어려운 것을 상상 속에서 시도해 보고 재현해 봄으로써 유아는 세상에 대한 지식을 습득해 나가게 된다.

유아는 가장놀이를 통해 역할에 적합한 행동을 배우게 된다. 유아는 가장놀이를 하는 동안 자신 또는 친구가 어떤 역할을 하고 있는지 주시하면서 공동극작가, 공동연출자, 공동배우, 대역배우의 역할을 담당하는데(Bretherton, 1989), 유아는 가장놀이를 통해 사람, 사물, 행동에 대한 이해가 증가하고, 세상에 대해 좀 더 세분화된 표상을 갖게 된다(Bornstein, Haynes, O'Reilly, & Painter, 1996).

② 자아중심성

[그림 7-8] Piager의 자아중심성 실험: 세 산 실험

유아기 전개념적 사고의 또 다른 특징은 자아중심성이다. 자아중심성이란 다른 사람의 관점에서 사물을 보는 데 어려움을 겪는 것을 의미한다. 유아는 타인도 자신과 같은 생각을 갖고 있다고 생각한다. 고전적 실험인 세 산 과제(그림 7-8)는 유아의 자아중심성을 보여 준다(Piaget & Inhelder, 1967). 유아에게 삼차원 모형의 산을 보여 주고 여러 측면에서 살펴볼 수 있도록 탁자 주위를 돌아보게 한다. 그리고 난 후 유아를 탁자의 한쪽에 앉히고 인형을 다른 쪽에 놓는다. 몇 개의 사진을 제시하고 유아가 본 것과 인형이 본 것을 나타내는 사진을 찾아보게 한다. 4세 유아는 이 질문을 이해하지 못한다. 4~7세 유아는 자신이 본 것을 나타내는 그림은 잘 찾아낸다. 하지만 인형이 본 것을 나타내는 사진을 선택하라고 했을 때에도 자신이 본 것과 똑같은 사진을 고른다. 이러한 연구 결과는 유아들이 다른 사람들의 관점을 이해하는 데 어려움을 경험한다는 것을 의미한다.

자아중심적 사고는 유아의 언어에서도 잘 나타난다. 유아는 상대방의 관점을 이해하지 못하고 자신의 생각만을 전달하는 경우가 종종 있다. 아래에 제시된 예처럼, 유아는 다른 친구가 한 말을 의미 없이 따라서 반복하거나, 혼자서 길게 이야기를 하거나, 다른 사람과 대화하지만 듣는 사람의 관점은 전혀 고려하지 않고 이야기한다. 반복, 개인적 독백, 집단적 독백은 유아의 자아중심성을 반영한다

(Ginsburg & Opper, 1988).

- 윤우가 "풍선이 펑 터졌어."라고 하였다. 옆에 있던 수미가 "풍선이 펑 터졌어, 풍선이 터졌어."라고 계속 따라 말한다.
- 미라는 혼자 소파에 앉아 "세수를 하고… 손을 씻고… 수건으로 닦고… 그런 다음에 옷을 입고… 근데 무슨 옷을 입지?"라고 말한다.
- 지수와 현제가 전화를 하고 있다. 지수가 "오늘 우리 집에 올 거지? 어떤 장난감 갖고 올 거야?"라고 하자, 현제는 "이거."라고 답한다.

③ 물활론

물활론 또한 유아기의 전개념적 사고를 반영한다. 물활론이란 생명이 없는 사물들도 생명과 감정이 있다고 믿는 것이다. 특히 구름, 해, 달, 시계 등은 무생물임에도 불구하고, 모두 움직이기 때문에 살아 있는 것으로 믿는다. 그리고 유아들은 사물도 사람들처럼 생각과 소원과 동기와 느낌이 있다고 생각한다. 유아는 자신이 좋아하는 인형이 살아 있다고 생각해서 인형이 자신처럼 편안하게 잠을 자거나 쉴 수 있도록 침대를 마련해 주거나 인형이 쉴 수 있는 공간을 마련해 주기도 한다.

④ 추론

이 시기 유아는 인과관계에 대한 추론에서 종종 오류를 범한다. 2~4세 유아의 추론은 자신의 과거 경험에 의존하거나, 자신의 욕구에 의해 왜곡되거나, 전환적 추론을 함으로써 오류를 범하게 된다(Ginsburg & Opper, 1988). 전환적 추론(transductive reasoning)이란 특정한 것으로부터 특정한 원리를 이끌어 내는 것이다. 크리스마스 날에 산타할아버지가 온다고 생각하는 유아가 어느 날 백화점에 갔는데 산타 옷을 입은 사람을 보았을 경우, 유아는 "엄마, 오늘이 크리스마스예요? 그럼 오늘 산타할아버지가 우리 집에도 오겠네?"라고 말한다. 이 경우 유아는 산타 옷을 입은 사람(특정한 것)이 크리스마스(특정한 것)로 연결되어 '크리스마스=산타할아버지'라는 결론에 이르게 된다. 이처럼 유아는 아직 논리적으로 인과관계를 추론하지 못한다.

(2) 직관적 사고기

Piaget는 4~7세 유아의 단계를 직관적 시기(intuitive period)라고 하였다. 이 시기 유아는 한 가지 이상의 측면을 동시에 고려하지 못한다. 유아는 대상과 사건에 대해 두드러진 지각적 특성에만 의존하고 있거나 중심화(centration)되어 있기 때문에 논리적으로 생각하기 어렵다(Shaffer & Kipp, 2010). 따라서 이 시기 유아는 보존개념이나 유목화 같은 논리적 조작이 불가능하다.

① 보존개념

유아기 직관적 사고의 가장 두드러진 특징은 유아가 보존개념을 이해할 수 없다는 것이다. 보존개념은 사물의 어떤 성질(수, 부피, 질량)은 형태나 모양이 달라져도 바뀌지 않는다는 것이다. Piaget는 유아의 보존개념을 알아보기 위해 몇 가지 실험을 실시했다. 부피 보존 과제에서, 유아에게 같은 양이 담겨 있는 두 개의 같은 모양의 비커를 보여 주었다(그림 7-9). 유아에게 두 비커가 같은 양인지 다른 양인지 물어보면, 유아는 대부분 같다고 대답하였다. 그 다음, 실험자는 유아가 보고 있는 앞에서 한 비커의 물을 길고 가는 비커에 부었다. 이제 유아에게 어느 비커의 물의 양이 더 많은지 물어보면, 유아의 대부분이 긴 비커의 양이 더 많다고 답하였다. 즉 유아가 액체의 양에 대해 사고하는 방식은 눈에 두드러지는 지각적 특성, 즉 두 비커의 높이에만 중심화되어 있어 다른 측면을 전혀 고려하지 못하는 것이다.

이 실험을 변형하여 질량의 보존(예: 두 개의 같은 양의 점토 공을 보여 준 후, 이 중 하나를 팬케이크 모양으로 납작하게 만들어 둘 중 어느 것이 더 양이 많은지를 알아보는 것)이나 수의 보존(예: 두 줄에 같은 수의 단추를 놓은 후, 하나의 줄을 더 넓게 퍼뜨려 길게 보이게 하여 이 둘 중 어느 줄의 단추가 더 많은지를 알아보는 것)을 알아본 결과(그림 7-9), 대부분의 유아들이 보존개념을 이해하지 못했다.

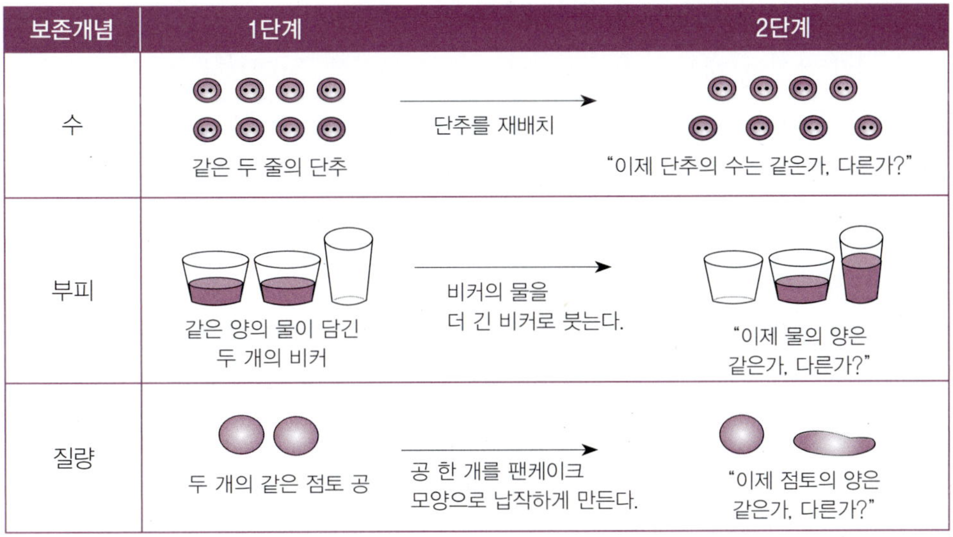

|그림 7-9| 보존실험의 예

출처: Vandell & Bornstein(2012).

Piaget는 보존개념이 어떤 순서에 따라 발달한다는 것을 알아냈다(Ginsburg & Opper, 1988). 유아가 보존개념을 완전히 획득하기 전까지는 얼마간의 기간이 필요하다. 1단계에 속하는 4~5세 유아는 동일한 두 비커에 담긴 물의 양이 같다는 것은 알지만 폭이 다른 비커에 부으면 두 비커의 물의 양이 다르다고 주장한다.

2단계의 5~6세 유아도 보존개념을 아직 완전히 이해하지 못한다. 유아는 보존과제에 대해 상황에 따라 다르게 접근한다. 한 비커가 다른 비커보다 낮고 넓을 때, 유아는 물의 높이가 더 높은 비커가 양이 더 많다고 하기도 하고, 더 넓은 비커가 양이 더 많다고도 한다.

3단계의 유아는 보존개념을 이해한다. 유아는 물을 모양이 다른 비커에 넣어도 원래의 양이 변하지 않는다는 것을 이해한다. 유아는 물을 다시 원래 비커에 넣으면 물높이가 같아진다고 하거나(가역성), 물을 더 넣거나 덜지 않았기 때문에 같은 양이라고 하거나(동일성), 두 비커의 높이와 너비를 서로 비교하여 높이가 높은 대신 너비가 좁다(보상)고 하는 등의 보존개념을 이용하여 설명하였다.

② 유목화

이 시기 유아는 개체를 하나의 특성으로 유목화할 수 있으나, 하나 이상의 특성으로 유목화하는 데는 어려움을 경험한다. 유목화란 개체를 상위 집단과 하위 집합으로 나누고 그것들의 상호관계를 이해하는 능력이다. 예를 들어, 앵무새는 동물이면서 새의 한 종류이고, 치와와는 포유류면서 개에 속한다는 것을 아는 것이다.

Piaget는 유목화도 세 단계를 통해 발달함을 제시하였다(Ginsburg & Opper, 1988). 처음 두 단계는 모두 전조작기에 해당되고, 세 번째 단계는 구체적 조작기에 해당된다. 1단계에 속하는 2~4세 유아들은 유목화를 하지 못한다. 이 시기 유아에게 나무와 플라스틱으로 된 기하학적 도형들(다양한 색의 삼각형, 사각형, 고리, 반고리 등)을 제시한 후 비슷한 것끼리 함께 놓으라고 하자, 이 시기 유아는 전체적인 기준 없이 몇 개의 도형만을 이용하여 다양한 방식으로 늘어놓았다(그림 7-10 왼쪽 그림).

2단계의 5~7세 유아는 유목이라는 범주를 만들 수 있게 된다. 이 시기 유아는 한쪽에는 다각형을 두고 다른 한쪽에는 곡선형을 두었다. 그리고 다각형은 다시 삼각형과 사각형으로 나누고, 곡선형은 다시 고리와 반고리로 나누었다(그림

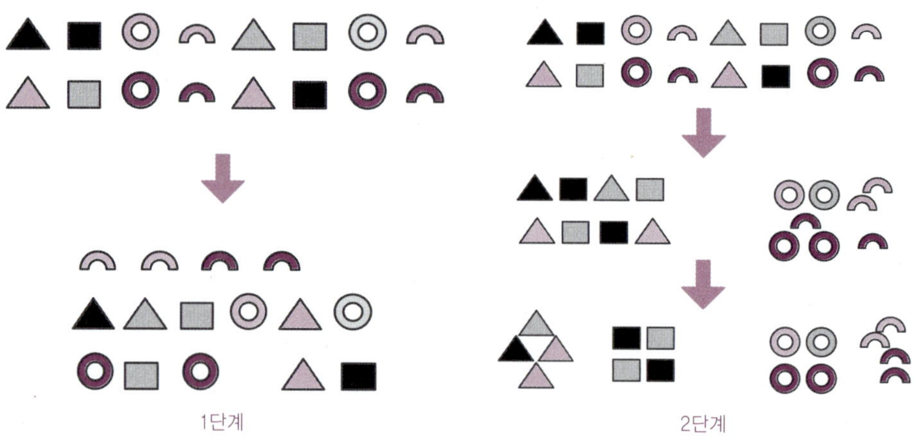

왼쪽은 1단계 유아의 유목화를 나타낸다. 맨 윗줄은 반고리만 모아 놓았지만, 그 다음 줄부터는 기준 없이 늘어놓는다. 오른쪽은 2단계 유아의 유목화를 나타낸다. 우선 다각형과 곡선형으로 구분하고, 그 후 다시 다각형은 삼각형과 사각형으로, 곡선형은 원형과 반고리로 구분한다.

|그림 7-10| 유목화의 단계

7–10 오른쪽 그림). 유아는 모양이라는 한 가지 기준에 따라서는 유목화할 수 있다. 하지만 이 단계의 유아는 서로 다른 수준의 유목들이 어떤 관계인지 이해하지 못한다. 유아는 사물을 위계적으로 배열할 수는 있지만, 전체와 하위 부분을 동시에 고려하는 데에는 어려움을 겪는다.

3단계는 7~11세 아동들로 이 시기에는 위계적 유목화가 가능하며, 포함관계를 정확하게 이해할 수 있다. 위의 예를 살펴보면 아동은 다각형을 삼각형과 사각형으로 구분할 수 있으며 전체와 부분을 동시에 고려할 수 있다. 아동의 사고는 부분 또는 전체 중 하나에만 집중하던 것에서 벗어나 탈중심화된 것이다.

2. Vygotsky의 사회문화적 인지이론

Vygotsky(1978)의 사회문화적 인지이론에서는 아동을 사회적 맥락에 놓인 존재로 보았고 아동이 성인이나 더 숙련된 또래들의 도움으로 인지발달이 이루어진다는 점을 강조하였다. 즉 아동은 성인과의 사회적 상호작용을 통해 자신이 속한 문화에서 적절하게 사고하고 행동하는 법을 습득하게 된다.

1) 인지발달에서의 문화의 역할

Vygotsky는 영아가 주의력, 감각, 지각, 기억이라는 기본적 정신 기능을 갖고 태어나며 이러한 기능은 영아가 속한 문화에 의해 새롭고 더욱 정교한 고차원적 정신적 기능으로 변형된다고 주장하였다. 유아는 다른 성인과의 상호작용을 통해 각 문화에서 제공하는 지적 적응의 도구(tools of intellectual adaptation)를 습득하게 된다(McLeod, 2007). 기본적인 지적 적응의 도구는 문화마다 다르다.

실제로 문화권마다 성인이 유아의 인지발달을 촉진하기 위해 유아와 상호작용하는 방식에는 차이가 있는 것으로 보고되고 있다. Rogoff와 동료들(1993)은 과테말라 및 미국의 엄마와 걸음마기 영아 간의 상호작용을 관찰하였다. 과테말라의 엄마는 자녀와 상호작용할 때 엄마가 원하는 것을 분명하게 말할지라도 주도적이기보다는 반응적이었고 자녀가 하고 있는 것에 간섭하지 않았다. 대조적으로 미국의 엄마는 자녀와의 상호작용에서 더욱 주도적이었고 자녀가 하고 있는 것을 지속하도록 격려하였다. 자녀와의 언어적, 비언어적 의사소통에서도 차이가 나타났는데, 과테말라 엄마는 눈빛, 자세 등으로 자녀와 의사소통하는 반면, 미국 엄마는 명시적인 언어로 자녀와 의사소통하는 경향이 강했다. 과테말라의 경우 유아는 거의 모든 시간을 부모와 함께 보내면서 부모의 행동을 관찰하면서 지식을 습득하기 때문에 언어적인 상호작용보다는 비언어적인 상호작용이 중요할 수 있다. 이러한 연구 결과는 각 문화마다 유아가 유능한 성인으로부터 지식을 습득하는 방법은 다양할 수 있음을 시사한다.

2) 근접발달 영역

Vygotsky(1986)는 유아를 능동적이고 적극적인 학습자로 여겼지만, 유아가 인지적으로 성장하기 위해서는 유능한 성인과의 상호작용이 필수적이라고 여겼다. 근접발달 영역(ZPD)은 유아가 혼자 할 수 있는 것(실제 발달 수준)과 유아가 도움을 받아 할 수 있는 것(잠재적 발달 수준) 간의 영역이다(Lui, 2012; Vygotsky, 1978). 근접발달 영역은 유아가 스스로 할 수 있는 것 이상의 기술, 사고, 이해들로 구성되어 있어 유아가 어른들이나 더 숙련된 또래로부터 지원을 받아 수행할 수 있는 영역이다.

부모나 유능한 또래의 역할은 비계(scaffolding) 설정으로 도와주는 것이다. Bruner(1972)는 학습자가 스스로 해결할 수 없는 과제를 해결할 수 있도록 교사가 제공해 주는 인지적 지지를 비계라고 표현하였다. 즉 비계란 유아가 문제를 더욱 잘 해결할 수 있도록 유능한 성인이 유아에게 필요한 기회, 재료, 암시, 단서들을 제공하는 것이다. 효과적인 비계는 부모가 유아가 필요로 하는 만큼만의 지원을 해 주는 것으로, 유아의 능력이 증가됨에 따라 성인의 지원이 줄어들고 과업에 대한 책임이 유아에게로 이동된다(Morrissey & Brown, 2009).

3) 유도된 참여

유아는 다른 성인들과 문화적으로 중요한 활동에 함께 참여하면서 지식을 습득하게 된다. 유아는 성인의 활동을 관찰하고 참여함으로써 자연스럽게 문화적으로 중요한 것을 배우게 된다. 유도된 참여(guided participation)는 유아가 가족과 공동체 활동에 참여함으로써 그들 사회의 가치와 관습을 배우는 다양한 방법을 의미한다(Rogoff, 1998). 유도된 참여는 유아에게 단순히 무언가를 가르치는 활동 이상을 의미한다. 대부분 우리나라의 유아들은 설날에는 떡국을 먹고 조상에게 차례를 지내는 풍습에 대해 안다. 유아가 어린이집에서 이러한 풍습에 대해 배웠기 때문일 수도 있지만 유아가 어렸을 때부터 매해 명절을 가족과 함께 보내면서 자연스럽게 배웠기 때문일 수도 있다. 이것이 유도된 참여의 한 예이다. 어른들이 이야기하는 것을 듣고, 일상적 활동에 참여하며, 가족의 이야기와 전통에 대해 들으며, 관찰하고 참여하는 것 또한 유도된 참여이다. 이처럼 유도된 참여는 명시적인 언어적 상호작용뿐만 아니라 암묵적 형태의 의사소통도 포함된다(Rogoff, Mosier, Mistry, & Göncü, 1993). Rogoff(1998)는 이러한 성인과 유아 간의 비공식적인 상호작용을 통해 이루어지는 인지적 성장이 공식적 교육을 통해 배우는 것만큼 의의가 있을 수 있음을 강조하였다.

4) 인지발달에서의 언어의 역할

Vygotsky에 따르면, 언어는 인지발달에서 두 가지 중요한 역할을 담당한다. 첫째, 성인은 언어를 통해 문화적으로 가치 있는 사고방식과 문제해결 방식을 유아에게 전달한다. 둘째, 언어는 지적 적응의 도구이다(Shaffer & Kipp, 2010).

(1) 언어와 사고 간의 관계

Paiget와 Vygotsky 모두 언어와 사고와의 관계에 관심을 보였지만 언어와 사고와의 관계에 대한 입장은 달랐다. Piaget(1955)는 사고가 발달한 후에 언어가 발달한다고 보았다. 즉 심적 표상이 먼저 형성되어야 언어로 의사소통이 가능하다고 본다. 따라서 영유아의 초기 언어는 영유아가 알고 있는 것에 한정된다.

반면 Vygotsky(1978)는 사고와 언어가 함께 발달한다고 주장했다. 영아가 어떤 것을 보고 '빠빠'라고 말할 때, 엄마는 '그래, 그건 자동차야.' 하고 반응한다. 영유가 정확하지는 않지만 어떤 단어(빠빠)를 사용하게 되면 부모는 그에 적절한 용어로 반응(그건 자동차야)하면서 사회적 상호작용을 유지하게 된다. 이러한 성인과의 상호작용 속에서 영아는 자신의 실제 이해 수준을 넘어서는 지식을 습득하게 된다. 즉 영아는 사회적 언어를 통해 지식을 습득하고 세상에 대한 이해를 넓히게 된다.

(2) 혼잣말

> 유아는 자신 앞에 놓여진 도화지와 색연필을 계속 번갈아 쳐다본다. "눈사람을 그려야지. 눈사람을 그리려면 하얀색이 필요해. 그래 하얀색을 여기에 놓고… 음, 눈사람 모자는 빨간색으로 할까? 그럼 빨간색 연필도 필요하지. 근데 빨간색이 어디 있지?", "그래, 그럼 시작해 볼까?"

Vygotsky의 관점에서 보면, 위 사례의 유아는 자신의 문제를 해결하거나 중요한 목표를 달성하기 위해 혼잣말을 사용하는 것이다. 유아는 어떤 그림을 그려야 할지, 그림을 그리기 위해서는 어떤 것이 필요한지를 생각하기 위해 언어를 사용하는 것이다.

3~4세가 되면 유아는 자신의 생각과 활동을 조직화하기 위한 도구로 언어를 사용하기 시작한다. 대체로 유아는 자신의 문제를 해결하는 데 있어 어려움을 경험할 때 혼잣말을 많이 사용한다. 이러한 혼잣말(사적 언어)은 유아가 무엇을 알고 있는지, 그들이 원하는 것이 무엇이고 어떻게 해야 하는지를 조직하는 데 도움이 된다. 따라서 유아의 사적 언어(private speech)는 자기중심적인 것이 아니라 유아가 자신의 생각을 계획하고 자신의 행동을 조정하고 통제하는 외현화된 자기통제체계이다(Bivens & Berk, 1990). 이러한 측면에서 볼 때, 유아는 언어를 통해 더욱 능숙하고 효율적인 문제해결을 할 수 있게 됨으로써, 언어는 인지발달에 중요한 역할을 담당한다. 7세 정도가 되면 유아는 큰 소리로 혼잣말을 하던 것에

서 벗어나 점차 조용한 내적 언어(inner speech)를 사용하게 된다(Berk & Landau, 1993). 이처럼 사적 언어는 사라지는 것이 아니라 드러나지 않게 일상생활을 조직하고 통제하는 내면적 언어로 변화되는 것이다.

3. 정보처리이론

정보처리이론에서는 유아가 어떻게 정보에 주의를 기울이는지(주의), 어떻게 정보를 기억하는지, 문제를 해결하기 위해 정보를 어떻게 사용하는지에 대해 연구한다(Munakata, 2006). 유아기에는 뇌와 신경계가 성숙하면서 정보에 집중하고 이를 해석하고 경험한 것을 기억하고 잘 기억하기 위해 전략을 사용하는 능력이 증가하게 된다. 여기에서는 유아기 정보처리와 관련하여 주의집중과 기억에 초점을 두고 살펴보고자 한다.

1) 주의집중

유아가 정보를 부호화화고 기억하고 필요할 때 다시 인출해 내기 위해서는 무엇보다 주어진 정보에 주의를 집중해야 할 필요가 있다. 어린이집에서 유아가 자신이 읽고 있는 책에 집중하기 위해서는 주변에서 친구들이 떠드는 소리, 선생님이 친구에게 얘기하는 소리 등을 무시할 수 있어야 한다. 주의집중은 매우 복잡한 행동으로 충동조절, 동기, 행동통제 능력, 과업에 대한 관심, 과업에 대한 지식, 과업 수행에 필요한 능력 등과 같은 정신적 과정을 포함한다(ucfchildcare health, 2015).

유아의 주의집중이 늘어나는 것은 뇌의 전두엽의 성숙과 연관되어 있다(Nelson, Thomas, & deHaan, 2006). 전두엽은 뇌영역 중 유아기 동안 가장 많이 발달하는 부분 중 하나다(Gogtay, Lusk, Hayashi, Greenstein, Vaituzi, & Thompson, 2004). 뇌의 실행기구라고 불리는 전두엽은 새로운 행동을 계획하고 조직하며, 문제를 해결하고, 정서를 통제할 뿐만 아니라, 관심을 집중하는 데에도 책임을 맡고 있다. 이러한 전두엽의 성장은 유아의 주의집중 능력을 높이는 데 도움이 되는 것으로 여겨진다.

또한 부모와의 경험이 유아의 주의집중에 영향을 미치는 것으로 보고되고 있다(NICHD Early Child Care Network & Duncan, 2003). 애정적이고 반응적인 부모는 유아에게 적절한 수준의 지도와 참여를 제공함으로써 유아가 과업에 관심을 가지고 집중하며 과업 수행을 위해 자신의 행동을 조절할 수 있는 능력을 습득할 수 있도록 지지해 주기 때문이다.

2) 기억

기억능력은 유아기 동안 급격히 발달된다. 기억은 크게 저장과 인출로 구분된다. 잘 기억하기 위해서는 정보를 잘 저장해야 할 뿐만 아니라 정보의 인출에도 성공적이어야 한다.

(1) 저장

우리가 어떤 정보를 저장하고자 할 때에는 그 정보에 주의를 기울이고, 이를 부호화화고 외우고자 노력한다. Atkinson과 Shiffrin(1968)의 다중저장 모델에서는 정보가 감각기억, 단기기억, 장기기억의 세 가지 처리 단계에 따라 작동한다고 보고 있다(그림 7-11). 감각기억은 영아가 감지한 원래의 감각 입력을 잔상의 형태로 저장한다. 각각의 감각기관을 통해 많은 양의 정보를 받아들일 수는 있지만 아주 짧은 시간 동안만 기억할 수 있다. 단기기억은 제한된 양의 정보를 몇 초 동안 저장하고 조작할 수 있다. 감각기억의 정보에 주의를 기울이게 되면 단기기억으로 전환될 수 있다. 단기기억은 의식적인 활동이 이루어지기 때문에 작업기억(working memory)이라고 불리기도 한다. 유아기에서 아동기로 접어들면서 작업기억은 공식적인 학습 및 수행 능력에 중요한 영향을 미친다.

장기기억은 세상에 대한 지식, 과거 경험과 사건에 대한 인상, 정보를 처리하거나 문제를 해결할 때 사용하는 전략을 포함한 방대한 정보들이 영구적으로 저장되어 있는 곳이다. 장기기억은 여러 다른 형태들을 가진다. 포괄적 기억(generic memory)은 유아 자신의 경험에 기반을 둔, 무엇이 언제 일어났는지에 대한 스크립트나 개요적 지식이다(Peterson, Noel, Kippenhuck, Harmundal, & Vincent, 2009). 스크립트는 어떤 목표를 달성하기 위해 진행되는 순서로서, 이 순서는 보편적이고 시간적, 공간적으로 조직화되어 있다.

일화적 기억은 특정 시간과 장소에서의 특정한 사건에 대한 회상이다(Nelson, 1993). 유아는 자신의 부모와 함께 언제 놀이공원에 갔고, 거기에 무엇이 있었는지에 대해 이야기할 수 있다. 포괄적 기억은 일이 어떤 순서로 일어났는지에 대한 기억이라면, 일화적 기억은 그때 그 장소에서 무슨 일이 일어났는지에 대한 기억이다.

자서전적 기억은 자신의 삶에 중요한 사건 혹은 그 경험에 대한 기억을 의미한다. 자서전적 기억은 유아기 때부터 시작된다(Nelson & Fivush, 2004). 유아가 부모님과 함께 놀이공원에 가서 재미있는 놀이기구를 타서 너무 기분이 좋았었던 기억, 놀이공원에 갔는데 엄마를 잃어버려서 심하게 울었던 기억 등은 모두 자서전적 기억에 포함된다. 유아의 언어 능력과 자아개념이 발달하면서 자서전적 기억도 함께 발달하게 된다.

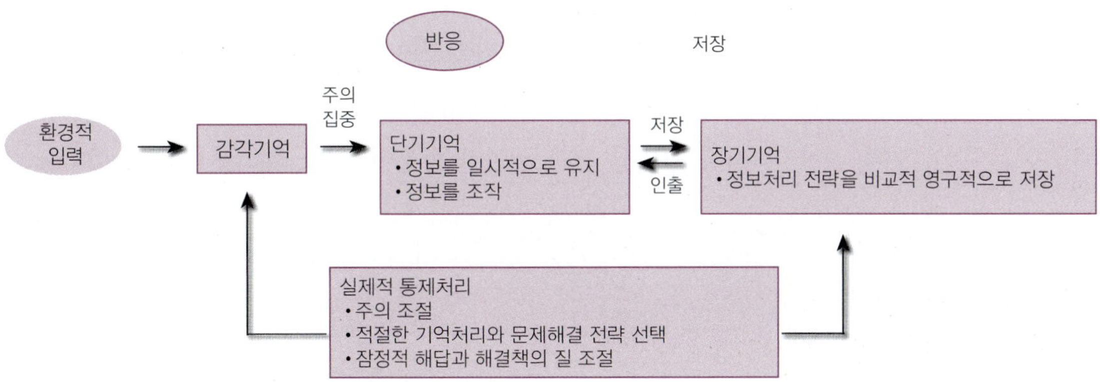

[그림 7-11] 인간의 정보처리체계 모델

출처: Atkinson & Shifrin(1968).

(2) 인출

정보를 아무리 잘 저장했다고 할지라도 필요할 때 그것을 다시 인출할 수 없다면 아무 소용이 없다. 인출은 크게 재인과 회상의 두 종류로 구분된다(Flavell et al., 1993). 재인은 현재 자신이 지각하고 있는 것을 동일하거나 친숙한 어떤 것을 통해 기억하는 것을 의미한다. 일례로, 유아가 동물 단어들을 학습한 후 그 단어가 포함된 여러 단어 목록 중에서 동물 단어를 찾아내는 것은 재인이다.

회상은 친숙하게 여겨지는 정보나 힌트가 전혀 없다. 친숙한 사물을 기억에서 인출해 내는 그 과정이 회상이다. 회상의 경우 더 많은 인출 작업이 필요하기 때문에 유아에게는 재인이 회상보다 훨씬 더 쉽다. 유아는 많은 정보를 가지고 있더라도 그 정보를 인출할 수 있는 단서가 주어져야지만 성공적으로 인출할 수 있다.

(3) 유아기 기억발달

유아기의 기억발달은 크게 기억 전략, 지식, 상위기억, 기억 용량의 증가라는 네 가지 범주에서 살펴볼 수 있다(Flavell et al., 1993).

● 기억 전략의 발달

기억 전략은 특정 정보에 대한 회상과 인식을 향상시킬 수 있는 정신적 또는 행동적 활동이다. 영아기에는 효율적인 기억 전략을 사용하지 못한지만, 유아가 성장함에 따라 이전 시기에 비해 다양한 종류의 저장 및 인출 전략을 사용한다.

기억 전략 중 가장 간단한 것은 시연과 반복이다(Pressley & Hilden, 2006). 시연은 기억해야 할 정보를 여러 번 반복해서 암송하는 것으로, 위의 실험에서 유아가 장난감 이름을 기억하기 위해 장난감 이름을 반복해서 말하는 것이 이에 해당된다. 실제로 시연을 사용하는 유아가 그렇지 않은 유아에 비해 기억을 더 잘한다. 3~4세의 유아를 대상으로 비언어적 기억 실험을 실시한 결과, 어린 유아들도 초보적인 형태의 시연을 하는 것으로 나타났다. 실험자가 장난감 강아지를 세 개의 컵 중 하나에 숨겼을 때, 유아는 그것을 주의 깊게 바라보고, 손으로 그 컵을 가리키고, 그 컵을 만지는 것과 같은 시연을 하였다(Wellman, Ritter, & Flavell, 1975).

● 지식의 증가

일반적으로 내용에 대한 지식이 많을수록 특정 정보에 대해 더 쉽게 접근할 수 있고, 정보 간의 연합이 쉬워져 회상하는 데 도움이 되며, 다양한 기억 전략들을 시도해 볼 수 있으므로 더욱 쉽게 기억할 수 있게 된다(Bjorklund, 1987).

지식의 내용이 더욱 풍부해지고 더 많이 조직화되면서 기억해야 할 정보들을 더 친숙하고 의미 있는 것으로 받아들이며, 이러한 과정에서 유아의 기억 능력은 향상된다(Flavell et al., 1993).

● 상위기억의 증가

상위기억(metamemory)은 기억과 기억에 관련된 지식이다. 유아가 자신이 기억할 수 있는 것에 한계가 있다는 것을 알고 있거나, 어떤 정보가 다른 정보에 비해 더 기억하기 쉽다는 것을 알거나, 어떤 전략을 사용했을 때 다른 전략을 사용했을 때보다 더 잘 기억할 수 있다는 것을 아는 것 등이 상위기억이다(Schneider & Bjorklund, 2003). 유아기 상위인지에 대한 연구를 살펴보면, 3~4세 유아들도 자신이 기억할 수 있는 것은 한정되어 있으며, 어떤 정보를 기억하는 것이 다른 정보를 기억하는 것에 비해 더 쉽거나 어렵다는 것을 안다(O'Sullivan, 1997). 예를 들면, 유아는 기억해야 할 항목이 많아지면 그만큼 기억하기 어려워진다는 것을 이해한다(Kreutzer, Leonard, Flavell, 1975).

● 기억 용량의 증가

기억발달은 생물학적으로 결정된 구조적 용량의 증가와 관련이 있다. 가장 간단하게 보면, 유아들은 머릿속에 작은 상자를 가지고 있고 성인들은 더 큰 상자를 가지고 있다(Brown & DeLoache, 1978)는 것이다. 하지만 좀 더 자세히 살펴보면, 기억용량은 기억의 기능적 용량이 증가하는 것일 수 있다. Case(1985)는 용량과 기억 간의 관계에 대한 모델을 제시하였다. Case의 모델에서 단기기억은 저장공간과 조작공간으로 구분된다. 저장공간은 정보의 단기 저장에 사용되는 공간이고, 조작공간은 수를 더하거나 빼는 것 등과 같은 인지적 조작에 사용되는 공간이다. 발달하는 동안 이 전체적인 처리 공간은 변화가 없지만 저장공간과 조작공간이 비율이 변화한다고 본다(Case, Kurland, & Goldberg, 1982). 연령이 증가함에 따라 신경학적 성숙과 더불어 조작을 수행하는 속도와 효율성이 증가하게 되고, 조작의 효율성이 증가하게 되면 주어진 시간 내에 더 많은 조작을 할 수 있게 된다.

4. 마음이론

마음이론에서는 유아들이 사람에게는 믿음, 의도, 욕구, 지식과 같은 정신적 상태가 존재하고 다른 사람들도 자신과는 다른 믿음, 욕구와 의도를 가지고 있다는 것을 이해할 수 있다고 본다(Bretherton & Beeghly, 1982).

1) 유아기 마음이론의 발달

마음이란 사람과 다른 사물들을 구분해 주는 중요한 요인이다. 만약 유아가 사람들의 마음을 전혀 이해하지 못한다면 일상적인 생활을 하기가 어려울 것이다. 일례로, 유아가 자신의 친구가 블록이 담긴 상자를 뒤지고 있는 모습을 본다면 유아는 그 친구가 어떤 블록을 찾고 있고, 그 블록이 상자 안에 있다고 믿고 있으며, 그것을 가지고 놀려고 생각하고 있고, 그것을 찾지 못하면 속상해할 것이라고 추론함으로써 친구의 행동을 이해할 수 있다.

마음이론은 세 가지 발달 과정으로 구분할 수 있다(Wellman, 1990). 첫 단계인 2세 영아는 자신의 욕구를 인지하고, 자신이 원하는 것과 좋아하는 것을 "~해 주세요" 혹은 "~하고 싶어요" 등으로 표현한다. 2세 영아는 자신과 타인에게는 욕구가 있으며 이 욕구는 어떤 행동의 원인이 된다는 것을 알고 있다. 또한, 유아는 사람들은 자신이 원하는 것을 얻으면 기쁘고 자신이 원하는 것을 얻지 못하면 슬플 수 있다는 것도 이해한다(Wellman & Banerjee, 1991).

3세가 되면 유아는 마음속에 있는 생각과 실제에 있는 사물 간의 차이를 구별할 수 있다. 블록을 차로 여기며 가장놀이를 하는 유아의 경우, 실제 블록과 블록을 차로 여기는 것 간에는 차이를 있다는 것을 알고 있었다(Kavanaugh, 2006). 또한, 대부분의 3세 유아는 생각하다, 믿다, 기억하다 등과 같은 '정신적 작용을 의미하는 어휘'를 사용할 수 있는데(Meltzoff, Gopnik, & Repacholi, 1999), 이는 유아가 다양한 정신적 활동에 대해 구분하기 시작했다는 것을 의미한다(Bartsch & Wellamn, 1995). 3세 유아는 사고와 믿음에 대한 용어를 사용할 수 있지만, 여전히 다른 사람들의 행동을 주로 욕구에 근거하여 이해한다.

4세가 되면 유아의 마음이론은 급격히 발달한다(Flavell et al., 1993). 이 시기가 되면 자신 혹은 다른 사람의 행동을 설명하는 데 있어 믿음이 가장 중요한 요소라고 생각한다. 유아는 사람마다 생각과 믿음을 갖고 있으며, 사람은 믿음에 따라 행동한다고 생각한다(Bartsch & Wellamn, 1995). 따라서 이 시기 유아는 틀린 믿음을 가지고 있는 사람이 자기가 믿고 있는 사실(틀린 믿음)에 근거하여 행동할 것이라는 것을 이해하게 된다.

이러한 마음이론의 발달에 영향을 미치는 요인으로는 생물학적 요인과 환경적 요인을 들 수 있다. 생물학적 측면에서 보면, 뇌의 특정 영역은 욕구, 믿음과 같은 다양한 정신적 상태 및 행동과 관련되어 있다. 태어날 때부터 신경이 손상되어 있는 자폐증 유아는 마음을 이해하지 못하는 것으로 보고되고 있다(Leslie, 1991). 또한 연령의 증가와 함께 인지와 언어 능력이 발달함에 따라 마음이론도 발달하게 된다(Barr, 2006).

환경적 측면에서 보면, 부모 및 형제자매와의 상호작용을 통한 경험도 마음의 발달에 중요한 영향을 미친다(Dunn, Brown, & Beardsall, 1991). 부모와 형제는 유아와 상호작용할 때 다른 사람의 의도, 믿음, 생각, 욕구 등과 같은 마음 상태에 대해 자주 이야기를 나누게 되는데, 이러한 대화 속에서 타인의 행동도 마음 상태에 의해 결정된다는 것을 이해하게 된다.

5. 지능

유아의 인지발달을 이해하는 또 다른 접근은 표준화된 검사를 사용하여 일반적인 인지 능력이나 지능에서의 개인차를 측정하는 것이다(Sternberg, 2004). 인지발달에 대한 심리측정적 접근(psychometric approach)에서는 개인마다 인지적 수행에서 차이가 있음을 강조하며, 이를 지능의 차이로 설명하고자 한다.

1) 유아기 지능의 측정

Galton이 반응 시간, 시각 정확도 등과 같은 간단한 인지 과제를 통해 지능을 측정한 이후(Jensen, 2002), 유아나 아동, 성인의 지능을 측정하기 위한 여러 검사들이 개발되었다.

(1) 한국 웩슬러 유아지능 검사(K-WPPSI-III)

Wechsler는 지능이란 개인이 목적을 달성하기 위해 행동하고 합리적으로 사고하며 환경을 효율적으로 다루는 전체적인 능력이라고 보았다(박영숙, 1993). Wechsler는 4세에서 6세 6개월까지의 유아를 대상으로 하는 유아지능 검사(Wechsler Intelligence Scale for Children: WPPSI)를 개발하였다. 박혜원, 곽금주와 박광배(1996)는 미국의 WPPSI-R(Wechsler, 1989)을 기초로 하여 유아 및 초등학교 1학년(3세에서 7세 3개월)까지의 유아의 지능을 측정하기 위해 한국 웩슬러 유아지능 검사(K-WPPSI)를 개발하였다. K-WPPSI는 12개의 소검사로 구성되어 있고 언어성 지능, 동작성 지능, 그리고 언어와 동작성을 합친 전체 지능지수가 산출된다. 웩슬러 지능 검사의 경우 언어성, 동작성 지능을 통해 유아의 지능을 객관적으로 측정할 수 있을 뿐만 아니라 유아의 적응 상태나 행동 방식을 파악하는 데에도 유용한 것으로 평가되고 있다.

(2) Kaufman 지능 검사

Kaufman은 지능이란 문제를 해결하고 정보를 처리하는 개인의 유형이라고 정의하였다. Wechsler가 어떤 내용의 정보를 얼마나 잘 처리하는가에 관심이 있다면, Kaufman은 정보를 어떤 방식으로 처리하는가에 초점을 둔다(Kaufman & Kaufman, 1983). 한국판 K-ABC(Kaufman Assessment Battery for Children)는 Kaufman과 Kaufman에 의해 개발된 아동용 검사를 문수백과 변창진(1997)이 한국 아동에 맞게 수정 개발한 검사이다. 한국판 K-ABC의 대상 연령은 2세 6개월부터 12세 5개월까지이며, 순차처리, 동시처리, 인지처리, 습득도 등의 4개 하위척도로 구분된다. K-ABC는 정보처리 능력을 순차처리와 동시처리로 구분함으로써 유아의 문제해결 책략을 알아볼 수 있으며, 정보처리에 있어 개별 유아의 장점을 파악할 수 있다는 장점이 있다(Reynolds & Kamphaus, 1997).

2) 유아기 지능에 영향을 미치는 요인

유아는 영아에 비해 특수한 능력이 발달하고, 지능의 구조도 변화하며, 지능의 안정성도 갖게 되지만, 여전히 어떤 유아는 다른 유아에 비해 지능이 높고 어떤 유아는 다른 유아에 비해 지능이 낮다. 이러한 지능의 개인차에는 유전적 요인과 환경적 요인이 영향을 미친다.

유전이 지능에 영향을 미친다는 것은 주로 쌍생아 연구를 통해 입증되고 있다. 유전이 지능에 영향을 미친다면, 일란성 쌍생아의 지능은 이란성 쌍생아들보다 더 비슷해야 한다. 하지만 공유된 환경이 더 중요하다면 일란성 쌍생아 간의 상관, 이란성 쌍생아 간의 상관이 유사해야 한다. 일란성 쌍생아와 이란성 쌍생아의 지능을 비교해 본 결과, 일란성 쌍생아 간의 IQ 점수 상관은 .86인 반면, 이란성 쌍생아 간은 .60이었다(McGue, Bouchard, Iacono, & Lykken, 1993).

환경이 지능에 영향을 미치는 연구들은 주로 입양연구를 중심으로 이루어지고 있다. 빈곤한 가정환경을 떠나 교육받은 양부모에게 입양된 유아들의 지능발달을 연구한 결과, 입양된 유아들은 7세가 될 무렵 표준화된 지능 검사에서 평균 이상의 점수를 받았다(Scarr & Weinberg, 1983). 루마니아에서 고아로 있다가 영국과 캐나다로 입양된 아동을 대상으로 한 연구에서도 어린 시기에 입양된 아동(6개월 이전)일수록 지능 검사에서 높은 점수를 받았다(Beckett, Maughan, Rutter, Castle, Colvert, & Groohtues, 2006). 이러한 결과는 지능발달에 있어 가정환경의 중요성을 역설하는 것이다.

6. 창의성

창의성에 대한 연구는 1950년 Guilford가 미국 심리학회에서 강연한 이후, 확산적 사고를 중심으로 한 검사 지향적(test-oriented) 연구로 발전하면서 인지심리학과 밀접한 관련을 맺으며 발전하였다(Urban, 1995). 그 이후, 학자들에 의해 창의성의 본질을 규명하기 위한 새로운 시도들이 활발히 진행되고 있다.

1) 유아기 창의성 측정

창의성에 대한 연구들이 많이 이루어지면서 창의성을 측정하는 여러 도구들이 개발되었다. 창의성을 인성, 인지 혹은 산물로 접근하느냐에 따라 사용되는 측정 도구가 약간씩 차이가 있다. 〈표 7-2〉는 현재 개발된 유아용 창의성 검사의 특징을 요약해 놓은 것이다.

〈표 7-2〉 현재 개발된 유아용 창의성 검사의 특징

구분	검사	특징
인지지각 검사	TTCT(Torrance Tests of Creative Thinking)	① 연령별 학년별 규준이 유치원부터 성인용까지 있음 ② 신뢰도와 타당도 ③ 사전 검사와 사후 검사의 비교를 위한 동형 검사(A형과 B형) 개발 ④ 지난 30년간 연구 결과들에 의해 개정이 꾸준히 이루어짐
	TCT-DP(Test for Creative Thinking Drawing Production)	① TTCT처럼 도형을 사용하나 의도적으로 불완전하고 불규칙적인 부분 도형을 제시 ② 집단 검사가 가능하여 실시에 따르는 부담이 적음 ③ 다양한 연령대 측정 가능 ④ 검사의 실시와 평가에 전문적인 훈련이 필요 없음
	칠교판 검사 (Tangram)	① 유아의 창의적 능력을 측정하는 좋은 대안 ② 지필 검사가 아닌 놀이와 같은 상황에서 검사 ③ 유아 창의성 발현에 중요하다고 생각되는 집중성을 준거에 포함시킴
성향 검사	ACL(Adjective Check List)	① 지필 검사 형식이 아닌 행동목록 활용
창의적 산물 검사	CPSS(Creative Product Semantic Scale)	① 창의성의 결과를 직접 평가 ② 다양한 연령대 측정 가능
	CAT(Consensual Assessment Technique)	① 여러 작품을 동시에 검사 가능 ② 영역별로 측정 가능 ③ 다양한 연령대 측정 가능

출처: 전정민, 김현철, 이선미(2009).

이 척도 중 Torrance의 창의적 사고력 도형 검사(Torrance Test of Creative Thinking Figural)는 유아 창의성 검사에서 가장 보편적으로 사용되고 있다. Torrance의 창의적 사고력 검사는 정교성, 유창성, 독창성, 융통성 등을 평가하는데, 언어 검사(Thinking Creatively with Words, TTCT: Verbal)와 도형 검사(Thinking Creatively with Pictures, TTCT: Figural)로 구분되며, 각각 A형과 B형으로 구분되어 있다. 도형 검사는 언어 검사에 비해 연령이나 교육 수준에 의한 영향이 적고, 모든 문화권에서 사용될 수 있다(김영채, 1999). TTCT 도형 검사는 세 가지의 과제(그림 구성하기, 그림 완성하기, 원 혹은 선 그리기)로 구성되어 있다. 한국판 TTCT 도형 검사는 유창성, 독창성, 정교성, 제목의 추상성, 성급한 종결에 대한 저항의 5가지 창의적 요소 능력의 점수와 어떤 부분에서 창의적 강점이 있는지를 보여 주는 창의적 강점 체크리스트 점수가 산출된다.

2) 유아 창의성의 구성 요인

유아는 주변 사물에 대한 호기심과 민감성, 그리고 일상생활 속에서의 자유로운 놀이를 통해 창의성을 발달시키게 된다. Dacey(1989)는 창의성의 전생애적 접근에서 유아기를 창의성 성장의 제1의 절정기라고 하였다. 유아는 직접적인 경험과 상상놀이를 통해서 자신의 경험을 보다 많이 표현하게 되고 호기심이 발달하므로 높은 수준의 창의적 사고 경향을 나타낸다. Dudek과 Hall(1991)은 어린 유아의 창의성은 보편적이고 선천적인 것이지만 5세 이후로는 점차적으로 감소하기 시작하는데 이는 사회적 동조에 대한 지속적인 압력 때문이라고 하였다. Vygotsky 또한 유아기를 왕성한 상상력의 시기라고 특징지으며 양육자와의 상징적 상호작용을 통한 놀이를 통해 상상력이 발달한다고 보았는데, 이 상상력은 창의성 발현에 있어 매우 중요한 역할을 한다고 하였다(Smolucha, 1992).

① 창의적 인성의 구성 요인

- 민감성

주변 상황에 대해 호기심과 관심을 가지는 성향이나 태도를 의미한다. 민감성은 늘 주변 상황에 대해 호기심을 가지고 관찰하는 활동 등을 통해 발달될 수 있다. 유아가 주변에서 일어나는 여러 가지 일들에 대해 관심을 가질 수 있도록 격려해 주고, 일상생활에서의 변화에 대해서도 관심을 가질 수 있도록 격려해 준다.

- 개방성

관습이나 고정관념, 편견에 얽매이지 않고 자유롭게 생각하며, 문제나 과제를 열린 태도로 대하는 성향이다. 개방성은 나와 다른 것을 수용하고 존중하며, 모든 가능성을 다양한 방향에서 탐색해 보는 과정을 통해 발달하게 된다. 유아가 질문에 대해 엉뚱한 대답을 하더라도 "아니다.", "틀렸다."라고 말하기보다 "응, 그럴 수도 있겠구나.", "재밌는 생각이네." 등과 같이 반응해 주는 것이 바람직하다.

● 인내심

애매모호한 상황을 견디고, 끝까지 포기하지 않고 무언가를 해내려는 성향이다. 어려운 문제를 회피하거나 포기하지 않고 해결할 때까지 끈기 있게 해나가는 태도는 새로운 발견을 이끌어 내게 된다. 유아의 인내심을 높이기 위해서는 유아가 아주 작은 일이라도 끝까지 해냈다는 성취감을 느끼는 경험을 갖게 하는 것이 필요하다.

② 창의적 사고의 구성 요소

● 유창성

문제 상황에서 가능한 한 많은 양의 아이디어를 내는 능력이다. 다양한 아이디어를 내는 과정에서 질 높은 아이디어를 산출할 수 있게 된다. 특정한 사물이나 사건과 관련된 것에 대해 자유롭게 떠올리기(예: 흰색 하면 떠오르는 것 이야기해 보기), 정해진 시간 내에 특정한 문제 상황의 해결 방안을 되도록 많이 생각해 보는 활동(예: 실외 활동에서 하고 싶은 활동) 등을 통해 증진될 수 있다.

● 융통성

고정적인 사고의 틀에서 벗어나 다양한 해결책을 찾아내는 능력이다. 사물을 보는 관점을 변화시키기, 서로 관계가 없는 물건들끼리 관련성을 찾아보는 활동(예: 호박과 유모차 간의 관련성 찾기) 등을 통해 증진될 수 있다.

● 독창성

남들과는 다른 참신하고 독특한 아이디어를 만들어 내는 능력으로, 창의적 사고의 꽃이라고 볼 수 있다. 독창성은 창의적 사고의 질적 측면을 강조한다. 애플의 아이

과자로 만든 그림(놀이공원에서의 신나는 하루): 과자는 그림의 도구로도 활용된다.

|사진 7-10| Wallas의 창의적 사고 산출 단계

폰이 엄청난 인기를 누렸던 이유는 기기의 기능성 외에 디자인을 강조했다는 점이다. '기기는 기능이 우수하고 튼튼하면 된다.'는 통념에서 벗어나 '기기는 미적으로도 아름다워야 한다.'는 스티브 잡스의 독창적인 사고 덕분에 아이폰은 세기의 뛰어난 창의적 산물로 여겨지고 있다.

- 정교성

다듬어지지 않은 아이디어를 보다 정교하게 발전시켜 더욱 가치 있는 것으로 발전시키는 능력이다. 정교성은 창의적 사고의 마지막 단계에서 필요한 사고로, 막연히 떠오르는 생각을 구체화하는 작업을 통해 발달될 수 있다.

3) 유아기 창의성에 영향을 미치는 요인

유아의 창의성에 영향을 미치는 요인은 크게 개인적 요인과 환경적 요인으로 구분해 볼 수 있다. 개인적 요인에는 지능, 지식, 동기 등이 포함된다. 지능과 창의성 간의 관계에 대해서는 많은 연구들이 이루어져 왔다. 지능과 창의성 간에는 관련이 있다는 연구부터 전혀 관련이 없다는 연구까지 서로 일관되지 않는 결과를 보여 주고 있으나(Barron & Harrington, 1981) 일반적으로 IQ가 120을 넘어서면 지능과 창의성 간에는 거의 상관이 없는 것으로 나타났다(Getzel & Jackson, 1962). 탁월한 성취를 위해서는 어느 정도까지의 높은 지능이 필요하지만, 그 이상이 되면 성취 동기, 정서통제 능력과 같은 변인들이 더 중요한 역할을 한다고 보고 있다. 예를 들면, 매우 뛰어난 IQ를 가진 사람들은 지식의 습득이나 활용이 너무 수월하기 때문에 지적 호기심을 계속 유지하기가 어려울 수 있다(Csikszentmihalyi, 1996).

지식과 관련하여 특정 분야에서 창의성을 발현하기 위해서는 그 분야의 기초지식을 학습해야 한다. 지식은 창의성의 토대가 되기 때문이다(Weisberg, 1995). 하지만 지식은 창의성을 억제하고 제한하는 역할을 하기도 한다. 한 분야의 지나친 경험은 창의성을 제약할 수 있다는 것이다(Frensch & Sternberg, 1989). 경험이 많을수록 자신의 고정관념이나 자동적 사고에서 벗어나는 것이 어렵기 때문이다.

유아의 경우 아직 전문화된 지식을 가질 만큼 인지적으로 성숙하지 못했기 때문에 지식이 창의성을 촉진시킨다는 관점이 적절하다.

동기와 창의성 간에는 밀접한 관계가 있는 것으로 보고되고 있다. 동기는 유아가 스스로 과제를 선택하고, 선택한 과제를 해결하기 위해 지속적인 노력을 기울이며, 어려운 문제나 상황에 직면하더라도 참고 견딜 수 있도록 하기 때문에 창의적인 수행, 과정, 결과를 이끄는 가장 큰 원동력이다(Amabile, 1996; Csikzentmihalyi, 1996).

환경적 요인과 관련하여 Hurlock(1978)은 가정, 학교, 사회의 3가지 환경 조건이 만족될 때 창의성이 가장 잘 발현될 수 있으며, 그중 개인이 태어나 최초로 접하게 되는 가정환경, 즉 가정의 분위기나 부모의 양육행동이 창의성 발달에 큰 영향을 미친다고 하였다. Barron(1995) 또한 '창의성 발달에 있어 가정은 아마도 가장 복잡하고 가장 중요한 체계'라고 언급하며 가정환경의 중요성을 강조하였다.

창의적인 유아의 부모는 자녀와 다정하고 친밀한 시간을 가지며 자녀의 의견을 존중하고 자녀에게 생각할 수 있는 기회를 갖도록 적절한 질문과 힌트를 제공하고 자녀가 스스로 결정할 수 있도록 배려하며 자녀의 호기심과 탐색 활동을 격려할 뿐만 아니라 자녀가 어떤 것을 성취하기 위해 시도하는 것에 대해 높은 가치를 둔다(Amabile, 1996). 이처럼 부모의 애정적이고 자율적인 양육 태도는 유아의 창의성을 높이는 것으로 나타났다(김경은, 2010; Dacey & Lennon, 2004; Gute, Gute, Nakamura, & Csikszentmihalyi, 2008).

7. 유아의 인지발달을 도모하기 위한 양육자의 역할

유아는 영아에 비해 아는 것, 할 수 있는 것들이 더 많아진다. 인지발달과 관련된 뇌영역이 발달함과 동시에 다양한 경험을 통해 유아는 인지적으로 성숙한다. 유아의 인지발달에는 여러 요인이 영향을 미치지만, 무엇보다 유아에게 물리적 환경을 제공하고, 직접적인 상호작용을 가장 많이 하는 부모의 역할이 지대하다고 볼 수 있다.

유아의 인지발달을 도모하는 부모의 역할은 크게 인지적 모델, 인지적 발달을 도모하는 상호작용자, 인지적 발달을 촉진하는 환경 조성자로 구분할 수 있다. 우선 인지적 모델로서의 부모 역할에 대해 살펴보면, 유아는 부모의 행동을 관찰함으로써 새로운 지식이나 행동을 습득하게 된다. 유아가 습득한 지식은 어린이집이나 유치원과 같은 공식적인 기관에서 학습을 통해 배운 것들도 있지만 부모와의 일상생활 속에서 배운 것들도 많다. 부모가 유아의 지적인 발달을 촉진시킬 수 있는 좋은 모델이 되어 주는 것이 중요하다.

둘째, 부모는 유아와의 애정적이고 지지적인 상호작용 속에서 유아의 인지를 발달시키게 된다. Vygotsky의 사회문화적 인지이론에 따르면, 인지발달은 유아 혼자가 아니라 부모와의 협동을 통해 이루어지는 것이다. 유아는 자신이 속한 문화의 지식과 기술을 스스로 발견하는 것이 아니라 부모의 안내를 받아 습득하게 되는 것이다(Gauvain, 2001).

셋째, 부모는 인지적 발달을 촉진하는 환경 조성자로서의 역할을 담당한다. '맹모삼천지교'라는 말은 인지발달에 있어 환경 조성자로서의 역할을 가장 잘 설명하는 용어일 것이다. 실제로 지적으로 풍요로운 가정에서 자란 유아가 그렇지 않은 가정에서 자란 유아에 비해 지능지수가 높다는 것은 놀라운 일이 아니다. 가정환경의 질이 아동의 지적 수행과 직접적으로 관련되어 있다(Sameroff, Seifer, Baldwin, & Baldwin, 1993)는 연구결과는 부모가 제공하는 물리적, 심리적 환경이 유아의 인지발달에 상당한 영향을 미친다는 것을 시사한다.

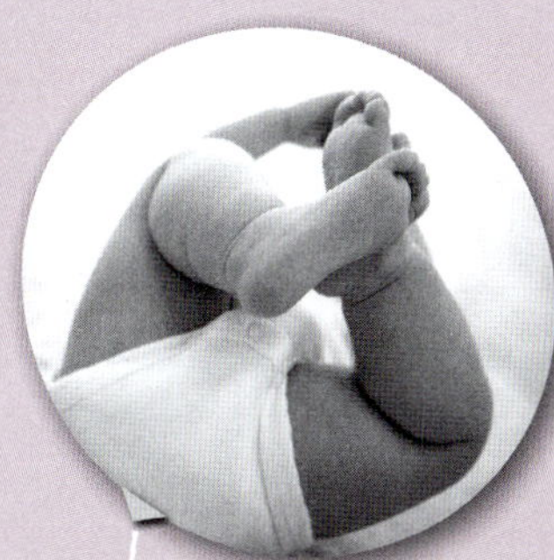

CHAPTER 8

영유아의 언어발달

언어발달은 인지발달과 밀접한 관련을 가지는 발달영역으로 영유아와 타인의 언어적 상호작용은 다른 발달영역의 토대가 된다는 측면에서 그 중요성을 찾을 수 있다. 유아기에는 영아기에 기초를 쌓은 언어발달을 토대로 타인과 보다 활발한 언어적 상호작용이 진행되며 이 시기 언어발달은 성인의 수준에 거의 근접한다. 본 장에서는 언어발달의 기초, 언어발달이론, 언어발달과정, 영유아의 언어발달을 도모하기 위한 양육자의 역할을 중심으로 영유아의 언어발달에 대해 알아보고자 한다.

1 언어발달의 기초

1. 언어의 정의

언어는 자신을 표현하거나 의사소통을 하기 위해 소리를 체계적이고 관습적으로 사용하는 것을 의미한다(Crystal, 1995). 즉 사람의 생각이나 느낌을 소리나 글자로 나타내는 수단이 바로 언어이다. 언어는 진화하고 성장하고 변화하는 속성을 가지며, 언어는 특정한 역사, 사회, 문화의 맥락에서 진화한다(이승복, 이희란, 2013).

2. 언어의 구성요소

언어는 매우 복잡한 체계이므로 언어를 보다 쉽게 이해하기 위해서는 기능적 구성요소로 세분화하여 살펴볼 필요가 있다. 언어는 크게 형식(form)에는, 음운론, 형태론, 통사론이 포함되고, 내용(content)에는 의미론이, 사용(use)에는 화용론이 포함된다.

1) 음운론

음운론(phonology)은 말소리의 구조, 배치, 연결을 지배하는 규칙에 관한 언어의 구성요소이다. 모든 언어에는 서로 다른 종류의 말소리, 즉 음소(phoneme)가 있다. 음소는 소리의 차이로 인해 서로 다른 의미를 나타내는 언어의 가장 작은 단위이다. 음운론 규칙은 하나의 언어에서 개별 음소가 산출되는 방식과 순서를 지배하며, 음소의 산출 규칙은 하나의 단어에서 특정 음소가 어떤 위치에 있는지에 따라 어떤 소리로 발음되는지를 알려준다. 또한 음소의 순서 규칙에서는 어떤 음소가 다른 음소와 조합될 수 있는지를 결정한다.

2) 형태론

형태론(morphology)은 단어의 내적인 구성에 관한 언어의 구성요소이다. 형태소는 의미를 전달하는 언어의 가장 작은 문법단위이며, 하나 이상의 형태소가 모여서 단어가 구성된다. 형태소는 두 가지 유형으로 구분되는데 하나는 자립 형태소(free morpheme)이고, 다른 하나는 의존 형태소(bound morpheme)이다. 자립 형태소의 예로는 책, 사람 등의 명사를 들 수 있고, 의존 형태소의 예로는 –이, –가 등의 조사를 들 수 있다.

3) 통사론

통사론(syntax)은 문장의 형식과 구조를 지배하는 언어의 구성요소이다. 통사론 규칙은 단어, 구, 절, 문장의 특성, 단어의 순서, 문장의 구조 등에 대해 다루며, 서술, 의문, 명령과 같은 기능에 따라 문장의 구성에 차이가 있다. 통사론은 문법적으로 가능한 단어 조합과 그렇지 않은 조합을 규정한다. 언어에 따라 어순이 자유로운 언어도 있지만, 어순의 규칙을 지켜야 하는 언어도 있다. 어순의 규칙을 지켜야 하는 언어 중 영어는 주어–동사–목적어(SVO) 어순으로 배열되지만, 한국어와 일본어는 주어–목적어–동사(SOV) 어순으로 배열된다.

4) 의미론

의미론(semantics)은 단어와 단어 조합의 의미, 또는 내용을 지배하는 규칙 체계이다. 의미론은 사물이나 사건에 대한 지각, 인지, 사고와 언어 형태 간의 관계에 관한 내용을 다루는 영역이다. 언어에서 사용되는 단어나 상징은 실재(reality) 자체를 표상하기보다는 실재에 대한 우리의 개념을 표상하는 것이다. 문장은 개별 단어의 단순한 합 이상을 의미하므로 문장의 의미는 개별 단어의 의미보다 더 포괄적이다.

5) 화용론

화용론(pragmatics)은 의사소통의 맥락 안에서 언어 사용을 지배하는 규칙을 의미한다. 즉 화용론은 언어 구조에 관한 규칙보다는 언어 사용에 관한 규칙을 다룬다. 언어적인 모든 발화는 화행(speech act)으로 불리며, 화행은 직접적인 화행과 간접적인 화행으로 구분된다. 직접적인 화행은 화자의 의도와 문장의 의미가 동일한 구문 형태로 사용된 경우(예: "창문을 열어라.")로 그 행위를 수행하라는 직접적인 명령이나 요구이다. 반면 간접적인 화행은 화자의 의도가 문장 안에 간접적으로 반영된 경우(예: "방안이 너무 덥지 않니?")로 요구의 간접적인 표현이다(이차숙, 2005).

3. 언어발달연구의 역사

인류가 처음으로 음성언어발달에 관심을 보인 것은 고대 이집트로 거슬러 올라간다. 그리스 역사학자 Herodotus의 기록에 따르면, 이집트인이 최초의 인류임을 확인하기 위해 고대 이집트의 사메티쿠스(Psammetichus) 왕은 두 명의 영아를 세상과 격리된 산속에서 양치기가 키우도록 명령하였다. 그리고 영아들에게 한마디 말도 건네지 말도록 지시하였다. 그 이후 영아가 처음으로 산출한 말은 'becos'였는데 이 말은 빵을 의미하는 단어로 이집트어가 아닌 다른 종족의 언어였다. 이러한 결과로 인해 사메티쿠스 왕은 이집트인이 최초 인류가 아니라고 체념하였다. 이 실험은 과학적인 실험절차를 거치진 않았지만 인간의 언어가 선천적인 능력일 수 있음을 암시한다(한유미 외, 2010).

1800년 겨울 프랑스 아베이롱(Aveyron) 숲에서 야생 소년 빅터(Victor)가 발견되었다. 빅터는 인간 세상과 완전히 격리된 채 숲에서 성장하였으며 발견 당시 언어를 전혀 사용하지 못하였다. 많은 연구자들이 빅터에게 언어를 가르치기 위해 노력하였으나 이는 성공하지 못하였다. 이러한 결과는 언어발달에 결정적 시기가 존재한다는 증거로 제시된다(Hoff, 2005).

1800년대 후반에서 1900년대 초반 Darwin과 일부 연구자들은 자기 자녀의 발달 과정을 기록한 일기를 작성하였는데, 이를 아기 전기(baby biography)라고 한다. 예를 들어, Darwin의 아들은 5개월경에 'da'라고 말했고, 음식을 의미하는 'mum'을 첫 단어로 산출하였다. 일부 연구자가 자신의 자녀를 대상으로 아기 전기를 기록함으로써 소수의 언어자료를 확보하였으나, 이를 통해서는 언어발달의 부분적인 정보만 획득할 수 있었다.

제1차 세계대전 이후 1950년대 사이 실시된 언어발달 관련 연구들은 주로 언어발달의 규준(norm)을 설정하고자 시도하였다(한유미 외, 2010). 즉 아동이 말소리를 산출하는 시기, 연령별 습득어휘의 크기 및 문장 길이의 변화 등에 대한 정보를 획득하기 위해 대규모의 자료를 확보하여 연구를 진행하였다.

1950년대 이후 언어습득에 관한 다양한 이론이 등장하면서 언어발달에 대한 과학적 연구는 시작되었다. 행동주의이론과 인지발달이론을 중심으로 언어발달을 설명하려는 시도가 이루어졌는데 행동주의이론으로는 인간의 언어발달을 설명하는 데 분명한 한계가 있음을 인식하게 되면서 인지발달이론에 의해 언어발달 과정을 설명하고자 하였다. 최근에 등장한 연결주의, 병행 분산 처리 과정, 신경망 모델 등의 용어는 인간의 타고난 본성과 환경에 대한 경험 간의 상호작용을 강조함으로써 언어발달에 접근하고 있다(이순형, 권미경, 최인화, 김미정, 서주현, 최나야, 김지현, 2008; Hoff, 2005).

2 언어발달이론

1. 행동주의

1950년대 지배적이었던 행동주의 관점에 의하면, 주변 사람이 사용하는 언어의 양과 질, 의사소통에 대한 태도와 같은 환경이 영유아의 언어발달에 영향을 준다.

행동주의자들은 모방과 강화의 학습 기제를 통해 영유아가 언어를 학습한다고 주장한다. 이들의 주장에 의하면 영유아는 정확하고 이해될 수 있는 말을 발화했을 때 성인에 의해 강화를 받게 되고 그로 인해 그 말을 지속시킨다. 또한 영유아는 자기가 들었던 문장을 단순히 모방함으로써 성인이 발화하는 문장과 유사한 문장을 산출해 내게 된다. 행동주의이론의 대표적인 학자인 Skinner는 언어습득 과정에서 강화의 중요성을 강조하였고, Bandura는 특히 모방의 중요성을 강조하였다.

1) Skinner

대표적인 행동주의자인 Skinner는 인간의 언어학습 과정을 조작적 조건형성 과정으로 설명하였으며 '강화'를 언어학습 기제로 보았다. 인간의 행동은 연이어 발생하는 사건에 의해 수정, 변화되는데 이전 행동의 발생 확률을 증가시키는 사건은 강화자(reinforcer)이고, 이전 행동의 발생 확률을 감소시키는 사건은 처벌자(punisher)에 해당한다(Owens, 2001). 스키너는 인간의 언어행동을 관찰 가능한 환경조건(자극)과 언어행동(반응)과의 관계로 설명하였는데, 외부에서 주어지는 자극과 반응은 강화에 의해 연합된다. 특정 자극에 대한 반응은 그 반응에 대한 보상이 제공되었을 때 강화되어 자극과 반응 사이의 연합을 강하게 해준다.

예를 들어, '고양이'라는 자극에 대해 유아가 "야옹이"라고 반응할 경우, 성인이 "그래, 야옹이지."라고 강화시켜주고 이를 반복하게 되면 '야옹이'라는 단어를 학습하게 된다. 이처럼 강화이론에서는 영유아가 문법에 맞는 말을 산출했을 때는 강화를 받고 문법에 맞지 않는 문장을 산출했을 때는 수정됨으로써 영유아의 언어습득이 이루어진다고 주장한다.

2) Bandura

Bandura는 직접적인 강화에 의해 영유아가 단어를 학습한다는 Skinner의 주장을 비판하고, 영유아의 언어습득에 '모방'이 주된 역할을 담당한다고 주장하였다.

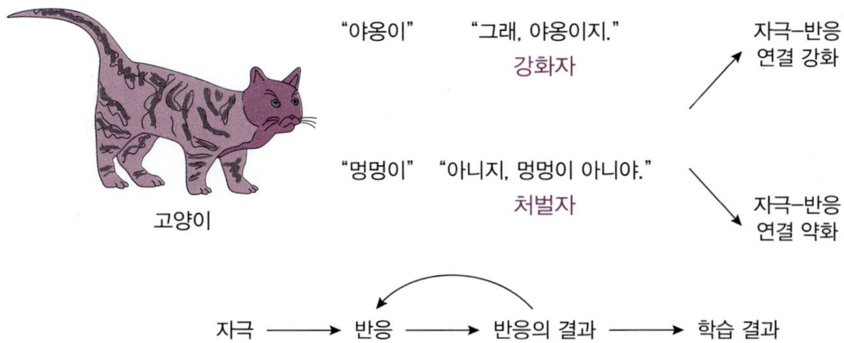

[그림 8-1] 언어습득에 대한 행동주의 모형

출처: 이승복 역(2001). p. 40.

Bandura는 영유아가 타인의 언어행동을 관찰하고 이를 모방함으로써 언어학습이 이루어진다고 주장하였다. 영유아의 경우, 부모의 언어행동을 관찰하고 모방하여 언어행동을 학습한다. 예를 들어, 엄마가 출근하는 아빠를 배웅하며 "빠이빠이"라고 하는 말을 듣고 난 후, 아동은 "빠이빠이"라고 엄마의 말을 모방한다.

그러나 모방에 의해 언어학습이 이루어진다는 견해는 몇 가지 증거에 의해 반박되고 있다(성현란, 이현진, 김혜진, 박영신, 박선미, 유연옥, 손영숙, 2001). 첫째, 영유아가 성인의 말을 그대로 따라 하는 것이 아니라 자신이 받아들일 수 있는 정보만을 산출한다는 것은 영유아의 언어습득에서 모방의 역할을 약화시키는 증거가 된다. 둘째, 영유아는 자신이 들어 본 적이 없는 단어나 문장을 산출하기도 한다. 예를 들어, 성인들은 주격조사 '이/가'를 혼용하여 사용하는 경우가 거의 없기 때문에 영유아가 "곰이가 낸내해."라는 문장을 들었을 가능성은 희박하다. 이처럼 영유아가 들어 본 적이 없는 문장을 말하는 현상은 모방이라는 기제로 설명될 수 없다.

결론적으로 행동주의이론은 사회·언어적 환경이 영유아의 어휘를 확장시키고 문법 규칙을 획득하게 하는 중요한 요인임을 강조하였으나, 모방과 강화만으로는 복잡한 언어 습득 과정을 충분히 설명할 수 없다는 점에 한계가 있다. 특히 행동주의이론은 영유아의 단어 학습 과정에 대해서는 일부 설명한 반면, 문법 발달 과정에 대해서는 거의 설명하지 못하였다.

2. 생득주의

1960년대에 광범위하게 수용되었던 생득주의이론은 영유아의 언어습득은 외부의 언어 자극에만 의존하여 이루어지기보다 언어의 규칙을 추상화할 수 있는 생득적인 능력으로 인해 이루어진다고 주장한다. 생득주의이론은 확고한 경험적 증거에 기초한 이론이라기보다는 가설적인 이론이지만, 문법 발달에 대한 설명과 보편적인 언어발달 단계를 개념화하고 언어발달을 돕기 위한 준비도 활동을 제공하는 데 기여하였다(Machado, 1999). 생득주의이론의 대표적인 학자로 Chomsky와 Lenneberg를 들 수 있다.

1) Chomsky

생득주의이론의 대표적인 학자 Chomsky에 의하면, 모든 인간은 선천적으로 언어습득장치(Language Acquisition Device, LAD)를 가지고 태어나며, 외부에서 언어자극이 입력되면 뇌의 이 장치를 통해 언어를 습득한다는 것이다. 모국어 습득은 이러한 타고난 언어능력으로 인해 가능하지만, 언어발달에 적합한 환경이 영유아에게 제공될 경우에 언어습득장치가 제대로 작동할 수 있다(정남미, 2005).

Chomsky(1965)는 영유아가 언어를 습득할 수 있게 해 주는 생득적이고 생물학적인 언어기제를 언어습득장치(Language Acquisition Device, LAD)라는 추상적 개념으로 설명하였다. 이 개념은 최근에 보편문법(Universal Grammar, UG)라는 개념으로 수정 보완되었다(Chomsky, 1981). 보편문법은 일종의 생물학적 기제로서 뇌구조의 일부라고 가정되며 모든 인간에게 공통적인데, 원리(principle)와 매개변인(parameter)의 개념으로 설명된다. 즉 보편문법은 모든 언어에 적용되는 원리와 언어 간의 차이를 설정해주는 매개변인으로 구성되어 있다(Hoff, 2005). 이처럼 원리와 매개변인이 포함된 보편문법은 언어자극과 상호작용하면서 하나의 구체적인 언어 형태로 구현되는데, 개별 국가의 언어적 특수성은 보편문법의 매개변인 값이 다르게 적용됨으로써 결정된다. 보편문법이 언

Chomsky
(1928~)

어로 발현되기 위해서는 외부의 언어 환경을 통해 언어자극이 제공되어야 하지만, 언어 환경은 보편문법에 내포된 원리와 매개변인을 단순히 촉매해주는 역할을 담당할 뿐이다(성현란 외, 2001). 예를 들어, 미국으로 이민 간 한국인 부모에게서 태어난 자녀가 영어를 유창하게 사용하고, 한국에서 성장한 미국인의 자녀가 한국어를 자연스럽게 말하는 것은 생물학적인 보편문법이 언어 환경과 상호작용하여 나타난 결과이다. 결국 Chomsky는 세상의 모든 언어에는 공통적인 문법구조인 보편문법이 있는데, 생득적인 능력에 의해 문장 변형 규칙을 적용함으로써 아동이 문법구조에 맞는 적절한 문법 산출 능력을 갖추게 된다고 보았다. 결론적으로 생득주의는 언어습득장치라는 개념이 너무 추상적이어서 객관적인 검증이 불가능하다는 점, 그리고 언어습득에 대한 사회적 경험의 중요성을 간과했다는 점에서 비판받았다. 그럼에도 불구하고, 행동주의의 한계를 벗어나 인간의 언어습득에서 타고난 측면이 있음을 강조함으로써 많은 공헌을 하였는데, 특히 최근 뇌파 측정을 통해 언어발달에 관련된 뇌의 특정 부위가 있음을 밝히는 토대가 되었다.

2) Lenneberg

Lenneberg(1967)는 인간의 언어습득이 생물학적 성숙과 관련되며, 언어습득에는 결정적 시기가 있다고 주장하였다. 그는 언어습득이 타고난 능력임을 주장하였지만 Chomsky보다 생물학적 입장을 더 지지하여 언어습득에 기반이 되는 생물학적 내용에 대해 더 많은 연구를 수행하였다. 그에 따르면 뇌, 신경, 구강 등 인간의 모든 신체구조는 언어습득에 적합하도록 형성되어 있으며 이로 인해 언어습득은 인간만 가능하다는 것이다.

Lenneberg
(1924~1975)

Lenneberg는 인간의 언어습득에 결정적 시기가 존재한다고 주장하였는데 많은 학자들은 이러한 언어발달의 결정적 시기가 6~7세 이전이라는 데 의견이 일치하고 있으므로 이 시기의 영유아에게 주어지는 언어자극은 중요하다. 빅터, 지니 등의 사례는 언어발달에 결정적 시기가 존재함을 보여주는 대표적인 예로 이 시기에 언어자극이 충분히 제공되지 않을 경우 정상적인 언어발달이 불가능함을 알 수 있다.

Lenneberg는 인간의 뇌에 언어발달을 관장하는 특정한 영역이 존재하고 이 영역이 분화되어 발달함으로써 언어 능력이 향상된다고 보았는데, 좌반구와 우반구로 구분되어 있는 인간의 뇌 중 언어발달과 관련된 기능을 담당하는 영역은 좌반구라고 보았다. 이를 언어발달의 좌반구 편재화라고 한다.

3. 상호작용주의

1970년대 중반 이후 현재에 이르기까지 광범위하게 수용되고 있는 상호작용주의는 유전적 요인이나 환경적 요인 중 하나의 요인에 의해서만 언어발달이 이루어지는 것이 아니라, 언어발달을 유전과 환경에 의한 능동적인 지식 구성의 과정으로 본다. 이러한 측면에서 상호작용주의는 구성주의이론으로 불린다(정남미, 2005). 상호작용주의 관점에 의하면, 영유아의 언어습득은 의사소통을 하고자 하는 자신의 욕구, 풍부한 언어 환경, 타인으로부터의 사회적·정서적 지지, 의미 있는 타자와의 사회적 상호작용을 통해 촉진된다. 상호작용주의이론에서는 영유아 스스로 언어의 규칙을 발견하고 적용하는, 적극적이고 능동적인 학습과정에 의해 언어가 습득된다는 점을 강조한다. 이 이론의 대표적인 학자인 Piaget는 언어습득의 주된 영향요인이 인지라고 제시하여 그의 이론을 인지적 상호작용주의라고 하며, Vygotsky는 사회적 맥락 내에서 아동의 사회적 경험이 내면화되는 과정으로 언어습득을 설명하여 그의 이론을 사회적 상호작용주의라고 부른다(이순형 외, 2010).

1) 인지적 상호작용주의

인지적 상호작용주의의 대표적인 학자 Piaget는 인간의 인지발달이 선행되어야 언어발달이 가능하다는 인지 우선론을 주장하였고, 영유아의 언어발달이 자기중심적 언어에서 사회적 언어로 발달한다고 보았다.

Piaget는 영유아의 언어습득에 대해 행동주의자나 생득주의자와는 모두 다른 입장을 취하면서, 언어습득은 영유아의 현재의 인지적 수준과 환경 사이의 끊임없는 상호작용의 결과라고 주장하였다.

Piaget의 인지발달 단계에서 감각운동기는 언어가 나타나기 이전 단계로서 이 시기의 영유아는 상징을 사용하지 못하고, 세계를 감각과 운동을 통해서 이해한다. 특히 이 시기의 영유아는 대상영속성 개념을 형성하지 못해서 대상이 자기 눈앞에서 사라지면 그 대상이 더 이상 존재하지 않는다고 생각한다. 감각운동기 말기에 영유아는 대상이 자신의 눈앞에 없어도 존재한다는 사실을 알게 된다. Piaget는 감각운동기 말기에 완성되는 대상영속성 개념이 영유아의 언어발달에 기초가 된다고 주장한다. 대상영속성 개념이 확립되면 영유아는 눈앞에 존재하지 않는 대상을 인식하고 그것을 표상할 필요성을 가진다. 시야에 존재하지 않는 대상을 표상하기 위해 상징을 사용하게 되고, 그 결과 영유아가 첫 단어를 산출한다(성현란 외, 2001).

언어발달을 위해서 인지발달이 선행되어야 하지만 반대로 언어발달이 인지발달에 필수적인 것은 아니라고 주장한 Piaget의 이론은 언어가 인지발달에 미치는 영향력을 과소평가했다는 점에서 비판받았다. 또한 Piaget는 사회화된 언어의 출현이 전조작기를 지나 구체적 조작기가 되어야 가능하다고 주장함으로써 전조작기 유아의 언어습득과 사용에 대해 명확히 설명하지 못했다는 점에서도 비판받고 있다. 이처럼 Piaget의 인지적 상호작용주의에 대한 비판은 수많은 후속연구를 불러일으켰으며, 특히 유아기 언어습득에 관한 최근 이론을 유발시키는 계기가 되었다는 점에서 의의를 가진다.

2) 사회적 상호작용주의

사회적 상호작용 접근에서는 영유아의 언어습득이 타인과의 상호작용을 통해서 이루어진다고 가정한다. 따라서 영유아의 현재 문법 수준은 타인으로부터 영유아에게 주어지는 언어자극과 상호작용한 결과로 나타난 것이다. 영유아는 언어학습 상황에서 언어규칙을 찾아내는 생득적인 경향성을 갖고 있고 환경은 언어발달에 필요한 언어경험을 영유아에게 제공해 준다. 사회적 상호작용은 언어습득을 촉진시키고, 언어습득은 보다 성숙한 사회적 상호작용을 하도록 도와주는 복잡한 상호적 과정으로, 이러한 상호작용을 통해 언어가 발달한다(성현란, 이현진, 김혜린, 박영신, 박선미, 유연옥, 손영숙, 2001).

Vygotsky의 사회적 상호작용주의에 의하면, 언어발달은 생물학적 능력에 의해 이루어지기는 하지만 근접발달지대(zone of proximal development) 내에서 성인이나 자신보다 유능한 또래의 도움을 필요로 한다(Vygotsky, 1978). 현재 영유아의 실제적인 언어발달 수준에서 성인과 유능한 또래의 도움, 즉 사회적 경험을 통해 발달할 수 있는 잠재적 언어발달 수준 간의 차이가 바로 언어능력에 대한 근접발달지대 관점이다.

Vygotsky는 언어와 사고는 근원이 서로 다른 상태에서 발생하여 서로 독립적으로 발달하다가 2세경이 되면 사고의 언어화와 언어의 논리화가 이루어져 인지와 언어의 통합이 진행되면서 언어적 사고가 가능하다고 보았다. Vygotsky는 영유아의 언어발달이 사회적 언어(남에게 소리 내어 하는 말, 즉 외적 언어)에서 자기중심적 언어로, 자기중심적 언어에서 내적 언어(자기에서 소리 없이 하는 말, 즉 사고)의 순서로 진행된다고 주장하여 Piaget와는 상반된 견해를 보였다(정남미, 2005).

영유아의 언어발달에 대한 사회적 상호작용주의의 기여점은 행동주의이론에서 설명하는 것처럼 외부 환경의 자극에 전적으로 의존하는 수동적인 언어 학습자가 아니라 환경에 대해 능동적이며 적극적으로 반응하는 역동적인 언어 학습자로 영유아를 인식하게 하였으며, 언어학습 과정에서 사회적 상호작용의 중요성을 강조하였다는 점이다.

3 언어발달과정

1. 음성언어발달

1) 음운발달

영아가 주위의 다양한 소리를 구별하고 말소리를 산출하기 위해서는 소리를 들을 수 있는 청지각 능력의 발달이 선행되어야 한다. 영아는 출생 시부터 성인과 유사한 수준은 아니지만 말소리를 들을 수 있는 청지각 능력을 가지고 있으며, 출생 이전의 태아도 청지각 능력을 가진다.

생후 1년이 될 때까지 영아는 첫 단어를 산출하지 못하지만, 말소리를 내는 능력은 생후 1년 동안 지속적으로 발달한다. Stark(1986)에 의하면, 언어 산출 이전에 영아가 보이는 발성의 발달은 반사적 울음에서 시작하여 목 울리기(cooing), 옹알이(babbling)의 단계를 거치며, 단어가 포함되지 않으면서 알아들을 수 없는 말(jargon)을 중얼거리는 단계를 지나 첫 단어를 산출하게 된다. 이처럼 생후 1년 동안은 언어를 사용하기 이전에 언어 사용을 준비하기 위한 과정으로 볼 수 있으며, 말을 하기 이전에 영아가 말을 하는 데 필요한 다양한 소리를 발음하는 능력이 발달한다.

2) 어휘발달

일반적으로 영아는 생후 10개월에서 15개월 사이에 첫 단어를 산출한다. 첫 단어를 사용하기 시작한 이후 몇 달 동안 영아는 단어를 천천히 추가시켜 획득하지만, 50단어를 획득한 시점을 기점으로 빠른 속도로 단어를 습득한다. 50개의 단어를 획득하게 되는 시기는 15~24개월 사이이며 평균적으로 18개월경이다. 50단어 사용 시기 어휘의 내용적 특징은 동사나 수식어에 비해 명사의 사용 비율이 압도적으로 높다(Nelson, 1973). 50단어 획득 이전에는 1개월에 8~11개의 단어를 획득하다가 50단어 시점에서는 1개월에 22~37개의 단어를 알게 됨으로써 단어

습득의 속도가 증가하게 된다. 이처럼 단어습득의 속도가 급격하게 증가하는 현상을 단어 급등, 단어 폭발(word spurt, word explosion)이라고 한다.

초기 어휘발달에서 영아는 사용하는 단어의 의미는 성인이 사용하는 단어의 의미와 차이를 보이는 경우가 많다. 이러한 현상을 과잉확장(over-extension) 또는 과잉축소(under-extension)라고 한다. 과잉확장이란 영아가 단어를 원래의 의미보다 더 넓은 의미로 사용하는 것으로, 네 발 달린 동물은 모두 '개'라고 부르거나 모든 성인 남성을 '아빠'라고 부르는 경우가 이에 해당한다. 과잉축소란 단어를 원래의 의미보다 더 좁은 의미로 사용하는 것으로, 치와와는 '개'라고 하지만 세퍼드는 '개'가 아니라고 하는 경우가 이에 해당한다.

어휘발달의 경우 어휘발달 속도와 어휘발달 양식에서 개인차가 존재하는데, 음운기억 능력이 뛰어날수록, 남아보다는 여아가, 내성적 성격보다는 외향적 성격의 아동이 어휘발달 역시 빠르다. 다음으로 엄마가 아동에게 하는 말의 양이 많을수록, 다른 출생순위보다 첫째로 출생한 경우, 부모의 교육수준이 높을수록 아동의 어휘발달 역시 빠르다. 어휘발달 양식에서의 개인차로는 '지시적(referential) 어휘양식'과 '표현적(expressive) 어휘양식'을 들 수 있는데(Nelson, 1973), 사물의 명칭을 많이 산출하는 영아는 지시적 어휘양식 사용자, 사물의 명칭보다는 개인적-사회적 단어를 많이 산출하는 영아는 표현적 어휘양식 사용자에 해당한다.

영아의 초기 어휘발달은 영아와 엄마 간 상호작용 맥락에 따라 차이를 보이는데, 장난감 놀이 맥락에서는 지시하기, 금지하기 등의 대화전략 유형을 엄마가 더 많이 사용한 반면, 책읽기 맥락에서는 묘사하기, 경험과 연결하기 등의 대화전략 유형을 더 많이 사용하였다(박선미, 조희숙, 2008). 또한 엄마가 더 많은 발화를 사용하고 더 많고 다양한 어휘를 사용하면 영아 역시 다양한 어휘를 획득하게 된다(장유경, 이근영, 곽금주, 성현란, 2003).

3) 문법발달

일반적으로 영아는 18개월에서 24개월 사이에 단어를 조합하기 시작하는데 이러한 단어의 조합은 우연적 과정에 의해 이루어지기보다는 특정한 구조에 기초하여 조합되기 때문에 이를 언어구조의 발달 또는 구문발달이라고 지칭한다(Hoff, 2005). 두 단어의 결합으로 하나의 문장이 구성되는 시기는 이어문 시기라고 한다. 이어문 시기에 이루어지는 단어 조합은 특정한 관계에 기초한다. Brown(1973)은 두 단어 조합의 의미 관계를 8가지로 제시하였고, 조명한(1981)은 한국아동을 대상으로 9가지로 의미 관계를 구분하였다. 예를 들어, '엄마 맴매', 'Daddy sit'은 '행위자–행위'의 의미 관계에 해당하고, '엄마 밥', 'Mommy sock'은 '행위자–목적'의 관계에 해당한다.

2세경부터 세 단어 조합이 시작되지만, 세 단어 이상의 단어를 조합한 문장이 주류를 이루게 되는 시기는 유아기이다. 유아기 이후 아동은 성인과 유사한 형태의 문장을 구사하게 된다. 구체적으로 문장의 길이가 증가하며, 전보식 문장에서 발달하여 문법 형태소를 첨가하게 된다. 또한 영아기에는 현재–여기(here and now)에 관련된 긍정적 서술문 위주의 문장을 산출하다가, 유아기에는 부정문과 의문문, 그리고 복문의 발달이 주도적으로 이루어진다.

부정문의 경우 1년 7개월경부터 부정문 사용을 시작하는데, 주로 부재(없어), 거부(싫어), 부정(아니야), 금지(안 돼), 무능(못)의 형태로 표현된다. 이 중 영유아는 '안' 부정문을 가장 많이 사용하는데 '안' 부정문은 부정의 의미뿐만 아니라 거부, 금지의 의미로도 사용된다(한유미, 김혜선, 권희경, 양연숙, 박수진, 2010). '못' 부정문은 '안' 부정문 보다 늦게 습득되고, '안' 부정문 사용에서 처음에는 '안'의 위치를 정확하게 사용하지 못해 위치상 오류가 나타나며, 이러한 오류를 거쳐 정확한 위치에 '안'을 사용하게 된다. 예를 들어, 한국어의 경우 영유아는 "안 밥 먹어.", "안 날아가." 등의 잘못된 표현을 사용한다.

의문문 발달에 있어서 '예' 또는 '아니요'로 응답할 수 있는 의문문을 먼저 사용하는데 이 경우 문장의 마지막 단어의 억양을 올려서 표현하다가 의문형 어미(예: ~지?, ~까?, ~니?, ~냐)와 의문사(예: 언제, 어디, 무엇, 어떻게, 왜)를 사용하여 의문문을 산출한다. 일반적으로 복문 발달은 문법형태소, 그리고 부정문이나 의문문

과 같은 문장형태가 발달한 이후에 문장 내에 하나 이상의 절을 포함하는 복문의 발달이 진행된다. 영유아는 4세경에 다양한 복문을 사용할 수 있는데 복문을 자유롭게 사용하기 시작하면서 영유아는 성인과 유사한 수준의 문장을 표현하게 된다.

4) 의사소통발달

의사소통발달은 영유아가 타인과 의사소통하기 위해 단어를 사용하는 방법을 학습하고 타인의 의도와 의미를 해석하는 것에 대한 학습하는 것을 의미한다. 대략 8~9개월이 되면 영아는 의도를 파악하는 능력을 발달시키기 시작하여 특정 인물을 바라보고, 웃고, 만진다. 상대방의 주의를 끌려는 시도는 몸짓과 같은 비언어적 행동을 통해 의사소통의 형태로 나타나는데(Owens, 2001), 영아는 보여주기, 건네주기, 가리키기, 요구하기와 같은 표준적 몸짓을 통해 자신의 의사를 표현한다.

의사소통을 목적으로 의도적인 몸짓을 사용하는 영아는 손 흔들기, 고개 가로젓기, 고개 끄덕이기 등의 관습적 몸짓을 사용하는데, 이러한 관습적 몸짓은 영아의 월령이 증가함에 따라 감소한다(장유경, 최윤영, 김소연, 2005). 손이나 몸의 움직임, 얼굴 표정 등을 통해 특정 사물의 성질이나 행동을 묘사하는 표상적 몸짓은 영아가 첫 단어를 산출하게 되면 점차 감소하는 경향을 보인다.

6~25개월 한국 영아를 대상으로 의사소통적 몸짓의 발달을 살펴본 결과(신애선, 김영실, 2013), 14~17개월까지는 월령이 증가함에 따라 의사소통적 몸짓이 증가하였으나, 17개월 이후에는 감소하였고, 의사소통을 위한 몸짓의 유형 중 지시적 몸짓의 경우에는 14~17개월 이후부터 지속적으로 감소하였다.

유아기 의사소통 능력은 주로 또래나 성인과의 대화를 통해 이루어진다. 이 시기의 특징적인 대화기술에는 대화의 규칙을 이해하고 대화상대방의 발화 유형에 적절한 다양한 반응하기, 대화를 시작하기 위해 새로운 주제 제시하기, 제시된 주제를 연속적으로 이어가기 등이 있다(Hoff, 2005).

유아의 의사소통 능력에서 대화를 시작하고 유지하는 능력은 원만한 또래관계를 형성 및 유지하는 데 중요한 기술이다. 이러한 유아의 주제 수행 기술은 또래

간의 대화 상황을 관찰함으로써 측정되는데, 만 5세 유아를 대상으로 다양한 놀이 상황에서 나타난 주제 수행 기술을 관찰한 결과, 낯선 상황에서보다 친숙한 상황에서 유아의 주제 유지가 더 활발하게 진행되었다(성미영, 2002).

2. 문자언어발달

1) 읽기발달

McGee와 Richigels(1996)은 출생에서 8세까지의 시기를 읽기발달의 시작 단계, 초보적 읽기 단계, 실험적 읽기 단계, 관례적 읽기 단계의 네 단계로 읽기발달 단계를 구분하였다(김명순, 신유림, 2000).

읽기발달의 시작 단계(출생~2세)인 영아는 일상생활에서 자연스럽게 읽기와 관련된 활동을 하면서 읽기 행동에 대해 이해하기 시작한다. 영아는 일상생활에서 주변 사람들이 문자를 활용하거나 문자와 상호작용하는 다양한 상황을 관찰한다. 예를 들어, 부모가 책, 신문, 잡지, 전단지 등과 같은 인쇄물을 읽는 것, 자녀와 함께 책을 읽는 것, 표지판, 간판, TV 자막 등을 읽는 것, 형제자매가 소리 내어 책을 읽는 것 등을 관찰하게 되는데, 이는 영아의 읽기발달을 위한 중요한 선행조건이 된다.

초보적 읽기 단계(3~5세)의 유아는 자기가 좋아하는 과자 이름, 음식점 표시, 도로표지판 등에 붙어 있는 글자를 인식하게 된다. 이 시기 유아는 그림이 아니라 글자가 의미를 전달한다는 것을 알게 되고, 실제 물건이 존재하지 않아도 그림과 글자가 무엇을 상징하고 있는지를 이해하게 된다. 또한 이 시기의 유아는 책을 읽을 때 상황이나 맥락에 의존하여 읽고, 지속적인 읽기 활동을 통해 이야기가 전개되는 순서와 인과관계를 이해하고 이야기 내용을 추론한다.

|사진 8-1| 초보적 읽기 단계의 유아

실험적 읽기 단계(5~7세)의 유아는 지속적인 읽기 활동을 통해 읽기 행동에 대한 새로운 지식을 구성하는데 여전히 관례적 읽기 수준에는 이르지 못했지만 이전 단계보다 훨씬 더 관례적 읽기 단계에 근접하게 된다. 교사나 부모가 읽기 행동을 관찰하고, 관례적 수준에 도달한 또래의 읽기 행동을 관찰함으로써 실험적 읽기 수준의 유아는 철자와 소리가 서로 관련되어 있다는 사실을 알게 된다. 성인과 자신의 읽기 행동에 차이가 있음을 인식한 유아는 읽고 싶지 않다는 의사를 표현하기도 하는데 부모와 교사의 지속적인 안내를 통해 읽기 행동을 촉진시킬 필요가 있다.

유아의 읽기 능력은 다양한 요인과 관련이 있는데, 유아의 음운인식 능력이 읽기 능력과 관계가 있다는 사실이 보고되었다. 예컨대, 6세 유아의 경우 음운인식의 요인에 해당하는 음소 삭제, 대체, 삽입 등이 단어의 의미판단, 유사단어 찾기, 구문 읽기 능력과 같은 읽기 능력과 관련이 있는 것으로 나타났다(이차숙, 1999). 또한 유아의 책읽기 선호도는 읽기 태도와 읽기 흥미도와 관련이 있는 것으로 나타났는데, 책읽기 선호도가 높은 유아는 읽기 태도와 읽기 흥미도 수준이 더 높았다(김현, 김현정, 정효은, 2007).

4~6세 유아에게는 주변 환경에서 자주 접하는 실제 단어 읽기가 가장 쉽고, 의미가 없는 유사단어 읽기는 그에 비해 상대적으로 어려우며, 실생활에서 경험하지 못한 저빈도 글자 읽기가 가장 어려운 것으로 나타나서 유아에게 제공되는 환경 인쇄물이 유아의 단어읽기에 영향을 미치는 요인임을 확인할 수 있다(최나야, 2007). 4~6세 유아는 연령에 따라 실제 단어 읽기에 영향을 미치는 요인이 다른 것으로 나타나서 4세 유아의 단어 읽기는 음절을 인식하고 자모 합성 원리를 이해하는 능력이 영향을 미친 반면, 6세 유아는 모음 소리가 단어 읽기에 영향을 미치는 요인으로 나타났다(최나야, 이순형, 2008).

2) 쓰기발달

McGee와 Richigels(1996)은 읽기발달 과정과 동일하게 쓰기발달 과정을 쓰기발달의 시작 단계, 초보적 쓰기 단계, 실험적 쓰기 단계, 관례적 쓰기 단계로 구분하였다(김명순, 신유림, 2000).

쓰기발달의 시작 단계(출생~2세)에 해당하는 영아는 종종 연필, 크레파스 등의 쓰기 도구를 가지고 종이나 벽에 끼적임으로써 일상생활 속에서 자연스럽게 쓰기 행동을 보인다. 이처럼 다양한 쓰기 경험을 통해 영아는 쓰기와 그리기에 흥미를 느끼는데, 영아는 처음에 손이 움직이는 대로 끼적이다가 시간이 지나면서 자신이 원하는 선, 원 모양을 만들어 내기 위해서는 손의 움직임을 조절하게 되고, 이 과정에서 일관성이 없는 끼적이기가 규칙성을 가진다. 영아는 때때로 자신이 쓰고 싶은 것을 성인에게 대신 써달라고 요구하거나, 다른 사람이 쓰고 그린 것에 대해 설명해 달라고 하면서 다른 사람과 상호작용하는 수단으로 쓰기 경험을 활용한다.

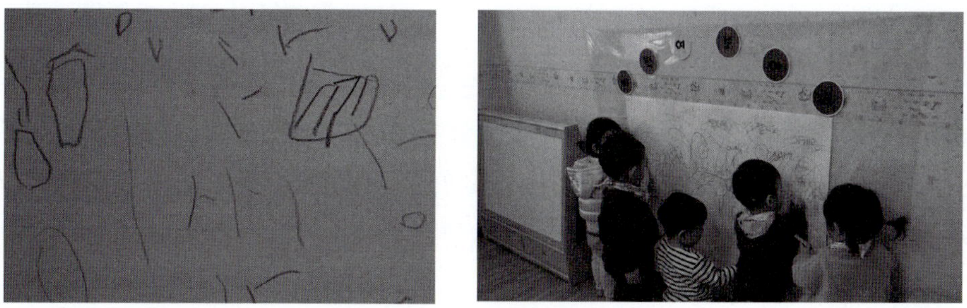

|사진 8-2| 유아의 쓰기 활동

초보적 쓰기 단계(3~5세)의 유아는 스스로 글자를 창조하고 의미를 부여함으로써 글자를 통해 의사소통 하고자 시도하는데, 극놀이 영역에서 음식점 놀이를 하는 유아가 자신이 개발한 글자로 주문서를 작성하는 경우가 그 예에 해당한다. 초보적 쓰기 단계에서는 글자쓰기의 정확성보다는 유아가 쓰기를 통해 전달하고자 하는 바가 더 중요하다. 초보적 쓰기 수준의 유아는 자모음 철자의 이름과 형태에 대한 지식을 발달시켜 3세가 지나면서 자기 이름에 있는 자음과 모음 글자는 어려움 없이 쓸 수 있다.

실험적 쓰기 단계(5~7세)의 유아는 쓰기와 관련된 사전 지식을 재통합하게 되고, 새로운 지식을 구성해 나간다. 이 단계의 유아는 성인의 쓰기 행동과 자신의 쓰기가 다르다는 것을 알게 되어 쓸 줄 모른다고 말하며 쓰기 행동을 거부하기도 한다. 또한 스스로 단어를 발명해서 창안적 글자를 쓰거나 글자를 베껴 쓰기도 한다. 초보적 쓰기 단계에서는 의미 전달을 더 중요하게 여겼기 때문에 정확한 철자 쓰기에 대한 인식이 부족하였으나, 이 단계에서는 글자를 정확하게 써야만 정확한 의미가 전달된다는 것을 안다. 끼적이기가 아닌 철자를 이용한 쓰기가 가능해졌으나, 아직 관례적 쓰기에 도달하지는 못한 상태이다.

한국 유아의 쓰기 발달의 경우에도 McGee와 Richigels(1996)이 제시한 쓰기 발달의 단계와 유사한 과정을 거치는 것으로 나타나서, 3세 유아의 절반은 자음이나 모음의 형태가 나타나지 않은 선 위주의 끼적이기를 보이고, 대부분의 4세 유아는 자기 이름을 쓸 수 있다(김영실, 임양금, 2006). 또한 유아의 쓰기 발달은 3세와 4세, 그리고 4세와 5세 간 차이가 크며, 창안적 글자쓰기는 4, 5세경에 주로 발달하는 것으로 나타났다(조선하, 우남희, 2004). 3, 4세 한국 유아를 각 2명을 대상으로 쓰기 발달 과정의 사례를 분석해본 결과, 3세 유아의 경우 끼적이기가 나타났고, 글자형태가 출현하였으며, 4세 유아는 끼적이기와 글자형태 출현과 더불어 창안적 쓰기와 관례적 쓰기가 나타났다(임영심, 채미영, 2007).

4 영유아의 언어발달을 도모하기 위한 양육자의 역할

부모를 포함한 양육자는 영유아의 언어발달에 중요한 영향을 미친다. 7~8개월 영아가 옹알이를 하면 부모는 영아의 옹알이 소리를 흉내 내어 이를 반복하고, 이러한 부모의 소리를 영아가 다시 흉내 내어 반복함으로써 영아의 발성훈련이 이루어진다. 1세경 영아의 경우 양육자가 영아에게 곰인형을 가리키면서 "저기 곰돌이가 있네, 곰돌이."라고 말할 경우 영아는 양육자가 지시하는 바를 이해하는 능력을 키우게 된다. 특히 단일어 이전 시기에는 영아가 주로 지시적 몸짓을 사용하여 주양육자와 의사소통을 시도하므로(김의향, 2006; 박세진, 2009) 양육자는 이러한 영아의 의사소통적 몸짓에 적극적으로 반응하는 모습을 보여주어야 한다. 아직 영아가 언어적인 상호작용이 가능하지 않은 시기이지만 양육자는 언어적 및 비언어적 상호작용을 영아에게 보여줄 필요가 있다. 영아가 단순히 웃거나 손을 뻗는 등의 비언어적 반응만을 보이더라도 양육자는 "그래, 우리 아기 참 예쁘구나." 라고 언어적으로 반응하면서 영아의 얼굴을 쓰다듬거나 손을 잡아 주는 등의 행동적 반응도 함께 보여주도록 한다.

|사진 8-3| 영아와 양육자의 언어적 상호작용

영아의 어휘발달 속도에 영향을 미치는 환경 요인에는 엄마의 언어자극이 대표적인데 엄마가 영아에게 하는 말의 양이 많을수록 영아의 어휘발달 역시 빠르다. 엄마의 대화전략 유형에 따라 영아의 어휘발달 양상이 다르게 나타나는데, 엄마가 질문을 통해 영아의 의사소통적 시도를 이끌어낼 수 있는 대화전략을 사용할 경우 영아의 어휘발달을 촉진시킬 수 있다(박선미, 조희숙, 2008). 따라서 영아와 놀잇감을 가지고 노는 상황과 영아와 책을 읽는 상황은 영아에게 서로 다른 언어환경을 제공하므로 양육자는 이를 고려하여 상황별로 다양한 언어학습 기회를 영아에게 제공할 필요가 있다. "이게 뭐야?", "이건 무슨 모양이야?" 등 영아의 언어적 반응을 유도하는 질문을 함으로써 영아가 다양한 언어적 반응을 보이도록 하는 상호작용을 양육자가 할 경우 영아의 어휘능력을 촉진시킬 수 있다.

양육자는 유아의 언어발달을 촉진시키기 위해 다양한 언어자극을 제공할 필요가 있다. 양육자인 엄마가 유아가 직접 언어를 사용할 기회를 제공하고 유아가 대화에 주의를 기울이도록 이끌고, 대화에서 이야기의 단서를 제공해 줌으로써 양육자와 유아 간에 지속적인 대화가 유지될 수 있다. 양육자와 유아의 대화에서 양육자가 사용하는 대화양식의 차이에 따라 유아의 언어발달을 더 촉진시킬 수도 있고 그렇지 않을 수도 있다. 예를 들어, 유아와의 대화에서 양육자가 대화를 유도하는 양식을 사용할 경우("어제 동물원에 가서 어떤 동물들을 봤니?") 지시적인 양식을 사용하는 경우("동물원에 기린이 있었지.")보다 유아의 언어발달을 더 촉진시킬 수 있다.

학령기 이전 유아의 경우 양육자가 자기 스스로 한 말을 반복하거나 자기가 한 말에 내용을 덧붙이는 확장의 방법을 사용함으로써 언어발달이 촉진될 수 있다. 양육자는 유아가 제시한 주제를 지속시키거나 다시 제시하여 대화를 촉진시킬 수 있으며, 유아는 하나의 주제에 대해 더 많은 이야기를 나누며 대화의 차례를 주고받는 능력을 발달시키게 된다(이승복, 이희란, 2013).

유아의 읽기 및 쓰기발달을 위해서는 가정의 문해환경이 중요한 역할을 담당한다. 가정의 풍부한 문해환경은 유아의 문해능력을 촉진시키는데, 가정에서 부모가 유아에게 책을 많이 읽어주고, 유아를 위한 다양한 책을 비치해두고, 부모가 모범적으로 책을 읽는 모습을 자주 보여준다면 유아의 문해능력은 향상된다(정은숙, 1998).

유아의 읽기능력은 양육자와의 책읽기 활동을 통해 향상된다. 예를 들어, 양육자가 반목되는 단어와 순서적인 진행, 경험과 관련된 내용과 단순한 구성의 쉬운 책을 유아와 함께 읽으면서 책의 내용에 대해 질문하고, 유아의 대답에 추가적인 설명을 제공한다면 유아의 읽기능력과 더불어 상상력도 길러줄 수 있다(황선영, 2000).

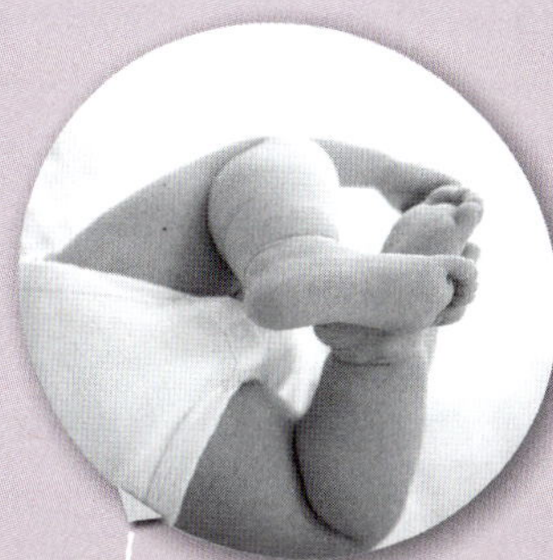

CHAPTER 9

영유아의 사회성 발달

영아기에는 자기 자신이 세상과 분리된 개별적 존재라는 것을 인식을 하고, 유아기에는 자신을 긍정적 또는 부정적으로 평가할 수 있게 되어 자아존중감의 기초가 마련된다. 또한 유아기에는 또래와의 상호작용이 풍부해지며, 또래와 친밀한 애정관계인 우정을 형성하게 되는데 이러한 또래 상호작용 및 우정은 주로 놀이를 통해서 이루어진다. 나아가 인간은 태어나면서 생물학적으로 성이 결정되고, 사회화 과정을 거쳐 자신의 생물학적 성에 적합한 역할을 수행하게 된다. 본 장에서는 자아개념, 또래관계와 놀이, 성역할 발달에 대해 알아보고 영유아의 사회성 발달을 도모하기 위한 양육자의 역할에 대해 알아보고자 한다.

1 자아발달

영아기는 자아개념을 확립하기 위한 기초가 시작되는 시기이다. 자아개념(self-concept)이란 자기 자신에 대해 가지고 있는 상(image), 느낌, 태도 등을 말하며, 자아상(self-image), 자아감(sense of self) 등의 용어와 유사하게 사용되기도 한다(Snow, 1998). 유아기에는 자아개념이 더욱 발전하여 자신을 정교하게 표현할 수 있으며, 자기 자신에 대한 평가인 자아존중감이 발달하게 되고, 상황에 따라 자신을 통제할 수 있게 된다.

1. 자아개념의 발달

영아는 자신과 외부의 환경이 별개라는 것을 어렴풋이 인식하다가 서서히 자신이 다른 사람 또는 사물과 뚜렷이 구분되어 있다는 것을 알게 된다. 이 과정에서 영아의 자아인식(self-awareness)이 발달한다. Mahler는 생후 4~5개월까지 영아와 엄마가 분리되지 않은 채 하나라고 보는 공생관계(symbiosis)에 있다가 이후 30~36개월까지 자신과 엄마 및 환경이 서로 분리되어 있는 존재라는 것을 점차 인식하게 되는 분리개별화(separation-individuation) 과정을 거친다고 보았으며, 이를 '제2의 탄생'이라고 표현하였다(Mahler, Pine, & Bergman, 1975). 이때 일상생활에서 이루어지는 양육자의 상호작용은 영아가 자신의 존재를 환경과 분리된 존재로서 인식하는 데 중요한 역할을 한다. 예를 들어, 영아가 울 때 양육자가 영아를 안고 달래주거나 영아가 가지고 놀던 장난감을 떨어뜨렸을 때 양육자가 주워주면 영아는 자신과는 분리된 다른 존재에 대한 인식과 함께 자신의 존재에 대해서도 인식하게 된다.

이후 영아는 자신의 모습을 정확하게 구별하는데, 이를 자아인지(self-recognition)라고 한다. 영아가 자신의 모습을 인지하는지는 거울실험으로 알 수 있다. Lewis와 Brooks(1978)는 6~24개월의 영아의 얼굴에 루즈를 묻히고 거울을 보여주는 실험을 하였다(그림 9-1). 그 결과, 9~12개월 영아는 거울 속의 자신의 모습을 인지하지 못하였고, 15~18개월 영아의 25%, 21~24개월 영아의 75%가 자신의 얼굴에 묻은 루즈 자국을 만지는 것으로 나타났다. 사진이나 영상 속에서 자신을 알아내는 것도 이와 비슷한 시기에 가능한 것으로 보인다(Brooks & Lewis, 1978; Lewis & Brooks, 1974). 국내 영아를 대상으로 한 거울실험에서도 18~23개월 영아의 84%, 24개월 이상 영아의 93.8%가 거울 속의 루즈가 묻은 자신의 모습을 보고 자기를 가리키는 행동이나 언어를 하는 것으로 나타났다(김양은, 조복희, 2001).

[그림 9-1] 거울실험

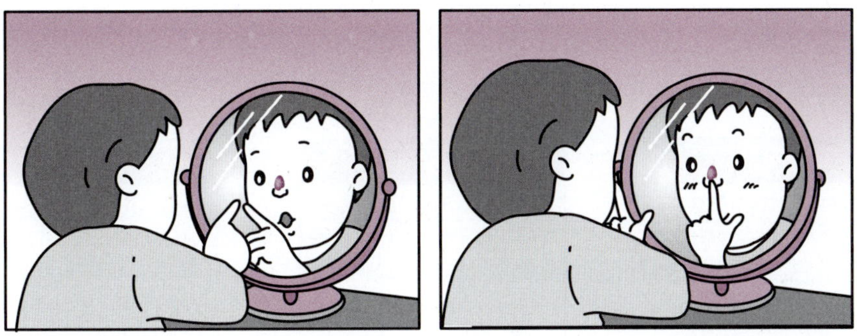

거울 속의 루즈가 묻은 코를 만지는 영아

거울을 통해 루즈가 묻은 코를 보고 자신의 코를 만지는 영아. 자아인지가 발달한 것으로 볼 수 있음.

한편 영아기의 후반부로 갈수록 언어발달이 가속화되면서 자아개념도 급속히 발달한다. 24개월을 전후로 하여 영아는 자신의 특성을 언어로 분명하게 표현하게 되어 이 시기의 자아개념 발달을 '언어적 자아(verbal self)'라고 할 만큼(Stern, 1985) 언어발달은 자아개념을 한층 강화시키는 데 중요한 역할을 한다. 특히 자신을 표현하기 위해서 자신을 나타내는 말(예: 자신의 이름, '나', '나의 것' 등)을 사용한다는 것은 자아개념을 획득했다는 명확한 증거로 볼 수 있다. 이외에도 자신의 성별(남자 또는 여자)이나 외모(예: 키, 머리카락 색 등)와 같은 특정 범주로 설명하는 '범주적 자아(categorical self)'가 발달한다. 이처럼 자신에 대한 객관적 정보를 가지고 자아정의(self-definition)를 하게 된 이후에는 자신에 대해 평가하는 자아평가(self-evaluation)를 할 수 있게 되어 "나는 착한 아이야", "나는 할 수 있어."와 같은 말을 하기도 한다(Stipek, Gralinski, & Kopp, 1990).

[그림 9-2]는 자아개념의 발달적 변화 과정을 보여 준다. 어린 유아들은 자신을 묘사할 때 주로 구체적인 특징을 말한다. 예를 들면, "나는 키가 커", "나는 10까지 셀 수 있어", "나는 강아지를 좋아해."와 같이 외모나 능력, 활동, 소유하고 있는 것, 좋아하는 것 등으로 자신을 표현한다. 이후 눈에 보이지 않는 특성들도 표현하게 되는데, 인성적인 특성("나는 착한 아이야.")이나 심리적인 특성("나는 부끄럼이 많아.")으로 자신을 묘사하기도 한다. 학령기 아동은 사회적 관계 속에서 다른 사람들과 자신의 능력이나 특성을 비교하여 자신을 표현할 수 있게 된다.

[그림 9-2] 발달에 따른 자아개념의 변화

출처: Harter(2012).

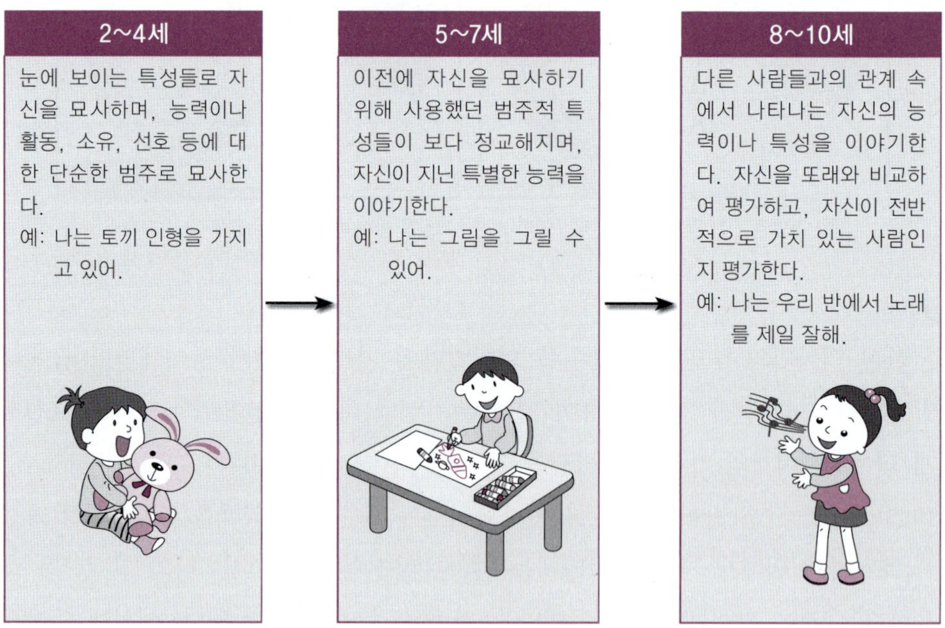

2. 자아존중감

자신의 존재에 대해 인식하고, 자신을 나타내는 여러 가지 특성들을 인지할 수 있게 된 영유아는 자신에 대한 평가를 할 수 있게 된다. 자기 자신을 긍정적으로 평가하여 가치 있는 존재로 여기는 사람은 심리적으로 행복할 뿐만 아니라 자신에게 일어나는 일들에 대해 자신감을 가지고 효율적으로 처리할 수 있다. 또한 다른 사람의 가치를 인정하고 존중하게 되므로 다른 사람들과의 관계 형성이나 사회적 적응으로 이어지게 된다. 이처럼 자신을 가치 있는 사람으로 평가하는 것을 자아존중감(self-esteem)이라 한다. 즉 자아개념이 인지적 측면만을 나타낸다면, 자아존중감은 자아개념에 대한 평가로 감정적 측면을 강조한다.

2세 이전의 영아들은 아직 언어 능력이 미숙하지만 어렴풋이 자신을 좋은 사람 또는 그렇지 않은 사람으로 인식을 할 수는 있다. 이후 유아기에는 자신을 보다 다면적으로 평가할 수 있게 된다. 앞서 영아기 이후 언어 및 인지 발달이 자아개념 발달의 원동력이 될 수 있다고 하였는데, 자신을 평가하는 측면이 강한 자아존중감은 이와 더불어 자율성의 발달과 밀접하게 관련된다. 이 시기 유아들은 스스로 무엇인가를 할 수 있는 능력이 생기면서 주변을 자유롭게 탐색하고 혼자 힘으로 해내려는 강한 동기를 가지고 있다. 이때 주변의 지지를 받아 자율성을 경험해 볼 기회가 많은 유아는 자신이 주변 세계를 통제할 수 있다고 여기고 이는 자신에 대한 긍정적 평가로 이어지게 된다. 예를 들어, 자조기술의 획득으로 양육자의 도움 없이 스스로 밥 먹기, 옷 입기, 세수하기, 대소변 가리기 등의 일상생활 속에서 일어나는 과업들을 수행할 수 있게 되는데다(송명자, 1995), 이러한 과업들을 수행하면서 유아는 자신의 능력에 대한 자신감과 성취감을 갖게 된다.

유아의 자아존중감을 타당하게 측정하기 위하여 연구자들은 여러 가지 방법들을 고안해 내었는데, 그중 그림 자료를 이용하는 방법이 있다. Harter와 Pike(1984)는 4~7세의 유아에게 동일한 상황에 대한 두 개의 그림을 보여 주고 설명한 후, 자신과 어느 정도 비슷하다고 생각하는지 답하도록 하는 방법을 통해 자아존중감을 측정하였다. 예를 들어, 유아에게 [그림 9-3]과 같은 그림을 보여 주면서, 왼쪽 그림의 여자 아이는 퍼즐을 잘 맞추고 있는데 오른쪽 그림의 여자 아이는 퍼즐을 잘 맞추지 못한다는 것을 설명해 준다. 그런 후 유아에게 자신과 비슷하다고 생각되는 그림을 선택하도록 하고, 많이 비슷하면 큰 동그라미를, 조금 비슷하면 작은 동그라미에 표시하도록 하였다. 이 실험을 통해 유아의 인지적 유능성과 신체적 유능성, 또래에게 수용되는 정도와 엄마에게 수용되는 정도를 측정하였다.

[그림 9-3] 그림을 이용한 유아의 자아존중감 측정의 예

출처: Harter & Pike(1984).

유아기에는 자아존중감이 비교적 높은 편이다. 이 시기의 자신에 대한 평가는 비현실적일 정도로 긍정적이다. 가장 큰 이유는 유아는 자신이 틀렸다는 것을 모르기 때문인데, 예를 들면 틀린 글자를 썼는데도 그것이 틀렸다는 것을 모르고 자신이 글자를 잘 쓸 수 있다고 생각한다. 이는 유아의 인지 능력이 완전히 발달하지 않았기 때문이므로 정상적인 발달 과정으로 볼 수 있다(Hughes, 2009). 이후 학령기에 접어들면 어느 정도 자신에 대한 객관적 평가가 가능해지면서 자아존중감은 이전보다는 낮아지는 경향이 있다(Stipek & MacIver, 1989).

3. 자아통제

생후 1년이 되지 않은 영아는 아직 자신의 충동을 억누르지 못하기 때문에 해도 되는 행동과 해서는 안 되는 행동을 구분하지 못하고, 사회적으로 수용되지 않는 행동을 많이 하는 것을 볼 수 있다. 그러나 12~18개월 정도 되면, 바람직하지 않은 행동을 했을 때 양육자가 하지 않도록 지시하면 따를 수 있다. 이처럼 양육자가 제시하는 행동의 기준을 받아들이고 양육자의 바람과 기대에 부응하여 지시와 요구에 따르는 것을 순응행동(compliance)이라고 한다(Kopp, 1982). 양육자의 지시, 즉 외적 통제에 따라 자신의 행동을 조정하던 영아는 24~36개월 정도 되면 점차 외적 통제의 경험을 내면화(internalization)하여 내적 통제가 가능하게 되면서 스스로 자아통제(self-control)를 할 수 있다.

자아통제는 양육자의 사회화 과정에 의해 이루어지므로 양육자의 통제 방식이나 양육행동, 양육자와의 관계가 중요한 역할을 한다. 양육자가 영유아에게 설명해 주거나 격려하는 것과 같이 긍정적인 방식으로 영유아의 행동을 통제한 경우 영유아도 자기통제를 효율적으로 하게 된다. 반면 양육자가 화를 내거나 위협을 하거나 비난을 하는 것과 같이 지나친 강요로 영유아의 행동을 통제하면 영유아의 자기통제가 발달하기 어렵다(Karreman, Tuiil, Aker, & Dekovic, 2006). 또한 양육자와 긍정적인 감정을 공유해 온 영유아는 양육자의 요구에 잘 따르고 이를 잘 내면화하여 자기통제를 효율적으로 할 수 있게 된다(Kochanska & Aksan, 1995).

그러나 만 2세 전후의 영유아는 운동능력이 발달하면서 주변 환경을 자유롭게 탐색하며 호기심을 충족시키려 하고, 언어능력의 발달과 함께 "내가", "싫어"와 같은 말을 많이 하면서 자신의 의사를 분명하게 표현하는 것과 같이 자율성을 강하게 나타낸다. 따라서 이 시기에는 양육자에게 순응하기보다는 양육자의 요구를 무시하거나 거부하고 반항하는 불순응행동(noncompliance)이 절정에 이르며 'terrible two'로 부르기도 한다(하지영, 박성연, 2005). 양육자에게 불순응을 많이 하는 영유아는 이후 문제행동을 나타내기 쉽다고 보고 불순응행동을 역기능적인 것으로 간주하는 경우가 많지만, 이 시기에 일반적으로 나타나는 발달적 특성으로 여기기도 한다(Edwards, 1995).

한편 자아통제는 만족지연 능력과 관련이 있다. 만족지연 능력이란 이후의 더 큰 보상을 위해서 즉각적인 만족을 지연시킬 수 있는 능력을 말하는데, 이후의 성공적인 인지적·사회적 발달을 예측할 수 있는 변인으로 주목받고 있다. 만족지연 능력은 1960~70년대 Mischel의 마시멜로우 실험으로 잘 알려진 실험을 통해 측정되기 시작하였다. 실험자가 마시멜로우 하나가 담긴 접시를 책상 위에 놓고, 유아에게 실험자가 잠깐 방을 나가 있는 동안 마시멜로우를 먹지 않고 있으면 돌아와서 마시멜로우를 두 개 주겠다고 말하고 나간다. 자아통제가 잘 발달한 유아는 두 개의 마시멜로우를 받기 위해 현재의 만족을 지연시킬 수 있다. 이 실험에서 4세에 만족지연을 오랫동안 할 수 있었던 유아는 청소년기에 인지적·사회적으로 더 유능하였으며, 학업 성적이 우수하고, 좌절이나 스트레스에 더 잘 대처하는 것으로 나타났다(Mischel, Shoda, & Rodriguez, 1989).

마시멜로우를 먹지 않고 기다리는 유아와 더 이상 만족을 지연시키지 못하고 마시멜로우를 먹으려는 유아

[그림 9-4] 마시멜로우 실험으로 잘 알려진 만족지연 실험

2 또래관계와 놀이

영아기 동안은 양육자와 애착 관계를 형성하는 것이 주된 사회적 관계였다면, 유아기에는 또래가 사회적 관계의 핵심적인 대상이 된다. 최근에는 예전보다 어린

시기부터 유아교육기관에 다니게 되면서 또래와 만날 기회를 일찍 갖게 되는 경우가 많아짐에 따라 유아의 사회성 발달에 대한 또래의 영향력이 더욱 중요해졌다.

1. 사회적 상호작용 기술과 우정의 발달

영아기에는 주로 혼자 놀이하거나 또래들의 놀이를 쳐다보는 행동을 많이 하며, 또래와의 사회적 교환이 활발하게 일어나지 않는다. 생후 2년 정도 되면 운동 능력 및 언어 능력의 발달과 함께 사회적 상호작용이 빈번히 일어나게 되어 함께 상호작용할 또래의 특성에 맞게 반응을 하거나 자신의 행동을 조정할 수 있게 된다(Howes, 1988). 또래와의 관계는 일방적인 관계가 아닌 양방향의 상호적 관계이기 때문에, 유아는 또래가 보내는 신호에 민감해야 할 뿐만 아니라 자신이 또래에게 영향력을 행사할 수 있어야 한다. Howes(1988)는 또래와의 관계에서 사회적 기능을 성공적으로 해낼 수 있는 능력을 '사회적 유능성(social competence)'의 개념으로 설명하고, 사회적 유능성을 이해하기 위해서는 사회적 상호작용 기술(social interaction skills)과 우정(friendship)의 두 가지 측면을 고려해야 한다고 보았다.

사회적 상호작용 기술은 또래들의 놀이 활동에 쉽게 참여할 수 있고, 또래와 잘 어울려 놀이하며, 애정을 잘 표현하는 것과 같이 또래들에게 수용되고 인기를 얻을 수 있는 행동을 말한다. 예를 들어, '순서 바꾸기(turn-taking)'는 또래를 관찰한 후 반응하고, 다시 또래를 관찰하고 기다렸다가 반응을 하는 것과 같은 일련의 과정을 말하는데 유아가 또래관계를 유지하기 위해 필수적인 사회적 상호작용 기술이라 할 수 있다.

사회적 상호작용 기술이 영아기 이후에 본격적으로 발현되는 이유는 그 이전까지는 인지적 능력에 제한이 있기 때문이다. 예를 들어, 또래와의 놀이에서 사회적 상호작용 기술이 많이 요구되는 가작화놀이는 영아기에는 거의 일어나지 않는다. 영아들은 아직 상징의 개념을 획득하지 못했기 때문이다. 뿐만 아니라 가작화놀이를 하기 위해서는 특정 역할을 맡아야 하고 놀이가 자연스럽게 진행되기 위해 필요한 규칙을 이해해야 하는데, 이러한 능력은 24개월에서 48개월 사이에 획득된다(Howes & Matheson, 1992).

Howes(1988)는 연령에 따른 사회적 능력의 발달을 〈표 9-1〉과 같이 제시하였다. 먼저 13~24개월의 영아들은 또래와 상호 보완적인 놀이를 할 수 있게 되어 순서와 역할을 주고받는 것과 같은 놀이를 한다. 예를 들어, 놀잇감을 건네주고 건네받는 활동이나 숨고 찾기, 도망가고 쫓아가기와 같은 놀이가 나타나기 시작한다. 25~36개월 정도 되면 상호작용이나 놀이의 주제에 대해 함께 이해할 수 있다. 예를 들어, 병원놀이와 같은 가작화놀이를 위해서는 놀이에 참여하는 유아들이 모두 놀이의 주제를 이해해야 하며, 의사와 간호사, 환자와 같은 자신의 역할에 대해서도 이해해야 한다. 마지막으로 3~5세는 또래 집단에 속한 다른 유아들의 특성들에 대한 지식을 갖추어 나가면서 이전보다 더 많은 놀이를 할 수 있게 된다.

〈표 9-1〉 유아의 사회적 능력과 우정의 발달

연령	사회적 상호작용의 특징	우정의 특징
13~24개월	상호 보완적인 놀이가 나타남	안정적인 우정을 형성함
25~36개월	상호작용의 의미에 대해 의사소통할 수 있음	우정에 유연성이 생김
3~5세	또래 집단에 대한 사회적 지식을 획득함	놀이 대상과 친구의 의미가 차별화됨

출처: Howes(1988).

한편 우정은 상호 호혜성과 긍정적 정서의 공유로 대표되는 지속적인 양방향적인 관계를 말한다(Howes, 1983). Howes(1988)가 제시한 연령에 따른 우정의 특징을 살펴보면, 13~24개월의 영아는 여러 명의 또래들 가운데 한두 명에게만 가까이 다가가고 반응을 보이며, 긍정적인 정서를 공유한다. 또한 이 시기의 우정은 오랫동안 지속되는 경향이 있다. 25~36개월경의 우정은 이전보다 유연성이 생겨서 더 많은 또래와 우정을 형성하게 되는데, 같이 게임을 하는 또래와 정서적 안정이 필요할 때 찾는 또래가 따로 있다. 3~5세 유아는 놀이 대상과 우정을 나누는 친구가 서로 다르다. 예를 들어, 놀이 대상에 그치는 것이 아닌 친구는 서로 더 많이 반응해 주고, 더 많은 행동이 오고간다. 그런데 이때 친구 간의 상호작용에는 긍정적인 상호작용도 많이 일어나지만, 부정적인 상호작용도 포함된다. 유아들은 친구가 아닌 다른 유아와 상호작용할 때보다 친구와 상호작용할 때 더 많이 싸우고, 공격적인 행동이나 위협을 가하기도 하며, 거부하거나 저항하는 것과 같은 적대감을 보인다(Rubin, Coplan, Nelson, & Lagace-Seguin, 1999). 그리고 이 시기의 유아는 친밀한 관계를 나누는 친구가 아닌 또래와도 놀이를 할 수가 있으며, 일시적인 우정을 형성하기도 한다. 예를 들어, 다른 유아들의 놀이 활동에 참여하기 위해서 "우리는 친구니까 같이 놀이할 거지?", "이 놀이를 같이 하면 우리는 친구야."와 같이 말하기도 한다(표 9-1).

2. 놀이

Parten(1932)은 2~5세 유아의 자유놀이 상황을 관찰하여 여섯 개의 놀이 유형을 구분하였다(그림 9-5). Parten이 제시한 놀이 유형은 유아의 사회적 놀이 발달에 대한 기본적인 틀을 제공하고 있다.

- 몰입되지 않은 행동(unoccupied behavior): 놀이하지 않고 목적이나 의도 없이 행동한다. 예를 들어, 자신의 신체를 가지고 놀거나, 의자 위를 올라갔다 내려갔다 하기도 하고, 어딘가를 멍하게 쳐다본다. 또는 교사를 따라다니고, 어떠한 목적도 없이 여기저기 돌아다닌다.
- 방관자적 행동(onlooker behavior): 2세 정도의 유아에게서 많이 나타나는 행동으로, 다른 유아가 놀이하고 있는 것을 쳐다보는 데 많은 시간을 보낸다. 다른 유아를 쳐다보다가 질문을 하거나 제안을 하기도 하지만 놀이에 참여하지는 않는다.
- 혼자놀이(solitary play): 혼자놀이는 사회적 놀이 가운데 가장 수준이 낮은 유형이다. 옆에 또래들이 많이 있어도 자신만의 세계에서 혼자 놀이한다. 주변의 유아들과 다른 놀잇감을 가지고 독립적으로 놀이하며, 다른 유아들과 가까

워지려는 노력을 하지 않는다. 2세 유아의 절반 정도가 혼자놀이를 한다.

- 평행놀이(parallel play): 유아들이 같은 공간에서 비슷한 활동을 동시에 하고 있지만 각각 놀이한다. 유아들은 옆에 다른 유아들이 있다는 것은 알지만 교류가 일어나지는 않는다. 즉 함께 놀이하는 것이 아니라 옆에서 놀이하는 것으로 봐야 한다. 평행놀이는 혼자놀이에서 협동놀이로 발전하기 위한 과도기적 놀이 유형이라 할 수 있다.
- 연합놀이(associative play): 다른 유아들과 공통되는 활동을 하면서 상호작용하지만, 협동이나 역할 분담은 일어나지 않는다. 예를 들어, 놀잇감을 서로 빌려 주는 것과 같은 상호작용만 일어난다.
- 협동놀이(cooperative play): 공동의 목표를 이루기 위해 활동을 계획하고 실행하는 것과 같은 조직된 집단 활동이 이루어진다. 놀이를 하기 위해서 조직된 집단에 속하는 것이 중요한 의미를 지니며, 놀이를 주도하는 한두 명의 유아가 있다. 술래잡기와 같은 게임이나, 협동하여 블록으로 건축물을 만드는 것, 병원놀이와 같은 역할놀이 등이 대표적인 예이다.

[그림 9-5] Parten의 놀이 유형

유아의 놀이는 비사회적 놀이에서 점차 사회적 놀이로 발전해 나가는데, 이는 유아의 사회적인 성숙을 반영한다. 즉 유아의 연령이 증가하면서 의사소통 기술이 늘고 또래와 상호작용할 수 있는 기회가 많아지면서, 혼자놀이나 평행놀이와 같은 비사회적인 놀이 유형은 점점 줄어들고, 연합놀이나 협동놀이와 같은 사회적인 놀이 유형이 증가한다(하정희, 1998; Parten, 1932). Piaget(1962)는 또래와 함께 상호작용하여 놀이하는 것이 사회성의 발달에 미치는 영향력에 대해 강조하였는데, 같이 놀이하는 다른 유아들이 서로 생각이 다르다는 것을 알게 되고, 이러한 생각의 차이에 대해 논의하거나 협상하는 기회를 가질 수 있기 때문에 대인관계에서 중요한 조망수용(perspective-taking) 능력의 발달을 도울 수 있다고 보았다.

Parten(1932)은 혼자놀이를 비사회적인 놀이라고 하여 아직 사회적으로 성숙되지 않은 유아가 하는 놀이라고 보았지만, 혼자놀이가 지닌 강점에 대한 재조명이 이루어지고 있다. 오히려 인지적으로 성숙한 유아에게서 혼자놀이가 많이 이루어지며, 특히 어린 유아에 비해 나이가 많은 유아에게서 나타나는 혼자놀이는 인지적으로 더 복잡한 놀이라는 것이 입증되었다(Rubin, 1982). 뿐만 아니라 혼자놀이를 통해 정서적인 측면이나, 신체적 기술, 언어발달, 사회적 정보처리 능력의 발달을 도울 수 있는 것으로 나타났다(Garvey, 1990; Harrist, Zaia, Bates, Dodge, & Pettit, 1997; Piaget, 1962; Strom, 1976).

3 성역할발달

인간은 태어나면서 생물학적으로 성이 결정되고, 사회화 과정을 거쳐 자신의 생물학적 성에 적합한 역할을 수행하게 된다. 성역할을 습득하는 데는 생물학적 차이도 고려해야 하겠지만 사회화 과정에서 자신에게 적절한 성역할을 내면화하는 것도 중요하다. 그러나 일찍부터 성역할에 대한 고정관념을 갖는 것은 지양되어야 할 부분이다.

1. 성역할의 개념

성역할의 습득은 남성 혹은 여성으로 성유형화되어 가는 과정을 의미한다. 그러나 이러한 성유형화가 극단적인 양상으로 나타나, 남성적 또는 여성적이 되어야 한다는 것을 지나치게 강조하게 되면 성역할에 대한 고정관념을 형성할 수 있다. 최근에는 남성성, 여성성으로만 성역할을 구분하는 것이 아니라 양성성에 대한 논의가 활발히 이루어지고 있다.

1) 성역할과 성유형화, 성고정관념

성역할(gender role)이란 남성 또는 여성에게 사회적으로 적절하다고 여겨지는 행동이나 태도, 가치, 특성 등을 의미한다. 사회적으로 남성 또는 여성에게 기대되는 행동이나 특성은 격려되지만, 그렇지 못한 행동이나 특성은 더 이상 하지 못하도록 제재되는 성역할 사회화의 과정을 거쳐 성역할을 습득하게 된다. 예를 들어, 여성에게는 온정적이고 조용한 활동을 하도록 기대하고, 남성에게는 강하고 움직임이 많은 활동을 하도록 기대한다. 유아는 자신의 성을 인식하면서부터 사회화 과정을 통해 성유형화(gender typing)되면서, 사회적으로 자신의 성에 더 적합하다고 생각되는 성역할을 획득해 나간다. 예를 들어, 유아기에 들어서면서부터 자신의 성이 남자인지 여자인지 알게 되고, 남아는 총싸움이나 몸을 많이 움직이는 활동을 하는 한편 여아는 인형놀이나 소꿉놀이를 많이 하게 된다.

사회에 적응하여 살아가기 위해 자신의 성역할에 대한 정체성을 이해함으로써 성유형화되는 것은 반드시 필요하다. 그러나 이를 지나치게 강조하거나 극단적인 성유형화가 이루어지는 것은 성고정관념(gender stereotype)이 될 수 있다. 성고정관념을 가진다는 것은 남아가 인형놀이를 하거나 여아가 총싸움을 하는 것에 대해 이상하게 여기는 것을 말한다. 성고정관념의 발달에 관한 연구들에 따르면, 2~3세경부터 성에 대한 고정관념이 나타나기 시작하여 놀잇감이나 옷, 도구, 가사용품, 게임, 일 등에 대한 고정관념을 보이는데, 유아들은 이러한 고정관념을 매우 엄격하게 여기며 7세 무렵이 되면 절정에 이르렀다가 이후 성역할에 대한 융통성이 증가한다(황혜신, 이순형, 1990; Huston, 1983, 1985; Serbin & Sprafkin, 1986; Signorella, Bigler, & Liben, 1993; Thompson, 1975). 2~3세경에 성고정관념이 시작되는 것은 이 시기에 자기 자신이나 다른 사람이 남자인지 여자인지 정확하게 말할 수 있게 되는 것과 관련이 있다. 한 연구에 따르면, 자신의 성을 말할 수 있는 유아가 그렇지 않은 유아에 비해 자신의 성에 어울리는 놀이를 하는 것으로 나타났다(Fagot & Leinbach, 1989; Fagot, Leinbach, & Hagan, 1986). 생애 초기부터 형성되는 성역할 고정관념은 쉽게 변화하지 않으며, 가정이나 유아교육기관에서 사회화되면서 더욱 확고해질 수 있다고 밝혀졌다(Bascow, 1980). 한편 지나치게 성역할 고정관념을 강조하는 것은 유아를 남성 또는 여성이라는 굴레에 얽매이도록 하여 유아의 개별 특성을 무시한 채 남성다움 또는 여성다움만을 강조함으로써 유아가 지닌 잠재적인 능력 발휘하는 것을 저해할 수 있다.

2) 양성성

Bem(1974)은 사람의 성역할 정도를 평가하기 위해 성역할 척도(Bem Sex-Role Inventory, BSRI)를 개발하였다. 남성답다고 여기는 형용사 20개와 여성답다고 여기는 형용사 20개, 중립적 표현의 형용사 20개를 제시하고, 형용사마다 자신에게 해당되는 표현에는 높은 점수를, 자신과 잘 맞지 않는 표현에 대해서는 낮은 점수를 주도록 하여 점수를 합산하였다(표 9-2). 남성적인 문항의 점수가 높으면 남성성이 강하고, 여성적인 문항의 점수가 높으면 여성성이 강한 것으로 해석할 수 있으나, 사실 이 척도는 양성성을 측정하기 위한 목적으로 개발되었다.

기존의 성역할에 대한 연구들은 주로 어떤 사람에게는 남성적이라는 평가를, 또 어떤 사람에게는 여성적이라는 평가를 하여 성역할을 이분화하였는데, Bem은 한 사람이 남성적인 특성과 여성적인 특성을 모두 나타낼 수 있다는 것에 주목하였다. 이러한 특성을 양성성(androgyny)이라고 하는데, 'androgyny'는 그리스 어원으로 'andro'는 남자, 'gyn'은 여자를 뜻하여 남성성과 여성성의 통합을 의미한다. Bem의 척도에서 남성성 점수는 높은데 여성성 점수는 낮거나 또는 그 반대인 경우에는 남성적 또는 여성적이라고 할 수 있지만, 남성성과 여성성의 점수가 모두 높은 사람에 대해서는 양성적이라고 할 수 있다. 그리고 남성성과 여성성이 모두 낮은 경우는 미분화된 성역할로 볼 수 있다. 이와 같이 성역할은 한쪽 끝은 남성성, 다른 쪽의 끝은 여성성으로 이루어진 연속선상으로 설명할 수 있는 단일 차원이 아니라, 남성성이라는 연속선과 여성성이라는 또 다른 연속선으로 이루어진 두 개의 차원으로 구분해야 한다는 것이다(그림 9-6). Bem은 남성적 또는 여성적으로 평가하는 전통적인 성역할이 아니라 남성성과 여성성을 모두 지닌 양성성을 성역할의 새로운 모델로 제시하였다. 즉 현대사회에서는 상황에 따라서 남성성과 여성성을 융통성 있게 발휘하는 것이 효율적이라는 것이다. 유아를 대상으로 한 국내 연구에서 유아가 양성적 성정체감을 가질수록 자아존중감과 사회적 능력이 우수할 뿐만 아니라 다양한 상황에서 유연하게 반응하여 효과적으로 대처할 수 있기 때문에 유아교육기관에서 적응을 잘할 수 있는 것으로 나타나, 유아에게 '남자답게' 또는 '여자답게'와 같은 성역할 고정관념이 아닌 남성성과 여성성을 고루 길러 주어야 한다고 보았다(정미라, 2009, 2010).

〈표 9-2〉 Bem의 성역할 척도(BSRI)에 나타난 남성적 특성 및 여성적 특성의 일부

남성성	여성성
• 자립적이다. • 독립적이다. • 운동을 잘한다. • 리더십이 있다. • 지배적이다. • 공격적이다. • 경쟁적이다.	• 수줍음이 많다. • 애정이 많다. • 동정심이 많다. • 배려심이 깊다. • 온화하다. • 부드럽다. • 아이들을 좋아한다.

출처: Bem(1974).

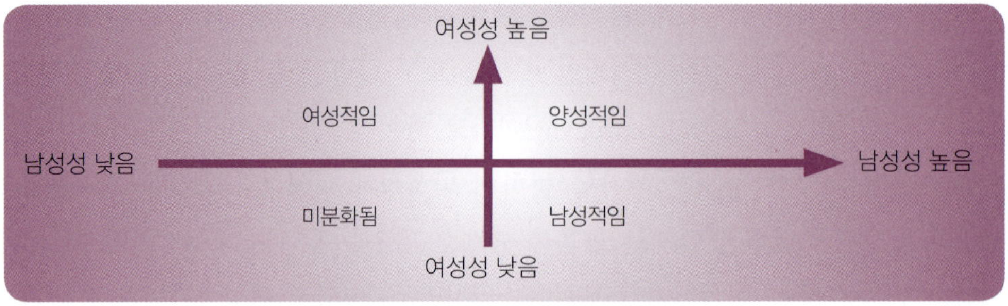

[그림 9-6] Bem의 네 가지 성역할의 구분

2. 성역할발달이론

태어나면서부터 남자답게 또는 여자답게 행동하는 것은 아니다. 다음에서는 성역할이 발달하는 과정을 설명하는 이론들을 살펴보도록 하겠다

1) 정신분석이론

Freud는 심리성적 발달 단계를 제시하였는데, 유아기에 해당하는 3~5세는 남근기로 자신의 성에 대한 인식이 형성되면서, 남아는 거세불안, 여아는 남근 선망을 경험하게 된다고 하였다. Freud에 따르면, 남아의 경우 엄마에 대한 성적 애착을 갖고 엄마와 함께 있는 아버지를 경쟁상대로 여기는 오이디푸스 콤플렉스를 겪게 된다. 이 과정에서 아버지가 자신보다 월등히 강하기 때문에 거세불안의 공포를 경험하게 되고, 이후 엄마에 대한 성적 욕망을 억압하고 자신을 아버지와 동일시하여 아버지처럼 되려고 노력한다. 반대로 여아의 엘렉트라 콤플렉스는 남근 선망으로부터 시작되는데, 엄마에 의해 거세되었다고 여겨 엄마를 질투하고 경쟁자로 생각하며, 아버지에 대한 성적 애착이 나타나게 된다. 여아는 점차 엄마를 경쟁상대로 여기는 대신 엄마와 동일시하여 갈등을 해결하게 된다. 이처럼 Freud는 남아와 여아가 다른 성의 부모에 대한 성적 애착으로 인한 콤플렉스를 해결하기 위해 동성 부모를 동일시하면서 성역할을 획득한다고 보았다.

2) 사회학습이론

사회학습이론에서는 유아의 성역할발달이 주로 부모의 강화와 유아의 관찰로 이루어진다고 본다. 우선 부모는 유아가 성에 적합한 행동을 하도록 강화하는 역할을 한다. 예를 들어, 부모는 남아가 로봇을 가지고 놀거나, 여아가 인형을 가지고 놀면 긍정적으로 반응한다. 반면 남아가 수줍음을 많이 타거나, 여아가 활동적이면 부정적으로 반응한다. 이처럼 부모는 유아가 자신의 성에 적합한 행동을 하면 격려하고, 적합하지 않다고 생각되는 행동을 하면 못하게 하여 유아의 성역

할을 강화한다. 또한 유아는 부모나 형제자매, 교사, 친구들을 통해 동성의 모델을 관찰하여 성역할을 학습한다. 예를 들어, 엄마가 예쁜 구두를 신는 것을 본 여아가 똑같은 구두를 신으려고 하고, 아버지가 야구하는 모습을 본 남아가 따라하는 것을 볼 수 있다.

3) 인지발달이론

Kohlberg는 인지발달이 이루어져야 그에 따른 성역할 습득이 가능하다고 보았다. 유아는 우선 자신의 성별이 무엇인지 인식한 이후에 자신의 성과 맞아떨어진다고 생각하는 주변의 자극에 더욱 민감하게 반응하면서 서서히 자신의 성별과 관련된 지식들을 구성하여 성역할을 획득해 나가게 된다. Kohlberg는 다음과 같은 세 단계를 거쳐 성역할의 발달이 이루어진다고 보았다(Kohlberg, 1966; Kohlberg & Ullian, 1974).

(1) 성 정체성(gender identity)

유아는 2세경부터 시작하여 3세 정도 되면 자신이 남자인지 여자인지 인식하고, "나는 남자야.", "나는 여자야."와 같이 자신의 성별을 지칭할 수 있다.

(2) 성 안정성(gender stability)

4세 정도의 유아는 자신의 성은 시간이 흘러도 바뀌지 않는다는 것을 안다. 즉 남아는 커서 아빠와 같은 어른이 되고, 여아는 커서 엄마와 같은 어른이 된다는 것을 인식한다.

(3)성 항상성(gender consistency)

5~7세가 되면 외모나 활동 등이 달라져도 성은 바뀌지 않는다는 것을 안다. 예를 들어, 여아가 바지를 입거나 로봇을 가지고 놀아도 남자로 바뀌지 않는다는 것을 인식한다(그림 9-7).

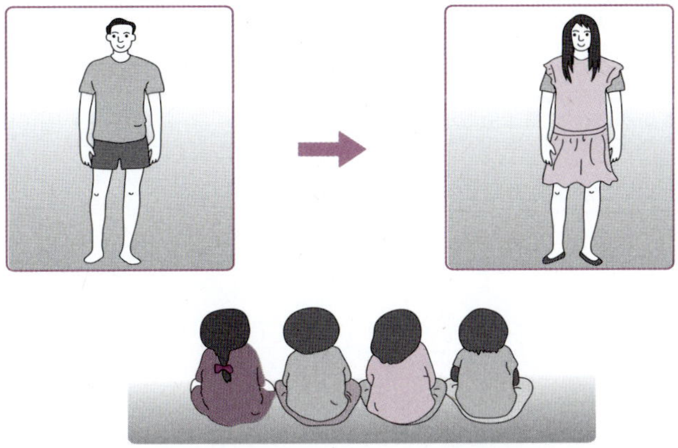

유아들에게 남자 성인을 보여 주고, 유아들이 보는 앞에서 긴 머리의 가발과 여자 옷으로 갈아입는다. 유아들에게 남자인지, 여자인지 물어보았을 때, 성 항상성을 이해하지 못한 유아는 '여자'라고 대답하는 반면, 성 항상성을 이해한 유아는 '남자'라고 대답한다.

[그림 9-7] 성 항상성에 대한 이해

유아는 성 정체성, 성 안정성, 성 항상성을 형성해 나가는 과정에서 자신의 성에 대한 인식을 확고히 하면서 동성의 모델에 의해 사회화되어 성 고정관념적인 행동을 더 많이 학습하게 된다.

4) 성 도식이론

Bem(1981, 1983)은 사회학습이론과 인지발달이론을 변형한 성 도식이론을 제시하였는데, 성 도식이론에서는 유아가 성을 유형화하고, 성역할을 습득하기까지의 정보처리 과정을 중요시한다. 성 도식(schema)이란 성에 대한 인지구조를 의미하는데, 유아는 "남자는 힘이 세고, 여자는 힘이 약하다."와 같은 성과 관련된 행동에 대한 기본적인 지식을 구성해 나가면서 성에 대한 인지구조를 갖게 되고, 자신의 인지구조에 적합한 행동을 선택하게 된다.

[그림 9-8]은 여아에게 트럭과 인형을 제시했을 때, 어떤 것을 선택할지 결정을 하는 과정을 보여 준다. 인형을 본 여아는 남자에게 어울리는지, 여자에게 어울리는지를 생각하여 "인형은 여자를 위한 거야."라는 결정을 한다. 그리고 "나는

여자야. 그러니까 인형은 나를 위한 거야."라는 결정을 한다. 이러한 결정은 여아가 인형을 가지고 놀 수 있도록 하며, 점점 확실하게 기억될 것이다. 반면 여아가 트럭을 봤을 경우 "트럭은 남자를 위한 거야."라는 인지구조에 맞추어 "나는 여자야. 그러니까 트럭은 나를 위한 것이 아니야."라고 결정짓게 된다. 이러한 결정은 여아가 트럭을 가지고 놀지 않도록 하며, 앞으로도 트럭을 멀리하게 할 것이다(Martin & Halverson, 1981).

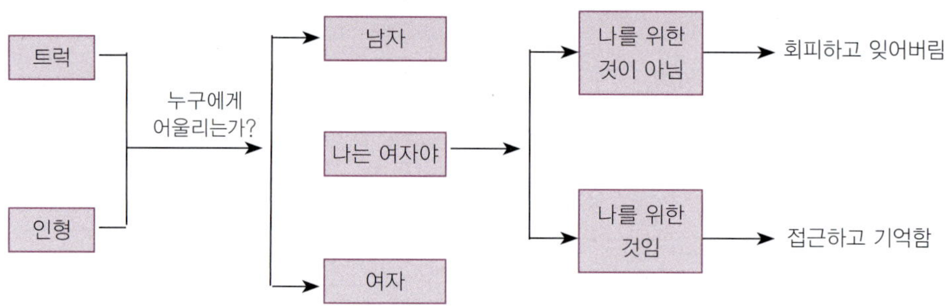

[그림 9-8] 성 도식 모델

출처: Martin & Halverson(1981).

3. 성역할의 발달에 영향을 미치는 요인

남자와 여자가 서로 다른 성역할을 가지게 된 것은 타고나기 때문인지, 아니면 사회화되는 것인지에 대한 의문을 제기할 수 있다. 다음에서는 성역할 발달에 대한 생물학적 영향과 사회적 영향에 대해서 살펴보겠다.

1) 생물학적 영향

남성과 여성이 서로 다르게 행동하는 것을 진화론으로 설명할 수 있다. 인류의 역사를 거슬러 올라가 보면 남성은 주로 수렵과 채집을 위해 집 밖에서 활동하거나 적과 싸우는 일을 담당했고, 여성은 자녀를 키우는 일을 담당했다. 이와 같은 남성과 여성의 역할은 인류가 진화하면서 남성에게는 공격적인 성향을, 여성에게는 반응적인 성향을 가지도록 해 왔다(Geary, 1999).

성역할의 발달에 대한 또 다른 생물학적 설명은 남성과 여성의 호르몬의 차이이다. 호르몬이론에 따르면, 태내기의 안드로겐(androgen) 수준이 남성과 여성의 행동이나 특성의 차이를 설명해 줄 수 있다(Hines, 2004). 남성 호르몬 안드로겐의 일종인 테스토스테론은 남성적인 행동을 증가시키고, 여성적인 행동을 감소시키는 것으로 알려져 있다(Collaer & Hines, 1995; Goy & McEwen, 1980). 이러한 결과들은 주로 쥐 등의 동물 실험을 통해 입증되었는데, 인간의 경우 호르몬을 조작할 수 없으므로 태내기부터 호르몬이 비정상적인 선천성부신과형성(Congenital Adrenal Hyperplasia, CAH)을 보이는 여아를 대상으로 연구가 수행되었다. 선천성부신과형성은 선천적인 유전질환으로 이러한 질환을 가진 여아는 태내기부터 테스토스테론이 과다 형성되어 보통의 여아보다 남성적인 놀잇감을 더 많이 가지고 놀거나, 남성적인 활동이나 행동을 더 많이 하는 것으로 보고되고 있다(Hines, 2004; Pasterski, Brain, Geffner, Hindmarsh, Brook, & Hines, 2005). 이처럼 남성호르몬과 같은 생물학적 요인은 성역할의 발달을 설명하는 요인이 될 수 있다.

2) 사회적 영향

(1) 가족

부모는 유아의 성역할 사회화 과정에서 지대한 영향력을 행사한다. 앞서 살펴본 성역할발달과 관련된 이론들 가운데 Freud의 동일시이론에 따르면, 유아는 부모의 행동을 모방함으로써 부모의 성역할에 대한 신념을 내재화한다. 또한 사회학습이론에 따르면, 부모는 성역할에 대한 모델이 될 뿐만 아니라, 유아에게 성과 관련된 경험을 제공하고, 성역할을 직접적으로 가르치기도 한다. 부모에 의한 남아와 여아의 성역할 사회화는 부모가 자녀의 성을 알게 되는 순간부터 시작된다. 전통적으로 남아를 위해서는 하늘색, 여아를 위해서는 분홍색의 옷이나 신발,

아기용품을 준비하는 것이 이를 단적으로 보여 주는 예이다(Fagot, 1995). 부모는 이미 성역할에 대한 고정관념에 익숙해져 있기 때문에 자녀를 양육하는 과정에서 의도적이든 비의도적이든 자신의 성역할 고정관념이 드러나게 된다. 예를 들어, 어머니는 자녀와의 상호작용에서 집안일을 하거나, 노래 부르기 또는 그림 그리기와 같은 활동을 많이 하는 반면, 아버지는 야외 활동이나 운동을 많이 한다(John, Halliburton, & Humphrey, 2013).

연구자들은 부모가 남아와 여아 중 누구에게 성역할 고정관념을 더 많이 보이는지, 아버지와 어머니 중에서는 누가 성고정관념을 더 많이 보이는지에 대해 관심을 가져 왔다. 우선 자녀가 여성적인 특성이라 할 수 있는 수줍음을 보이는 것과 남성적인 특성인 공격성을 나타내는 것에 대해 어머니가 어떻게 반응하는지 살펴본 연구가 있다(Kingsbury & Coplan, 2012). 이 연구에서 어머니는 남아와 여아 모두 공격적인 행동을 하는 것에 대해서는 부정적으로 반응하였으나, 남아의 공격성은 어느 정도 수용해 주는 것으로 나타났다. 또한 여아보다 남아의 수줍음에 대해서 더 많이 걱정하는 것으로 나타났다. 이와 같이 부모는 여아보다 남아에게 더 엄격하게 성역할 고정관념을 적용하는 경향이 있다.

한편 아버지와 어머니 중에서 누가 더 성유형화된 행동을 중요하게 생각하는지에 대한 연구는 다음과 같다. Kane(2006)은 3~5세 자녀를 둔 아버지와 어머니를 대상으로 성역할 기대와 자녀의 성역할 행동에 대한 반응을 조사하였는데, 아버지는 성역할에 대한 태도가 매우 분명한 반면, 어머니는 유연한 것으로 나타났다. 그리고 아버지가 딸보다 아들의 성역할 행동에 더 엄격하며, 아버지에 비해 어머니가 양성평등의식이 일반적으로 높게 나타났다(강경석, 박연희, 2008).

(2) 유아교육기관

최근에는 유아들이 일찍부터 기관에 다니는 경우가 많기 때문에, 성역할발달에 대한 가정 이외의 환경의 영향력도 중요하게 고려되어야 한다. 유아기는 이미 자신의 성에 어울리는 것이 무엇인지 인식하기 시작하였기 때문에 유아교육기관에서도 남자다운 또는 여자다운 놀잇감이나 활동을 스스로 선택하는 경향이 있으며, 이러한 성역할을 매우 엄격하게 적용한다(Trautner, Ruble, Cyphers, Kirsten, Behrendt, & Hartmann, 2007). 유아의 성역할발달에 있어서 교사의 역할도 중요한데, 교사가 대체로 여아와 더 친밀한 관계를 유지하는 한편 남아와의 관계에서는 남아가 공격적인 행동을 보일 때 빈번하게 야단치는 반응을 하는 것으로 나타났다(Serbin, O'leary, Kent, & Toniek, 1973). 즉 교사는 남아의 행동에 대해 통제하기 어렵다고 생각하여 필요 이상으로 남아에게 지시하는 행동을 많이 하는 경향이 있다. 또한 유아들은 교사가 함께 있을 때와 없을 때 놀이의 유형에서 차이가 나타나는데, 교사가 있으면 여아들은 그룹 활동을 더 많이 하는 반면, 남아들은 교사가 없을 때 그룹 활동을 많이 하였다(Oettingen, 1985). 이러한 결과는 여아가 어른이나 또래와 함께 있는 것을 더 좋아하기 때문인 것으로 보인다.

한편 3세 정도 되면 동성의 또래와 상호작용을 더 많이 한다(Jacklin & Maccoby, 1978). 유아가 동성의 또래와 놀이를 많이 하게 되면서 남아와 여아는 점차 서로 다른 문화를 경험하게 되며, 이때 각각의 성에 어울리는 방식으로 행동하게 되어 성역할 유형화는 한층 강화된다(Maccoby, 1990). 유아가 서로에게 성역할 사회화의 역할을 한다는 것이다. 예를 들어, 동성과의 상호작용을 많이 하는 유아는 성 유형화된 놀잇감을 선호하게 된다(Connor & Serbin, 1977; Eisenberg, Boothby, & Matson, 1979). 이를 반대로 생각할 수도 있는데, 유아가 성유형화된 놀잇감을 가지고 놀기 때문에, 비슷한 놀잇감을 선호하는 동성의 유아들이 모이게 되어 함께 놀이하는 양상이 되는 것으로 이해할 수도 있다(Eisenberg, Tryon, & Cameron, 1984).

(3) 매체

TV, 비디오, 컴퓨터, 책 등의 매체에는 성역할 고정관념이 많이 내재해 있다. 이러한 매체를 일상적으로 접하는 유아가 이들 매체가 전하는 성고정관념의 영향을 피할 수는 없다. 특히 TV는 시각, 청각적으로 메시지를 강렬하게 전달하기 때문에 유아는 TV 속의 인물이 하는 말이나 행동, 특성 등에 매우 민감하게 반응한다. 유아가 성고정관념을 나타내는 TV 등장인물에 지속적으로 노출되면 이러한 고정관념을 당연하게 인식하게 되며, 한편으로는 TV의 등장인물을 자신과 동일시하면서 성고정관념을 학습하게 된다. 실제로 TV를 많이 보는 유아가 그렇지 않은 유아에 비해 성에 대한 고정관념을 더 많이 가지고 있는 것으로 나타났다 (Huston, Donnerstein, Fairchild, Feshback, Katz, & Murray et al., 1992).

한편 그림책이나 동화도 유아의 성고정관념에 영향을 미칠 수 있다. TV와 마찬가지로 동화 속에도 수많은 성과 관련된 고정관념이 존재한다. 동화에 나타난 성역할 전형성을 분석한 연구에 따르면, 세계의 전래동화들에서 여성은 능력이나 성취보다 외모가 강조되는 경우가 많았고, 엄마가 가정 밖에서 일하거나 전문직으로 일하는 경우는 적었으며, 가족 구성원이 집안일에 동등하게 참여하지 않는 것으로 묘사되고 있었다(이순형, 임송미, 성미영, 2006). 유아가 성역할 고정관념이 내재되어 있는 동화를 많이 본다면, 유아도 자연스럽게 고정관념을 습득하게 될 것이다. 이처럼 TV나 동화 등이 유아의 성역할발달이나 고정관념에 영향을 미칠 수 있다는 점을 이용하여, TV나 그림책 속의 등장인물과 내용을 반편견적으로 제작하여 유아에게 보여 줌으로써 유아의 성고정관념을 줄일 수 있을 것이다 (염명순, 조복희, 권희경, 한유미, 1999; 정은정, 2003; 홍연애, 정옥분, 1993).

4 영유아의 사회성 발달을 도모하기 위한 양육자의 역할

영유아는 자신을 둘러싼 주변 환경 속에서 또는 주변 사람들과의 관계 속에서 자아개념을 형성한다. 따라서 양육자의 역할이 매우 중요하다. 부모가 민감하게 반응하고 정서적으로 지지할 때 영유아는 자신을 긍정적으로 이해한다. 양육자는 다음과 같은 방법으로 영유아가 자아존중감을 갖도록 할 수 있다.

첫째, 영유아의 자율성을 존중해 주어야 한다. 영유아기는 자율성과 주도성이 발달하는 시기이다. 영유아가 무엇이든 스스로 해 보려고 하는 것은 이 시기의 자연스러운 발달 과정이며, 반드시 경험해야 할 발달 과업이다. 자율성을 발휘하여 주변을 자유롭게 탐색하고, 스스로 무엇인가를 하는 경험을 많이 해 본 영유아는 성취감을 맛볼 수 있다. 이 과정에서 영유아는 자신이 주변 세계를 통제할 수 있으므로 유능한 존재라고 인식하게 된다. 그러나 이 시기의 자율성으로 인해 자칫 위험한 상황이 일어나기도 하고, 양육자의 입장에서는 영유아의 자율성을 인정해 주면 통제하기 어려운 상황이 되어 버리는 경우가 많으므로 영유아의 행동을 지나치게 통제하거나, 유아가 스스로 하기 전에 양육자가 대신해 주는 경우가 많다. 특히 이 시기 영유아가 습득해야 할 자조기술을 양육자가 대신해 주면 영유아는 스스로 옷을 입고, 스스로 음식을 먹으면서 자율성과 성취감을 경험해 볼 기회를 박탈당하게 된다. 영유아가 실수를 하더라도 자율성의 기회는 주어져야 한다. 대신 모든 자율성을 인정해 줄 수는 없다. 영유아에게 위험하거나 다른 사람에게 해가 되는 행동은 엄격하게 제한을 두어야 한다. 이처럼 영유아의 자율성을 인정해 주는 것은 영유아가 자신에 대한 긍정적인 평가를 하게 함으로써 자아존중감의 발달에 도움이 된다.

둘째, 영유아에게 칭찬과 격려를 해 줌으로써 영유아가 자신을 긍정적으로 평가하도록 도울 수 있다. 칭찬은 사람에 대한 칭찬과 과정에 대한 칭찬의 두 가지 유형으로 구분된다(Kamins & Dweck, 1999; Mueller & Dweck, 1998). 사람에 대한 칭찬은 유아 전반에 대한 칭찬으로 예를 들면, "너는 참 착해.", "너는 정말 똑똑해."와 같이 칭찬하는 것이다. 이러한 칭찬은 영유아의 능력이 변하지 않는다는 메시지를 전달하기 때문에 영유아는 양육자를 실망시키지 않고 싶을 것이고 결국 새로운 도전을 피하게 될 것이다. 반면 과정에 대한 칭찬은 영유아가 어떤 일을 수행하는 과정에 대한 칭찬으로 "이 일을 정말 즐겁게 했구나"와 같은 칭찬이다. 이러한 칭찬은 영유아로 하여금 새로운 도전에 대해 즐길 수 있는 기회로 여기게 한다. 따라서 사람에 대한 칭찬보다는 과정에 대한 칭찬을 하는 것이 유아에게 동기를 부여할 수 있다.

셋째, 평소의 양육행동이나 양육자와 영유아 간의 상호작용은 영유아의 내적 작동모델(internal working model)로 작용하여 유아의 자아존중감에 영향을 미칠 수 있다. 예를 들어, 엄마와 안정된 애착을 형성한 유아는 자신과 타인에 대한 긍정적인 내적 작동모델을 형성하고 이는 높은 자아존중감으로 연결된다(최현미, 2013). 또한 부모나 교사가 영유아에게 긍정적으로 기대하는 것은 영유아로 하여금 긍정적인 자아개념을 갖도록 한다(정명숙, 2007). 따라서 양육자는 영유아의 긍정적인 특성을 강화해 주고 잠재력을 격려해 주는 것과 같은 사회적 지지를 제공함으로써 영유아의 자아존중감을 높일 수 있을 것이다.

양육자는 또래관계와 놀이발달을 지원함으로써 영유아의 사회성 발달을 도울 수 있다. 그러나 부모가 자녀의 또래관계에 개입하는 것이 도움이 되는가에 대한 연구 결과들은 일관적이지 않다. 부모의 감독과 개입이 영유아의 또래관계와 사회적 유능성을 높여 준다는 연구가 있는가 하면(Bhavnagri & Parke, 1991; Finnie & Russell, 1988), 반대로 영유아의 사회적 능력을 저해한다는 연구 결과도 있다(Ladd & Golter, 1988; Mize, Pettit, & Brown, 1995). 부모의 개입이 또래관계에 도움이 된다는 연구들은 아직 사회적 상호작용 능력이 미숙한 영유아에게 또래 상호작용의 기회를 제공하고 사회적 기술을 알려주기 때문인 것으로 볼 수 있다. 반면 부모가 개입하는 것이 좋지 않다는 입장은 영유아가 자발적으로 또래와 상호작용할 수 있는 기회를 막음으로써 사회적 기술의 습득을 방해한다는 것이다.

이처럼 부모는 영유아에게 또래관계의 기회나 환경, 활동을 제공한다거나, 또래와 상호작용할 수 있도록 안내하는 역할을 하여 또래관계에 직접적인 영향을 미치기도 하지만, 부모-자녀 관계가 어떻게 형성되었는가에 따라 또래관계가 달라져 부모가 간접적인 영향력을 발휘하기도 한다(Berk, 2008). 예를 들어, 영유아가 어렸을 때부터 부모와의 상호작용을 통해 경험했던 사회적 기술이나 태도가 또래와의 상호작용으로 전달된다. 따라서 영유아가 사회적 상호작용에서 어려움을 나타낸다면 부모-자녀 관계에서 비롯된 것이 아닌지 의심해 보아야 한다(McDowell & Parke, 2000).

성역할의 발달은 생물학적 요인의 영향을 받지만 환경적 요인이 매우 중요하게 작용한다. 사회문화적 기대에 따른 성유형화가 이루어지는 것은 정상적인 발달 과정이지만 고정관념화되는 것은 영유아의 잠재 능력을 저해할 수 있다는 점에서 지양되어야 한다. 즉 영유아가 건강한 성역할을 발달시키도록 하기 위해서는 양육자의 역할이 중요하다. 영유아는 일찍부터 자신의 성을 인식하고, 자신의 성에 적절하다고 여기는 성역할에 따라 행동한다. 이때 양육자가 강력한 모델이 되므로 양육자는 성역할에 대한 고정관념을 전해 주는 모델이 되어서는 안 될 것이다. 예를 들어, 매번 집안일은 엄마가 한다든지 운전은 아버지가 하는 것을 보고 자란 영유아는 여자의 일과 남자의 일이 따로 있다고 생각할 것이다. 그러나 부모가 역할 분담을 하여 다양한 일을 서로 번갈아 가며 한다면 영유아는 그것을 당연하게 여길 것이다.

또한 양육자가 영유아의 성에 따라 다른 놀잇감을 준다든지, 다른 분위기의 방을 꾸민다든지, 다른 활동을 제공하는 것보다는 영유아의 발달 수준이나 강점과 약점 등을 고려하는 것이 바람직하다. 즉 영유아의 성을 기준으로 삼기보다는 유아의 개별적인 특성을 중요하게 생각해야 한다. 영유아에 대한 양육자의 반응도 중요하다. 부모가 성차별적인 태도를 보이지 않고 양성평등의식이 높을수록 영유아는 성고정관념을 덜 갖게 된다(강경석, 박연희, 2008). 따라서 양육자는 자신의 성역할 고정관념에 대해 반성해 보고, 자신의 태도가 영유아에게 의식적, 무의식적으로 전달될 수 있다는 점을 유념해야 한다.

어려서부터 형성된 성역할 고정관념은 시간이 흘러도 쉽게 변하지 않는다. 따라서 성역할에 대한 유형화가 이루어지기 시작하는 유아기에 성역할 고정관념에서 벗어나 현대사회에서 추구하는 심리적 양성성을 지닌 유아로 성장할 수 있도록 양육자가 적극적으로 지원해야 할 것이다.

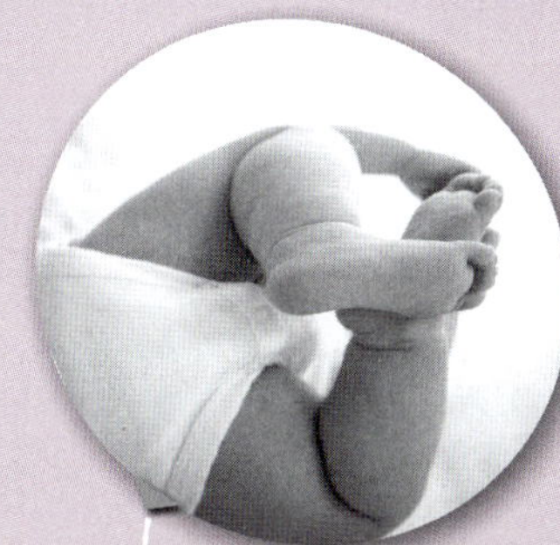

CHAPTER 10

영유아의 도덕성 발달

영유아의 도덕성 발달은 사회정서발달의 핵심적인 부분으로서 이타성과 공격성 발달과도 밀접한 관련을 보인다. 본 장에서는 영유아의 도덕성, 이타성, 공격성 발달의 기본 개념을 이해하고, 이들의 발달을 설명하는 개별 이론들을 구체적으로 살펴보며, 발달적 경향과 영향 요인에 대해 알아보고자 한다. 또한 여유아의 도덕성 발달을 도모하기 위한 양육자의 역할에 대해 다루어 보고자 한다.

1 도덕성 발달

1. 도덕성의 개념

도덕성(morality)이란 선과 악을 구별하고, 옳고 그름을 판단하며, 인간관계에서 지켜야 할 규범을 준수하는 능력을 뜻한다. 즉 사회생활의 규범과 인간 행동의 규칙으로서 인간으로 하여금 그 집단 내에서 용인된 바람직한 행동 규범에 부합되게 행동하고 사고하게 하는 체계로 정의된다.

도덕성의 구성 요소에는 정서적, 인지적, 행동적 측면이 포함된다. 먼저 도덕성의 정서적 측면은 '옳은' 행동이나 '그른' 행동에 관련된 정서, 그리고 도덕적 사고와 행위를 유발하는 정서를 의미한다. 다음으로 인지적 구성 요소는 옳고 그름이 무엇인지 개념화하고 어떤 방식으로 행동할 것인지를 결정하는 부분이다. 마지막으로 행동적 구성 요소는 도덕 규칙을 위반할 수 있는 상황에서 실제로 나타나는 도덕적 행동을 의미한다.

도덕성 발달에 관한 세 가지 주요 이론들은 도덕성의 서로 다른 구성 요소에 초점을 두고 도덕성 발달을 설명하였다. 먼저 정신분석학자는 정서적 측면, 즉 도덕적 정서를 강조하였고, 아동이 자부심과 같은 긍정적 정서를 경험하고 죄의식이나 수치심과 같은 부정적 정서를 회피하기 위해 자신의 윤리 원칙에 따라 행동하도록 동기화된다고 주장하였다. 이와 달리 도덕성의 인지적 측면, 즉 도덕적 추론에 관심을 가진 인지발달이론가는 아동이 옳고 그름에 대해 사고하는 방식은 아동이 성숙함에 따라 보다 극적으로 변화한다는 사실을 발견하였다. 마지막으로 사회학습 및 사회적 정보처리이론가의 연구는 도덕규범을 위반하는 행동(거짓말하기, 훔치기, 속이기)을 금지함으로써 유혹에 대한 저항이나 도덕적 행동의 실행을 아동이 어떻게 학습하는지를 규명하고자 하였다(Shaffer, 2000).

2. 도덕성 발달이론

도덕성 발달을 설명하는 이론으로는 정신분석이론, 인지발달이론, 사회학습이론을 들 수 있다.

1) 정신분석이론

정신분석이론에 의하면, 인생의 초기 단계에 영유아가 부모의 기준이나 사회의 규범에 적응하는 과정을 통해 도덕성 발달이 이루어진다. 도덕성이 발달함에 따라 영유아는 사회의 규범을 내면화해서 반사회적 행동을 억제하게 되며, 이를 위반했을 때에는 불안감과 죄책감을 느끼게 된다. 따라서 죄책감이 형성되면 영유아는 이로부터 벗어나기 위해 사회의 규범에 보다 더 순응하게 되고 이러한 과정을 통해 도덕성 발달이 이루어진다(정옥분, 2004).

Freud(1933)의 정신분석이론에 의하면, 인간의 성격은 원초아(id), 자아(ego), 초자아(superego)의 세 가지 구성 요소로 이루어져 있다. 원초아가 인간 본능의 충족을 추구하는 반면, 자아는 실제적인 충족 수단을 찾을 때까지 원초아의 충동을 억제시키려고 노력하며, 초자아는 원초아의 충동과 자아의 욕구 충족 수단이 도덕적으로 용납될 수 있는지를 판단하는 역할을 담당한다. 도덕성 발달은 이러한 성격의 구성 요소 가운데 초자아의 발현을 통해서 이루어진다. 초자아의 미성숙으로 인해 원초아의 지배를 받는 걸음마기 영아는 도덕적 개념이 아직 형성되지 못한 상태이므로, 부모가 영아의 옳은 행동을 보상해주고 그릇된 행동을 처벌해줌으로써 초자아의 역할을 대신한다. 그러나 연령이 증가하면서 일단 초자아가 발달하면, 유아는 자신의 사고와 행동을 스스로 감독할 수 있는 능력을 획득하게 된다. 초자아가 잘 발달된 유아는 자신에 대해 엄격한 통제를 가하고, 나쁜 행동을 했을 때는 죄책감과 수치심을 느낌으로써 자아를 스스로 처벌한다. 이와 같이 도덕적으로 성숙한 유아는 자존감을 유지하고 부정적 감정을 피하기 위해 도덕적 규범을 벗어난 유혹에 저항하게 된다(Shaffer, 2000).

Freud의 성격 발달 단계 중 세 번째 단계에 해당하는 3세부터 6세까지의 남근기(phallic stage)에 유아는 이성 부모에 대해 근친상간적 욕망을 가지기 때문에 동성 부모에 대한 적대적 경쟁심을 경험한다. 동성부모에 대한 이러한 적대감을 남아의 경우 오이디푸스 콤플렉스, 여아의 경우 엘렉트라 콤플렉스라고 한다. 남아는 오이디푸스 콤플렉스와 함께 거세불안(castration anxiety)을 경험하게 되는데 이로부터 벗어나기 위해 아버지를 동일시하며 아버지의 도덕 기준을 내면화한다. 여아도 아버지의 애정을 확보하기 위해 엄마와 경쟁하는 동안 엘렉트라 콤플렉스를 경험하지만, 남아와는 달리 거세불안을 느끼지는 않기 때문에 아들이 아버지를 두려워하는 만큼 엄마를 두려워하지는 않는다. 여아는 엘렉트라 콤플렉스를 해결하기 위해 엄마를 동일시하면서 엄마의 도덕 기준을 내면화하게 된다.

도덕성 발달에 관한 Freud의 이론은 자부심, 수치심, 죄책감 같은 도덕적 정서가 윤리적 행동을 결정하는 중요 요소라는 점과, 도덕 원리의 내면화가 도덕적 성숙으로 이끄는 결정적 단계임을 주장했다는 점에서는 긍정적 평가를 받고 있다. 그러나 일부 측면에서는 비판을 받고 있다. 예를 들어, Freud(1933)는 여성의 도덕성 발달은 불완전하다고 주장하였다. 이는 초자아의 형성은 오직 거세불안에 의해서 완전해지는데, 여성에게는 거세불안이 없는 만큼 보다 약한 초자아를 발달시키게 되어 도덕적인 측면에서 남성보다 덜 엄격한 편이라는 것이다. 그러나 이러한 주장은 단순히 Freud 자신의 문화적 고정관념을 반영한 것일 뿐이라는 비판을 받았다.

2) 인지발달이론

인지발달이론가는 인간의 다양한 행동이 옳은지 그른지를 결정할 때 아동이 보이는 사고의 발달, 즉 도덕적 추론의 관점에서 도덕성 발달을 설명하였다. 인지발달이론에서는 도덕성 발달이 주로 인지 발달에 의존한다고 주장하였다. 도덕적 추론은 불변적 순서의 단계들을 통과하는 과정에서 발달하는데, 각 단계는 이전 및 이후 단계와는 질적으로 다른 도덕적 문제 해결 방식을 포함한다. 각각의 도덕 단계는 바로 이전 단계에서 발달하며, 특정 단계가 대체되거나 생략될 수 없다는 것이 인지발달이론가들의 주장이다. 도덕성 발달 단계에 대한 이러한 가정은 인지발달 단계에 대한 Piaget의 가정과 동일한 내용이다.

도덕성 발달에 대한 Piaget의 이론과 더불어, Piaget 이론을 토대로 이를 확장시킨 Kohlberg의 이론은 도덕성 발달을 설명하는 대표적인 인지발달적 접근이다. 이와 함께 Gilligan의 배려 지향 도덕성, Damon의 분배정의 개념이 있다.

(1) Piaget의 도덕성 발달이론

Piaget는 도덕성 발달이 인지 발달의 순서에 병행하여 발달한다고 보았다. Piaget(1965)는 5~13세 아동들의 공기놀이를 관찰함으로써 규칙 준수의 발달을 연구하였고, 이를 통해 아동의 도덕성 발달 단계를 규명하였다. Piaget는 아동들에게 누가 게임 규칙을 만들었는지, 모든 사람이 규칙을 반드시 지켜야 하는지, 이 규칙을 바꿀 수 있는지 등의 개방적 질문을 하였다. 이와 함께 행위의 의도와 결과가 다양한 이야기를 아동에게 들려주고, 누가 더 나쁘며 그 이유가 무엇인지를 질문하였다. 유아의 응답에 근거하여 Piaget는 도덕성 발달 단계를 5세에서 10세까지의 타율적 도덕성(heteronomous morality) 단계와, 10세 이후의 자율적 도덕성(autonomous morality) 단계로 구분하였다(Berk, 2003).

먼저 타율적 도덕성 단계의 유아 및 아동(5~10세)은 규칙이란 권위자(예: 신, 부모, 교사)가 일방적으로 부과하며 매우 신성하고 변경이 불가능하다고 생각한다. 이 단계의 유아 및 아동은 규칙을 변경할 수 없는 절대적인 것으로 생각하기 때문에, 새로운 규칙을 가르쳐 주어도 기존의 규칙을 그대로 적용해야 한다고 주장한다. 행위의 결과를 판단할 경우에도 그 의도와는 관계 없이 단지 행위의 결과에 의해 옳고 그름을 판단한다. 또한 타율적 도덕성 단계의 유아 및 아동은 사회적 규칙을 위반하게 되면 언제나 처벌이 뒤따른다고 믿는다(Shaffer, 2000).

타율적 도덕성 단계에서 자율적 도덕성 단계로 넘어가기 이전에 아동은 과도기적 단계를 거친다. 과도기적 시기에는 타율적 도덕성과 자율적 도덕성이 동시에 존재한다. 이러한 과도기를 거쳐 10세가 지나면서 대부분의 아동은 자율적 도덕성 단계에 도달한다. 자율적 도덕성 단계의 아동은 행위의 결과가 아닌 의도에 의해 옳고 그름에 대한 판단을 한다. 또한, 이 단계의 아동은 규칙을 위반하더라도 항상 처벌을 받지는 않는다는 사실을 스스로의 경험에 의해 알게 된다(최순영, 2003).

〈표 10-1〉 Piaget의 도덕성 발달 단계

구분	타율적 도덕성 단계	자율적 도덕성 단계
내용	• 규칙은 신이나 부모와 같은 권위적 존재에 의해서 만들어진 것으로 믿는다. • 규칙은 신성하고 변경할 수 없는 것으로 이를 위반하면 벌을 받아야 한다고 생각한다.	• 규칙은 사람이 만든 것이고, 그 규칙을 변경할 수 있다고 생각한다. • 도덕적 판단에서 상황적 요인을 고려하는 융통성을 보인다.
사례	• 엄마의 설거지를 도와드리다가 실수로 컵을 10개 깨뜨리는 것이 엄마 몰래 과자를 꺼내 먹다가 컵을 1개 깨뜨리는 것보다 더 나쁘다고 판단한다.	• 과자를 몰래 꺼내 먹으려다 컵을 1개 깨뜨리는 것이 엄마의 설거지를 도우려다가 실수로 컵을 10개 깨뜨리는 것보다 더 나쁘다고 판단한다.

Piaget는 타율적 도덕성 단계에서 자율적 도덕성 단계로 이행하기 위해서는 인지적 성숙과 함께 사회적 경험이 요구된다고 보았다. 인지적 성숙이란 자기중심성의 감소와 더불어 타인의 관점을 이해할 수 있는 역할 조망 능력의 발달을 의미한다. 즉 자신만의 관점에서 벗어나 타인의 관점을 고려하게 됨으로써 도덕 문제를 다양한 측면에서 조망해 볼 수 있다. 이와 더불어 동등한 위치에서 이루어지는 또래와의 상호작용은 유아 및 아동에게 긍정적인 사회적 경험을 제공한다. 따라서 동등한 위치에서 이루어지는 또래와의 접촉은 보다 융통성 있고 자율적인 도덕성 발달을 촉진시킬 수 있다(정옥분, 2004).

도덕성 발달에 관한 Piaget의 주장은 많은 후속 연구자들에 의해 지지되었다. 이러한 긍정적 지지에도 불구하고, Piaget는 학령전기와 학령기 아동의 도덕적 능력을 과소평가 하였다는 점에서 비판을 받기도 하였다.

(2) Kohlberg의 도덕성 발달이론

Kohlberg는 Piaget의 도덕성 발달이론을 보다 정교화시켰다. 그는 10, 13, 16세의 아동과 청소년이 가상적인 도덕적 갈등 상황에 대해 보이는 반응을 토대로 도덕성 발달 단계를 구분하였다. 이들을 대상으로 가상적 갈등 상황에서 개인의 욕구를 충족시키기 위해 규칙과 명령을 위반하는 것과 규칙, 법률, 권위자에 복종하는 것 중에서 하나를 선택하도록 요구하였다.

Kohlberg는 〈표 10-2〉에 제시된 '하인츠 이야기'와 같은 도덕적 갈등 상황을 피험자들에게 다양하게 제시하고, 각 갈등 상황에 대한 피험자들의 반응을 분석하였다. 그리고 나서, 그들이 보이는 반응에 따라 도덕성 발달 수준을 세 수준 여섯 단계로 구분하였다. 그는 응답자 간의 대답이 서로 다르더라도 그러한 판단의 근거가 유사한 경우에는 응답자가 동일한 도덕 판단 단계에 해당하는 것으로 보았다.

Kohlberg의 도덕성 발달은 '전인습적 수준(preconventional level)'에서 시작한다. 여기서 '인습적'이란 용어는 사회 규범이나 관습, 권위에 순응하는 것을 뜻하므로 전인습적 수준에 있는 사람은 사회 규범이나 관습에 적절하게 순응하지 못하는 사람이다. 이 수준에 해당하는 아동은 자기중심성이 강해서 타인의 입장을 고려하지 못하고, 자신의 욕구 충족에만 관심을 보인다. 전인습적 수준은 1단계인 '처벌과 복종 지향 도덕성' 단계와 2단계인 '쾌락주의 지향 도덕성' 단계로 구분된다. 1단계의 아동은 행위의 결과만 고려해서 옳고 그름을 판단하며, 처벌을 피하기 위해 권위에 복종한다. 2단계의 아동은 자신의 흥미와 욕구를 만족시키기 위해 규범을 준수하는 쾌락주의적 성향을 보이며, 자신이 원하는 것을 얻기 위해서는 타인의 입장을 고려하기도 한다(Berk, 2003).

전인습적 수준을 지나면 다음 수준인 '인습적 수준(conventional level)'에 도달한다. 이 수준에 있는 아동이나 청년은 이전 수준에서보다 타인의 입장을 더 잘 이해하며, 사회적 권위에 기초한 도덕적 추론을 내면화시킨다. 사회적 관습에 부합되는 행동을 도덕적 행동으로 간주하며, 대부분의 청년과 다수의 성인은 이 수준에 해당한다. 인습적 수준 역시 두 가지 단계로 구분되는데, 3단계는 '착한 아이 지향 도덕성' 단계이다. 이 단계에서는 타인의 기대에 부응하고 다른 사람으로부터 인정받기 위해 착한 아이처럼 행동하므로 행위의 동기나 의도를 중요하게 생각한다. 인습적 수준에 해당하는 4단계는 '법과 질서 지향 도덕성' 단계이다. 이 단계의 청년은 추상적 사고가 가능하기 때문에 자신을 사회구성원으로 생각하고, 사회가 정한 기준에 따라 행동을 평가한다. 즉 사회의 질서 유지를 위해 법을 준수하는 행동이 도덕적 행동이라고 여긴다.

〈표 10-2〉 하인츠 이야기

이야기 내용	유럽에서 희귀한 암으로 죽어가고 있는 부인이 있었다. 그 부인을 살릴 수 있을지도 모르는 약이 한 가지 있다고 의사는 생각했다. 같은 마을에 사는 약사가 개발한 그 약은 라튬의 일종이었다. 재료비도 비싼 그 약을, 약사는 원가의 10배나 더 비싸게 팔았는데, 아주 소량의 약을 2,000달러나 받았다. 부인의 남편인 하인츠는 그 약을 사기 위해 주위사람들에게서 돈을 빌렸지만, 약값의 절반인 1,000달러 밖에 구하지 못했다. 하인츠는 약사에게 자신의 아내가 죽어가고 있으니, 그 약을 조금 싸게 팔거나, 아니면 모자라는 약값은 나중에 갚겠다고 부탁하였다. 그러나 약사는 그 약으로 돈을 벌 생각이라면서 하인츠의 부탁을 거절하였다. 하인츠는 어쩔 수 없이 약을 훔치기 위해 약국의 문을 부수고 들어갔다.
질문 내용	• 하인츠는 약을 훔쳐야만 했는가? • 약을 훔치는 것은 옳은 일인가, 나쁜 일인가? 왜 그런가? • 만약 다른 방법이 없다면 아내를 위해 약을 훔치는 것이 남편의 의무라고 생각하는가? • 좋은 남편이라면 이 경우 약을 훔쳐야 하는가? • 약사는 약값을 그렇게 많이 받을 권리가 있는 것인가? 있다면 그 이유는 무엇인가?

Kohlberg 도덕성 발달이론의 마지막 수준은 '후인습적 수준(postconventional level)'으로 이 수준에 해당하는 사람은 근본적으로는 사회 규범을 이해하고 인정하지만, 법이나 관습보다는 개인의 가치 기준을 우선시한다. 후인습적 수준 역시 다른 수준과 마찬가지로 두 가지 단계로 구분된다. 먼저 5단계인 '사회 계약 지향 도덕성' 단계에서는 '최대 다수의 최대 행복'을 위해서 법과 사회 계약이 성립되었음을 이해하고, 인간의 복지와 권리를 보호하기 위해 법을 준수한다. 도덕성 발달의 최종 단계인 6단계 '보편 원리 지향 도덕성' 단계의 경우 법이나 사회 계약은 보편적 윤리 기준에 근거하고 있으므로 정당하다고 믿는다. 따라서 만일 법과 사

회 계약이 원칙에 위배될 때에는 인간 평등, 정의 등의 보편 원리에 따라 행동한다.

이상에서 살펴본 것처럼 Kohlberg는 인간의 도덕성이 1단계에서 시작하여 6단계까지 순서대로 발달한다고 주장하였다. 그러나 모든 사람이 다 최고 수준인 6단계에 도달하는 것은 아니고, 단지 소수의 사람만이 6단계에 도달할 수 있다고 보았다. 또한, 청년 후기와 성인기에는 도덕적 판단 수준이 안정화되는 경향이 있는데, 일반적으로 성인이 도달하는 도덕 판단 수준은 남성과 여성 간에 차이가 나타나서 여성의 경우는 대개 3단계이고, 남성의 경우는 그보다 한 단계 높은 4단계의 도덕 판단 수준을 보인다고 주장하였다.

〈표 10-3〉 Kohlberg의 도덕성 발달 단계

수준	계		내용
전인습적 수준	단계 1	처벌과 복종 지향	결과를 토대로 행동을 판단하고, 처벌을 받지 않기 위해 규칙에 복종하며, 권위 있는 사람에게 맹목적으로 순종한다.
	단계 2	쾌락주의 지향	자신의 욕구 만족 여부에 따라 도덕적 행동을 결정하고, 자신이 원하는 것을 얻기 위해 규범을 준수한다.
인습적 수준	단계 3	착한 아이 지향	타인으로부터 인정을 받고 사회 규범에 동조하는 것을 선한 행동으로 간주하고, 신의, 충성, 감사를 중요한 도덕적 가치로 여긴다.
	단계 4	법과 질서 지향	규칙이 사회적 질서 내에 고정된 것으로 간주하고, 선한 행동은 사회가 정한 규칙이나 역할을 그대로 따르는 것이라고 믿는다.
후인습적 수준	단계 5	사회계약 지향	최대 다수의 최대 행복에 근거한 사회계약이나 규칙을 존중하며, 삶, 자유, 행복의 추구를 인간의 기본 권리로 간주한다.
	단계 6	보편적 원리 지향	자신이 선택한 보편적 원리를 따르는 것이 최고의 선이라고 생각하고, 인간의 존엄성, 평등, 정의 등이 보편적 원리라고 간주한다.

Piaget와 마찬가지로 Kohlberg의 도덕성 발달이론의 핵심 역시 아동의 인지발달이다. 즉 도덕성 발달 단계의 차이는 바로 인지 능력의 차이를 의미한다. 예를 들어, 전인습적 수준에서의 도덕 판단은 자기중심적인 인지발달 단계에서 나

타난다. 타인의 견해와 입장을 이해할 수 있어야 인습적 수준에 도달할 수 있다(Walker, 1980). 후인습적 수준의 도덕 추론을 하기 위해서는 형식적 조작 단계에 해당하는 사고 능력이 요구된다. 그러나 타인의 역할을 조망할 수 있는 능력을 획득했다고 해서 그 사람이 인습적 수준의 도덕 추론을 할 수 있는 것은 아니며, 인지 발달이 형식적 조작 단계에 해당하는 사람이 반드시 후인습적 수준의 추론을 하는 것은 아니다(Stewart & Pascual-Leone, 1992).

Kohlberg의 도덕성 발달이론은 몇 가지 측면에서 비판받고 있다. 첫째, Kohlberg 이론에서 사용된 도덕적 갈등 상황은 피험자에게 가상적으로 제시된 상황일 뿐 실제적으로 피험자가 직면한 상황이 아니라는 점이다. 둘째, Kohlberg의 도덕성 발달이론은 문화적 편견을 보이기 때문에, 그의 도덕성 발달 단계는 모든 문화권에서 보편적인 현상이 아니라는 지적을 받았다. 셋째, Kohlberg의 이론은 여성에 대한 편견을 포함하고 있다는 비판을 받았다. 즉 Kohlberg는 여성의 도덕적 판단에서 나타나는 대인관계 관련 요소를 평가 절하함으로써, 도덕적 추론에서 여성들이 내는 다른 목소리를 무시하고, 여성의 도덕성 발달 수준이 남성에 비해 뒤떨어지는 것으로 판단했다.

(3) Gilligan의 배려 지향 도덕성

도덕성 발달의 성차를 주장한 Kohlberg의 이론에 대해 Gilligan은 다른 주장을 제기하였다. Gilligan은 Kohlberg의 이론이 타인을 돌보고 배려하는 데 관심이 많은 여성보다는 정의를 중시하는 남성에게 적합한 이론이라고 주장하였다. Gilligan에 의하면 남아는 독립적이고, 자기 주장이 강하며, 성취를 지향하도록 사회화되기 때문에 도덕적 갈등 상황을 해결할 때 다른 사람의 권리, 법, 사회적 관습을 토대로 도덕적 추론을 하게 된다. 이러한 도덕적 판단 수준은 Kohlberg의 도덕성 발달 단계 중 4단계에 해당한다. 남아와 달리 여아는 양육적이고, 배려적이며, 다른 사람의 욕구에 대한 관심을 가지도록 사회화되기 때문에 타인과의 관계를 중시하는 도덕적 판단을 하게 된다. 이는 Kohlberg의 도덕성 발달 단계 중 3단계에 해당한다. 결국 남성은 개인의 권리를 존중하는 법과 질서를 우선하는 정의지향 도덕성(morality of justice)을 가지게 되는 반면, 여성은 타인에 대한 책임과 복지가 핵심인 배려지향 도덕성(morality of care)을 가지게 된다. 따라서 Gilligan은 Kohlberg가 주장하듯이 도덕성 발달에 성차가 존재한다기보다는 서로 다른 사회화 과정으로 인해 남성과 여성의 도덕성 발달 경로가 다르게 형성되어 있다고 주장하였다.

3) 사회학습이론

초자아의 발달에 따라 도덕성 발달이 이루어진다고 가정한 정신분석 학자와는 달리, 사회학습이론가는 아동이 처한 상황에 따라 도덕적 행동의 실행이 달라질 수 있다고 주장하였다. 도덕적 행동을 사회학습이론의 측면에서 설명한 대표적인 연구에는 Hartshorne와 May(1930)의 연구가 있다. 8~16세의 아동을 대상으로 다양한 상황에서 거짓말하기, 속이기, 훔치기를 유도함으로써 아동의 도덕적 특성을 알아본 결과, 아동이 특정 상황에서는 유혹에 저항한 반면, 다른 상황에서는 유혹에 굴복하였다. 이는 정신분석이론가가 주장하듯이 도덕성이 안정적이고 통합적인 특성이라기보다는 상황에 따라 차이를 보이는 상황-특정적 특성(situation-specific)이 도덕성에 내재되어 있음을 보여준다(Shaffer, 2000).

Bandura와 Mische 등의 사회학습이론가는 도덕적 판단뿐만 아니라 도덕적 행동 역시 학습을 통해 이루어진다고 보았다. 강화를 받은 행동은 다시 발생할 가능성이 높으며 처벌받은 행동은 발생 가능성이 낮다. 직접적인 강화와 처벌 이외에도 타인의 행동을 관찰함으로써 도덕적 행동의 학습이 이루어진다(김태련, 조혜자, 이선자, 방희정, 조숙자, 조성원 외, 2004). Bandura(1977)는 행위의 도덕적 기준이 학습과 모델링에 의해 설정되어야만 실제 상황에서 개인의 도덕적 행동이 수행될 수 있다고 보았다. 이처럼 사회학습이론에 의하면, 사회화가 제대로 이루어진 아동은 자신을 위해 하위 목표를 설정하고, 그 목표에 도달한 경우에는 자신을 보상하며, 목표에 미치지 못한 경우에는 스스로를 처벌한다(정옥분, 2004).

3. 도덕성 발달과 영향 요인

영유아의 도덕성 발달에 영향을 미치는 대표적 요인에는 부모, 또래, 대중 매체 등이 있다. 먼저 부모는 자녀 양육 방식을 통해 아동의 도덕성 발달에 영향을 준다. 일반적으로 애정적이고 수용적인 부모의 양육 태도는 자녀의 도덕성 발달에 긍정적인 영향을 미치고, 지나치게 엄격하고 통제적인 양육 태도는 부정적인 영향을 준다. 영유아는 부모로부터 충분한 애정과 신뢰를 받음으로써 도덕적 기준의 내면화와 더불어 타인에 대한 배려도 가능해진다. 반면 체벌을 사용하는 훈육 방법은 단순히 아동이 자신의 잘못을 들키지 않도록 숨기게 함으로써 내적 통제 능력을 길러주지는 못한다(Hower & Edwards, 1979).

영유아의 도덕성 발달에 부모가 미치는 영향만큼이나 또래의 영향도 중요하다. Piaget의 주장처럼, 또래와의 상호작용은 도덕적 사고의 발달을 촉진시킨다. 예를 들어, 또래와 친밀한 관계를 유지하며 활발한 상호작용을 갖는 청소년은 도덕 추론 점수가 높은 것으로 나타났다(Schonert-Reichl, 1999). 이와 달리 영유아는 또래와 함께 있을 때에는 반사회적 행동에 대해 불안이나 죄책감을 덜 느끼게 되어, 도덕성 발달 수준이 현재보다 더 낮은 단계에까지 퇴행하는 경향을 보이기도 한다(Hoffman, 1980).

최근에는 TV와 같은 대중 매체 역시 영유아에게 근접한 환경으로서 지대한 영향을 미친다. 텔레비전 시청은 영유아의 중요한 일과로서 하루에 평균 상당 시간 TV를 시청한다. TV나 영화, 온라인 게임에 등장하는 역할 모델을 관찰함으로써 그들이 보여주는 가치, 태도, 행동을 그대로 모방하여 학습한다. 즉 이러한 역할 모델을 통해서 도덕적 판단이나 행동을 학습하게 되므로(Bandura, Grusec, & Menlove, 1967), 정보화 시대에 살고 있는 영유아에게 다양한 매체들이 미치는 영향력은 과거에 비해 보다 증가할 것으로 예상된다.

2 이타성 발달

1. 이타성의 개념

이타성(altruism)은 반사회적 행동(antisocial behavior)과 구분하기 위해 친사회적 행동(prosocial behavior)이라는 용어로 사용되기도 한다. 즉 이타성은 타인을 이롭게 하는 행동으로서 친구에게 자기 소유물을 나누어 주거나, 곤경에 처한 사람을 돕거나, 자신보다는 남을 칭찬하고, 다른 사람의 복지 증진에 관심을 갖는 것을 의미한다(Hay, 1994).

보다 구체적으로, 이타성의 개념 정의는 의도적 측면과 행동적 측면에서 이루어질 수 있다. 먼저, 의도적 측면에 의한 의타성의 개념은 친사회적 행동의 토대가 되는 동기 또는 의도에 초점을 둔다. 즉 친절한 행위가 '이타적'으로 명명되기 위해서는 행위자의 주된 의도가 타인에게 긍정적인 결과를 제공해야 한다. 이타성에 대한 행동적 측면의 개념 정의에 의하면, 이타적 행위란 행위자의 동기에 관계없이 타인에게 이로움을 주는 행위를 의미한다.

2. 이타성 발달이론

아동의 이타성 발달은 생물학이론, 정신분석이론, 사회학습이론, 인지발달이론 등을 통해 설명해 볼 수 있다.

1) 생물학이론

동물행동학과 사회생물학과 같은 생물학이론에서는 인간의 이타성을 종의 생존을 보장해 주는 인간 본질의 기본적 구성 요소로 본다. 생물학이론의 기본 전제는 인간이나 동물이 공동체 사회에서 함께 거주할 경우 적으로부터 보호받기를 원하며, 기본적 욕구를 충족시키고자 한다는 것이다. 이러한 가정이 받아들여진다면, 이타적 인간은 생존을 통해 자신의 이타적 유전인자를 후손에게 물려줄 가능성이 높다(Shaffer, 2000).

2) 정신분석이론

정신분석이론은 성격 구조의 하나인 초자아가 발달함에 따라 이타적 행동이 발달한다고 보았다. Freud의 정신분석학이론에 의하면 나이 어린 아동은 원초아에 의해 지배받으며 쾌락적 충동에 의해 지속적인 영향을 받는 존재이다. 이러한 쾌락적 존재로서의 영유아가 부모의 훈육 과정을 통해 초자아가 발달하게 되면서 친사회적 규칙이나 원리를 내면화하게 된다는 것이 정신분석이론에서 설명하는 이타성의 발달이다.

3) 사회학습이론

사회학습이론의 경우 인간의 다른 모든 행동과 마찬가지로 이타적 행동 발달에서도 강화와 처벌의 중요성을 강조하였다. 사회학습이론에서는 공감적 반응의 조건화, 직접적 지시, 관찰 학습의 측면에서 이타성발달을 설명하고 있다. 먼저 아동의 공감 능력은 돕기 행동을 유발하는 명백한 보상이 주어지지 않더라도 다른 사람을 도울 수 있음을 확인시켜 준다. 또한 영유아가 친사회적 행동을 보였을 때 부모가 이를 칭찬하거나 보상해줄 경우에도 이타성이 지속될 수 있다. 마지막으로 타인의 이타적 행동을 관찰하고 이를 모방하여 행동할 경우 영유아의 이타성이 증진될 수 있다.

4) 인지발달이론

인지발달이론에서는 이타적 행동이 인지 발달과 마찬가지로 단계적으로 발달하며 역할 조망과 같은 사회인지 기술이 결정적인 요인으로 작용한다고 보았다. 인지발달이론가가 주장하는 친사회성 발달의 단계는 크게 네 단계로 구분된다.

첫 번째 단계는 생후 2년 정도의 시기에 시작되는데, 자신과 타인을 구별하고 스스로를 지각하는 능력의 발달과 밀접한 관련을 보인다(Hoffman, 1988). 두 번째 단계는 Piaget의 전조작기와 시기적으로 유사한데, 타인에게 이로운 행동이 자신에게도 이로울 경우 이타적 행동을 하게 된다. 세 번째 단계는 Piaget의 구체적 조작기에 해당하며 친사회적 행동의 정당성을 인정하게 된다. 마지막 단계에서는 형식적 조작기에 도달한 청소년이 보편적 원리로서의 친사회적 규칙을 이해하게 된다.

3. 이타성의 발달적 경향

일반적으로 친사회적 행동은 영유아의 연령이 증가하면서 동시에 증가하는 양상을 보인다. 2~3세 유아는 타인에 대해 공감을 보이긴 하지만, 진정한 자기희생적 반응은 아니다. 자발적인 자기희생은 걸음마기를 지나 유아기 초기에 나타나며, 4~6세가 되면 아동은 진정한 돕기 행동을 보인다. 구체적으로 2~3세 유아가 곤경에 처한 타인에 대해 공감이나 동정을 일부 나타내기는 하지만, 진정으로 자기희생적인 반응을 보이지는 않는다. 따라서 대개의 경우 타인을 위해 보이는 자발적인 자기희생 행동은 영유아기에 비교적 드물게 나타난다(Eisenberg & Fabes, 1998). 2세 6개월에서 3세 6개월 시기의 유아는 때때로 가상놀이를 하면서 타인에게 친절을 베푸는 모습을 보이기도 하지만, 4~6세 정도는 되어야 실제 생활에서 돕기 행동을 실행하게 된다.

돕기 행동과 같은 친사회적 행동은 초등학교 저학년 시기부터 지속적으로 증가한다. 예를 들어, 초등학교 3, 6학년 아동의 친사회적 행동에 관한 연구(이옥경, 이순형, 1996)에 의하면, 3학년보다 6학년 아동의 친사회적 행동 출현 빈도가 더 높았으며 친사회적 도덕 추론 수준이 높을수록 친사회적 행동 역시 발생 빈도가 높게 나타났다.

3 공격성 발달

1. 공격성의 개념

공격성(aggression)은 일반적으로 관찰되는 반사회적 행동 특성으로서 유기체를 해치려는 의도를 가진 모든 행동과 그로 인해 발생하는 결과를 의미한다(Baron & Byrne, 1994). 따라서 타인을 해치려고 시도한 경우 이러한 시도가 성공하지 못했더라도 이는 공격적인 행동으로 간주된다.

일반적으로 공격성은 도구적 공격성(instrumental aggression)과 적대적 공격성(hostile aggression)으로 구분된다. 먼저 도구적 공격성은 자신의 욕구를 충족시키거나 다른 목적을 성취하기 위한 수단으로 공격 행동을 하는 것(예: 마음에 드는 장난감을 갖기 위해 친구를 밀치고 때리기)이다. 반면 적대적 공격성은 타인에게 해를 입히려는 목적을 달성하기 위해 공격 행동을 하는 것이다(김태련, 이선자, 방희정, 조숙자, 조성원, 김현정 외, 2004). 적대적 공격성은 신체적 공격성(physical aggression), 언어적 공격성(verbal aggression), 관계적 공격성(relational aggression)의 세 가지 유형으로 구분된다. 신체적 공격성은 타인을 밀치기, 때리기, 발로 차기, 또는 주먹으로 때리기, 타인의 소유물 부서뜨리기와 같이 물리적인 손상을 통해 타인에게 해를 입히는 공격성을 의미한다. 언어적 공격성은 신체적 공격에 대한 위협, 별명 부르기, 또는 타인을 적대적으로 못살게 굴기와 같이 타인에게 해를 입히는 공격성을 의미한다. 관계적 공격성은 사회적으로 배제시키기, 악의적인 소문내기 등을 통해 타인에게 해를 입히는 공격성을 의미한다(Berk, 2007).

2. 공격성 발달이론

영유아 공격성 발달의 원인과 과정을 설명하기 위해 정신분석이론, 사회학습이론, 사회적 정보처리이론 등이 제시되었다.

1) 정신분석이론

Freud의 정신분석이론에서는 인간의 본능을 성적 본능과 죽음의 본능으로 구분하고 있는데 여기서 죽음의 본능은 인간 자신의 생명을 종식시키며 폭력과 파괴를 유발하는 본능을 의미한다. 인간은 음식물 섭취를 통해 확보한 에너지를 지속적으로 공격 에너지로 전환시키는데 이러한 공격 충동이 주기적으로 발산되지 않을 경우 위험 수위에 이르게 된다. 공격 에너지는 사회적으로 수용되는 방식(예: 운동하기)과 수용되지 않는 방식(예: 싸우기, 물건 부수기)으로 발산된다. 이에 대해 Freud는 공격 충동이 신체 외부로 적절히 발산되지 못해서 체내에 축적될 경우 자기 처벌, 자기훼손, 심지어 자살까지도 초래할 수 있다고 보았다(최순영, 2003). 따라서 정신분석이론에서는 인간의 공격적 행동이란 내부의 공격 충동이 외부로 발산된 결과로 해석한다.

2) 사회학습이론

Bandura의 사회학습이론은 인지적 측면이 인간의 공격성에 미치는 영향을 강조한 첫 번째 모델로서 공격성 역시 다른 사회적 행동과 동일한 과정을 통해 습득된다고 보았다. 또한 다른 이론가는 공격성의 유발 요인에 주로 관심을 가졌으나, Bandura는 공격 행동의 습득과 유지에 주목하였다(Bandura, 1973, 1989). 그 결과, 공격 반응은 관찰 학습과 직접적 경험을 통해 습득된다는 사실을 규명하였다. 타인의 공격 행동에 주목하여 이를 기억하는 인지적 과정에 해당하는 관찰 학습과 실제적인 경험을 통해 공격 반응을 습득하게 된다.

3) 사회적 정보처리이론

사회적 정보처리이론의 주요 목적은 아동이 갈등을 해결할 때 사용하는 방식을 설명하는 것이다. 즉 공격적 방식을 사용하는지, 아니면 비공격적 방식을 사용하는지 예측해 봄으로써 선호하는 갈등 해결에 대해 설명하고자 한다(Crick & Dodge, 1994; Dodge, 1986). 다음의 사례는 사회적 정보처리이론을 설명하기 위한 예이다.

민재가 퍼즐을 맞추고 있다. 이때 준영이가 "어머 저런, 이를 어쩌나!"라고 말하며 다리로 테이블을 치는 순간 오랫동안 맞춘 퍼즐이 다 흐트러졌다. 퍼즐은 이제 다시 맞추기도 어렵게 되었다. 이 일은 너무나 순식간에 일어나서 민재는 왜 이런 일이 일어났는지 미처 알지 못했다. 과연 민재는 이 일에 대해 어떠한 반응을 보일 것인가?

이와 같은 갈등 유발 상황에서 아동이 보이는 반응은 사회적 단서 자체보다는 그것을 해석하고 처리하는 다양한 인지 과정에 의존한다. 유아 및 아동은 먼저 단서를 부호화하고 해석한다(준영이가 나한테 어떤 피해를 주었을까? 왜 그랬을까?). 단서를 해석한 후 목표를 결정하고, 각 목표를 달성하기 위한 전략을 도출하여 이를 평가하는 과정을 거치고 나서 최종적인 반응을 선택하여 실행한다. 따라서 유아 및 아동이 보이는 반응이 공격적인지 비공격적인지는 정보처리 과정의 결과로 나타난다는 것이 사회적 정보처리이론에서 주장하는 공격성 발달 기제이다.

3. 공격성의 발달적 경향

1세 영아는 다른 영아가 가지고 놀고 있는 장난감을 빼앗기 위해 과격한 행동을 보이며, 심지어 자기가 동일한 장난감을 가지고 있을 때도 다른 영아의 장난감을 빼앗기 위해 힘으로 이기려고 했다(Caplan, Vespo, & Hay, 1991). 생의 초기에 나타나는 이러한 도구적 공격성은 유아기를 거치면서 성인이 유아들 간의 갈등을 해결하기 위해 협상이나 분배의 방식을 제시하고, 유아의 만족지연 능력이 향상되어 타인의 소유물을 빼앗지 않게 되면서 점진적으로 감소하게 된다. 한편 타인에게 해를 가하려는 의도를 갖고 행하는 적대적 공격성은 점차 증가하여 언어적 공격성과 비물리적 공격성의 형태로 표출된다. 3세에서 5세 사이에 유아가 보이는 신체적 공격성은 점차 감소하는 반면, 고자질하기, 놀리기 등 다양한 형태의 언어적 공격성은 증가한다. 또한 영유아 및 아동의 연령이 증가하면서 타인의 의도를 추론할 수 있는 역할 조망 능력이 획득되므로 상대방이 자신을 해치려는 의도를 보일 때 자신도 이에 대항하려는 행동을 선택하게 된다(김태련 외, 2004).

4 영유아의 도덕성 발달을 도모하기 위한 양육자의 역할

영유아의 도덕성 발달에 영향을 미치는 대표적인 요인은 주양육자인 부모이다. 영유아가 도덕적으로 올바르지 않은 행동을 했을 경우 양육자 스스로 영유아에 대한 애정을 철회하거나 올바르지 않은 행동에 대해 부모로서의 권력을 행사하기보다는 어떠한 행동이 도덕적인 행동인지, 그리고 도덕적으로 올바르지 않은 행동이 가져올 수 있는 결과에 대해 영유아에게 논리적으로 설명하는 것이 영유아의 도덕성 발달을 더 촉진시킬 수 있다. 즉 영유아가 도덕적으로 옳지 않은 행동을 했을 때, 부모가 자녀를 대할 때 더 이상 애정이나 관심을 보이지 않거나, 체벌을 가하기보다는 자녀의 잘못된 행동이 타인에게 미치는 영향을 논리적으로 설명하는 것이 그들의 도덕성 발달 수준을 높이는 데 도움이 된다.

유아기는 Freud의 성격발달 단계 중 남근기에 해당하는 시기이며, 이 시기 유아는 오이디푸스 콤플렉스나 엘렉트라 콤플렉스를 극복하기 위해 동성의 부모를 동일시함으로써 동성 부모의 도덕 기준을 내면화하게 된다. 이처럼 남근기의 유아가 동성 부모를 동일시한다는 점에 근거하여 동성 부모가 동성의 유아를 훈육함으로써 유아의 도덕성 발달을 촉진시킬 수 있다.

사회학습이론가의 주장에 근거하면, 유아의 도덕적 행동은 강화와 처벌, 관찰을 통해 학습된다. 강화를 받은 행동은 다시 발생할 가능성이 높으므로 유아의 도덕적 행동에 직접적인 강화를 제공하여 도덕성 발달을 도모할 수 있으며, 타인의 행동을 관찰함으로써 도덕적 행동의 학습이 이루어지므로 양육자가 도덕적 행동의 본보기를 보여줌으로써 유아의 도덕성 발달을 촉진할 수 있다.

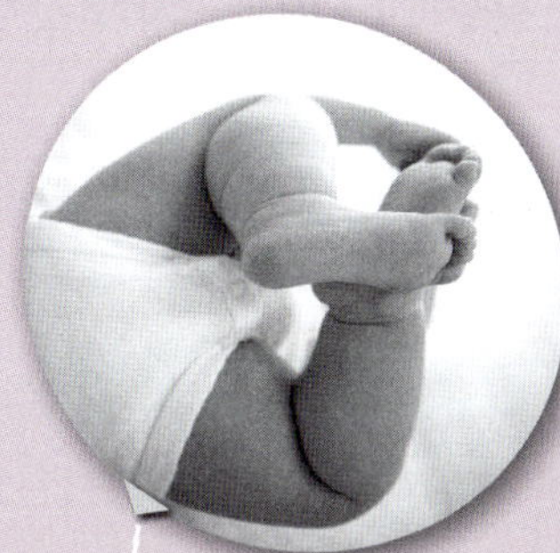

CHAPTER 11

영유아의 정서발달

정서의 표현과 이해는 다른 사람과의 관계를 유지하는 데 매우 중요하며, 정서를 사회적으로 바람직한 방향으로 표현하기 위해 정서를 조절할 필요가 있다. 한편 영아에게 양육자는 매우 특별한 사람으로서 다른 인간관계에서는 찾아볼 수 없는 매우 친밀한 유대관계를 형성하며, 이는 전 생애에 걸쳐 영향을 미친다. 또한 영유아는 각자가 지닌 기질로 세상을 서로 다른 방식으로 살아간다. 본 장에서는 정서, 애착, 기질에 대해 알아보고 영유아의 정서발달을 도모하기 위한 양육자의 역할에 대해 살펴보고자 한다.

1 정서의 표현과 이해, 정서조절능력

영아기는 정서의 기본이 확립되는 시기로, 이때 형성된 정서표현능력과 다른 사람의 정서에 대한 이해 능력은 자아개념 및 사회관계의 발달의 기초가 된다. 유아기가 되면 정서의 표현이 다양해지고 타인의 정서를 더욱 깊이 이해할 수 있게 되며, 정서조절능력까지 정교해지면서 정서적으로 점점 유능해져 간다.

1. 정서의 표현

영아가 세상에 태어난 후 얼마 동안은 정서가 분화되지 않은 흥분 상태에 있는 것으로 알려져 있다. 이후 쾌와 불쾌의 정서로 분화되고, 다시 쾌와 불쾌가 각각 행복, 기쁨, 만족 등의 다양한 긍정적 정서와 분노, 슬픔, 공포와 같은 다양한 부정적 정서로 분화된다. 이때 쾌의 정서보다는 불쾌의 정서가 먼저 분화되는데, 그 이유는 불쾌의 정서를 표현하는 것은 생존과 더 밀접한 관련이 있기 때문이라 할 수 있다. 정서가 분화되는 과정은 생애 초기에 일차 정서(primary emotions) 또는 기초 정서(basic emotions)로 먼저 분화되고, 이후 인지과정이 발달하면서 이차 정서(secondary emotions) 또는 복합 정서로 분화된다.

1) 일차 정서

일차 정서는 인간의 정신 작용과 적응 행동에 기초가 되는 정서로 기쁨, 흥미와 같은 긍정적 정서, 슬픔, 분노, 고통, 공포와 같은 부정적 정서를 포함한다(Izard, 2009).

(1) 기쁨

미소를 잘 짓고 많이 웃는 영아는 양육자의 긍정적인 상호작용을 불러일으키기 쉽기 때문에 기쁨의 정서를 표현하는 것은 영아와 양육자 간의 관계에 중요한 의미를 지닌다. 생후 몇 주 되지 않은 신생아도 미소를 보이는 경우가 있다. 주로 잠을 자는 동안 미소를 짓거나 부드러운 소리나 촉감에 대한 반응으로 미소를 짓는데, 이는 기쁨의 정서를 표현하는 미소가 아니라 얼굴 근육의 움직임으로 인해 미소처럼 보이는 것으로 배냇짓이라고 한다. 생후 2~3개월 정도가 되면 양육자의 얼굴을 보고 정서적으로 반응하는 사회적 미소(social smile)가 나타난다(Sroufe & Waters, 1976).

(2) 분노

분노의 정서는 생후 4~6개월에 나타나기 시작하여 만 2세 정도가 되면 최고조에 이른다. 이 시기의 영아는 점차 자율성을 갖게 되어 이전보다 더 많은 경험을 스스로 하려는 욕구가 강하게 나타나는데, 이러한 욕구가 좌절되는 경우가 많아지면 분노를 느끼기 때문이다. 분노를 강렬하게 드러내는 것을 분노발작(temper tantrums)이라고 하는데, 바닥에 누워 소리 지르고 숨이 멎을 듯 울거나 주변 사람을 때리거나 발로 차고, 물건을 던지는 것과 같은 공격적인 행동이 나타나기도 한다. 그러나 이 시기가 지나면 분노발작은 점차 줄어든다.

(3) 공포

공포의 정서 역시 분노와 비슷한 시기에 나타난다. 출생 후 얼마 되지 않은 영아는 대부분 안전한 환경에서 따뜻한 보살핌을 받기 때문에 몇 가지 선천적인 공포 반응 외에는 공포의 정서를 경험할 기회가 많지 않다. 그러나 점차 다양한 경험과 학습을 하면서 공포의 정서를 느낀다. 예를 들어, 시각절벽 실험에서 볼 수 있듯이 2~3개월 된 영아는 높은 곳에서 깊이를 지각할 수는 있지만 공포를 나타내지 않는 반면, 영아가 기기 시작하면서는 공포를 느낀다. 이는 영아가 기어 다니면서 높이가 있는 곳에서 떨어져보거나 양육자가 높은 곳이 위험하다는 것을 알려주어 학습하였기 때문이다. 또한 영아에게서 나타나는 가장 흔한 공포는 애착대상과 분리되는 것에 대한 불안 또는 낯선 사람을 만났을 때 느끼는 불안과 관련되는 경우가 많다.

2) 이차 정서

영아의 인지능력이 발달하면서 18~24개월 무렵이 되면 일차 정서는 이차 정서로 더욱 세분화된다. 이차 정서는 이전보다 더 높은 수준의 인지과정이 요구될 뿐만 아니라 자아개념이 발달되어야 가능하므로 자아의식적 정서(self-conscious emotions)라고도 한다. 즉 자부심, 수치심, 죄책감과 같은 이차 정서는 영아가 자신을 인지적으로 평가하는 과정이 포함된다. 자부심은 어떠한 과제를 성취했을 때 자신에 대한 긍정적인 평가를 하는 것이며, 수치심은 자기 자신 전반에 대한 부정적인 평가, 죄책감은 자신이 한 특정 행동에 대한 부정적인 평가로 이루어진다(Tangney, 2001).

유아기가 되면 정서를 다양한 방식으로 표현한다. 김지현과 이순형(2004)은 얼굴 표정, 억양, 비언어적 행동 등에서 나타나는 기쁨과 슬픔, 화남의 정서표현 행동을 〈표 11-1〉과 같이 제시하였다. 일반적으로 유아들이 가장 많이 표현하는 정서는 '흥미' 또는 '기쁨'과 같은 긍정적 정서이다. 유아들의 놀이 상황을 관찰했을 때 이러한 정서들이 가장 많이 발견되었는데, 인간은 기본적으로 의도적이든 그렇지 않든 항상 주변 상황에 흥미를 가지고 있으며, 특별히 놀이를 할 때는 몰입을 하게 되므로 진정한 즐거움의 경험이 수반된다(김희연, 2001). 한편 유아들은 욕구가 좌절되거나 불쾌한 상황에 처해 있을 때 분노를 표현하고, 좌절감과 실망감을 느낄 때 슬픔을 표현하는데, 최근에는 분노와 슬픔과 같은 부정적 정서 표현을 다른 사람들과의 관계의 맥락에서 설명하는 경우가 많다(이승은, 2010). 공포는 '귀신', '괴물'과 같은 공상적이거나 무서운 사건이 원인이 되는 경우가 많으며, 동물도 많은 유아들에게 공포를 일으키는 것으로 나타났다(김규수, 안연경, 2006; 정윤희, 김희진, 2002).

〈표 11-1〉 정서표현 행동

하위 범주	기쁨	슬픔	화남
얼굴 표정	미소 짓기, 웃기	입이나 눈을 아래로 향하기, 입술 다물기	울기, 얼굴 찡그리기, 입술 깨물기, 눈동자 굴리기, 뺨 부풀리기
억양	올라가는 억양, 환호성 지르기	저음의 떨어지는 억양, 칭얼거리기	소리 지르기, 으르릉거리는 목소리, 투덜대기
몸짓	손뼉치기, 춤추기, 노래 부르기, 아래 위로 점프하기, 몸을 크게 휘두르기	한숨짓기, 자리에 무너지듯 앉기, 뒤로 물러나 앉기, 어깨 늘어뜨리기, 고개 돌리기, 고개 숙이기, 머리 긁적이기, 위를 올려다보기	뻣기, 발 구르기, 물건 던지기, 엉덩이를 들었다 놓기, 몸을 격렬하게 흔들기, 자기 몸 치기, 어깨 들썩거리기
신체 접촉	안기, 뽀뽀하기, 손 잡기, 만지기, 쓰다듬기	울먹이며 안기기, 울먹이며 상대 유아의 옷 끌어당기기	밀기, 치기, 때리기, 찌르기, 주먹질하기, 누르기, 잡아당기기

출처: 김지현, 이순형(2004).

2. 타인 정서의 이해

자신의 정서를 표현하는 것 못지않게 다른 사람들의 정서 표현을 정확하게 이해하는 것도 정서발달의 중요한 부분이다. 영아는 일찍부터 다른 사람의 얼굴 표정을 보고 정서를 구별하는 능력이 있어서 생후 2~3개월 정도 되면 행복, 슬픔, 분노, 공포, 놀람과 같은 얼굴 표정들을 구별할 수 있는 것으로 밝혀졌다(Barrera & Maurer, 1981; Young-Browne, Rosenfeld, & Horowitz, 1977). 그러나 이 시기에는 서로 다른 정서를 표현하는 얼굴의 표정이 다르다는 것만 인식할 수 있을 뿐, 표정을 통한 의사소통의 기능을 이해하여 정서의 의미를 파악하는 것은 4~8개월 정도 되어야 가능한 것으로 보인다(Snow, 1998). 다른 사람이 긍정적인 정서의 얼굴 표정을 지으면 긍정적으로 반응하고, 부정적인 정서의 표정을 지으면 부정적으로 반응하는데, 예를 들어 양육자가 행복한 표정을 짓는 것을 본 영아는 미소를 짓고, 화난 표정을 지으면 얼굴을 찌푸리거나 우는 반응을 보인다(Campos, Barrett, Lamb, Goldsmith, & Stenberg, 1983).

다른 사람의 정서를 이해하는 능력이 어느 정도 발달한 8~10개월 무렵이 되면 낯설고 불안한 상황에서 자신이 신뢰하는 사람에게서 정서적 단서를 구하는데, 이를 사회적 참조(social referencing)라 한다(그림 11-1). 사회적 참조란 영아가 불확실한 상황에서 안정감을 찾기 위해 양육자의 얼굴표정이나 목소리에 담긴 정서적 의미를 찾는 것을 말한다(Feinman, 1982; Saarni, Mumme, & Campos, 1998). 예를 들어, 낯선 사람이 집에 방문했을 때 영아는 불안한 느낌이 들겠지만 양육자가 그 사람과 친밀하게 이야기 나누는 것을 보면 안심하고 다가간다. 즉 영아는 낯선 사람에 대한 양육자의 행동을 참조하여 불안해야 하는 상황인지 그렇지 않은지를 결정짓는다. 사회적 참조는 엄마와 영아의 애착이 얼마나 안정적인가에 의해 영향을 받는다. 엄마와 회피애착을 형성한 영아는 안정애착을 형성한 영아에 비해 사회적 참조행동을 더 적게 하는 한편 양가적 애착을 형성한 영아는 안정애착의 영아보다 사회적 참조행동을 더 많이 하는 것으로 나타났다(Dickstein, Thompson, Estes, Malkin, & Lamb, 1984). 즉 정서적 상황을 파악하기 위해 활용해야 하는 주된 참조대상인 엄마와의 관계가 사회적 참조행동에 중요한 역할을 한다고 볼 수 있다.

영아가 낯선 상황에서 정서적 단서를 찾기 위해 엄마의 표정을 쳐다보고 있다.

[그림 11-1] 사회적 참조

정서의 이해는 연령이 증가하면서 발달하게 되는데, 영아기 동안 표정이나 목소리의 변화로 다른 사람의 정서를 인식할 수 있었다면, 유아기에는 다른 사람이 표현하는 정서가 어떠한 의미가 있는지 이전보다 더욱더 잘 파악하게 된다. 예를 들어, 누군가가 원하는 것을 얻었을 때는 기쁜 표정을 짓는다든지, 무엇을 잃어버렸을 때는 슬픈 표정을 짓는 것을 알게 된다. 유아는 긍정적 정서와 부정적 정서를 대체로 정확히 구분하지만 슬픔과 분노와 같은 부정적 정서들 간의 구분은 어려워하는 것으로 나타났다(Denham & Couchoud, 1990). 부정적인 정서를 일으키는 상황은 주로 사회적 관계에서 나타나는데, 사회적 관계는 매우 복잡한 것이어서 동일한 상황에서도 슬픔과 분노가 같이 일어나는 경우가 많기 때문이다. 결론적으로 유아는 부정적 정서보다 긍정적 정서를 더 잘 이해하는 것으로 보인다(Harter & Buddin, 1987).

3. 정서조절능력

정서조절(self-regulation)은 자신의 감정을 정확히 인식하고 다른 사람에게 미칠 영향을 고려하여 사회가 기대하는 정서 상태로 조절하는 능력으로 정의된다(Salovey & Mayer, 1990). 생애 초기에 나타나는 정서는 조절되지 않은 채로 표출되기 때문에 매우 극단적이고 강렬한 방식으로 나타난다. 영아가 쉽게 울음을 그치지 못하는 것이 대표적인 예이다. 그러나 사회에 적응하여 살아가기 위해서는 정서를 있는 그대로 드러내기보다는 어느 정도 조절할 필요가 있다. 예를 들면, 스트레스에 대처하기 위해서는 부정적인 정서를 조절하여 행복한 느낌을 가져야 하며, 어떠한 상황을 정확하게 판단하기 위해서는 강력한 정서에 휘둘려서는 안 된다. 또한 용기를 갖기 위해서는 두렵거나 불안한 느낌을 줄여야 하며, 다른 사람들과 잘 어울려 지내기 위해서는 공감이나 동정심을 더 많이 가질 수 있어야 한다(Thompson, 1999). 영아는 스스로 자신의 정서를 잘 조절할 수 없기 때문에 외부에 의해 정서조절이 이루어진다. 이러한 외적인 과정은 영아가 울 때 안아서 달래주거나 무서워하면 주위를 전환시키는 것과 같이 주로 양육자의 노력으로 이루어진다. 만 2세 전후가 되면 그동안의 양육자에 의한 정서조절 경험을 바탕으로 점차 양육자의 도움 없이 스스로 정서를 조절할 수 있다.

Saarni(1984)는 유아의 정서조절 능력을 알아보기 위해 실망스러운 선물을 받았을 때, 실망을 숨기려고 얼마나 노력을 하는지 관찰하는 실험을 개발하였다(그림 11-2). 이 실험에서 유아가 실망을 감추는 능력은 사회적으로 적절한 정서 표현을 하는 것으로 볼 수 있다(Garner & Power, 1996). 정서조절을 하기 위해서는 정서를 의도적으로 통제(effortful control)할 수 있는 능력이 요구된다. 예를 들어, 실망스러운 상황에서 즉각적으로 분노나 슬픔의 감정을 표현하는 것이 일차적 반응이라면, 얼굴을 찌푸리거나 소리를 지르고 싶은 충동을 숨기고, 오히려 웃어 버리는 반응을 하는 것은 이차적 반응이라 할 수 있다. 사회적으로 이차적 반응이 더 적응적인 것으로 여겨지기 때문에, 일차적 반응을 억누르고 이차적 반응을 보이는 의도적 통제가 필요한 것이다. 실험에서 유아들은 아기용품을 선물로 받게 되는데, 손을 문지르거나 머리를 꼬거나 스스로에게 말을 하는 것과 같은 자기위안 행동을 가장 많이 보였으며, 웃어 버리는 것과 같이 긍정적 반응을 하는 유아도 많았다. 이 밖에도 슬퍼하는 반응이나 분노하는 반응을 보여 선물을 던지는 것과 같은 공격적 행동을 하거나 방을 나가 버리는 것과 같은 행동을 하기도 하였다(Liew, Eisenberg, & Reiser, 2004).

[그림 11-2] 실망스러운 상황에서 유아의 반응을 알아보는 실험

2 애착

세상에 첫발을 내딛고 모든 것이 낯설기만 한 영아를 따뜻하게 돌봐주는 양육자는 영아에게 매우 특별한 사람이 된다. 영아는 생후 첫 1년 동안 양육자와 강력한 정서적 유대관계인 애착(attachment)을 형성하는데, 애착이라는 첫 인간관계는 전 생애에 걸쳐 모든 방면의 발달에 영향을 미치므로 초기 경험의 중요성을 보여준다.

1. 애착이론

인간발달을 설명하는 여러 이론은 애착을 바라보는 관점이 서로 다르며 지속적으로 논쟁이 이루어져 왔다. 우선 정신분석이론에서는 영아의 기본적인 욕구충족으로 애착을 설명하고 있다. Freud에 따르면, 생애 첫 발달 단계는 영아가 입을 통해 욕구를 충족하는 구강기이다. 영아는 수유라는 구강자극을 통해 만족감을 느끼는데, 이때 수유를 제공하여 영아의 욕구를 만족시키는 사람이 엄마이기 때문에 애착을 형성한다는 것이다. 한편 Erikson은 이 시기에 이루어야 할 중요한 발달과업은 신뢰감이라고 보았으며, 수유를 비롯한 영아의 기본적인 욕구를 만족시킴으로써 영아가 신뢰하는 대상이 엄마이므로 애착 대상이 된다고 보았다.

학습이론에서는 애착을 학습된 행동으로 본다. 엄마가 수유를 할 때 영아는 엄마의 따뜻한 품과 미소, 부드러운 목소리를 경험한다. 즉 처음에는 중립자극이었던 엄마가 배고픔을 감소시키는 수유라는 사건과 늘 함께 따라오기 때문에 나중에는 엄마만 보여도 욕구가 충족될 수 있다고 느끼고 엄마에게 애착을 형성한다는 것이다. 엄마와 애착을 형성하면 영아는 엄마의 관심을 끌기 위해 미소를 짓거나 옹알이를 하는 등의 행동을 한다.

인지이론에서는 애착의 형성이 영아의 인지발달과 관련이 있다고 본다. 영아가 주양육자인 엄마와 애착을 형성하기 위해서는 엄마와 다른 사람을 잘 구별할 수 있어야 한다. 엄마와의 애착형성 과정에서 영아가 낯가림 행동을 많이 보이는 것이 이러한 이유에서이다. 또한 애착대상인 엄마가 눈앞에 보이지 않아도 어딘가에 존재하고 있다는 대상영속성의 개념을 획득하는 것도 애착형성에서 중요한 인지능력이라 할 수 있다.

마지막으로, 동물행동학이론에서는 애착이란 생존과 종족 보존에 중요한 의미가 있는 진화의 산물로 보았다. 예를 들면, 영아의 얼굴이 귀엽게 생긴 것이나 미소짓고 울고 붙잡는 등의 행동을 하는 것은 엄마로 하여금 영아를 잘 돌볼 수 있도록 하는 신호가 된다는 것이다. 또한 엄마 역시 영아가 보이는 신호에 반응할 수 있도록 생물학적으로 프로그램화되어 있다고 본다.

정신분석이론이나 학습이론에서는 애착에서 수유를 통한 욕구의 충족이 매우 중요한 의미를 지닌다. 그러나 1950년대 Harlow는 수유가 아닌 애착의 다른 측면을 보여준 획기적인 실험을 하였다(Harlow & Zimmerman, 1959). 그는 새끼원숭이를 어미 원숭이와 격리시킨 후 실험실에서 헝겊으로 만든 대리모 및 철사로 만든 대리모와 함께 지내도록 하였다(사진 11-1). 이 실험에서 원숭이는 대부분의 시간을 헝겊 대리모와 보냈으며, 우유가 철사 대리모에게 있는 경우에는 우유를 먹는 시간에만 철사 대리모에게 가는 모습을 보였다. 또한 공포 상황에서는 헝겊 대리모에게 매달려 위안을 찾으려 하였다. 이를 통해 Harlow는 애착 형성을 위해서 배고픔을 채워주는 것도 중요하지만 그보다는 신체적인 접촉을 통해 안정감을 찾으려는 욕구가 더 강하다는 것을 밝혀 영아의 엄마에 대한 '접촉위안(contact comfort)'을 강조하였다.

원숭이가 몸은 헝겊 대리모에게 둔 채로 철사 대리모에게서 우유를 먹고 있다.

|사진 11-1| Harlow의 원숭이 실험

2. 애착의 발달

Bowlby(1969)는 애착의 발달과정을 다음과 같이 네 단계로 제시하였다.

1) 애착 전 단계(preattachment, 출생~6주)

신생아가 다른 사람들에게 보이는 행동들(미소짓기, 울기, 응시하기, 붙잡기 등)은 주위 사람들과 가까운 관계를 맺을 수 있도록 도와준다. 아직 엄마에게 애착이 형성되지 않은 단계로 친숙하지 않은 성인과 함께 있어도 불안해하지 않는다.

2) 애착형성 단계(beginnings of attachment, 6주~6, 8개월)

영아는 낯선 사람과 자신을 주로 돌봐주는 친숙한 양육자에게 다르게 반응하기 시작한다. 예를 들어, 엄마와 상호작용할 때 더 많이 미소 짓거나 웃고 옹알이를 자주 하며, 엄마가 안아주었을 때 더 잘 달래진다. 그러나 엄마와 떨어지더라도 불안해하지는 않는다.

3) 명백한 애착 단계(clear-cut attachment, 6, 8~18개월, 2세)

친숙한 양육자에 대한 애착행동이 분명히 나타나 엄마와 떨어지게 되면 분리불안을 보인다. 엄마와 가까이 있으려고 하고, 다른 사람보다 엄마를 분명히 좋아하며, 엄마를 안전기지로 사용하여 주위를 탐색한다. 이때 형성된 양육자와의 애착관계는 영아의 사회정서적 기초가 된다.

4) 상호적 관계의 형성(formation of a reciprocal relationship, 18개월~2세 이후)

이 시기의 영아는 정신적 표상능력과 언어능력의 발달이 급속히 이루어지면서 엄마와 떨어지더라도 엄마가 돌아온다는 것을 이해하여 분리에 대한 저항이 줄어든다. 영아는 부모와의 상호 애착관계의 파트너로서 부모에게 요구사항을 제시하거나 설득을 하여 협상을 하기도 한다. 예를 들어, 부모와 헤어지기 전에 부모가 어디에 가는지, 언제 돌아오는지에 대해 충분히 대화를 하거나 부모에게 떠나기 전에 책을 읽어달라고 함으로써 이전보다 쉽게 부모 없이 지낼 수 있다.

3. 애착의 측정과 유형

영아와 양육자 간의 애착이 안정적으로 형성되었는지를 알아보기 위해 Ainsworth(1978)는 낯선 상황(strange situation) 실험을 고안하였다. 낯선 상황 실험은 만 1~2세의 영아와 양육자를 대상으로 일련의 분리 또는 재결합 상황으로 구성된 8개의 에피소드를 통해 애착의 안정성을 측정하는 방법이다(표 11-2, 그림 11-3). Ainsworth는 각각의 에피소드에서 영아가 부모와 함께 있을 때 안전기지(secure base)로 사용하여 주위를 탐색하는지, 부모와 분리 또는 재결합하는 상황에서 나타나는 영아의 행동이나 낯선 성인에 대한 반응은 어떠한지 등을 관찰하여 안정애착과 회피애착, 저항애착의 세 가지 애착 유형으로 구분하였다. 이후 세 가지 유형에 속하지 않는 또 다른 애착유형을 혼란애착으로 분류하였다(Main & Solomon, 1986, 1990).

1) 안정애착(secure attachment)

안정된 애착을 보이는 영아는 부모를 안전기지 삼아 주위를 자유롭게 탐색한다. 부모와 분리될 때 괴로워하며 우는 영아도 있고, 울지 않는 영아도 있으며, 부모가 돌아오면 반갑게 다가가 신체적 접촉을 하고 쉽게 안정을 되찾는다. 낯선 성인이 달래줄 때 진정되기도 하지만, 낯선 성인보다 부모를 더 좋아한다. 전체 영아의 60~65%가 이 유형에 해당한다.

2) 회피애착(avoidant attachment)

부모와 함께 있을 때 부모에게 반응을 거의 보이지 않는다. 부모와 분리될 때 크게 불안해하지 않고, 부모가 돌아와도 무시하거나 시선을 피하며, 부모가 안아주어도 잘 안기려 하지 않는다. 낯선 성인과 부모에게 유사한 반응을 보인다. 20%의 영아가 이 유형에 해당된다.

3) 저항애착(resistant attachment)

부모를 안전기지로 활용하지 못하여 부모가 함께 있어도 주위를 거의 탐색하지 않는다. 부모가 떠나면 매우 괴로워하며, 부모가 돌아오면 부모에게 안기려 하면서도 화를 내거나 저항하는 것과 같이 양가감정을 나타낸다. 낯선 성인에게 잘 달래지지 않는다. 10~15% 정도의 영아가 이 유형에 속한다.

4) 혼란애착(disorganized/disoriented attachment)

가장 큰 불안감을 나타내는 유형으로 부모가 돌아왔을 때 가까이 다가가려고 하다가 물러서거나 부모에게 안겨 먼 곳을 쳐다보는 것과 같이 혼란스럽고 모순된 행동을 보인다. 멍한 표정을 짓거나 경직된 자세를 보이며 진정된 후에 갑자기 울음을 터뜨리기도 한다. 5~10%의 영아가 이에 해당된다.

〈표 11-2〉 낯선 상황 실험

에피소드	사건	시간	관찰할 수 있는 애착행동
1	실험자가 부모와 영아를 놀이실로 안내하고 나간다.	30초	–
2	영아가 장난감을 가지고 노는 동안 부모는 앉아 있는다.	3분	안전기지로서의 부모
3	낯선 성인이 들어와 부모 옆에 앉고 부모와 이야기를 나눈다.	3분	친숙하지 않은 성인에 대한 반응
4	부모가 놀이실을 떠난다. 낯선 성인이 영아에게 반응해 주고, 만약 영아가 울면 달래준다.	3분	분리불안
5	부모가 돌아와 영아를 반갑게 맞아주고, 영아에게 진정이 필요하면 달래준다. 낯선 성인은 놀이실을 떠난다.	3분	재결합에 대한 반응
6	부모가 놀이실을 나간다.	3분	분리불안
7	낯선 성인이 놀이실로 들어와 영아를 달래준다.	3분	낯선 사람에게 위안받는 능력
8	부모가 돌아와 영아를 반기면서 달래준다. 영아가 다시 장난감에 흥미를 가질 수 있게 해준다.	3분	재결합에 대한 반응

*분리 에피소드에서 영아가 심하게 울면 중단할 수 있으며, 재결합 에피소드에서 영아가 진정하여 놀이로 돌아가기까지 시간이 더 필요하다면 연장할 수 있다.

출처: Ainsworth, Blehar, Waters, & Wall(1978).

어머니를 안전기지로 삼아 주위를 탐색하는 영아

어머니가 실험실을 나가고 혼자 남은 영아

다시 돌아온 어머니를 반갑게 맞는 영아

[그림 11-3] 낯선 상황 실험

낯선 상황 실험을 통해 밝혀진 애착 유형의 비율은 문화에 따라 차이가 나타날 수 있다(van IJzendoorn & Kroonenberg, 1988). 특히 안정애착의 비율은 전 세계적으로 유사한 경향이 있으나 불안정애착의 비율은 각 문화의 양육 특성에 따라 차이가 나타난다. 엄마와 영아의 친밀도가 높고 공동체의식이 강한 나라일수록 영아를 독립적으로 키우기보다 엄마와 영아가 가까이 있으려 하고 서로를 별개의 존재로 생각하지 않기 때문에 저항애착과 같은 불안정애착이 나타나기 쉽다. 예를 들어, 우리나라의 경우 영아기에 엄마와 분리되는 경험을 많이 하지 않았기 때문에 낯선 상황 실험에서 분리의 경험은 영아에게 심한 고통과 스트레스를 주어 저항애착의 행동을 보이기 쉽다. 반면 어려서부터 개별성을 존중하는 서구의 나라들에서는 엄마가 영아의 독립성을 격려하고 엄마와 영아의 분리가 어렵지 않은 경우가 많기 때문에 회피와 같은 불안정애착의 유형이 더 많이 나타난다(Jin, Jacobvitz, Hazen, & Jung, 2012).

4. 애착과 관련된 행동: 낯가림과 분리불안

영아가 특정 대상과 애착을 형성하는 과정에서 낯가림과 분리불안을 나타내는데, 이러한 행동은 영아가 애착을 잘 형성하고 있다는 증거이기도 하다. 낯가림

(stranger anxiety)은 낯선 사람에 대한 불안을 말한다. 주양육자가 아닌 친숙하지 않은 사람이 영아에게 다가오거나 안으면 영아가 심하게 우는 것을 볼 수 있다. 이러한 낯가림은 6개월 무렵에 시작하여 돌이 되면 절정에 이르다가 만 2세까지 지속된다. 영아가 낯가림을 한다는 것은 친숙한 사람과 친숙하지 않은 사람을 구분할 수 있음을 의미하는데, 친숙한 사람인 주양육자와 애착을 형성하기 위한 준비과정으로 볼 수 있다. 따라서 이 시기에 나타나는 낯가림은 일반적인 발달과정으로 간주되기도 하지만, 낯가림행동의 반응이 지나치게 강렬하다든지 오랜 시간 지속된다면 영아의 사회정서발달을 저해할 수 있다.

한편 분리불안(separation anxiety)은 친숙한 사람과 헤어지는 것에 대한 불안이다. 영아가 양육자와 함께 있다가 눈앞에 보이지 않거나 떨어지려고 하면 불안해하면서 우는 행동이 분리불안 행동이다. 분리불안은 8개월 무렵에 시작되어 10~18개월 정도에 절정에 달했다가 24개월 정도 되면 심한 불안행동이 어느 정도 감소한다. 낯가림과 마찬가지로 분리불안도 발달과정에서 대부분의 영아에게서 나타나는 행동으로 양육자와 분리되기 싫어하는 행동을 통해 양육자와 더 가까이 있으려 하고 특별한 유대관계를 맺을 수 있으므로 애착형성과 밀접하게 관련되는 행동이라 할 수 있다. 그러나 양육자와 분리되는 경험을 전혀 하지 않거나 분리불안이 지나치면 독립성을 지닌 존재로 성장하기 어려우며, 영아기가 지난 이후에도 심한 분리불안 증상을 보일 경우 분리불안장애로 진단되기도 한다.

5. 내적 작동모델

Bowlby(1969)는 애착관계의 형성이 자기 자신과 다른 사람, 인간관계에 대한 감정이나 행동, 인식에 영향을 미치는 역동적인 정신적 과정인 '내적 작동모델(internal working model)'을 발달시킨다고 하였다. 내적 작동모델에서 '작동'이란 정신적 표상의 역동적 측면을 의미하는데, 정신적 모델이 작동함으로써 현재의 상황을 해석하고 미래에 대한 대안을 마련할 수 있다. 또한 '모델'이라는 용어는 무엇인가를 구성한다는 의미로 초기의 단순한 경험들이 모여 점점 복잡한 작동모델로 발전해 나가게 된다(Bretherton, 1985).

내적 작동모델은 영아의 요구에 양육자가 어떻게 반응해 왔는지에 따라 결정된다(Main, Kaplan, & Cassidy, 1985). 양육자가 영아의 요구에 즉각적으로 반응하면 영아는 안정된 내적 작동모델을 발달시킬 수 있을 것이다. 반면 양육자가 영아의 요구를 지속적으로 거부한다면 영아는 회피하는 반응양식을 형성할 것이고, 양육자가 비일관적 태도를 보여 분명한 기준 없이 어떤 경우에는 영아의 요구를 받아들이고, 어떤 경우에는 거부한다면 영아 역시 양가감정적인 반응양식을 형성할 것이다. 이때 영아와 엄마의 관계에서 언제, 어디서, 어떤 일이 있었는가와 같은 경험의 사실뿐만 아니라 그러한 경험에서 느낀 감정까지 작동모델에 작용하게 된다(Bretherton, 1985).

이와 같이 영아기부터 형성된 내적 작동모델은 엄마뿐만 아니라 다른 사람과의 관계 및 사회적 적응에까지 작용하는데, 예를 들어, 엄마가 민감하게 반응하여 안정된 내적 작동모델을 형성한 영아는 엄마를 신뢰할 뿐만 아니라 또래나 다른 사람에 대한 신뢰를 바탕으로 조화로운 관계를 맺을 수 있으며, 자신이 가치 있는 존재라고 인식한다. 반면 엄마로부터 지속적으로 거부당하거나 비일관적인 양육을 경험한 영아는 엄마를 신뢰하지 못할 것이고, 자신과 가장 가까운 엄마에게도 사랑받지 못했다는 생각은 자신도 모르게 내부에 남아 다른 누구와도 신뢰로운 관계를 맺기 어렵고 자신을 가치 없는 존재로 인식하게 될 가능성이 크다.

3 기질

출생 직후부터 영아들은 매우 다른 모습을 보인다. 작은 자극에도 잘 울고 예민한 영아가 있는가 하면, 잘 웃고 쾌활한 영아도 있다. 또한 낯선 자극에 쉽게 다가가는 영아가 있는가 하면, 낯선 자극을 매우 불안해하고 피하려는 영아도 있다. 이처럼 영아는 제각각 세상에 반응하는 방식이 다른데, 이와 같이 개인의 행동을 특징짓는 기본적인 양식(Thomas & Chess, 1977)을 기질이라고 한다. 기질은 전 생애에 걸쳐 비교적 안정적인 경향이 있으며, 인성을 형성하는 중요한 바탕이 된다.

1. 기질의 차원

1956년 Thomas와 Chess는 2~3개월 된 141명의 영아의 기질을 연구하여 성인기까지 추적하였다. 뉴욕종단연구(New York Longitudinal Study)로 잘 알려진 이 연구는 기질에 대한 관심을 불러일으켜 이후 수많은 기질연구를 가능하게 한 연구로 평가받고 있다. Thomas와 Chess(1986)는 9개의 기질을 구성하는 차원을 발견하였다(표 11-3). 또한 이를 바탕으로 순한 기질, 까다로운 기질, 느린 기질의 세 가지 유형의 기질을 구분하였는데, 연구대상 영아의 65%가 세 가지 유형 가운데 하나에 해당되는 것으로 나타났다.

- 순한(easy) 기질: 생리적 리듬이 규칙적이며 새로운 환경에 쉽게 적응하고, 대체로 기분이 좋다. 연구대상의 약 40%에 해당한다.
- 까다로운(difficult) 기질: 생리적 리듬이 불규칙하며 새로운 환경에 적응하는 것이 느리다. 강렬하게 많이 우는 경향이 있다. 연구대상의 약 10%에 해당한다.
- 느린(slow to warm-up) 기질: 반응 강도가 약하며, 새로운 자극에 잘 반응하지 않는다. 연구대상의 약 15%에 해당한다.

〈표 11-3〉 Thomas와 Chess의 기질 차원

기질의 차원	내용
1. 활동수준	일상생활에서의 신체 활동의 양
2. 접근/회피	새로운 자극에 대한 반응
3. 적응성	일과의 변화에 대한 반응
4. 기분	즐겁고 행복하고 우호적인 행동 또는 슬프고 불행하고 적대적인 행동의 빈도
5. 주의지속성	활동이 지속되는 시간 및 방해를 받았을 때 활동을 계속하는 정도
6. 주의산만성	외부의 자극에 의해 영아가 하고 있던 활동이 방해받는 정도
7. 규칙성	수면, 수유, 배변 등 생리적 기능의 예측가능성
8. 반응 강도	자극에 대한 긍정적 또는 부정적 반응의 강렬한 정도
9. 반응 역치	영아의 반응을 일으키는 데 필요한 자극의 양

출처: Thomas & Chess(1986).

한편 Buss와 Plomin(1984)은 행동유전학의 관점에 기초하여 기질이란 생애 초기부터 나타나는 유전에 의한 개인의 특성으로 보았다. 이들은 기질에 있어서 유전의 영향을 매우 강조하여 기질이 전 생애에 걸쳐 매우 안정적이고 인성의 발달에 지속적인 영향을 미친다고 하였으며, 기질에 대한 환경의 영향력을 무시하지는 않았지만 크지는 않다고 보았다. Buss와 Blomin은 기질의 차원을 정서성(emotionality), 활동 수준(activity level), 사회성(sociability)의 세 가지로 구분한 EAS 모델을 제시하였다(표 11-4).

〈표 11-4〉 Buss와 Plomin의 기질 차원

기질의 차원	내용
1. 정서성	영아가 자극에 대해 얼마나 빨리 부정적인 반응을 보이는가 예: 쉽게 놀라고, 쉽게 잠에서 깨거나, 잘 움
2. 활동성	영아의 일상적인 활동이 얼마나 강렬한가 예: 계속해서 움직이고 끊임없이 새로운 것을 찾음
3. 사회성	영아가 다른 사람과 함께 있는 것을 좋아하는가 예: 낯선 사람에게도 쉽게 다가감

출처: Buss & Plomin(1999).

2. 기질의 안정성

순한 기질이었던 영아는 변함없이 순한 기질의 성향으로 자라는지 또는 까다로운 기질이었던 영아는 계속해서 까다로운지를 명확하게 밝히는 것은 매우 어려운 일이다. 기질의 안정성은 Rothbart의 기질에 대한 관점에서도 찾아볼 수 있는데, 그는 기질이란 생물학적 기초를 두어 비교적 안정적으로 나타나는 개인 간의 차이로 정의하면서 시간이 흐르거나 상황이 바뀌어도 기질은 지속적인 경향이 있다고 보았다(Rothbart & Derryberry, 1981). 이후 대부분의 연구는 기질의 여러 특성이 시간이 흘러도 지속되는 경향이 있다고 보고하였다.

그러나 영아기의 기질이 항상 지속적인 것은 아니다. 예를 들어, 낯설거나 도전적인 상황에서 불안해하거나 초조해하는 행동억제(behavioral inhibition) 성향을 연구한 Kagan은 2세 때 낯선 상황에서 극단적인 행동억제의 성향을 보였던 영아의 대부분이 7세가 되었을 때 낯선 또래나 성인에게 유사한 행동 패턴을 보인다는 것을 발견하고, 이러한 성향이 아동기의 수줍음이나 성인기의 사회적 회피 행동으로까지 연결될 수 있다고 하였다(Kagan, Reznick, & Snidman, 1988). 이 연구에 따르면, 영아의 행동억제 성향이 비교적 안정적인 것으로 보이지만 이후에 Rubin 등은 Kagan의 연구 결과가 극단적인 행동억제를 보이는 아동을 대상으로 했다는 점에 주목하였다. 행동억제라는 성향을 연속선상으로 두고 볼 때 양극단에 위치한 아동은 그러한 성향이 지속되지만, 중간에 위치한 아동은 시간이 흐르면서 변화될 가능성이 크다(Rubin, Hastings, Stewart, Henderson, & Chen, 1997).

한편 기질이 시간의 흐름에 따라 안정적이지 않은 것에 대해 Belsky는 '법칙이 있는 비연속성(lawful discontinuity)'이라는 개념으로 설명하고 있다(Belsky & Pensky, 1988). 기질에 안정성이 있는지 그렇지 않은지를 따지기 위해서는 아동의 기질만 놓고 볼 것이 아니라 아동의 특성(예: IQ, 사회적 유능성), 생활사건(예: 동생의 출생, 부부갈등, 보육경험의 변화), 가족 요인(예: 부모의 양육행동, 인성) 등을 고려해야 하며, 특히 부모의 양육행동은 기질의 비연속성에 중요한 역할을 할 수 있다(Park, Belsky, Putnam, & Crnic, 1997). 기질은 생물학적인 기제에 기반을 두고 있다고 보기 때문에 비교적 안정적인 것은 분명하지만 개인의 심리적 특성이나 환경의 영향을 간과할 수는 없다.

3. 기질과 양육

각기 다른 기질을 지닌 영아가 세상에 적응하여 살아가기 위해서는 영아의 기질과 환경 간의 상호작용이 중요한 역할을 한다. Thomas와 Chess(1977)는 영아의 기질과 환경이 조화를 이룰 때 가장 바람직한 발달결과를 가져올 수 있다는 것을 '조화의 적합성(goodness of fit)' 모델로 설명하였다. 그러므로 까다로운 기질을 지닌 영아라 하더라도 부모가 영아의 기질을 잘 이해하고, 영아의 특성에 적합한 방식으로 양육한다면 문제없이 성장할 수 있을 것이다. 반대로 순한 기질의 영아에게 부모가 과도한 요구를 하고, 영아의 신호에 둔감하다면 성장하면서 문제를 겪을 수 있을 것이다.

Wachs와 Gruen(1982)은 유기체 특수성 가설(organismic specificity hypothesis)을 제시하였는데, 영아의 발달에 대한 환경의 영향력은 영아의 기질에 따라 달라진다고 보았다. 즉 동일한 환경에서 자라더라도 영아가 어떠한 기질을 가지고 있는지에 따라 다른 발달의 결과를 가져온다는 것이다. 예를 들어, 활동 수준이 높은 영아에게 양육자가 자극을 많이 주면 영아가 탐색을 덜하는 반면, 활동 수준이 낮은 영아에게는 자극을 많이 줄수록 탐색을 많이 한다(Gandour, 1989). 활동 수준이 높은 영아는 스스로에게 충분히 자극을 줄 수 있으므로 양육자의 자극을 덜 필요로 하는데 외부의 자극이 오히려 탐색행동을 방해할 수 있기 때문이다. 이와 같이 동일한 양육행동이라도 영아의 활동 수준과 같은 기질에 따라 서로 다른 결과를 가져올 수 있다.

한편 행동유전학의 관점에서 Scarr(1993)는 영아의 기질 특성은 양육자로 하여금 특정 반응을 불러일으키고, 양육자의 반응이 다시 영아의 발달에 영향을 미친다고 보았다. 예를 들어, 잘 웃고 활발한 영아는 반응이 없고 수동적인 영아에 비해 사회적인 자극을 더 많이 받을 것이며, 사회적인 자극은 영아의 발달에 이롭게 작용할 것이다. 또한 영아는 자신에게 가장 잘 맞는 환경을 선택(niche picking)하는 성향도 있다. 예를 들어, 움직임을 좋아하는 영아는 몸을 많이 움직일 수 있는 활동을 선택할 것이고, 활동 수준이 낮은 영아는 정적인 활동을 선택할 것이다(Scarr & MacCartney, 1983).

좋은 기질과 나쁜 기질이 있어서 좋은 기질은 긍정적 발달결과를 가져오고, 나쁜 기질은 문제행동을 일으키는 것이 결코 아니다. 기질과 환경의 관계를 밝힌 이론가들은 영아 개개인이 지닌 기질 그 자체가 발달에 직접적인 영향력을 발휘하기보다는 영아를 둘러싼 환경이나 부모의 민감한 양육에 따라 발달 결과가 달라진다는 점을 강조하고 있다(Lamb, Bornstein, & Teti, 2002). 최근에는 영아의 발달은 영아 자신과 환경에 의해 제공되는 경험 간의 지속적이고 역동적인 상호작용의 산물로 보는 상호교류모델(Sameroff & MacKenzie, 2003)이 주목받고 있다. 즉 복잡한 상호 교류과정을 통해 영아의 발달이 이루어지는데, 이때 기질만이 전적으로 작용하는 것이 아니라 환경과의 역동이 고려되어야 한다.

4 영유아의 정서발달을 도모하기 위한 양육자의 역할

양육자는 영유아에게 정서 표현과 이해, 조절에 대한 모델이 될 뿐만 아니라, 영유아가 양육자와 상호작용하는 과정에서 영유아는 양육자가 정서를 다루는 방식을 내면화하게 된다. 부모가 자녀의 정서를 사회화하는 과정은 자녀의 정서에 대한 반응, 정서에 대한 대화, 부모의 정서 표현의 세 가지 경로로 제시할 수 있다(Ashiabi 2000; Eisenberg, Cumberland, & Spinrad, 1998). 첫 번째는 자녀가 표현하는 정서에 부모가 어떠한 반응을 하는가이다. 특히 부모는 유아가 보이는 부정적 정서에 민감하게 반응하는 경향이 있으며, 이때의 부모의 반응이 정서 사회화에 큰 의미를 지닌다. 예를 들어, 유아가 부정적 정서를 보일 때 벌을 주는 부모가 있고, 부정적 정서를 억제하도록 할 수도 있으며, 유아를 위로해 주거나 부정적 감정을 다루는 방법을 가르쳐 줄 수도 있을 것이다. 유아가 부정적 정서를 나타낸다고 해서 부모가 부정적으로 반응하면 유아의 정서적인 각성을 강화시킴으로써 결과적으로 유아가 자신의 정서를 조절하는 것을 더 어렵게 만들 수 있다(Eisenberg, Fabes, & Murphy, 1996). 부모가 유아의 정서를 인정해 주고, 지지해 주는 것이 부정적 정서를 해결하는 데 도움이 된다.

두 번째로 부모와 자녀의 정서에 대한 대화를 통해서 유아의 정서 사회화가 이루어질 수 있다. 부모는 자녀와 일상적인 대화를 하면서 특정한 정서를 강조하거나, 왜 어떤 정서를 표현하게 되는지, 정서를 표현한 다음에는 어떤 일이 일어나는지 이야기할 수 있다. 또한 자녀가 다양한 정서를 경험하고 정서를 조절할 수 있도록 도와준다. 따라서 부모와 정서적인 경험에 대해 대화를 많이 한 유아는 자신의 정서를 표현하거나, 다른 사람의 정서를 이해하는 데 더 뛰어난 능력을 가질 수 있다. 그러나 정서에 대해서 부모와 거의 대화를 나누지 않은 유아, 특히 부정적 정서에 대해 자연스럽게 이야기 나눈 경험이 거의 없는 유아는 부정적 정서는 표현되어서는 안 된다고 생각하기 쉽다.

정서 사회화의 세 번째 경로는 부모의 정서 표현을 통한 것이다. 부모는 유아에게 정서 표현에 대한 모델이 되기 때문에, 긍정적인 정서를 많이 표현하는 부모에게서 자랐는가, 부정적인 정서를 많이 표현하는 부모에게서 자랐는가에 따라 유아의 정서 표현이 달라질 수 있다. 또한 부모가 긍정적인 정서를 많이 표현하면 부모와 자녀의 관계가 좋아지기 때문에, 유아 역시 긍정적인 정서를 가지게 되는 것으로 보인다. 부모가 다양한 정서를 적절하게 표현하는 것도 유아의 정서발달에 도움이 된다.

한편 영아가 양육자와 안정된 애착관계를 형성하기 위해 가장 중요한 것은 양육자가 영아에게 신뢰할 수 있는 존재가 되는 것이다. 양육자는 영아가 보내는 신호에 민감하게 반응해야 한다. 영아가 양육자를 필요로 하는 순간, 예를 들어 배가 고플 때, 아플 때, 기저귀가 젖었을 때, 함께 놀이하기를 원할 때 양육자는 항상 그 자리에 있어야 한다. 영아와 눈을 맞추고, 미소를 보내고, 부드러운 목소리로 말하고, 스킨십을 하고, 안아주는 것과 같은 행동들이 매일매일 반복되면 영아는 안정된 분위기에서 양육자와 특별한 관계를 맺을 수 있다. 무엇보다 영아가 사랑받고 있다는 것을 느낄 수 있도록 해야 한다.

기질은 생물학적 성향이 강한 것으로 쉽게 바뀔 수 있는 것이 아니다. 따라서 양육자는 영아마다 지니고 있는 개별성을 인정하여 영아의 기질과 조화를 이룰 수 있는 방식으로 반응하는 것이 중요하다. 예를 들어, 활동성이 높은 영아에게는 자극을 많이 주지 않도록 유의해야 하며 환경의 통제와 구조화가 필요할 것이다. 그러나 영아의 기질 특성이 양육자의 양육방식에 영향을 미친다는 점을 고려해야 한다. 예를 들어, 기질적으로 쉽게 달래지고 진정되며 집중하는 시간이 긴 영아는 엄마로 하여금 자녀를 양육하는 데 있어서 자신감, 즉 양육효능감을 갖도록 한다(윤혜정, 현온강, 2007). 반면 쉽게 기분이 나빠지고 화가 났을 때 격렬하게 반응하거나 우는 까다로운 기질의 영아는 양육자로 하여금 양육 스트레스를 겪게 하기도 한다(민동옥, 박혜원, 2012). 이처럼 영아의 기질은 양육자의 양육방식에 영향을 미치고, 이는 다시 영아의 발달결과로 이어지기 때문에(임현주, 이대균, 2013) 영아와 양육자와의 관계가 상호적 관계라는 점을 고려하여 양육자가 양육효능감을 높이고 양육스트레스를 줄일 수 있도록 하는 노력이 필요할 것이다.

CHAPTER 12

영유아발달과 생태적 맥락

가족은 영유아의 발달에 가장 큰 영향을 주는 사회적 기관이다. 출생과 동시에 한 가족의 일원이 되어 성장하며 일생 동안 가족의 일원으로 생활한다. 특히 부모는 자녀를 양육하고 정서적 지원을 제공하는 등 자녀의 사회화 과정에 핵심적 역할을 담당한다. 본 장에서는 영유아발달에 중요한 영향을 미칠 수 있는 다양한 생태적 맥락 중 가족 환경, 또래 환경, 대중매체 등에 대하여 구체적으로 고찰하고자 하며, 또한 여러 유형의 학대가 영유아에게 미치는 장기적인 결과에 대해서 논의하고자 한다.

1 부모의 양육태도와 영유아발달

부모는 자녀의 발달을 위한 일차적인 환경으로 자녀가 한 문화에서 반드시 습득해야 할 보편적 습관, 기술, 행동, 가치관을 발달하는 데 돕고, 심신이 건강한 인간으로 성장하는 데 결정적인 역할을 담당한다. 양육태도는 부모 또는 양육자가 자녀를 양육함에 있어 일반적 혹은 보편적으로 나타내는 행동을 의미하며, 자녀의 행동 특성은 부모가 어떻게, 어떤 태도로 키웠느냐에 따라 다르게 나타날 수 있다.

양육태도의 대표적 학자인 Baumrind는 애정과 통제라는 차원으로 부모의 양육 태도를 네 가지 유형으로 나누었다. 즉 애정과 통제 차원이 둘 다 높은 경우는 권위가 있는 부모, 통제 차원은 높지만 애정 차원이 낮은 경우는 권위적 부모, 애정 차원은 높은데 통제 차원이 낮은 경우는 허용적 부모, 애정과 통제 차원이 다 낮은 경우는 방임적인 부모로 분류하였다. 각 유형을 요약하면 다음과 같다(장휘숙, 2008).

● 권위가 있는 부모(authoritative)

이 유형의 부모들은 자녀들에게 성숙한 행동을 위한 확고한 기준과 규칙을 설정하고 영유아의 욕구와 발달 수준을 인정하며 연령에 맞는 합리적인 정도의 자유를 허용한다. 추론이나 긍정적 강화를 통하여 자녀의 성숙한 행동을 격려하고 필요에 따라 엄격하게 통제하기도 한다. 그러나 권위가 있는 부모들이 사용하는 통제는 합리적이라는 특성을 지닌다.

● 권위적 부모(authoritarian)

이 유형의 부모들은 영유아를 통제하기 위하여 규칙과 기준을 설정하고 자녀가 그것을 어기면 신체적 처벌과 같은 강제적 방법을 사용하여 자녀가 복종하도록 강요한다. 권위적 부모들은 규칙 이면의 논리에 대해 자녀에게 설명하는 일이 거의 없으며 부모의 말은 자녀에게 곧 '법'이다.

● 허용적 부모(permissive)

이 유형의 부모들은 자녀를 수용하며 애정적이고 반응적이지만 자녀의 자율성을 지나치게 강조한다. 즉 허용적 부모들은 규칙이나 기준에 일치하도록 자녀를 강요하는 일이 거의 없고 명백한 통제를 행사하지 않으며 자녀 스스로 자신의 행동을 조절하도록 내버려 둔다는 특성을 지닌다.

● 방임적 부모(indifferent)

이 유형의 부모들은 부모로서의 역할을 수행하지 않는다. 자녀에게 관심을 보이지 않으며 자녀와 함께 시간을 보내려고도 하지 않으므로 자녀의 욕구는 대부분 무시되거나 거부된다. 또한 자녀와의 접촉은 부모 자신의 즉각적 욕구에 의해 이루어질 뿐 일관성 있는 지도나 훈육을 제공하지 않는다는 특성을 지닌다.

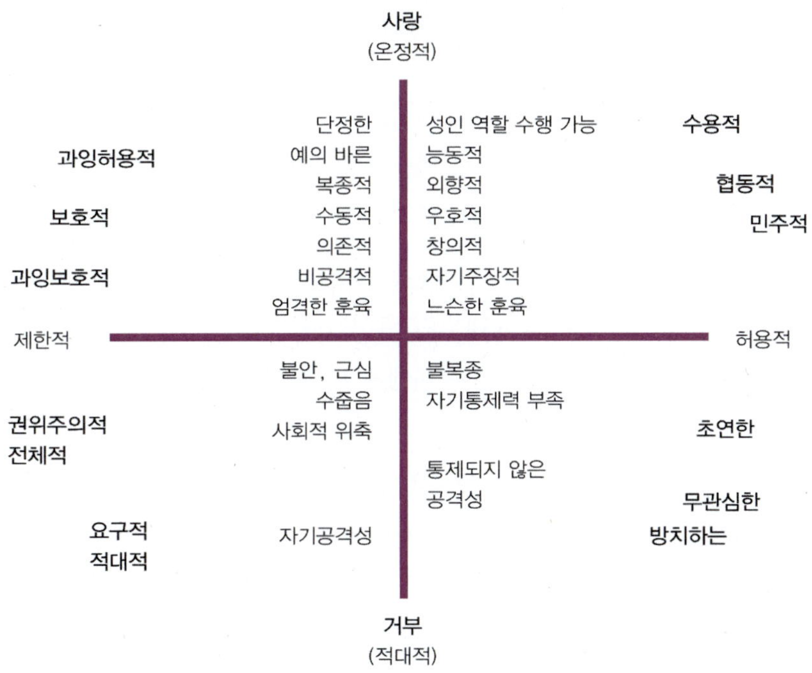

[그림 12-1] 양육태도와 영유아발달

출처: Maccoby & Martin(1983).

이처럼 중요한 부모 양육태도는 여러 가지 요인의 영향을 받는다. Belsky(1984)는 부모 양육태도에 영향을 주고 궁극적으로 영유아의 행동에 영향을 주는 요인으로 부모의 발달역사, 부모의 성격 특성, 영유아의 성격 특성, 사회적 지원과 부모의 관계망, 부부관계, 부모의 직업 등을 제시하였다(그림 12-2).

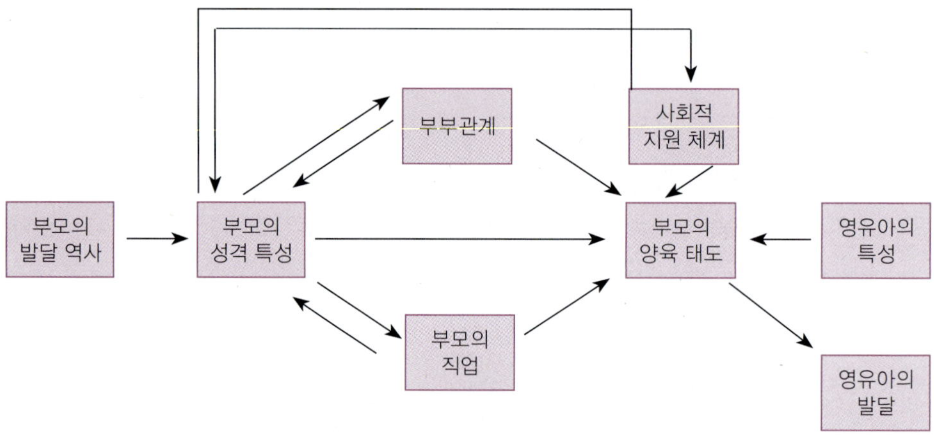

[그림 12-2] 부모 양육태도 모델

출처: Belsky(1984).

- 부모의 발달 역사: 부모가 아동기 동안 자신의 부모와 어떤 경험을 했는가에 따라 성인기의 부모 양육태도가 달라진다. 예를 들면, 영유아기에 엄마와 안정된 유대를 형성한 엄마는 자녀에게 더 반응적이고 민감한 부모가 될 수 있다.
- 부모의 성격 특성: 대표적인 부모의 성격 특성으로 부모의 우울을 들 수 있다. 예를 들면, 우울한 엄마들은 자녀에게 무관심한 양육태도를 보이기 때문에 영유아의 발달에 있어 여러 부정적인 결과를 초래한다.
- 영유아의 특성: 대표적인 영유아의 특성으로 기질을 들 수 있다. 예를 들면, 영유아가 까다로운 기질을 지니고 있을 때 부모는 자녀에게 자주 화를 내고 처벌적 훈육 방식을 사용하기 쉽다.
- 사회적 지원과 부모의 관계망: 부모의 사회적 체계에 해당하는 친척이나 친

구, 이웃, 직장 동료 등은 부모 양육태도에 영향을 준다. 예를 들면, 가족 내·외부의 지원과 도움은 부모의 긍정적인 양육태도에 기여한다.

- 부부관계: 부부관계의 질적 특성은 부모 양육태도에 영향을 준다. 예를 들면, 조화롭고 원만한 부부관계는 긍정적 부모 역할을 위한 발판을 제공한다.
- 부모의 직업: 사회계층이나 직장에서의 경험을 통해 부모의 양육태도는 달라진다. 예를 들면, 사회계층이 낮은 경우 복종과 일치를 강조하는 반면, 중상류층에서는 개방적인 의사소통과 자기주도적인 행동을 강조하는 양육태도를 보인다.

■ 영아기의 부모역할을 수행하는 중요한 지침(Hamner & Turner, 2001)

첫째, 자주 안아주고 신체적 접촉을 해주는 것이 필요하며, 부모의 이러한 행동이 자녀를 버릇없게 만들지는 않는다.
둘째, 이야기를 많이 해주고 노래를 불러주는 것과 같은 자녀의 발달상황에 적절한 자극을 충분하게 제공해 준다.
셋째, 자녀가 울 때 즉각적이고 지속적으로 반응을 해주면 자라면서 점차 울음이 줄어든다.
넷째, 식사, 취침, 놀이시간을 자녀의 상태를 고려하여 예측할 수 있는 시간표를 작성해서 실행한다.
다섯째, 하루 일과에서 상호작용놀이와 환경탐색활동의 균형을 맞추어 준다.
여섯째, 일상적인 활동(목욕, 옷 입기, 수유)을 언어학습경험을 할 수 있도록 활용한다.

■ 유아기의 부모역할을 수행하는 중요한 지침(Hamner & Turner, 2001)

첫째, 자녀의 주도성을 침해하지 않으면서 한계를 설정해 준다.
둘째, 주도성의 발달을 위해 자발적인 행동과 환경을 탐색하는 행동을 격려해 준다.
셋째, 권위 있는(authoritative) 양육 방법을 사용한다.
넷째, 처벌보다는 자연적 · 논리적 결과의 방법을 사용한다.
다섯째, 언어발달을 촉진시키기 위해서 자녀의 끊임없는 질문에 귀를 기울이고 반응해 준다.
여섯째, 자녀에게 날마다 책을 읽어 준다.
일곱째, 긍정적인 자아개념의 발달을 촉진시킨다.
여덟째, 학습을 촉진시켜 줄 수 있는 적절한 놀잇감을 제공한다.
아홉째, 또래와 놀고 상호작용할 수 있는 기회를 제공한다.

2 아버지와 영유아발달

부인의 취업, 이혼과 같은 가족 구조상의 변화로 인하여 아버지의 양육 참여가 강조되고 있는 상황에서 가정 내의 아버지 역할에 대한 관심은 점점 높아지고 있다. 과거에는 경제적 책임자로서의 아버지의 역할이 주로 강조되었으나 산업화 이후 아버지는 거칠고 엄마는 부드러운, 아버지는 엄격하고 엄마는 양육적인 전통적 역할구분이 변화하고 있다. 즉 생물학적 아버지로서의 역할비중은 점차 감소하고, 가정 내에서 담당하는 아버지와 엄마의 역할 차이 또한 점차 줄어들고 있는 추세이다. 아울러 신체적 돌봄 위주인 엄마와 달리 아버지는 활동적인 놀이를 주로 하여 자녀의 건강한 발달에 있어 아버지 역할의 중요성이 강조되어 왔다. 특히 이러한 영향력은 자녀가 성장하여 성인이 될 때까지 지속되어 부모가 양분된 역할을 감당하는 것보다 동등하게 부모 역할을 수행하는 것이 바람직한 모델로 인식되는 것이 일반적이다.

여러 연구는 아버지의 따뜻함이 영아의 긍정적 발달에 크게 기여한다고 한다. 아버지의 따뜻함은 안아주기, 위로하기, 놀아주기, 언어적으로 사랑을 표현하기, 칭찬하기와 같은 행동들에서 나타난다. 아버지의 애정 어린 관심과 참여는 이후 인지적·정서적·사회적 능력을 강하게 예측하였다(Rohner & Veneziano, 2001; Veneziano, 2003). 또한 아버지가 영아의 반응에 민감하고 반응적일 경우 영아는 자기 주변에 있는 것들을 탐색할 때 불안감을 느끼지 않으며 흥미를 가지고 활발하게 탐색한다. 이러한 영아는 처음 보거나 이상한 물건을 보더라도 덜 무서워하며 호기심을 가진다. 아울러 아버지가 애정을 가지고 영아의 행동에 민감하게 반응하면 영아는 아버지와도 안정적인 애착관계를 형성한다(Cox, Owen, Henderson, & Margand, 1992).

아버지가 다정하고 자녀를 격려해 주며 잘 도와주는 경우 자녀의 인지 능력은 높고, 민주적이면서 친숙한 양육 태도를 보이는 아버지의 자녀는 명철하고 창조적이며 융통성과 상상력이 풍부하며 높은 학업성취와 관련이 있었다. 예를 들면, 4

세 유아와 아버지의 양육 태도에 관한 연구에서 아버지가 다정하고 자녀를 격려해 주며 잘 도와주는 경우 자녀의 인지 검사는 높은 반면, 차갑게 대하는 아버지의 자녀인 경우는 낮은 점수를 얻었다(Lamb, 1995). 이에 반해 거리감이 있고 독재적이며 처벌 위주인 아버지는 자녀의 성취동기를 저하시키고 권위적인 양육 태도를 가진 경우 아동의 지적 능력이 떨어졌다. 특히 자녀의 성역할발달에서 아버지는 엄마보다 큰 영향을 미치는 것으로 나타났다(Parke, 1995). 아울러 아버지가 자녀의 행동에 한계를 설정함과 동시에 온정성과 양육성을 보일 때 아동의 창의성, 독립성, 관대함, 민감성의 발달은 촉진되었다(Mussen, Conger, Kagan, & Huston, 1990).

나아가 아버지의 양육태도는 자녀의 사회성 및 정서발달과 관련이 있었다. 예를 들어, 아버지가 권위 있는 양육태도를 가졌을 경우, 과잉 행동이나 공격적인 행동을 나타내는 자녀들이 적으며 분노나 우울과 같은 성격적 결함을 가지는 자녀들의 수가 적은 것으로 밝혀졌다(Marsiglio et al., 2000). 또한 아버지가 자녀 양육에 긍정적으로 참여하는 경우에는 부정적으로 참여한 경우보다 자녀들이 자제력이 있고 덜 충동적이며(Mischel, 1962), 자아존중감도 높고 대인관계 능력도 뛰어난 것으로 나타났다(Amato, 1987).

[그림 12-3] 아버지의 배려

3 조부모와 영유아발달

최근 맞벌이가족이 늘면서 부모가 아닌 조부모가 육아의 주체로 자리매김하고 있다. 육아정책연구소가 진행한 '2012년 전국보육실태조사' 보고서에 따르면, 만 0~5세 아이를 둔 2,528가구 가운데 45%(1,133가구)는 "혈연으로부터 양육지원을 받고 있다."고 답했다.

〈표 12-1〉 조부모 양육 지원 실태

		동거 친조부모	동거 외조부모	비동거 친조부모	비동거 외조부모
양육지원 비중	2012년	21.3%	12.7%	22.4%	35.2%
	2009년	31.2%	13.5%	19.4%	25.8%

조부모 양육의 5가지 유형은 〈표 12-2〉와 같다. 이 중 영향력 있는 조부모와 지지적인 조부모는 손자녀의 발달에 가장 관여하는 형태이다. 또한 조부모가 손자녀와 가까이 살고 있을 때 그리고 손자녀가 많은 경우보다 적은 경우일 때 더 참여적이며, 조부모가 손자녀의 생각(조부모의 참여를 긍정적으로 생각하는)을 알고 있을 때 더 관여하는 것으로 밝혀졌다(Mueller & Elder, 2003).

〈표 12-2〉 조부모 양육의 유형

유형	내용
영향력 있는 조부모 (influential grandparents)	영유아와 매우 친밀하며 빈번히 훈육을 포함한 부모의 역할을 수행한다.
지지적 조부모 (supportive grandparents)	친밀하다는 면에서 영향력 있는 조부모와 비슷하지만 부모의 역할을 수행하지는 않는다.
권위지향적 조부모 (authority-oriented grandparents)	영유아를 훈육하지만 영유아의 삶에 아주 특별히 적극적인 것은 아니다.
수동적 조부모 (passive grandparents)	영유아발달에 관여는 하지만 영향력 있는 조부모나 지지적 조부모의 모습은 아니다. 부모의 역할을 맡고 있지는 않다.
분리된 조부모 (detached grandparents)	손자녀 발달에 관여하지 않는다.

한편 조부모와 손자녀와의 관계는 다양한 형태로 나타난다. Neugarten(1977)은 이를 공식적 유형, 기쁨추구형, 대리부모형, 지혜전수형, 원거리형으로 분류하였다.

우리나라의 연구에서는 조모는 훈계자, 물질제공자, 대리모, 가계역사의 전수자, 손자녀 후원자, 생활간섭자 역할인 것으로 나타났다(서동인, 1989). 이러한 역할 가운데 여성 취업률의 증가로 점차 대리부모로서의 역할이 증가하는 경향을 보인다.

조부모와 손자녀 간의 관계가 어떠한 유형이건 조부모는 부모보다 자녀양육의 경험이 많으므로 손자녀에게 정서적 안정감을 제공할 수 있으며, 손자녀에 대한 직접적인 의무감이나 책임감이 없기 때문에 순수하게 애정적 관계로 유대감을 형성할 수 있다. 또한 조부모는 손자녀에게 노화에 대한 긍정적 태도를 심을 수 있고, 조부모의 무릎학교를 통해 문화가 전수되기도 한다.

한편 손자녀와의 관계를 통해 조부모세대도 자신의 존재가치를 확인하고 상실감을 극복하며 삶에 대해 더욱 의욕적인 자세를 가질 수 있다. 또한 자녀양육에 대한 부담을 감소시킬 수 있는 긍정적 측면도 있다. 그러나 손자녀와의 관계가 항상 긍정적인 것만은 아니며 양육방법에서 자녀세대와 갈등을 경험하기도 한다. 동시에 조부모의 여가나 노후생활을 침해한다는 부정적 측면도 고려해야 할 것이다.

4 다양한 가족 형태와 영유아발달

현대 가족 형태는 과거보다 상당히 다양해졌다. 즉 단순히 핵가족, 대가족의 구분이 아니라 맞벌이가족, 이혼, 재혼으로 인한 모자가족, 부자가족이나 양부 혹은 양모가족, 조손가족 등 다양한 가족 형태가 있다. 이러한 가족구조의 변화에 따라 각 가족 유형 내의 부모-자녀 관계 및 자녀의 성장과정에 변화가 일어나고 있다. 예를 들면, 부모가 별거, 이혼, 사별 등의 문제에 직면할 때 자신의 심리적 고통으로 인해 자녀의 요구에 둔감하고 합리적이지 못한 양육 태도를 보일 수 있다. 이 위기는 자녀의 정서적 불안정과 문제행동 그리고 부모의 불합리한 양육방법이 상호작용하여 서로를 불행하게 만드는 악순환으로 연결될 수 있다.

1. 맞벌이가족(취업모)

과거에는 단순히 경제적인 이유로 맞벌이를 하는 경우가 많았으나 점차 무보수의 가사노동보다는 보람 있는 일에 대한 욕구, 또는 여성의 자아실현과 같은 개인적 동기가 커지고 여성 취업에 대한 긍정적 인식과 사회적 지원이 확산되면서 맞벌이가족의 수도 꾸준히 증가하는 추세이다.

일반적으로 맞벌이가족의 부모는 자녀와 함께 지내는 시간이 부족하기 때문에 영유아의 성장과 발달에 부정적인 영향을 미칠 것이라고 생각하기 쉬우며, 부모 역할에 대해 부담감과 죄책감을 가질 수도 있다. 또한 취업모의 역할 과중으로 인한 피로 누적, 양육스트레스, 정신건강상 문제 등의 이유로 엄마–자녀 간의 상호작용의 저하가 우려되고 있다. 한편 모성취업의 증가와 함께 아버지들의 자녀 양육 참여가 늘고 있으며 과거에 비해 엄모자부형가족이 늘어나는 등 아버지–자녀 관계가 더욱 친밀해지고 있는 것은 긍정적인 측면이라고 볼 수 있다.

주양육자인 엄마의 취업으로 맞벌이가족의 자녀는 자기 보호를 해야 하는 상황에 놓이기가 쉽고 심리적으로 부적응 상태, 외부로부터의 위험 상황에 놓일 수 있다(김혜금, 2006). 예를 들면, 취업모 자녀가 비취업모 자녀보다 과잉 행동을 더 많이 보였고, 특히 취업모의 자녀가 어릴 경우 과행동성, 걱정, 불안, 산만한 정도가 높은 것으로 나타났다(이혜상, 2003). 반면 맞벌이가족의 자녀는 자립심과 독립심이 길러지고 어린이집 등에서의 또래관계 등을 통해서 사회성 발달이 촉진되며 가사일을 함께하는 아버지를 통해서 성역할에 대한 유연한 생각을 갖게 되는 등 엄마의 취업이 영유아의 발달에 긍정적인 영향을 미치는 것으로 보고되고 있다.

또한 엄마가 자신의 일을 즐기고 열심히 자녀를 양육하면 아동은 자기존중감도 높고 가족관계와 또래관계도 긍정적이다. 특히 사회계층과 관계없이 일하는 엄마의 딸들은 여성에게 더 선택의 자유가 있고, 여성의 역할이 더 만족스러운 것으로 보고 더 성취지향적이고 일 중심적이다(Hoffman, 2000). 그러나 고용이 엄마의 스케줄에 너무 부담이 되거나 다른 이유로 스트레스가 되면 아동은 비효과적인 양육을 받기 쉽다. 대조적으로 엄마가 시간제로 근무하고 작업 스케줄도 융통성이 있으면 아동이 잘 적응한다. 이런 방식은 일–가정의 갈등을 방지하여 부모가 아동의 요구를 잘 충족시킨다(Brooks-Gunn, Han, & Waldfogel, 2002; Costigan, Cox, & Cauce, 2003).

2. 한부모가족(이혼)

한부모가족의 경우 부모와 자녀 모두 경제적, 심리적 어려움에 처할 가능성이 크고, 이러한 어려움은 영유아의 발달에 부정적 요인으로 작용하게 된다.

이혼은 하나의 생활사건이 아니라 모든 가족 구성원에게 일련의 갈등 상황을 경험하게 한다. 특히 부모의 이혼으로 인해 실질적으로 한쪽 부모와의 관계를 상실하게 된 아동이 새로운 환경에서 건강한 삶을 살 수 있게 하기 위해서는 많은 어려움을 안게 되며 부적응의 위험이 커진다. 예를 들면, 어린 유아는 인지적으로 미성숙하기 때문에 부모가 이혼한 이유를 이해하지 못한다. 그들은 자신들이 잘못 행동했기 때문에 부모가 이혼하고 자신을 버렸다고 생각하므로 스스로를 비난한다(Lansford et al., 2006). 아울러 이혼한 부모의 아동이 성인이 되었을 때에도 이혼의 영향은 여전히 존재하여 결혼에 부정적인 태도를 가지는 경향이 있으며 부부갈등도 많고 이혼하는 경향도 많다. 또한 이들은 삶에 대한 만족이 낮으며, 우울해하는 경향이 있다(Hetherington & Kelly, 2002; Segrin, Taylor, & Altman, 2005).

이혼 전 부부 간 갈등 상황에 지속적으로 노출됨으로써 자녀는 친구 및 형제간에 적개심이나 공격적 상호작용을 빈번하게 보이게 된다(Cummings & Davies, 1994; Davies & Cummings, 1998). 그 결과, 분노와 공격성, 후회와 감정 억제, 죄책감 그리고 부정적인 자아개념 등과 같은 정서적인 문제를 갖게 되며 학업성적의 저하나 대인관계의 기피나 탈선행동 같은 행동상의 문제도 초래할 수 있다.

또한 이혼이 아동의 적응에 부정적인 영향을 미치는 것으로 보고하고 있다(권영미, 1999; 박병금, 1997). 구체적으로 이혼가족의 아동이 이혼하지 않은 가족의 아동에 비해 자아지각과 자존감이 더 낮고, 문제행동을 더 많이 보이는 경향이 있으며, 더 공격적이고 충동적이며 반사회적인 경향이 있으며, 부모나 권위 있는 인물 혹은 또래와의 관계에서 더 많은 문제를 보인다고 보고하였다(김승경, 2004; 한준아, 박경자, 2008). 특히 부모의 양육행동에서 친권자인 부모가 독재적, 방임적일 때 더욱 적응상의 문제를 많이 경험하며 민주적일 때 가장 잘 적응한다고 하며 자녀의 까다로운 기질은 더욱 위협적인 양육 태도를 유발시키는 요인이 되기도 한다(Hertherington & Clingempeel, 1992).

3. 조손가족

이혼과 재혼율이 증가하며 조손가족의 숫자 역시 늘어나고 있다. 조손가족은 부모와 동거하지 않고 조부모가 손자녀와 함께 살며, 손자녀의 기본적인 의식주 및 생활 전반을 책임지고 있는 가족의 형태다. 조손가족은 다른 가족의 형태와는 다른 특성을 지니고 있기 때문에 조손가족에 대한 관심이 필요하다.

조손가족의 일반적 문제점을 살펴보면, 첫째, 조부모의 양육 부담 문제이다. 즉 손자녀로 인한 양육으로 인해 다양한 신체적, 정신적 건강 이상을 경험한다. 둘째, 경제적 문제이다. 우리나라의 조손가구는 대부분 경제적 형편이 어려워 손자녀의 양육에 대한 경제적 부담이 매우 크다. 셋째, 양육 기술의 부족 문제를 들 수 있다. 즉 전통적인 방식대로 손자녀를 양육하며, 권위, 통제적이면서 애정 수용적인 양육 태도를 많이 보여 정서적으로 따뜻한 관계를 형성하면서도 잔소리와 간섭 등으로 아동의 독립성을 인정하지 않는 경우가 많다(송정애·정해은, 2010). 또한 조손가정의 조부모는 고령으로 신체 능력 저하와 만성질환으로 아동 양육에 신체적 부담이 커 자식에 대한 좌절 분노, 배신감 등이 상상을 초월하고 있으며, 여기에 양육에 대한 스트레스와 생활비 부담으로 최악의 경우 손자녀를 학대하거나 방임하기도 하는 것으로 나타났다.

조손가족 아동의 문제는 부모의 부재에 따라 우울, 불안, 긴장, 분노 등 심리정서상 문제가 심각해 학습장애와 인지 능력 저하로 나타날 뿐만 아니라 공격성 및 행동장애, 충동적 행동을 보이는 등 사회문제로 발생하고 있다.

이상의 가족 유형 외에도 직업, 교육 등의 이유로 여러 가구로 흩어져 사는 분거가족, 주말에만 혹은 한 달에 한 번 정도 가족이 만나는 원거리가족, 초국가적으로 떨어져 사는 기러기가족과 같은 다양한 가족들이 늘어나고 있다. 따라서 모습을 달리하며 나타나는 새로운 가족이 가진 의미를 자녀의 발달 측면에서 고민하고 문제점을 해결해 나가는 노력이 필요하다.

5 형제자매와 영유아발달

핵가족화로 인해 가족 구성원의 수가 줄어들고는 있지만 여전히 많은 가정에서 영유아들은 형제자매와 함께 성장하고 있다. 형제자매관계는 부모-자녀 관계와는 달리 상호적이며 평등하고 부모와의 관계보다 지속적이며 부모가 책임을 다하지 못할 때 서로 필요한 도움을 주고받는 상호지지체계의 역할을 한다.

형제자매관계는 한 사람의 출생과 함께 시작되어 성장해 가면서 비교적 비슷한 환경 특성을 공유하며 인지발달, 정서발달, 사회성 발달 그리고 자아개념의 발달 등 발달 영역에의 모든 부분에서 서로를 자극하고 상호작용하며 행동에 영향을 미친다.

형제자매 간의 상호작용은 또래 간의 상호작용과 상당히 유사하여 솔직한 정서 표현, 상호 간의 관심과 애착의 증거를 볼 수 있으며(Berndt & Bulleit, 1985), 동시에 경쟁적이고 갈등적이다(장휘숙, 2008). 즉 형제자매관계에서는 서로를 모방하려는 경향이 강하게 나타나며, 특히 동생이 손위 형제를 모방하는 정도가 더욱 심하다. 또한 보통 형제자매들이 2~4세일 때 10분에 한 번 정도로 갈등을 일으키며, 이후 5~7세까지 갈등은 약간 감소하지만 여전히 계속된다(Kramer & Kowal, 2005).

형제자매관계도 다른 관계와 마찬가지로 시간과 함께 변화한다. 영유아가 성장하면서 형제간의 상호작용은 더 복잡해지고 더 빈번해진다. 예를 들면, 걸음마기 영아는 형제자매보다 부모와 이야기를 더 많이 주고받지만 4세경이 되면 상황은 반대로 바뀌어 부모보다는 나이 든 형제자매와 더 많은 이야기를 나눈다(Brown & Dunn, 1992). 또한 나이 든 형제자매는 어린 동생이 스트레스를 받거나 흥분해 있을 때 동생을 돌보고 달래는 자원이 되며(Garner, Jones, & Palmer, 1994), 어린 동생을 가르치는 선생님으로서 게임을 하는 방법 등을 가르친다(Maynard, 2002). 아울러 나이 든 형제자매가 학교에서 잘 지내고 또래 간에 잘 지낼 때 어린 동생도 이를 따라 한다(Brody et al., 2003).

Lamb(1978)에 의하면, 형제자매 간의 상호작용을 통하여 성역할을 학습하게 되고 사람에 대해 이해하고 협력하는 방법을 배우게 된다. 또한 손위 형제자매는 어린 동생의 수준에 맞게 의사소통하는 능력을 키우고 약자를 배려하고 양보하는 경험을 함으로써 사회적 능력을 키우게 된다. 이런 과정을 통하여 형제자매는 상호적으로 발달을 돕는 것이다.

이처럼 시간이 지나면서 형제는 한 자녀 아동에게는 절대로 있을 수 없는 가장 친한 친구가 되기도 하나 어떤 형제는 끊임없이 논쟁하고 경쟁하는 등 서로 잘 지내지 못하는 경우도 있다. 이러한 형제간의 상호작용 패턴은 일찍부터 확립되어 안정화된다.

6 보육과 영유아발달

보육 경험이 영유아의 발달에 미치는 영향은 여러 요인에 의해 다르게 나타날 수 있다.

첫째, 보육의 질을 구성하는 구조적 요인의 하나인 교사대 영유아 비율은 영유아의 건강과 안전에 영향을 미친다고 보고되고 있다. 보육교사 한 명이 보육하는 영유아의 인원이 적을수록 영유아에 관한 감독과 위생 및 건강지도가 잘 이루어지기 때문에 질병발생률이 상대적으로 낮다고 하며, 보육교사가 경험하게 되는 스트레스 수준 역시 보육대상 영유아의 인원수가 적을수록 상대적으로 낮아지는 경향을 보이므로 영유아학대 예방에도 도움이 된다(최은정, 하지영, 서소정, 2009).

둘째, 집단 크기는 보육교사가 상호작용하게 되는 영유아의 수와 영유아 간의 상호작용의 수를 의미하는데 관련 연구결과에 따르면, 보육교사 2명이 담당하고 있는 12~14명의 영유아집단이 4명의 보육교사가 맡고 있는 24~28명으로 구성된 집단의 영유아보다 어린이집에서의 생활에 협조적이며 사고력이나 창의성에 있어서도 더 높은 수준인 것으로 보고되었다(Clarke-Steward, Gruber, & Fitzgerald,

1994). 국내 관련 연구에서도 소집단에서 생활하는 영유아가 대집단에서 생활하는 영유아에 비해 공격성이 더 낮은 경향이 있는 것으로 나타났다(권혜진, 이순형, 2001). 특히 보육교사-영유아 간의 상호작용의 유형에서도 소집단의 보육교사가 대집단의 교사에 비해 영유아에게 신체적 접촉을 비롯하여 더 긍정적인 언어적 상호작용을 더 많이 하는 것으로 나타났다(권혜진, 이순형, 2001).

셋째, 보육유형에 따라서 교사대 영유아 비율, 집단 크기, 교사의 학력 및 경력 그리고 보육활동의 특성이 달라질 수 있기 때문에서 영유아의 발달에 차이를 가져올 수 있다. 일반적으로 기관어린이집이 가정어린이집에 비해 보육교사의 학력 수준이 높고, 교재 및 교구가 다양하며, 보육프로그램 운영이 더 체계적일 수 있다. 반면에 어린 연령의 영아인 경우에는 가정과 유사한 환경의 가정어린이집에 비해 기관어린이집의 적응행동에 문제가 발생할 가능성이 높다.

넷째, 보육의 질을 결정하는 중요한 요인 중 하나인 교사요인으로는 주로 교사의 학력과 경력을 들 수 있다. 일반적으로 경력이 높은 경력교사 경우에는 초임교사에 비해 더욱 체계적인 환경구성을 포함한 바람직한 보육실제를 제공하는 것으로 보고되고 있는 반면에 보육경력과 교사의 보육행동 간에는 관련성이 없다는 연구결과도 있다(Howes, Phillips, & Whitebook, 1992).

다섯째, 영유아의 기질에 따라 초기 어린이집 적응행동에 차이를 나타낸다. 까다로운 기질이거나 반응성이 높은 기질의 영유아는 상대적으로 순한 기질의 영유아보다 기관적응이 더 어려운 것으로 나타났다(서소정, 2009). 순한 기질을 지닌 영유아인 경우에는 보육교사와의 신체적 접촉이 더욱 빈번한 반면에, 까다로운 기질의 영유아인 경우에는 초기 기관적응에 더 많은 어려움을 경험하는 것으로 나타났다. 이러한 결과는 동일한 어린이집에서도 영유아가 어떠한 기질을 가지고 있는가에 보육의 경험이 달라질 수 있다는 것을 시사한다.

끝으로 영아의 초기 어린이집 적응행동에 있어 이들의 현행 발달 수준은 직접적으로 영향을 미친다. 특히 영아의 사회정서 및 의사소통기술 수준이 높은 영아인 경우에는 상대적으로 낮은 영아에 비해 교사와 또래와의 긍정적인 상호작용을 통해 초기 기관적응을 더 잘하는 것으로 나타났다(서소정, 2009; 하지영, 서소정, 2011).

7 또래와 영유아발달

또래란 사회적으로 동등한 사람으로, 동등한 지위에 있거나 유사한 행동 수준에서 상호작용하는 사람을 말하며, 연령이 높아지면서 아동들은 많은 시간을 또래와 함께 지내고 서로를 사회화시킨다. 또래집단은 단순히 놀이 친구라기보다는 정기적으로 상호작용하며 소속감을 공유하게 하고, 행동을 규정하는 암묵적, 명시적 규준을 제시하며, 조직적 구조를 발달시켜 나가는 집단이 된다.

태어난 지 얼마 되지 않은 아기들도 서로를 쳐다보고 만지는 등 관심을 보이며 한 아기가 울면 따라 우는 것과 같은 행동을 보인다. 이러한 초기의 관심은 성장하면서 또래 간의 상호작용으로 발전하고 수적으로도 급속하게 증가하게 된다. 예를 들면, 출생 후 2개월이 채 안 된 영아도 또래의 출현에 자극받고 상호 응시하며(Eckerman & Stein, 1982), 6~12개월의 영아는 또래를 쳐다보고, 웃고, 소리내고, 만져보고, 미는 등 사회적 행동을 보인다(Brownell, 1990). 그러나 이 시기의 상호작용은 매우 초보적이며 드물게 발생하고 지속시간도 길지 않다. 이러한 초보적인 사회적 행동은 점차 발전되어 1~2세의 영아는 서로 물건을 주고받거나 한쪽이 뒤뚱거리면서 걸어가면 따라가는 것과 같은 서로 상보적·사회적 상호작용을 하며, 또래와 함께 있으면 웃고 즐거워하는 등 또래관계에서의 긍정적 정서와 장난감을 서로 빼앗으려다 울고 소리를 지르는 등 부정적인 반응도 함께 나타난다(Vasta, Haith, & Miller, 1992). 한편 다른 영아와 함께 있는 경험이 많은 영아일수록 낯선 또래를 만나면 적극적으로 접촉을 시도하는(Becker, 1977) 등 영아기의 또래 경험은 이후 사회적 상호작용에 영향을 미치는 것으로 밝혀졌다.

만 2세부터 또래 간 상호작용은 급격히 증가하게 된다. 놀이 유형에 있어서도 2~3세 유아는 다른 유아들의 놀이를 지켜보는 방관자적 행동과 혼자놀이가 지배적이나 3~5세가 되면 장난감을 상호 교환하고 주제를 가지고 가상놀이를 하는 등의 놀이 형태로 발전한다. 또한 7세경까지는 이성의 또래와 섞여서 노는 빈도가 높으나 대체로 7세 이후부터는 동성의 또래와 함께하는 시간이 급격히 증가하며,

이성 또래와의 상호작용은 제한된다.

또래가 유아의 발달에 미치는 영향은 매우 크다. 또래의 관계는 성인의 지시나 주도에 일방적으로 따르는 수직적인 관계가 아닌 서로의 의견을 자유롭게 교환하는 수평적인 관계이다. 이러한 상호작용을 통해 다양한 지식과 기술을 습득하고, 또래를 사회적 비교의 준거로 삼아 자신을 평가하며, 또래의 행동을 관찰·모방하고, 또래로부터 다양한 사회적 지원을 제공받는다는 점에서 또래와 효과적으로 관계를 형성하고 유지하는 능력을 습득하는 것은 매우 중요하다고 할 수 있다. Hartup(1983) 또한 유아는 또래와의 상호작용을 통해 사회적 역할과 규범을 배우고, 사회적 조망 수용 능력을 발달시키며, 사회적 기술을 연습하게 된다고 보았으며, 연령이 높아질수록 또래의 위치나 비중이 중요해지기 때문에 또래의 격려와 인정은 긍정적인 자아상을 형성하는 데 도움을 준다. 한편 연령이 다른 유아들 간의 상호작용 역시 발달에 중요한 역할을 한다. 연령이 높은 유아들은 어린 유아들을 돌보고 도와주는 친사회적 행동과 자기 주장 및 지도력을 발달시킬 수 있으며, 연령이 낮은 유아들은 연령이 높은 또래로부터 여러 가지 새로운 기술과 도움을 얻는 방법을 배우고, 연령이 높은 또래들의 지시와 요구를 충돌 없이 거절하는 방법도 학습하게 된다(최경숙, 2006).

Laursen, Bukowski, Aunola와 Nurmi(2007)의 종단적 연구에 의하면, 유치원에서 고립된 유아는 초등학교 시기에 외현적 및 내면적인 문제행동을 보이는 경우가 있으나 친구가 있는 경우에는 이러한 관련성이 나타나지 않았다.

8 대중매체와 영유아발달

TV·비디오, 컴퓨터와 인터넷 등 각종 미디어의 보급이 보편화되면서, 영유아는 일상생활 중 많은 시간을 TV 시청이나 컴퓨터를 이용한 게임, 학습 관련 작업 등에 할애함으로써 대중매체는 영유아의 발달 및 행동에 지대한 영향을 미치고 있다.

1. TV

[그림 12-4] 영유아들이 좋아하는 TV 프로그램

TV 시청이 영유아발달에 미치는 영향은 크게 긍정적인 측면과 부정적인 측면으로 볼 수 있다. 특히 사회경제적 지위가 낮은 가정 내 영유아는 이웃에서 이용 가능하거나 부모가 제공할 수 있는 대안적 오락 형태가 적기 때문에 더 많이 TV를 볼 것이며, 부모가 TV를 많이 본다면 그 자녀의 TV 시청 시간도 늘어나기(Roberts, Foehr, & Rideout, 2005) 때문에 각별한 주의가 요구된다.

1) 긍정적 측면

대표적인 미국 유아교육 TV 프로그램의 하나인 'Sesame Street'를 시청한 유아는 그렇지 않은 유아에 비해 알파벳 검사 점수 및 이름 쓰기, 그리고 총 점수, 학교생활에 적응, 어휘 습득 면에서도 장기적으로 효과적이었으며, 사회생활에 필요한 기본적인 기술, 즉 문자, 숫자, 신체구조, 분류 방법 등의 내용을 합리적인 용어로 설명하고 가르치는 국내의 '뽀뽀뽀'나 'TV 유치원'과 같은 유아용 프로그램도 유아의 발달 및 교육에 긍정적인 영향을 미치는 것으로 밝혀졌다. 또한 공격적인 유아에게 비공격적 또는 친사회적 내용의 TV 프로그램(예: 'Mister Rogers Neighborhood')을 시청하게 한 경우, 공격적인 행동이 감소된 반면 친사회적 행동은 증가되는 것으로 보고되었다. 또 다른 연구에서도 'Sesame Street'와 유사한 교육 프로그램을 시청하는 것이 학교에서 높은 점수를 받는 것, 더 많은 책을 읽는 것, 고등교에서의 성취에 좀 더 큰 가치를 두는 것과 관련된다고 보고했다(Anderson et al., 2001).

2) 부정적 측면

황금시간대의 TV와 만화를 많이 시청하는 유아들은 책 읽기나 다른 사람과 만나는 것에 시간을 덜 쓰며, 학업 성취가 떨어진다고 보고되었다(Huston,

Wright, Marquis, Green, 1999; Wright, Huston, Vandewater, Bickham, Scantlin, & Kotler et. al., 2001). 즉 오락 및 예능 TV 프로그램을 너무 많이 시청할 때 아동의 학업 성취와 사회적 경험에 손상을 끼친다는 것이다. 또한 폭력 TV 프로그램에 노출된 유아는 정서적, 언어적으로 적대적이거나 신체적으로 공격적 행동을 나타낼 가능성이 매우 높다고 밝혀졌다. 아울러 장시간 TV 시청은 활동적인 여가시간을 방해하며, 타인에 대한 관심을 갖게 하지 않아 사회적 상호작용을 어렵게 하고, 언어발달을 위한 시간을 줄일 수 있으며, 시선 이동 범위를 저해하고 집중력을 떨어뜨릴 수 있다. 심할 경우에는 TV·비디오 중독이 될 수도 있다. 이 외에도 TV는 가족 간의 대화 단절, 독서 및 놀이 시간 단축, 읽기 능력이나 언어 이해력과 언어적 유창성 저해, 창의성 저하 등이 언급되어 왔다. 더 나아가 TV 시청이 유아의 수면 장애와 잘못된 식습관과 관련 있는 것으로 밝혀졌으며, TV 광고는 유아들에게 물질주의를 조장하고, 심각한 행동발달상의 문제를 초래하는 것으로 나타났다. 특히 담배와 주류 광고에서 등장하는 노출 장면은 흡연과 음주를 조장하고 있다는 연구도 발표된 바 있다.

나아가 최근에 사회적 문제가 된 비디오증후군은 영아가 두뇌발달이 채 이뤄지기도 전에 비디오의 일방적인 시각적 자극과 기호화한 메시지에 다른 사람과 상호작용 없이 과도하게 노출될 경우 유사자폐증, 언어발달 장애, 사회성 결핍 등을 겪는 것을 의미한다. 영아에게 비디오증후군과 관련된 증상이 생기지 않도록 적절한 영상물 시청을 위해서는 비디오 시청시간이 과도하지 않도록 통제하는 것도 중요하며, 영아가 엄마와 상호작용 없이 혼자 비디오에 장시간 노출되지 않도록 하는 것이 매우 필요하다.

2. 컴퓨터와 인터넷

다양한 정보매체의 보급으로 컴퓨터와 인터넷과 같은 정보매체는 현대사회를 살아가는 우리의 삶의 일부가 되었으며, 영유아발달에 있어서도 매우 중요한 의미를 가지게 되었다. 미국의 연구에 의하면, 80% 이상의 가정에 컴퓨터를 가지고 있으며(Roberts et al., 2005), 3세 반 정도가 되면 마우스를 혼자 사용하면서 독립적으로 게임을 한다고 보고하였다(Calvert, Strong, & Gallagher, 2005).

우리나라에서도 컴퓨터의 보급이 보편화되면서 영유아들은 가정 및 유아교육기관에서 컴퓨터를 친근하게 사용하게 되었으며, 3세 유아들도 컴퓨터를 이용하여 게임이나 놀이를 즐기고, 간단한 키보드 명령어를 이해하고 있는 등 컴퓨터가 유아의 발달에 미치는 영향에 대해 관심이 고조되고 있다.

유아가 인터넷을 사용하는 목적을 살펴보면, 주로 교육 학습(87.7%)과 게임·오락(86.6%)이었다(한국인터넷진흥원, 2008). 또한 유아들은 주로 '야후 꾸러기'와 '주니어 네이버' 등과 같은 포털사이트를 즐겨 사용하고 있는 것으로 조사되었으며, 유아들이 선호하는 인터넷 콘텐츠로는 '부키의 동화나라'(9.0%)와 '동화마을'(8.3%) 등과 그 밖에 '크레이지 아케이드', '메이플 스토리', '카트라이더', '스타크래프트' 등에 이르기까지 다양하게 나타났다(김승옥, 이경옥, 2005).

1) 긍정적 영향

컴퓨터는 교육적으로 풍부한 이득이 있으므로 많은 교실들은 컴퓨터 영역을 갖추고 있으며, 컴퓨터 활동이 유아의 창의적 사고, 추론 능력, 문제해결 능력, 언어발달, 수학 능력발달 등 컴퓨터를 학습 보조매체로 적절하게 사용하면 유아의 발달과 학습에 긍정적인 효과가 있다.

또한 단어 처리 프로그램은 문해 출현을 돕고, 어린 학령기 아동들이 손 쓰기의 어려움 없이 철자와 단어를 훈련하고, 손쉽게 자신의 글을 교정하고 철자를 확인하도록 도울 수 있다. 특히 작문 활동이 더 지속적이고 양질의 결과를 낳는 경향이 있으며(Clements & Sarama, 2003), 유아들이 철자-소리 대응, 수 세기, 산술 연산과 같은 기초 기술을 훈련할 수 있는 컴퓨터 게임은 학습 능력을 증진시킨다(Clements, 1995). 아울러 교실 내 컴퓨터 주위에는 아동들이 모여들고 다른 활동을 할 때보다 유아들은 높은 수준의 협동을 보인다(Svensson, 2000).

나아가 적절하게만 활용하면 뇌 발달에 도움을 주는 게임도 있다. 테트리스 게임의 경우 대뇌겉질의 두께에 영향을 미친다는 연구 결과가 발표된 바 있다. 즉 게임을 하는 동안 집중력, 손·눈의 협응력, 기억력, 시각적·공간적 문제해결 능력 등을 동시에 사용하기 때문에 뇌를 광범위하게 활성화시킨다는 것이다. 또한 Becker(2005)는 인터넷 게임은 주의력 획득, 학습 기대, 기억 회상, 선택적 지각, 정보 저장, 기호화, 수행에 대한 동기유발, 자극에 대한 회상, 일반화 등 학습 공간으로서 기능과 가치를 지니며 다중지능을 촉진시키기 때문에 유아에게 있어 필요한 매체라고 주장하였다.

2) 부정적 영향

우리 생활의 필수적인 도구로 자리 잡고 있는 컴퓨터가 유아의 발달을 저해한다는 시각이 높다. 즉 컴퓨터가 혼자놀이를 가능하게 하므로 또래집단 내에서의 사회적 관계 단절, 지나친 컴퓨터의 사용 시간과 몰입으로 인한 게임중독, 고립된 대인관계, 비(非)현실상의 수용, 신체 활동의 제한 등이다. 이를 요약하면 다음과 같다. 첫째, 사회·정서 발달의 저해이다. 사회적 기술을 익힐 수 있는 타인과의 상호작용 기회를 박탈함으로써 사회적 고립 및 발달에 문제가 야기될 수 있다. 둘째, 지나친 비현실상과 가상공간의 몰입은 현실 세계와의 괴리를 발생시키며 중독되기 쉽다. 특히 유아의 컴퓨터 활동의 상당 부분이 게임류로 이루어져 있는바, 공격성, 파괴력, 충동성과 같은 정서발달의 부정적인 요인을 자극한다. 셋째, 구체적인 실물을 가지고 조작할 수 없기 때문에 블록이나 퍼즐처럼 직접 손으로 만지고 자료를 이용해 상호작용할 수 없으며 가상현실적 경험을 촉발시킨다. 넷째, 신체 활동을 제한하여 발달을 저하시킨다. 즉 컴퓨터에 몰입하는 동안 고정된 자세와 전자파로 인한 시력의 이상을 가져올 수 있다. 다섯째, 컴퓨터는 유아의 주변 사람과 언어를 사용한 기회를 제한해서 언어발달을 더디게 만들며, 이는 지능발달에도 부정적 영향을 미친다. 게임 도구로 사용할 경우에는 공격 행동 조장, 상대방에 대한 배려 없이 자신의 욕구를 충족하려 하는 충동성, 사회적 고립 및 중독, 강력하고 빠른 속도의 시·청각적 자극에 대한 노출로 인한 일상생활에의 흥미 상실, 전자파 노출에 의한 건강상의 위험, 인터넷의 검증되지 않고 불건전하며, 유아발달에 부정적인 영향을 주는 정보들에 대한 노출 가능성 등 부정적 영향도 많이 보고되고 있다. 또한 지속적인 노출은 시력 저하와 성장발달장애 등 신체적인 문제를 일으킬 수 있고, 뇌발달에 좋지 않은 영향을 미치므로 주의해야 한다. 특히 3~6세는 뇌발달 과정에서 뇌량이 폭발적으로 발달하는 시기로서 고차원적인 판단력, 사고력, 주의집중력과 관련 있는 전두엽이 빠르게 성장하는 중요한 이때에 컴퓨터 게임에 자주 노출되면 전두엽에 영향을 미쳐 뇌의 비정상적인 발달을 초래할 수 있다.

아울러 'Counter-Strike'나 'Grand Theft Auto' 같은 게임들은 상대편을 비정상적인 잔인한 방법으로 죽이는 폭력적인 게임이다. TV 폭력물이 유아를 더욱 공격적으로 만드는 것처럼 폭력적인 컴퓨터 게임은 유아를 더욱 공격적인 아동으로 만든다(Andrson, Wilson, & Akert, 2003).

컴퓨터 사용을 위한 영유아 부모의 역할은 다음과 같다.

- 보상 대가로 컴퓨터를 허용하는 것은 금물이다.
- 부모가 옆에서 함께하라.
- 접하는 시기가 늦을수록 좋다.
- 게임 시간과 규칙을 정하라.
- 게임 대신 즐길 거리를 마련해 주자.
- 게임 잔상을 지울 수 있는 휴식기가 필요하다(일주일 중 게임하는 날을 정해 게임을 하지 않고도 자제할 수 있는 힘을 길러 주어야 한다).
- 자녀관리 프로그램을 활용하자(자녀관리 소프트웨어를 이용하여 아이의 게임 시간과 접속 사이트는 부모가 관리해야 한다).

출처: 김연진, 송유미(2009); 박성옥 외(2003).

3. 스마트폰

스마트폰은 크기가 작고 컴퓨터보다 조작하기가 쉬워 유아들이 손쉽게 가지고 놀 수 있어 몰입도가 높고 중독성이 강하다. 이러한 스마트폰의 특성 때문에 유아스마트폰증후군이란 신종 증후군이 나타났다. 스마트폰증후군은 과도한 스마트폰 이용 때문에 뇌가 불균형적으로 발달해 유사발달장애, 게임중독, ADHD,

틱장애, 사회성 결핍 등을 겪게 되는 일종의 정신질환이다.

스마트폰 어플리케이션의 교육 프로그램을 활용하기도 하지만 실제 아이들의 뇌발달에는 악영향을 미친다는 결론이다. 즉 스마트폰 어플 사용으로 작은 화면에 눈을 고정시키면 시각 인지 기능이 떨어지는 것은 물론, 스마트폰의 과다 사용으로 사고능력 저하, 창의력 감소, 건망증 등이 나타날 수 있다.

또한 스마트폰에 중독된 유아는 정상적인 아이에 비해 우측 전두엽 활동이 떨어진다는 연구 결과가 보고됐다. 우뇌 기능이 떨어지면 주의력 결핍, 학습장애, 사회성 결여 등으로 이어질 수 있기 때문에 각별히 주의해야 한다. 아울러 유아 스마트폰 중독 위험성은 뇌뿐만 아니라 안구 건강과도 밀접한 관계가 있어 스마트폰 등에 자주 노출된 유아들은 근시가 될 가능성이 높다고 밝혔다.

[그림 12-5] 당신이 원하는 가족은?

9 조기 사교육과 영유아발달

서구에서의 조기교육은 가정으로부터 방치되어 제대로 교육을 받지 못하는 빈곤층의 유아에게 적절한 교육을 시켜 그들이 잠재력을 발휘하게 하여 사회의 일원으로 잘 적응할 수 있도록 하자는 취지에서 시작되었다. 이렇듯 유럽이나 미국에서의 조기교육은 주로 유치원과 유아원 등 정규교육기관에서 결손유아를 위한 보상교육이나 사회성의 발달을 위한 교육이었다. 그러나 현재 우리나라에서 날로 확대되고 있는 조기교육은 보상교육이나 사회성 발달이 아니라 특기나 인지학습 중심으로 정규교육기관 밖에서 이루어지는 사교육의 형태로 이루어지고 있다(우남희, 김유미, 신은수, 2009).

2013년 초 육아정책연구소가 전국 영유아 3,392명을 조사한 결과, 한국의 영유아 사교육비는 연간 2조 7,000억 원으로 집계됐다. 국내총생산(GDP)의 0.2% 수준이다. 특히 최근 몇 년 사이 고소득층 학부모들이 만 3~5세 취학 전 자녀들을 공립유치원보다 영어유치원, 놀이학원 등 사교육 시설에 더 많이 보내는 경향이 생기며 양극화도 나타나고 있다. '영어 교육은 어릴 때 시작할수록 좋다.'며 기저귀도 못 뗀 영유아들이 영어 사교육을 받고 있는 것으로 나타났다.

여러 연구에서는 과도한 조기 사교육을 통한 과도하고 장기적인 자극은 뇌 기능을 오히려 손상시키며, 만 2세 이전 영아는 사교육보다 부모와의 애착관계 형성이 가장 중요한 시기라고 강조하고 있다.

유아를 대상으로 한 연구에서 학원 및 학습지를 많이 하는 유아들은 그렇지 않은 유아에 비해 더 많은 스트레스를 받고 있는 것으로 나타났으며(홍은자, 2001), 신의진(2002)과 Elkind(1984) 등은 과도한 학업에 의한 스트레스는 정서불안, 도피증세, 충동적 행동, 주의 산만, 창의성, 발달 저하 등의 심각한 문제를 불러올 수 있다고 주장하며, 조기교육의 위험성을 경고하였다. 즉 인지교육을 중심으로 한 조기교육은 유아의 발달 단계에 상관없이 부적절한 학습 자극을 가하는 것으로서 그들에게 정신적 스트레스를 야기할 수 있으며, 이러한 스트레스는 뇌의 신경회로 중 스트레스 관련 부분의 조절력에 손상을 주고 더 나아가 면역기능 및 기억력 저하 등의 문제를 일으킬 수 있다는 것이다. 뇌 발달상의 문제는 인지 및 언어발달의 저하, 사회성 저하 등 다양한 측면에서의 발달 지연 및 왜곡으로 나타나기도 한다며 조기 교육의 위험성을 경고하였다.

나아가 사교육을 많이 받을수록 문제행동은 더 심각해진다는 연구들이 있다. 공·사립유치원에 재원 중인 학부모와 자녀를 대상으로 유아들의 사교육 수, 시작

시기, 소요 시간과 사회정서적 문제행동의 관계를 분석한 결과, 사교육의 수는 유아의 외현적 문제행동인 비행, 공격성과 내재적 문제행동인 위축, 신체증상, 우울/불안 등과 상관이 높은 것으로 나타났다(백혜정, 김현신, 우남희, 2005). 권정윤(2007)도 자녀의 교육, 양육, 유아와의 상호작용에 대한 부모의 양육 스트레스는 사교육의 가지 수가 많을수록 높아지며, 유아의 문제행동인 과잉행동, 신경질과 퇴행행동, 공격적 행동도 높아진다고 밝히고 있다.

특히 우남희(2006)의 연구에서는 유아기에 일찍부터 소위 '영어유치원'이라고 하는 외국어학원에서 영어로 유치원과정 교육을 받는 유아들이 정규 유치원과정의 교육을 받는 유아들에 비하여 창의력이 유의하게 떨어짐을 보여 주었다.

종합해 보면, 과도한 학습경험은 인지발달을 촉진하기는커녕 인지발달과 정서발달을 모두 저해할 가능성이 높음을 알 수 있다. 따라서 일시적인 효과를 얻을 수 있다 하더라도, 조기 교육을 피하고 유아의 발달에 적합한 교육이 이루어질 수 있도록 노력해야 한다.

10 아동(영유아)학대

아동기(영유아기 포함) 가족 내에서의 경험과 적응은 이후 아동(영유아)의 신체적·정서적·사회적 행동발달에 있어 지속적인 영향을 미친다. 가족은 아동(영유아)이 기본적인 적응의 방법을 학습하는 장으로 가족체계 내에서 부모는 자녀와 다양한 방법으로 상호작용을 하여 자녀의 발달에 영향을 주게 된다. 그러나 가장 가까운 신뢰자인 부모로부터 학대를 경험하는 아동(영유아)은 긍정적인 상호작용의 경험과 적응의 기회를 갖지 못하게 되어 발달에 심각한 장애를 겪게 된다.

아동(영유아)학대와 방임의 증가는 현대사회의 가족생활 전반에 걸친 다양한 조건의 변화와 관련이 있다. 20세기 후반 들어 눈에 띄게 증가한 가족해체를 포함한 가족의 불안정성 증가, 빈곤, 지역사회 기능의 후퇴 및 도시화로 인해 이 시대의 아동 양육 책임은 과거 당연히 기대할 수 있었던 확대가족이나 지역사회의 도움과 같은 사회적 지원 없이 부모에게만 부과되고 있다. 즉 가족 구성원의 스트레스 증가와 전통적인 지역사회의 와해에 따른 가족의 사회적 소외 현상, 그리고 가족의 실질적 해체 등이 아동(영유아)학대와 방임의 범위와 정도를 심화시키고 있는 것이다.

흔히 아동(영유아)학대라 하면 고의로 가해지는 신체적 폭력을 떠올리지만 아동학대는 신체적 학대 외에도 정서적 학대와 방임 및 유기, 성적 학대 등도 해당된다. 특히 신체적 학대에는 직접적 신체 손상이 없더라도 물리적으로 신체를 위협하는 행위도 포함된다.

학대는 아동(영유아)의 전반적인 발달에 있어 부정적인 영향을 미친다. 어떤 아동(영유아)은 영구적인 신체적 손상으로 고생하며, 신체적 손상이 없을 때조차도 아동(영유아)의 사회·정서 발달에 문제가 발생한다. 또한 때로 너무 공격적이기 때문에 또래와 관계를 잘 맺지 못하는 경향이 있으며, 인지발달과 학업 성취에도 치명적이다. 즉 학대받은 아동은 학교 성적이 낮고 표준화된 학업 성취에서 낮은 점수를 받으며 학교생활의 중도탈락과 유급하는 경향이 있으며, 정서적으로 통제를 잘하지 못하기 때문에 학교 관련 행동 문제가 일상적으로 발생한다. 특히 학대에 반복적으로 노출된 경우 중앙 신경체계에 손상이 발생하면서 두뇌발달에 치명적 손상을 입게 된다. 이 외에도 우울과 불안은 흡연과 알코올 남용, 약물복용 혹은 과식을 유발시킬 수도 있으며, 가출, 비행, 자신의 자녀와 배우자를 학대하는 경향이 있고 최악의 경우에는 자살을 시도하기도 한다. 이처럼 학대의 부정적인 영향은 복합적이며 순환적이다.

Green(1985)은 학대 피해아동(영유아)의 후유증을 자아기능의 손상, 급성 불안반응으로 나타나는 손상반응, 대상관계 이상, 원시적 방어기제, 충동조절의 이상, 자아개념의 손상, 자학적·자기파괴행동, 학교부적응, 중추신경계 손상 등으로 진단하였다.

특히 성학대를 받은 아동(영유아)은 초기에는 수면장애와 가해자에 대한 공포심 등의 불안증세가 두드러지며 발달과업의 실패가 수반되는 가식적 성숙, 낮은 자기 존중감, 성행동의 이상, 자기파괴적 행동 등이 나타날 수 있다고 밝혀졌다.

참고문헌

강경석, 박연희(2008). 부모의 양성평등의식이 유아의 성역할 고정관념에 미치는 영향. 아동교육, *17*(1), 41-54.

곽금주, 김민화, 한은주(2005). 영아의 정서조절 전략과 어머니의 반응유형 간의 관련성. 아동학회지, 26(6), 173-187.

구재옥(1997). 임산부의 영양과 건강문제, 임신 중 질병. 음주. 흡연과 환경오염물질이 임산부의 건강 및 태아에 미치는 영향. 동아시아 식생활학회지, 7(2), 257-275.

국가건강정보포탈 http://health.mw.go.kr

국민일보. 2013년 10월 18일자.

권영미(1999). 부모의 이혼이 자녀의 자아존중감과 사회성에 미치는 영향. 중앙대학교 대학원 석사학위 청구논문.

권은주(1998). 불교아동학개론. 파주: 양서원.

권정윤(2007). 조기 특기교육에 대한 부모의 인식과 양육 스트레스 및 유아의 문제행동. 미래유아교육학회지, 14(2), 1-19.

권혜진, 이순형(2001). 보육시설의 집단 크기에 따른 영아의 또래 및 교사와의 상호작용. 아동학회지, 22(4), 201-212.

김경회, 문혁준, 김선영, 김신영, 김지은, 김혜금, 서소정, 안선희, 안효진, 이희경, 정선아, 황혜원(2014). 보육학개론(제3판 증보). 서울: 창지사.

김규수, 안연경(2006). 유아의 공포에 관한 연구. 열린유아교육연구, 11(5), 203-225.

김명순, 신유림 공역(2000). 영유아의 문해발달 및 교육. 서울: 학지사.

김미영(2010). 아동발달. 파주: 정민사.

김승경(2004). 이혼 가정 아동의 탄력성에 대한 위험-보호 요인들 간의 경로 분석. 서울여자대학교 대학원 박사학위 청구논문.

김승옥, 이경옥(2005). 유아교육기관의 온라인 콘텐츠 사용실태 및 요구. 어린이미디어연구, *4*, 223-241.

김양은, 조복희(2001). 영아기 자아인식 능력에 관한 연구. 아동학회지, 23(2), 17-30.

김연진, 송유미(2009). 유아건강교육. 서울: 동문사.

김영실, 임양금(2006). 유아의 이름글자에 대한 인식. 열린유아교육연구, 11(1), 217-235.

김의향(2006) 7~24개월 영아의 의사소통 몸짓과 어휘습득 간의 관계. 연세대학교 대학원 박사학위논문.

김정희, 김현주, 손은경, 송연숙, 정인숙(2003). 아동발달심리. 서울: 동문사.

김종의(2000). 마음으로 읽는 동양의 정신세계. 서울: 신지서원.

김지현, 이순형(2004). 3세 및 5세 유아의 또래 갈등 상황에 따른 정서표현 행동. *Family and Environment Research, 42*(4), 29-43.

김태련, 조혜자, 이선자, 방희정, 조숙자, 조성원, 김현정, 홍주연, 이계원, 설인자, 손원숙, 홍순정, 박영신, 손영숙, 김명소, 성은현(2004). 발달심리학. 서울: 학지사.

김현, 김현정, 정효은(2007). 책읽기 선호도에 따른 유아의 읽기 태도 및 읽기 흥미도에 관한 연구. 한국유아교육학회 정기학술대회 논문집, 679-680.

김혜금(2006). 아동의 위험감수 행동과 위험에 대한 인지와 두려움과의 관계. 방과후 아동 지도연구, 3(2), 1-16.

김희연(2001). 유아기 놀이행동에 있어서의 정서표현에 관한 연구. 유아교육연구, 21(2), 319-340.

뉴스위크 한국판(1999). 귀여운 우리 아기. 서울: 중앙일보.

문수백, 변창진(1997). 교육심리측정도구 K-ABC. 서울: 학지사.

문용린(1995). 종합학습능력 진단검사 실시요강: 유아용. 서울: 대교 교육과학연구소.

문혁준, 서소정, 김정희, 김혜연, 김태은, 이종신(2011). 아동학개론. 서울: 창지사.

민동옥, 박혜원(2012). 영아 정서성 기질과 어머니 양육스트레스 간의 관계: 어머니 특성의 상호작용효과. *Family and Environment Research, 50*(3), 51-58.

박병금(1997). 이혼가정 자녀의 자아존중감 향상을 위한 집단사회사업개입의 효과. 경북대학교 대학원 석사학위 청구논문.

박선미, 조희숙(2008). 어머니-영아 간 상호작용 맥락에 따른 어머니의 대화전략 유형과 영아의 초기 어휘발달. 미래유아교육학회지. 15(4), 177-204.

박선영(1983). 불교와 교육사상. 서울: 보림사.

박성연, 백지숙, 안지영, 오미경, 이사라, 이주연, 임희수, 전춘애, 지연경, 한세영(2011). 인간발달. 서울: 파워북.

박성옥, 이영환, 한유미, 곽혜경, 양연숙, 이진숙, 장혜자, 안은숙, 이민경, 김연주(2003). 영유아의 건강과 안전. 서울: 창지사.

박세진(2009). 영아의 몸짓 사용 종류와 어휘습득 간의 관계: 8~24개월 영아를 중심으로. 이화여자대학교 대학원 박사학위논문.

박영숙(1993). 심리검사의 실제. 서울: 하나의학사.

박위상(1981). 3~6세 아동의 행동발달과 부모의 기대에 관한 연구. 아동학회지, 2, 17-30.

박지영, 강성단, 권경숙(2010). 유아의 성, 기질, 가정의 월수입, 어머니의 정서표현 및 사회적유능성이 유아의 또래유능성에 미치는 영향. 열린유아교육, 15(5), 359-382.

박혜원, 곽금주, 박광배(1996). *K-WPPSI(Korean-Wechsler Preschool and Primary Scale of Intelligence)*. 서울: 특수교육.

백혜정, 김현신, 우남희(2005). 조기사교육 경험이 있는 유아들의 문제행동에 관한 연구. 한국영유아보육학, 43, 23-43.

보건복지부 질병관리본부, 대한소아과학회(2017). 한국 소아·청소년 표준성장도표.

서동인(1989). 손자녀가 지각한 조모와 손자녀와의 접촉과 조모의 역할수행. 한국가정관리학회지, 7(2), 45-60.

서소정(2009). 영아의 보육기관적응행동에 영향을 미치는 요인에 관한 연구: 영아발달, 기질, 교사-영아 간의 상호작용, 어머니의 양육 및 보육신념과 적응지원 전략을 중심으로. 미래유아교육학회지, 16(4), 259-288.

성미영(2002). 과제 상황별 유아의 스크립트 지식과 주제 수행 기술 및 스크립트 향상훈련효과. 서울대학교 대학원 박사학위논문.

성현란, 이현진, 김혜린, 박영신, 박선미, 유연옥, 손역숙(2001). 인지발달, 서울: 학지사.

손영숙(1985). 영유아의 양육책임자에 따른 가정환경자극의 영향. 아동학회지, 6(2), 1-20.

송명자(1995). 발달심리학. 서울: 학지사.

송준식, 사재명(2006). 유아교육의 역사와 사상. 서울: 학지사.

신양재(1995). 조선시대 교훈서에 나타난 아동 연령 기대에 관한 연구. 아동학회지, 26(1), 183-195.

신애선, 김영실(2013). 6~25개월 영아의 의사소통적 몸짓의 발달 및 기질 간의 관계. 열린유아교육연구, 18(1), 519-539.

신의진(2002). 조기교육과 발달·병리적 문제. 한국아동학회 춘계학술대회 자료집: 한국조기교육의 현황과 과제, 29-42.

신희선, 한경자, 오가실, 오진주, 하미나(2002). 한국형 Denver II 검사지침서. 서울: 현문사.

안경식(2005). 한국 전통 아동교육사상(개정판). 서울: 학지사.

엄기영(1995). 소파의 아동존중사상 고찰. 공주문화대학 논문집, 22집, 165-177.

염명순, 조복희, 권희경, 한유미(1999). 비전형적 성역할 교육프로그램이 유치원아의 성역할 고정관념에 미치는 영향. 아동학회지, 20(4), 91-104.

우남희(2006). 유아의 창의성과 조기 영어교육의 관계분석. 생활과학연구, 11, 126-133.

우남희·김유미·신은수(2009). 조기교육/사교육. 아동학회지, 30(6), 249-265.

유안진(1999). 아동발달의 이해. 서울: 문음사.

유효순(1998). 아동발달. 서울: 창지사.

유효순, 원혜경, 김정희(2013). 영아발달. 서울: 창지사.

윤혜정, 현온강(2007). 영아 및 어머니의 기질과 부모효능감과의 관계. 아동학회지, 28(2), 1-17.

이순형, 권미경, 최인화, 김미정, 서주현, 최나야, 김지현(2010). 영유아 언어지도. 서울: 학지사.

이순형, 이혜승, 이성옥, 황혜신, 이완정, 이소은, 권혜진, 이영미, 정윤주, 한유진, 성미영(2013). 보육학개론. 서울: 학지사..

이순형, 임송미, 성미영(2006). 세계 전래동화 및 수상작동화에 나타난 성역할 전형성 비교.

이승복, 이희란 공역(2013). 언어발달(제8판). 서울: 시그마프레스.

이승하(2013). 만 5세 유아의 공격적 행동과 또래관계-또래관계의 안정성, 가해/피해 행동의 관계, 성별에 따른 또래거부와 가해 행동과의 관계. 유아교육학논집, 17(3), 251-269.

이영(1974). 한국인의 전통적 육아법에 관한 연구. 연세대학교 원우론집, 1~2집.

이옥경, 이순형(1996). 과제의 부담과 종류에 따른 아동의 친사회적 도덕추론과 친사회적 행동. 아동학회지, 17(1), 275-288.

이혜상(2003). 취업모의 양육태도와 유아의 부적응 행동 간의 관계. 열린유아교육연구, 8(3), 337-354.

임연(1979). 한국 어머니의 육아법 조사. 숙명여자대학교 대학원 석사학위논문.

임영신, 채미영(2007). 만 3, 4세 유아의 쓰기 발달에 관한 사례 연구. 열린유아교육연구. 12(3), 69−94.

임현주, 이대균(2013). 영아의 기질과 발달 간의 관계에서 어머니 양육방식의 매개효과. 미래유아교육학회지, 20(1), 125-144.

장영희, 이소희(1982). 영유아의 단체양육에 관한 일 연구. 아동학회지, 3, 1-16.

장유경, 취윤영, 김소연(2005). 한국 영아의 초기의사소통: 몸짓의 발달. 아동학회지. 26(1), 155−167.

장휘숙(2008). 기질과 애착이 형제자매관계와 친구관계에 미치는 영향. 한국심리학회지: 발달, 21(1), 69-87.

전귀연, 임주영(2006). 형제관계. 서울: 신정.

정남미(2005). 유아언어교육. 서울: 창지사.

정명숙(2007). 유아가 지각한 부모와 교사의 기대에 따른 유아의 자아개념의 차이. 유아교육학논집, 11(2), 47−64.

정미라(2009). 유아의 성역할 정체감에 따른 자아존중감과 사회적 능력에 관한 연구. 유아교육학논집, 13(6), 107-130.

______(2010). 유아의 성역할 정체감 유형에 따른 유치원 적응력. 아동교육, 19(3), 217-234.

______(2011). 유아의 성역할 정체감 형성을 위한 가정-유치원 상호 협력 중심 양성평등교육 프로그램 개발 및 적용. 유아교육연구, 31(4), 201-228.

정옥분(2003). 아동발달의 이론. 서울: 학지사.

정옥분(2004). 발달심리학: 전생애 인간발달. 서울: 학지사.

정옥분(2012). 영아발달. 서울: 학지사.

정옥분(2013). 아동발달의 이해(개정판 2판). 서울: 학지사.

정옥분, 박성연, 윤종희, 도현심(2003). 영아기 기질 및 부모의 양육행동에 따른 2~4세 아동의 행동억제에 관한 단기종단연구: 8개국 비교문화연구를 위한 기초 연구. 한국가정관리학회지, 21(3), 29-38.

정윤희, 김희진(2002). 유아가 인식하는 부정적 정서와 반응. 아동학회지, 23(2), 31-47.

정은숙(1998). 읽기를 위한 가정환경과 책읽기에서 어머니-유아의 상호작용. 아동교육, 7(2), 88-101.

정은정(2003). 반편견 동화를 활용한 토의활동이 유아의 성역할 고정관념에 미치는 영향. 아동교육, 12(1), 163-185.

조명한(1981). 한국 아동의 언어획득 연구: 책략모형. 서울: 서울대학교 출판부.

조선하, 우남희(2004). 한국 유아의 창안적 글자쓰기 발달 과정 분석. 유아교육연구, 24(1), 315-339.

조성연, 이정희, 천희영, 심미경, 황혜정, 나종혜(2010). 아동발달. 서울: 신정.

최경숙(2000). 아동발달심리학. 서울: 교문사.

최나야, 이순형(2008). 유아의 단어읽기 능력 예측변수: 연령 집단별, 단어 유형별 분석. 한국가정관리학회지, 26(4), 41-54.

최순영(2003). 인간의 사회·성격 발달 심리. 서울: 학지사.

최은정, 하지영, 서소정(2009). 보육시설에서의 영아-교사 상호작용과 영아의 발달수준, 교사의 민감성 및 초기 가정환경 간의 관련성에 관한 연구. 아동학회지, 30(2), 77-95.

최진(1980). 취학전 아동의 놀이 형태 분석. 아동학회지, 1, 15-27.

최현미(2013). 유아 자아존중감과 관련된 변인들 간의 구조모형 분석: 기질, 어머니와 애착, 유아−교사관계, 또래관계를 중심으로. 유아교육연구, 33(5), 67-87.

표준국어대사전(2013). 국립국어원 http://stdweb2.korean.go.kr/main.jsp.

하정희(1998). 연령집단구성에 따른 유아의 사회적 놀이 유형 비교. 유아교육학논집, 2(1), 127-149.

하지영, 박성연(2005). 아동의 기질, 어머니의 양육행동 및 보육경험이 아동의 불순응행동에 미치는 영향. 아동학회지, 26(2), 55-74.
하지영, 서소정(2011). 영아와 교사의 상호작용에 관한 단기종단연구. 열린유아교육연구, 16(2), 109-140.
한유미, 김혜선, 권희경, 양연숙, 박수진(2010). 영유아 언어교육의 이해. 서울: 학지사.
한준아, 박경자(2008). 저소득층 이혼 가족 아동의 적응에 있어 보호요인 탐색: 아동의 대처 전략, 부모 양육 유형, 부모의 스트레스, 사회적 지지. 대한가정학회지, 46(8), 1-15.
홍연애, 정옥분(1993). 전형적 비전형적 성역할 VTR 프로그램이 유아의 성역할 고정관념에 미치는 효과. 아동학회지, 14(1), 39-57.
홍은자(2001). 어머니 성취압력과 학원·학습지 이용이 유아의 스트레스에 미치는 영향. 이화여자대학교 교육대학원 석사학위 청구논문.
홍혜경(1980). 한국여성의 태교인지도에 관한 조사연구. 아동학회지, 1, 1-14.
황선영(2000). '쉬운책' 읽기가 유아의 책읽기 시도와 읽기발달에 미치는 영향. 아동교육, 9(1), 159-172.
황혜신, 이순형(1990). 아동의 성항상성과 성별 특정화 행동. 아동학회지, 11(2), 82-97.

Agbenyega, J. (2009). The Australian early development index, who does it measure: Piaget or Vygotsky's child? *Australian Journal of Early Childhood, 34*(2), 31-38.
Amabile, T. (1983). *The social psychology of creativity*. N.Y.: Springer-Verlag.
Amato, P. R. (1987). *Children in Australian families: The growth of competence*. N.Y.: Prentice Hall.
Anderson, S. W., Damaio, H., Tranel, D., & Damasio, A. R. (2001). Long-term sequence of prefrontal cortex damage acquired in early childhood. *Developmental Neuropsychology, 18*, 281-296.
Andrson, E., Wilson, T. D., & Akert, R. M. (2003). *Social psychology* (5th Ed.). New Jersey: Pearson Education.
Aries, P. (1962). *Centuries of childhood: A social history of family life*. (R. Baldick, Trans.). N.Y.: Vintage.
Arterberry, M. E., & Bornstein, M. H. (2001). Three-month-olds' categorization of animals and vehicles based on static and dynamic information. *Journal of Experimental Child Psychology, 80*, 333-346.
Ashiabi, G. S. (2000). Promoting the emotional development of preschoolers. *Early Childhood Education Journal, 28*(2), 79-84.
Aylward, G. P., Pfeiffer, S. I., Wright, A., & Verhulst, S. J. (1989). Outcome studies of low birth weight infants published in the last decade: A meta analysis. *Journal of Pediatrics, 115*, 515-520.
Bahrick, L. E. (2000). Increasing specificity in the development of intermodal perception. In D. Muir & A. Slater (Eds.), *Infant development: The essential readings* (pp. 117-136). Oxford, England: Blackwell.
Baillargeon, R. (1987a). Object permanence in 3 ½ and 4 ½ month old infants. *Developmental Psychology, 23*, 655-664.
Baillargeon, R. (1987b). Young infants' reasoning about the physical and spatial properties of a hidden object. *Cognitive Development, 2*, 179-200.
Bakeman, R., & Adamson, L. B. (1984). Coordinating attention to people and objects in mother-infant and peer-infant interaction. *Child Development, 55*(4), 1278-1289.
Bandura, A. (1973). *Aggression: A social learning analysis*. Englewood Cliffs, N.J.: Prentice Hall.
Bandura, A. (1977). *Social learning theory*. Englewood Cliffs, N.J.: Prentice-Hall.
Bandura, A. (1986). *Social foundations of thought and action: A social cognitive theory*. Englewood Cliffs, N.J.: Prentice Hall.
Bandura, A. (1989). Regulation of cognitive processes through perceived self-efficacy. *Developmental Psychology, 25*, 729-735.
Barabas, G., & Taft, L. T. (1986). The early signs and differential diagnosis of cerebral palsy. *Pediatric Animals, 15*(3), 203-214.
Baron, R. A., & Byrne, D. E. (1994). *Social psychology: Understanding human interaction* (7th Ed.). Boston, MA:

Allyn & Bacon.

Baron-Cohen, S., Leslie, A., & Frith, U. (1985). Does the autistic child have a & & theory of mind"? *Cognition, 21*, 37-46.

Barr, R. G., Paterson, J. A., MacMartin, L. M., & Lehtonen, L. (2005). Prolonged and unsoothable crying bouts in infants with and without colic. *Journal of Developmental and Behavioral Pediatrics, 26*, 14-23.

Barr, R., & Hayne, H. (2000). Age-related changes in imitation: Implications for memory development. In C. Rovee-Collier, L. Lipsitt, & H. Hayne (Eds.). *Progress in infancy research, 1*, pp. 21-67). Mahwah, N.J. : Erlbaum.

Barrera, M. E., & Maurer, D. (1981). The perception of facial expressions by the three-month-old. *Child Development, 52*, 203-206.

Barron, F. X., & Harrington, D. M. (1981). Creativity, intelligence, and personality. *Annual Review of Psychology, 32*, 439-476.

Bartsch, K., & Wellman, H. M. (1995). *Children talk about the mind*. N.Y.: Oxford University Press.

Bascow, S. A. (1980). *Gender: Stereotypes and roles* (3rd Ed.). Pacific Grove, CA: Brooks/Cole.

Bayley, N. (1969). *Manual for the Bayley scales of infant development*. San Antonio, TX: The Psychological Corporation.

Bayley, N. (1993). *Bayley scales of infant development* (Second Ed.). San Antonio, TX: The Psychological Corporation.

Becker, J. M. F. (1997). A learning analysis of the development of peer-oriented behavior in nine-month-old infants. Developmental Psychology, 13-481-491.

Becker, K. (2005). How are games educational? Learning theories embodied in games. Proceedings of DIGRA 2005 changing views: Worlds in play international conference. Vancouver, Canada.

Beckett, C., Maughan, B., Rutter, M., Castle, J., Colvert, E., & Groothues, C. (2006). Do the effects of early severe deprivation on cognition persist into early adolescence? Findings from the English and Romanian adoptees study. *Child Development, 77*, 696-711.

Belsky, J. (1984). The determinants of parenting: A process model. *Child Development, 55*(1), 83-96.

Belsky, J., & Pensky, E. (1988) Developmental history, personality, and family relationships: Toward an emergent family system. In R. A. Hinde & J. Stevenson-Hinde (Eds.), *Relationships within families* (pp. 193-217). Oxford: Clarendon Press.

Bem, S. L. (1974). The measurement of psychological androgyny. *Journal of Consulting and Clinical Psychology, 42*, 155-162.

__________ (1981). Gender schema theory: A cognitive account of sex typing. *Psychological Review, 88*, 354-369.

Berk, L. E. (2000). *Child development* (5th Ed.). Boston, MA: Allyn & Bacon.

Berk, L. E. (2005). *Child development* (7th Ed.). Boston, MA: Allyn & Bacon.

__________ (2003). *Child developmant* (6th Ed.). Boston, MA: Allyn & Bacon.

__________ (2007). *Development through the lifespan* (4th Ed.). Boston, MA: Allyn & Bacon.

Berk, L. E. (2008). *Infants and children* (6th Ed.). MA: Addison-Wesley.

__________ (2013). *Child development* (9th Ed.) Boston, MA: Pearson Education.

Berk, L. E., & Landau, S. (1993). Private speech of learning disabled and normally achieving children in classroom academic and laboratory contexts. *Child Development , 64*, 556-571.

Berndt, T. J., & Bulleit, T. N. (1985). Effects of sibling relationships on preschoolers behavior at home and at school. *Developmental Psychology, 21*, 761-767.

Bertenthal, B. I., & Longo, M. R. (2002). Advancing our understanding of early perceptual and cognitive development. *Human Development, 45*, 434-441.

Bhavnagri, N. P., & Parke, R. D. (1991). Parents as direct facilitators of children's peer relationships: Effects of age of child and sex of parent. *Journal of Social and Personal Relationships, 8*, 423-440.

Bivens, J. A., & Berk, L. E. (1990). A longitudinal study of the development of elementary school children's private speech. *Merrill Palmer Quarterly, 36*, 443-463.

Bjorklund, D. F. (1987). How age changes in knowledge base contribute to the development of children's memory: An interpretive review. *Developmental Review, 7,* 93-130.

Bogartz, R. S., Shinskey, J. L., & Schilling, T. H. (2000). Object permanence in five and a half month old infants? *Infancy, 1*, 403-428.

Borstelmann, L. J. (1983). Children before psychology: Ideas about children from antiquity to the late 1800s. In P. H. Mussen & W. Kessen (Eds.), *Handbook of child psychology, Vol. 1, History theory, and methods* (pp. 1-40). N.Y.: Wiley.

Boukydis, C. F. Z., & Lester, B. M. (1998). Infant crying, risk status and social support in families of term and preterm infants. *Early Development and Parenting, 7*, 31-39.

Bowlby, J. (1958). The nature of the child's tie to his mother. *International Journal of Psychoanalysis, 39*, 350-373.

Bowlby, J. (1980). *Attachment and loss: Loss* (Vol. 3). N.Y.: Basic Books.

Breiner, J. (1990). *Slaughter of the innocents: Child abuse through the ages*. New York: Plenum.

Bretherton, I. (1985). Attachment theory: Retrospect and prospect. *Monographs of the Society for Research in Child Development, 50* (1-2, Serial No. 209).

Bretherton, I. (1989). Pretense: The form and function of make-believe play. *Developmental Review, 9*, 383-401.

Brody, G. H., Kim, S., Murry, V. M., & Brown, A. C. (2003). Longitudinal direct and indirect pathways linking older sibling competence to the developmental of younger sibling competence. *Developmental Psychology, 39*, 618-628.

Bronfenbrenner, U., & Morris, P. A. (1998). The ecology of developmental processes. In W. Damon & R. M. Lerner (Eds.), *Handbook of child psychology.* Hoboken, N.J., US: John Wiley & Sons.

Brooks, J., & Lewis, M. (1976). Infants' response to strangers: Midget, adult and child. *Child Development, 47*, 323-332.

Brooks-Gunn, J., Han, W. J., & Waldfogel, J. (2002). Maternal employment and child cognitive outcomes in the first three years of life: The NICHD study of early child care. *Child Development, 73*(4), 1052-1072.

Brown, R. (1973). *A first language: The early stages*. Cambridge, MA: Harvard University.

Brownell, C. A. (1990). Peer social skills in toddlers: Competencies and constraints illustrated by same-age and mixed-age interaction. *Child Development, 61*, 838-848.

Bukatko, D. (2008). *Child and adolescent development-A chronological approach*. N.Y.: Houghton Mifflin Company.

Bukatko, D., & Daehler, M. (1995). *Child development*. Boston, MA: Houghton Mifflin Co.

Cairns, R. B. (1998). The making of developmental psychology. In W. Damon (Ed.), *Handbook of child psychology: Vol 1. Theoretical models of human development* (pp. 25-106). N.Y.: Wiley.

Campos, J., Barrett, K., Lamb, M. Goldsmith, H., & Stenberg, C. (1983). Socioemotional development. In P. Mussen (Ed.), *Handbook of child psychology: Vol. II. Infancy and developmental psychobiology* (pp. 783-915). N.Y.: Wiley.

Caplan, M., Vespo, J., & Hay, D. F. (1991). Conflict and its resolution in small groups of one- and two-year-olds. *Child Development, 62*, 1513-1524.

Casasola, M. (2005). Can language do the driving? The effect of linguistic input on infants' categorization of support spatial relations. *Developmental Psychology, 41*, 183-192.

Case, R., Kurland, M., & Goldberg, J. (1982). Operational efficiency and the growth of short-term memory. *Journal of Experimental Child Psychology, 33*, 386-404.

Caulfield, R. A. (2001). *Infants and toddlers*. New Jersey: Prentice Hall.

Cernoch, J. M., & Porter, R. H. (1985). Recognition of maternal axillary odors by infants. *Child Development, 56*, 1593-1598.

Chandra, R. K. (1991). Interations between early nutrition and the immune system. *In Ciba Foundation Symposium* (pp. 77-92). Chichester, UK: Wiley.

Chomsky, N. (1965). *Aspects of the theory of syntax*. Cambridge, MA: MIT Press.

Clarke, J. I., & Dawson, C. (1989). *Growing up again: Parenting ourselves, parenting our children. San Francisco*, CA: Hazelden Publishing & Educational Services.

Clarke-Steward, K., Gruber, C., & Fitzerald, L. (1994). *Children at home and in day care*. Hillsdale, N.J.: Erlbaum.

Clements, D. H. (1995). Teaching creativity with computers. *Educational Psychology Review, 7,* 141-161.

Clements, D. H., & Sarama, J. (2003). Young children and technology: What does the research say?, *Young Children, 58*(6), 34-40.

Cliver, S. P., Goldenberg, R. L., Cutter, G. R., Hoffman, H. J., Davis, R. D., & Nelson, K. G. (1995). The effect of cigarette smoking on neonatal anthropometric measurements. *Obstetrics & Gynecology, 85*, 625-630.

Collaer, M. L., & Hines, M. (1995). Human behavioral sex differences: A role for gonadal hormones during early development? *Psychological Bulletin, 118*, 55-107.

Connor, M., & Serbin, L. A. (1977). Behaviorally based masculine- and feminine-activity-preference scales for preschoolers: Correlates with other classroom behaviors and cognitive tests. *Child Development, 48*, 1411-1416.

Connor, P. D., Sampson, P. D., Bookstein, F. L., Barr, H. M., & Streissguth, A. P. (2001). Direct and indirect effects of prenatal alcohol damage on executive function. *Develop-mental Neuro-psychology, 18*, 331-354.

Cook, J. L., & Cook, G. (2005). *Child development: Principles and perspectives*. Boston, MA: Pearson.

Costigan, C. L., Cox, M. H., & Cauce, A. M. (2003). Work-parenting linkages among dual-earner couples at the transition to parenthood. *Journal of Family Psychology, 17*(3), 397-408.

Courage, M. L., & Howe, M. L. (2004). Advances in early memory development research: Insights about the dark side of the moon. *Developmental Review, 24*, 6-32.

Cox, M. J., Owen, M. T., Henderson, V. K., & Margand, N. A. (1992). Prediction of infant-father and infant-mother attachment. *Development Psychology, 28*, 474-483.

Crain, W. C. (1983). 발달의 이론. 서봉연(역). 서울: 중앙적성출판사. (1980년 원저 발간)"

Crick, N.. R., & Dodge, K. A. (1994). A review and reformulation of social information processsing mechanisms in children's social adjustment. *Psychological Bulletin, 115,* 74-101.

Csikszentmihalyi, M. (1996). *Creativity: Flow and the psychology of discovery and invention*. N.Y.: Harper Perennial.

Cummings, E. M., & Davies, P. T. (1994). *Children and marital conflict: The impact of family dispute and resolution*. N.Y.: Guilford Press.

Curtiss, S. (1977). *Genie: A psycholinguistic study of a modern-day "wild child"*. N.Y.: Academic Press.

Dacey, J. S. (1989). *Fundamentals of creative thinking*. Lexington, MA: D.C. Heath.

Dacey, J. S., & Lennon, K. H. (2004). *Understanding creativity*. CA: Jossey-Bass.

Damon, W. (1977). *The social world of the child*. San Francisco: Josey-Bass.

Darwin, C. R. (1872). *The expression of the emotions in man and animals*. London: John Murray.

Davies, P. T., & Cummings, E. M. (1998). Exploring children's emotional security as a mediator of the link between marital relations and child adjustment. *Child Development, 69*, 124-139.

Décarie, T. G., & Ricard, M. (1996). Revisiting Piaget revisited or the vulnerability of Piaget's infancy theory in the 1990s. In G.G. Noam & K.W. Fischer (Eds.), *Development and vulnerability in close relationships.* Mahwah, N.J.: L. Erlbaum.

Denham, S. A., & Couchoud, E. (1990). Young preschooler's understanding of emotions. *Child Study Journal, 20*(3), 171-182.

Dickstein, S., Thompson, R. A., Estes, D., Malkin, C., & Lamb, M. E. (1984). Social referencing and the security of attachment. *Infant Behavior and Development, 7*, 507-516.

Dodge, K. A. (1986). A social information processing model of social competence in children. In M. Perlmutter (Ed.), *Minnesota symposia on child psychology (Vol.18)*. Hillsdale, N.J.: Erlbaum.

Dunn, J., Brown, J., & Beardsall, L. (1991). Family talk about emotions, and children's later understanding of others' emotions. *Developmental Psychology, 27*, 448-455.

Dye-White, E. (1986). Environmental hazards in the work setting: Their effect on women of child-bearing age. *American Association of Occupational Health and Nursing Journal, 34*, 76-78.

Eisenberg, N., & Fabes, R. A. (1998). Prosocial development. In W. Damon (Series Ed.), & N. Eisenberg (Vol. Ed.), *Handbook of child psychology: Vol. 3. Social, emotional, and personality development* (5th Ed., pp. 701-778). N.Y.: Wiley.

Eisenberg, N., Boothby, R., & Matson, T. (1979). Correlates of preschool girls' feminine and masculine toy preferences. *Developmental Psychology, 15*, 354-355.

Eisenberg, N., Cumberland, A., & Spinrad, T. L. (1998). Parental socialization of emotion. *Psychological Inquiry, 9*(4), 241-273.

Eisenberg, N., Guthrie, I. K., Murphy, B. C., Shepard, S. A., Cumberland, A., & Carlo, G. (1999). Consistency and development of prosocial dispositions: A longitudinal study. *Child Development, 70*(6), 1360-1372.

Eisenberg, N., Tryon, K., & Cameron, E. (1984). The relation of preschooler's peer interaction to their sex-typed toy choices. *Child Development, 55*, 1044-1050.

Eizenman, D. R., & Bertenthal, B. I. (1998). Infants' perception of object unity in translating and rotating displays. *Developmental Psychology, 34*, 426-434.

Elder, G. H. Jr., & Caspi, A. (1988). Human development and social change: An emerging perspective on the life course. In N. Bolger, A. Caspi, G. Downey & M. Moorehouse (Eds.), *Persons in context: Developmental processes*. N.Y.: Cambridge University.

Eliot, L. (2004). 우리 아이 미래에선 무슨 일이 일어나고 있을까?(What's going on inthere?). 안송정(역). 서울: 궁리. (원저 2000년).

Fabes, R., & Martin, C. L. (2000). *Exploring child development - Transactions and transformation.* MA: Allyn and Bacon.

Fagan, J. F. (1984). The relationship of novelty preferences during infancy to later intelligence and later recognition memory. *Intelligence, 8*, 339-346.

Fagan, J. F., Holland, C. R., & Wheeler, K. (2007). The prediction, from infancy, of adult IQ and achievement. *Intelligence, 35*, 225-231.

Fagot, B. (1995). Parenting boys and girls. In M. Bornstein (Ed.), *Hanbook of parenting. Vol. 1* (pp. 163-183). Mahwah, N.J.: Erlbaum.

Fagot, B. I., & Leinbach, M. D. (1989). The young child's gender schema: Environmental input, internal organization. *Child Development, 60*, 663-672.

Fagot, B. I., Leinbach, M. D., & Hagan, R. (1986). Gender labeling and the adoption of sex-typed behaviors. *Developmental Psychology, 22*, 440-443.

Fantz, R. L. (1963). Pattern vision in newborn infants. *Science, 140*, 296-297.

Feldman, R., & Klein, P. S. (2003). Toddlers' self-regulated compliance to mothers, caregivers, and fathers: Implications for theories of socialization. *Developmental Psychology, 39*, 680-692.

Field, T. M., & Walden, T. A. (1982). Production and discrimination of facial expressions by preschool children. *Child Development, 53*, 1299-1311.

Finnie, V., & Russell, A. (1988). Preschool children's social status and their mothers' behavior and knowledge in the supervisory role. *Developmental Psychology, 24*, 789-801.

Fisher, C. B., & Tryon, W. W. (1990). *Ethics in applied developmental psychology*. N.Y.: McGraw-Hill.

Flavell, J. H. (1971). Stage-related properties of cognitive development. *Cognitive Psychology, 2*, 421-453.

Flavell, J. H., Miller, P. H., & Miller, S. A. (1993). *Cognitive development*. Englewood Cliffs, N.J.: Prentice-Hall.

Franco, P., Danias, A. P., Akamine, E. H., Kawamoto, E. M., Fortes, Z. B., Scavone, C., & Tostes, R. C. (2000). Enhanced oxidative stress as a potential mechanism underlying the programming of hypertension in utero. *Journal of Cardiovascular Pharmacology, 40*, 501-509.

Freud, S. (1933). *New introductory lectures in psychoanalysis*. N.Y.: Norton.

Gandour, M. J. (1989). Activity level as a dimension of temperament in toddlers: Its relevance for the organismic specificity hypothesis. *Child Development, 60*(5), 1092-1098.

Garner, P. W., Jones, D. C., & Palmer, D. J. (1994). Social cognitive correlates of preschool children's sibling caregiving behavior. *Developmental Psychology, 30*, 905-911.

Garvey, C. (1990). *Play*. Cambridge, MA: Harvard University Press.

Gauvain, M. (1998). Cognitive development in social and cultural context. *Current Directions in Psychological Science, 7*, 188-192.

Gauvain, M. (2001). Cultural tools, social interaction and the development of thinking. *Human Development, 44*, 126-143.

Getzels, J. W., & Jackson, P. J. (1962). *Creativity and intelligence: Explorations with gifted students*. N.Y.: John Wiley & Sons, Inc.

Gesell, A. (1928). *Infancy and human growth*. Oxford, England: Macmillan.

Gibson, E. J. (1969). *Principles of perceptual learning and development*. N.Y.: Appleton-Century Crofts.

Gibson, E. J., & Walk, R. D. (1960). The "visual cliff". *Scientific American, 202*, 64-71.

Giedd, J. N., Snell, J. W., Lange, N., Rajapakse, J. C., Casey, B. J., Kozuch, P. L., & Vaituzis, A. C. (1996). Quantitative magnetic resonance imaging of human brain development: Ages 4-18. *Cerebral Cortex, 6*(4), 551-559.

Ginsburg, H. P., & Opper, S. (1988). *Piaget's theory of intellectual development* (3rd Ed.). Englewood Cliffs, N.J.: Prentice-Hall.

Ginsburg, H. P., Pappas, S., & Seo, K. H. (2001). Everyday mathematical knowledge: Asking young children what is developmentally appropriate. In S. L. Goldbeck (Ed.), *Psychological perspectives on early childhood education: Reframing dilemmas in research and practice* (pp. 181-219). Mahwah, NJ: Lawrence Erlbaum Associate.

Gogtay, N., Giedd, J. N., Lusk, L., Hayashi, K. M., Greenstein, D., Vaituzis, A. C., & Thompson, P. M. (2004). Dynamic mapping of human cortical development during childhood through early adulthood. *Proceedings of the National Academy of Sciences of the United States of America, 101*(21), 8174-8179.

Gould, J. L., & Keeton, W. T. (1996). *Biological science* (6th Ed.). N.Y.: Norton.

Goy, R. W., & McEwen, B. S. (1980). *Sexual differentiation of the brain*. Cambridge, MA: MIT Press.

Green, A. (1985). Children traumatized by physical abuse. In S. Eth & R. Pynoos (Eds.), *Post traumatic stress disorder in children* (pp. 133-154). Washington, DC: American Psychiatric Press.

Green, J. A., Irwin, J. R., & Gustafson, G. E. (2000). Acoustic cry analysis, neonatal status, and long-term developmental outcome. In R. G. Barr, B. Hopkins, & J. A. Green (Eds.), *Crying as a sign, a symptom, and a signal: Clinical, emotional, and developmental aspects of infant and toddler crying* (pp. 137-156). London: MacKeith Press.

Gross, D. L. (2011). *Infancy: Development from birth to age 3*. Boston: Pearson/Allyn & Bacon.

Gute, G., Gute, D. S., Nakamura, J., & Csikszentmihalyi, M. (2008). The early lives of highly creative persons: The influence of the complex family. *Creativity Research Journal, 20*(4), 343- 357.

Hamner, T. J., & Turner, P. H. (2001). *Parenting in contemporary society* (4th Ed.). Boston: Allyn & Bacon.

Hareven, T. (1985). Historical changes in the family and the life course: Implications for child development. In A. B. Smuts & J. W. Hagen (Eds.), History and research in child development. *Monographs of the Society for Research in Child Development, 50* (4-5, Serial No. 211).

Harlow, H. F., & Zimmermann, R. R. (1959). Affectional response in the infant monkey. *Science, 130*, 421-432.

Harrist, A. W., Zaia, A. F., Bates, J. E., Dodge, K. A., & Pettit, G. S. (1997). Subtypes of social withdrawal in early childhood: Sociometric status and social-cognitive differences across four years. *Child Development, 68*,

278-294.

Hart, B., & Risley, T. R. (1992). American parenting of language-learning children: Persisting differences in family-child interactions observed in natural home environments. *Developmental Psychology, 28*, 1096-1105.

Harter, S., & Buddin, B. J. (1987). Child's understanding of the simultaneously of two emotions: A five stage developmental acquisition sequence. *Developmental Psychology, 23*, 388-399.

Harter, S., & Pike, R. (1984). The pictorial scale of perceived competence and social acceptance for young children. *Child Development, 55,* 1969-1982.

Hartup, W. W. (1983). Peer relations. In P. H. Mussen (Ed.), *Handbook of child psychology (Vol. 4)*. N.Y.: Wiley.

Hay, D. F. (1994). Prosocial development. *Journal of Child Psychology and Psychiatry, 35*, 29-72.

Hetherington, E. M., & Kelly, J. (2002). *For better or for worse: Divorce reconsidered*. N.Y.: W. W. Norton.

Hines, M. (2004). *Brain gender*. N.Y.: Oxford University Press.

Hoff, E. (2005). *Language development* (3rd Ed.). Belmont, CA: Wadsworth.

Hoffman, M. L. (1980). Moral development in adolescence, In J. Adelson (Ed.), *Handbook of adolescent psychology*. N.Y.: Wiley.

Horn, J. L. (1968). Organization of abilities and the development of intelligence. *Psychological Review, 75*, 242-259.

Hower, J. T., & Edwards, K. J. (1979). The relationship between moral character and adolescent's perception of parental behavior. *Journal of Genetic Psychology, 135*(1), 23-32.

Howes, C. (1983). Patterns of friendship. *Child Development, 54*, 1041-1053.

__________ (1988). Peer interaction of young children. *Monographs of the Society for Research in Child Development, 53* (No. 217).

Howes, C., Phillips, D., & Whitebook, M. (1992). Thresholds of quality. Implications for the social development of children in center-based child care. *Child Development, 63*, 449-460.

Huston, A. C. (1983). Sex-typing. In E. M. Hetherington & P. H. Mussen (Eds.), *Handbook of child psychology. Vol. 4, Socialization, personality, and social development* (pp. 387-467). N.Y.: Wiley.

Huston, A. C., Donnerstein, E., Fairchild, H., Feshbach, N., Katz, P., Murray, J., Rubinstein, E., Wilcox, B., & Zuckerman, D. (1992). *Big world, small screen: The role of television in American society*. Lincoln: University of Nebraska Press.

Izard, C. E. (1991). *The psychology of emotions*. N.Y.: Plenum.

Izard, C. E., Hembree, E. A., & Huebner, R. R. (1987). Infants' emotion expressions to acute pain: Developmental change and stability of individual differences. *Developmental Psychology, 23*, 105-113.

Jaakkola, J. J., & Gissler, M. (2004). Maternal smoking in pregnancy, fetal development, and childhood asthma. *American Journal of Public Health, 94*, 136-140.

Jacklin, C. N., & Maccoby, E. E. (1978). Social behavior at 33 months in same-sex and mixed-sex dyads. *Child Development, 49*, 557-569.

James, W. (1892). *Psychology: The briefer course*. N.Y.: Henry Holt.

Jensen, A. R. (2002). Galton's legacy to research on intelligence. *Journal of Biosocial Science, 34*, 145-172.

Jin, M. K., Jacobvitz, D., Hazen, N., & Jung, S. H. (2012). Maternal sensitivity and infant attachment security in Korea: Cross-cultural validation of the strange situation. *Attachment & Human Development, 14*(1), 33-44.

John, A., Halliburton, A., & Humphrey, J. (2013). Child-mother and child-father play interaction patterns with preschooler. *Early Child Development & Care, 183*(3/4), 483-497.

Johnson, J. E., Christie, J. F., & Wardle, F. (2004). *Play, development, and early education.* Boston, MA: Pearson.

Johnson, R. B., & Christensen, L. (2004). *Educational research: Quantitative, qualitative, and mixed methods*(2nd ed). Thousand Oaks, CA: Sage.

Jones, L. B., Rothbart, M. K., & Posner, M. I. (2003). Development of executive attention in preschool children. *Developmental Science, 6*, 498-504.

Jones, N. A., Field, T., Fox, N. A., Lundy, B., & Davalos, M. (1997). EEG activation in 1-month-old infants of depressed mothers. *Development and Psychopathology, 9*(3), 491-505.

Kagan, J. (1998). Biology and the child. In N. Eisenberg (Ed.), *Handbook of child psychology: Vol 3. Social, emotional, and personality development* (5th Ed., pp. 177-235). N.Y.: Wiley.

Kagan, J., Reznick, J. S., & Snidman, N. (1988). Biological bases of childhood shyness. *Science, 240,* 167-171.

Kail, R. V., & Cavanaugh, J. C. (2000). *Human development-A life span view* (2nd Ed.). CT: Wadsworth.

Kail, R. (2012). *Children and their development*(6th ed). New Jersey: Pearson Education, Inc.

Kamins, M., & Dweck, C. S. (1999). Person vs. process praise and criticism: Implications for contingent self-worth and coping. *Developmental Psychology, 35*, 835-847.

Kane, W. (2006). "No way my boys are going to be like that!" Parents' responses to children's gender nonconformity. *Gender & Society, 20*, 149-176.

Karreman, A., van Tuijl, C., van Aken, M. A. G., & Dekovic, M. (2006). Parenting and self-regulation in preschoolers: a meta-analysis. *Infant & Child Development, 15*(6), 561-579.

Kavsek, M. (2004). Infant perception of object unity in static displays. *International Journal of Behavioral Development, 28*, 538-545.

Keil, F.C. (2006). Cognitive science and cognitive development. In W. Damon & R. Lerner (Series Eds.) & D. Kuhn & R. S. Siegler (Vol. Eds.), *Handbook of child psychology: Vol 2 Cognition, perception, and language* (6th Ed.). N.Y.: Wiley.

Kingsbury, M., & Coplan, R. (2012). Mothers' gender-role attitudes and their responses to young children's hypothetical display of shy and aggressive behaviors. *Sex Roles, 66*(7/8), 506-517.

Klahr, D., & MacWhinney, B. (1998). Information processing. In D. Kuhn & R. S. Siegler (Eds.), W. Damon (Series Ed.), *Handbook of child psychology (5th Ed.), Vol. 2 Cognition, perception, and language* (pp. 631-678). N.Y.: Wiley.

Kochanska, G., & Aksan, N. (1995). Mother-child mutually positive affect, the quality of child compliance to requests and prohibitions, and maternal control as correlates of early internalization. *Child Development, 66*, 236-254.

Kohlberg, L. (1966). A cognitive-developmental analysis of children's sex-role concepts and attitudes. In E. E. Maccoby (Ed.), *The development of sex differences*. Stanford: Stanford University Press.

Kohlberg, L., & Ullian, D. Z. (1974). Stages in the development of psychosexual concepts and attitudes. In R. C. Friedman, R. M. Richart, & R. L. van Wiele (Eds.), *Sex differences in behavior*. N.Y.: Wiley.

Kroll, J. (1977). The concept of childhood in the middle Ages. *Journal of the History of the Behavioral Sciences*, 13, 384-393.

Ladd, G. W., & Golter, B. S. (1988). Parents' management of preschooler's peer relations: Is it related to children's social competence? *Developmental Psychology, 24*, 109-117.

Lamb, M. (1995). 아버지 역할과 아동발달. 김광웅, 박성연(공역). 서울: 이화여자대학교 출판부. (원저 1981년 출간).

Lamb, M. E. (1978). The development of sibling relationships in fancy: A short-term longitudinal study. *Child Development, 49*, 1189-1196.

Lamb, M. E., Bornstein, M. H., & Teti, D. M. (2002). *Development in infancy: An introduction* (4th Ed.). Mahwah, N.J.: Lawrence Erlbaum Associates.

Lansford, J. E., Malone, P. S., Castellino, D. R., Dodge, K. A., Pettit, G., & Bates, J. E. (2006). Trajectories of internalizing, externalizing, and grades for children who have and have not experienced their parents' divorce or separation. *Journal of Family Psychology, 20*, 292-301.

Laursen, B., Bukowski, W. M., Aunola, K., & Nurmi, J. E. (2007). Friendship moderate prospective associations between social isolation and adjustment problems in young children. *Child Development, 78*(4), 1395-1404.

Lenneberg, E. (1967). *The biological foundations of language*. N.Y.: Wiley.

Lerner, R. M. (1990). Weaving development into the fabric of personality and social psychology: The significance of Bandura's social foundation of thought and action. *Psychological Inquiry, 1*(1), 92-96.

Lerner, R. M., & Overton, W. F. (2008). Exemplifying the integrations of the relational developmental system: Synthesizing theory, research, and application to promote positive development and social justice. *Journal of Adolescent Research, 23*, 245-255.

Lewis, M., & Brooks, J. (1974). Self, others and fear: Infants reactions to people. In M. Lewis & L. Rosenblum (Eds.), *The origins of fear* (pp. 195-227). N.Y.: Wiley.

Lewis, M., & Brooks, J. (1978). Self-knowledge in emotional development. In M. Lewis & L. Rosenblum (Eds.), *The development of affect* (pp. 205-226). N.Y.: Plenum.

Liew, J., Eisenberg, N., & Reiser, M. (2004). Preschoolers' effortful control and negative emotionality, immediate reactions to disappointment, and quality of social functioning. *Journal of Experimental Child Psychology, 89*, 298-319.

Lorsbach, T. C., Katz, G. A., & Cupak, A. J. (1998). Developmental differences in the ability to inhibit the initial misinterpretation of garden path passages. *Journal of Experimental Child Psychology, 71*, 275-296.

Lui, A. (2012). *Teaching in the zone: An introduction to working within the zone of proximal development (ZPD) to drive effective early childhood instruction*. Children's Progress.

Lukeman, D., & Melvin, D. (1993). Annotation: The preterm infant: Psychological issues in childhood. *Journal of Child Psychology and Psychiatry, 54*, 837-849.

Maccoby, E. E. (1990). Gender and relationships: A developmental account. *American Psychologist, 45*, 513-520.

Mahler, S., Pine, M. M. F., & Bergman, A. (1975). *The psychological birth of the human infant*. N.Y.: Basic Books.

Main, M., & Solomon, J. (1986). Discovery of an insecure disoriented attachment pattern: Procedures, findings and implications for the classification of behavior. In T. Brazelton, & M. Youngman (Eds.), *Affective development in infancy* (pp. 96-124). Norwood, N.J.: Ablex.

Main, M., & Solomon, J. (1990). Procedures for identifying infants as disorganized/disoriented during the Ainsworth Strange Situation. In M. Greenberg, D. Cicchetti, & M. Cummings (Eds.), *Attachment in the preschool years: theory, research, and intervention* (pp. 121-160). Chicago: University of Chicago Press.

Marsiglio, W., Hutchinson, S., & Cohan, M. (2000). Envisioning fatherhood: A social psychological perspective on young men with kids. *Family Relations, 49*, 133-142.

Martin, C. L., & Halverson, C. F. (1981). A schematic processing model of sex typing and stereotyping in children. *Child Development, 52*, 1119-1134.

Maynard, A. E. (2002) Cultural teaching: The development of teaching skills in Maya sibling interactions. *Child Development, 73*(3), 969-982.

McCall, R. B., & Carriger, M. S. (1993). Infant habituation and recognition memory performance as predictors of later IQ. *Child Development, 64*, 57-79.

McCormick, M. C., Workman-Daniels, K., & Brooks-Gunn, J. (1996). The behavioral and emotional well-being of school-age children with different birth weights. *Pediatrics, 97*, 18-25.

McDowell, D. J., & Parke, R. D. (2000). Differential knowledge of display rules for positive and negative emotions: Influences from parents, influences on peers. *Social Development, 9*, 415-432.

McGee, L. M., & Richigels, D. J. (1996). *Literacy's beginnings: Supporting young readers and writers* (2nd Ed.). Needham, MA: Allyn & Bacon.

McGue, J., Bouchard, T. J., Iacono, W. G., & Lykken, D. T. (1993). Behavioral genetics of cognitive ability:

A life-span perspective. In R. Plomin & G. E. McClearn (Eds.), *Nature, nurture & psychology*, pp. 59-76. American Psychological Association, Washington, DC.

McLeod, S. A. (2007). Vygotsky-Simply Psychology. Retrieved from http://www. simplypsychology.org/vygotsky.html. 2013년 12월 20일 인출.

Meltzoff, A. N., & Moore, M. K. (1983). Newborn infants imitate adult facial gestures. *Child Development, 54*(3), 702-709.

Meltzoff, A. N., Gopnik, A., & Repacholi, B. M. (1999). Toddlers' understanding of intentions, desires, and emotions: Explorations of the dark ages. In Zelazo, P. D., Astington, J. W., & Olson, D. R. (Eds.), *Developing theories of intention: Social understanding and self control.* Mahwah, N.J.: Erlbaum.

Mercer, J. (1998). *Infant development: A multidisciplinary introduction.* CA: Brooks/Cole Publishing Company.

Miller, P. H. (2011). *Theories of developmental psychology* (5th Ed.). N.Y.: Worth.

Mischel, W. (1962). Father absence and delay of gratification. *Journal of Abnormal and Social Psychology, 62*, 116-124.

Mischel, W., Shoda, Y., & Rodriguez, M. L. (1989). Delay of gratification in children. *Science, 244,* 933-938.

Mize, J., Pettit, G. S., & Brown, E. G. (1995). Mothers' supervision of their children's peer play: Relations with beliefs, perceptions, and knowledge. *Developmental Psychology, 31*, 311-321.

Moon, C., Cooper, R. P., & Fifer, W. P. (1993). Two-day-olds prefer their native language. *Infant Behavior and Development, 16*, 495-500.

Morrissey, A. M., & Brown, P. M. (2009). Mother and toddler activity in the zone of proximal development for pretend play as a predictor of higher child IQ. *Gifted Child Quarterly, 53*(2), 106-120.

Mounteer, C. A. (1987). Roman childhood, 200 B.C. to A.D. 600. *Journal of Psychohistory, 14,* 233-254.

Mueller, C. M., & Dweck, C. S. (1998). Intelligence praise can undermine motivation and performance. *Journal of Personality and Social Psychology, 75*, 33-52.

Mueller, M. M., & Elder, G. H. (2003). Family contingencies across the generations: Grandparent-grandchild relationships in holistic perspective. *Journal of Marriage and the Family, 65*, 404-417.

Munakata, Y. (2006). Information processing approaches to development. In W. Damon & R. Lerner (Series Eds.) & D. Kuhn & R. S. Siegler (Vol. Eds.), *Handbook of child psychology: Vol 2: Cognition, perception, and language* (6th Ed., pp. 426-463). N.Y.: Wiley.

Mussen, P. H., Conger, J. J., Kagan, J., & Huston, A. C. (1990). *Essential of child development and personality*. N.Y.: Harper & Row Publishers.

Narod, S. A., de Sanjos, S., & Victora, C. (1991). Coffee during pregnancy: A reproductive hazard? *American Journal of Obstetrics and Gynecology, 164*, 1109-1114.

Nelson, C .A., Thomas, K .M., & de Haan, M. (2006). Neural bases of cognitive development. In D. Kuhn, R.S. Siegler, W. Damon, & R.M. Lerner (Eds.), *Handbook of child psychology: Vol. 2, Cognition, perception, and language* (6th Ed.). Hoboken, N.J.: Wiley.

Nelson, K., & Fivush, R. (2004). The emergence of autobiographical memory: A social cultural developmental theory. *Psychological Review, 111*, 486-511.

Neugarten, B. L. (1977). Personality and aging. In J. Birren & K. W. Schaie (Eds.), *Handbook of the psychology of aging*. N.Y.: Van Nostrand Reinhold.

NICHD Early Child Care Research Network, & Duncan, G. J. (2003). Modeling the impacts of child care quality on children' preschool cognitive development. *Child Development*, 74, 1454-1475.

Nordentoft, M., Lou, H. C., Hansen, D., Nim, J., Pryds, O., Rubin, P., & Hemmingsen, R. (1996). Intrauterine growth retardation and premature delivery: The influence of maternal smoking and psycho-social factors. *American Journal of Public Health, 86*, 347-354.

Oettingen, G. (1985). The influences of the kindergarten teacher on sex differences in behavior. *International*

Journal of Behavioral Development, 8, 3-13.

Owens, R. (2001). *Language development: An introduction* (5th Ed.). Boston, MA: Allyn & Bacon.

Park, S. Y., Belsky, J., Putnam, S., & Crnic, K. (1997). Infant emotionality, parenting, and 3-year inhibition: Exploring stability and lawful discontinuity in a male sample. *Developmental Psychology, 33*(2), 218-227.

Parten, M. (1932). Social participation among preschool children. *Journal of Abnormal and Social Psychology, 28*(3), 136-147.

Piaget, J. (1929). *The child's conception of the world*. New York: Harcourt Brace.

Piaget, J. (1954). *The construction of reality in the child*. N.Y.: Basic Books. (Original work published in 1937)

Piaget, J. (1955). *The child's construction of reality*. London: Routledge and Kegan Paul.

Piaget, J. (1973). *The psychology of intelligence*. Totowa, N.J.: Littlefield & Adams.

Piaget, J., & Inhelder, B. (1969). *The psychology of the child*. N.Y.: Basic Books.

Pollock, L. A. (1983). *Forgotten children: Parent-child relations from 1500-1900*. Cambridge, UK: Cambridge University Press.

Porges, S. W. (1992). Autonomic regulation and attention. In B. A. Campbell, H. Hayne, & R. Richerdson (Eds.), *Attention and information processing in infants and adults* (pp. 201-223). New Jersey: Erlbaum.

Putnam, S. P., Rothbart, M. K., & Gartstein, M. A. (2008). Homotypic and heterotypic continuity of fine-grained temperament during infancy, toddlerhood, and early childhood. *Infant & Child Development, 17*, 387-405.

Ramey, C. T., Ramey, S. L., & Lanzi, R. G. (2006). Children health and education. In I. Sigel & A. Renninger (Eds.), *The handbook of child psychology. Vol. 4* (pp. 864-892). Hoboken, New Jersey: Wiley & Sons.

Reiser, J., Yonas, A., & Wikner, K. (1976). Radial localization of odors by human neonates. *Child Development, 47*, 856-859.

Reynolds, C. R., & Kamphaus, R. W. (1997). The Kaufman assessment battery for children: Development, structure, and application in neuropsychology. In D. Wedding, A. Mac Horton, & J. Webster (Eds.), *The neuro-psychology handbook: Behavioral and clinical perspectives* (pp. 291-330). N.Y.: Springer Publishing Company, Inc.

Roberts, D. F., Foehr, U. G., & Rideout, V. (2005). *Generation M: Media in the lives of 8-18 year olds*. Menlo park, CA: Henry J. Kaiser Family Foundation.

Rohner, R. P., & Veneziano, R. A. (2001). The importance of father love: History and contemporary evidence. *Review of General Psychology, 5*, 382-405.

Rohner, R., & Brothers, S. (1999). Perceived parental rejection, psychological maladjustment, and borderline personality disorder. *Journal of Emotional Abuse, 1*, 81-95.

Rose, S. A., Feldman, J. F., Wallace, I. F., & McCarton, C. (1991). Information processing at 1 year: Relation to birth status and developmental outcome during the first 5 years. *Developmental Psychology, 27*, 723-737.

Rosenstein, D., & Oster, H. (1988). Differential facial responses to four basic tastes in newborns. *Child Development, 59*(6), 1555-1568.

Ross-Sheehy S., Oakes L. M., & Luck S. J. (2003). The development of visual short-term memory capacity in infants. *Child Development, 74*, 1807-1822.

Rothbart, M. K., & Derryberry, D. (1981). Development of individual differences in temperament. In M. E. Lamb & A. L. Brown (Eds.), *Advances in developmental psychology, Vol. 1* (pp. 37-86). Hillsdale, N.J.: Erlbaum.

Rovee-Collier, L. Lipsitt, & H. Hayne (Eds.), *Progress in infancy research (Vol. 1)*, pp. 21-67). Mahwah, N.J.: Erlbaum.

Rovee-Collier, C. (1997). Dissociations in infant memory: Rethinking the development of implicit and explicit memory. *Psychological Review, 104*, 467-498.

Rubin, K. H., Coplan, R. J., Nelson, L. J., & Lagace-Seguin, D. G. (1999). Peer relationships in childhood. In M. H. Bornstein & M. E. Lamb (Eds.), *Developmental psychology: An advanced textbook* (4th Ed.) (pp. 377-

409). Mahwah, N.J.: Lawrence Erlbaum Associates Publishers.

Rubin, K. H., Hastings, P. D., Stewart, S. L., Henderson, H. A., & Chen, X. (1997). The consistency and concomitants of inhibition: Some of the children, all of the time. *Child Development, 68*, 467-483.

Ruffin, N. J. (2019). *Human growth and development – a matter of principles*. Virginia Cooperative Extension, 350-053, Virginia Tech.

Saarni, C., Mumme, D. L., & Campos, J. J. (1998). Emotional development: Action, communication, and understanding. In W. Damon (Series Ed.) & N. Eisenberg (Vol. Ed.), *Handbook of child psychology: Vol. 3. Social, emotional, and personality development* (5th Ed., pp. 237-309). N.Y.: Wiley.

Sai, F. Z. (2005). The role of the mother's voice in developing mother's face preference: Evidence for intermodal perception at birth. *Infant & Child Development, 14*(1), 1-29.

Salkind, N. (1985). *Theories of human development* (2nd Ed.). N.Y.: John Wiley & Sons.

Salovey, P., & Mayer, J. D. (1990). Emotional intelligence. *Imagination, Cognition, & Personality, 9*, 185-211.

Sameroff, A. J. (1987). The social context of development. In N. Eisenberg (Ed.), *Contemporary topics in developmental psychology* (pp. 273-291). N.Y.: Wiley.

Sameroff, A. J., & MacKenzie, M. J. (2003). Research strategies for capturing transactional models of development: The limits of the possible. *Developmental Psychology, 15*(3), 613-640.

Samuels, M., & Samuels, N. (1986). *The well pregnancy book*. N.Y.: Summit Books.

Santrock, J. W. (2011). *A topical approach to life-span development* (6th Ed.). McGraw-Hill Humanities.

Saxon, T. F., & Reilly, J. T. (1999). Joint attention and toddler characteristics: Race, sex and socioeconomic status. *Early Child Development and Care, 149*, 59-69.

Scarr, S. (1993). Biological and cultural diversity: The legacy of Darwin for development. *Child Development, 64*(5), 1333-1353.

Scarr, S., & Weinberg R. A. (1983). The Minnesota adoption studies: Genetic differences and malleability. *Child Development. 54,* 260-267.

Schickedanz, J. A., Schickedanz, D. I., Hansen, K., & Forsyth, P. D. (1993). *Understanding children* (2nd Ed.). Mountain View, CA: Mayfield.

Schneider, W., & Bjorklund, D. F. (2003). Memory and knowledge development. *Handbook of developmental psychology* (pp.370-403). London: Sage.

Scholl, T. O., Heidiger, M. L., & Belsky, D. (1996). Prenatal care and maternal health during adolescent pregnancy: A review and meta-analysis. *Journal of Adolescent Health, 15*, 444-456.

Schonert-Reichl, K. A. (1999). Moral reasoning during early adolescence: Links with peer acceptance, friendship, and social behaviors. *Journal of Early Adolescence, 19*, 249-279.

Segrin, C., Taylor, M. E., & Altman, J. (2005). Socio-cognitive mediators and relational outcomes associated with parental divorce. *Journal of Social and Personal Relationships, 22,* 361-377.

Serbin, L. A., & Sprafkin, C. (1986). The salience of gender and the process of sex typing in three-to seven-year-old children. *Child Development, 57*, 1188-1199.

Serbin, L. A., O'leary, K. D., Kent, R. N., & Toniek, I. J. (1973). A comparison of teacher response to the preacademic and problem behavior of boys and girls. *Child Development, 44*(4), 796-804.

Shaffer, D. R., & Kipp, K. (2010). *Developmental psychology: Childhood and adolescence* (8th Ed.). Belmont, CA: Wadsworth.

Shahar, S. (1990). *Childhood in the middle ages*. London: Routledge.

Shweder, R. A., Goodnow, J. J., Hatano, G., LeVine, R. A., Markus, H. R., & Miller, P. J. (2006). The cultural psychology of development: One mind, many mentalities. In R. M. Lerner (Ed.), *Handbook of child psychology: Vol. 1. Theoretical models of human development* (6th Ed., pp. 716-792). Hoboken, N.J.: Wiley.

Siegler, R. (1991). *Children's thinking*. Englewood Cliffs, N.J.: Prentice-Hall.

Signorella, M. L., Bigler, R. S., & Liben, L. S. (1993). Developmental differences in children's gender schemata about others: A meta-analytic review. *Developmental Review, 13,* 147-183.

Smith, R. A., & Davis, S. F. (2001). *The psychologist as detective* (2nd Ed.). N.J.: Prentice-Hall.

Smolucha, F. (1992). A reconstruction of Vygotsky's theory of creativity. *Creativity Research Journal 5*(1), 49-67.

Snow, C. W. (1998). *Infant development* (2nd Ed.). Upper Saddle River, N.J.: Prentice-Hall.

Sokol, R. J., Delaney-Black, V., & Nordstrom, B. (2003). Fetal alcohol spectrum disorder. *The Journal of the American Medical Association, 290*, 2996-2999.

Spodek, B., & Saracho, O. N. (1994). *Right from the start: Teaching children three to eight*. Boston: Allyn & Bacon.

Sprauve, M. E. (1996). Substance abuse and HIV in pregnancy. *Clinical Obstetrics and Gynecology, 39*, 316-332.

Sroufe, L. A., & Waters, E. (1976). The ontogenesis of smiling and laughter: A perspective on the organization of development in infancy. *Psychological Review, 83*, 173-189.

Sroufe, L. A., Egeland, B., Carlson, E., & Collins, W. A. (2005). Placing early attachment experiences in developmental context. In K. E. Grossmann, K. Grossmann, & E. Waters (Eds.), *The power of longitudinal attachment research: From infancy and childhood to adulthood* (pp. 48-70). N.Y.: Guilford Publications.

St. James-Roberts, I. (2007) Infant crying and sleeping: Helping parents to prevent and manage problems, *Sleep Medicine Clinics, 2*, 363-375.

Stangor, C. (2007). *Research methods for the behavioral sciences* (3rd Ed.). N.Y.: Houghton Mifflin Company.

Stern, D. (1985). *The interpersonal world of the infant*. N.Y.: Basic Books.

Steinberg, L., Vandell, D. L., & Bornstein, M. H. (2012). 아동발달. 곽금주, 김경은, 김근영, 김연수, 이강이, 한세영 (역). 서울: 센게이지러닝. (원저 2011년 출판)

Sternberg, R. J. (1997). *Thinking styles*. N.Y.: Cambridge University Press.

Sternberg, R. J. (Ed.). (2004). *International handbook of intelligence*. NewYork: Cambridge University Press.

Stewart, L., & Pascual-Leone, J. (1992). Mental capacity constraints and the development of moral reasoning. *Journal of Experimental Child Psychology, 54*, 251-287.

Stipek, D. J., Gralinski, F. H., & Kopp, C. B. (1990). Self-concept development in the toddler years. *Developmental Psychology, 26*(6), 972-977.

Strid, K, Tjus, T., Smith, L., Meltzoff, A. N., & Heimann, M. (2006). Infant recall memory and communication predicts later cognitive development. *Infant Behavior & Development, 29*, 545-553.

Strom, R. D. (1976). The merits of solitary play. *Childhood Education, 52*, 149-152.

Svensson, A. K. (2000). Computers in school: Socially isolating or a tool to promote collaboration. *Journal of Educational Computing Research, 22*(4), 437-453.

Taddio, A., Katz, J., Ilersich, A. L., & Koren, G. (1997). Effect of neonatal circumcision on pain response during subsequent routine caccination. *Lancet, 349*, 599-603.

Tangney, J. P. (2001). Self-conscious emotions, psychology of. *International Encyclopedia of the Social & Behavioral Sciences*, 13803-13807.

Theorell, K., Prechtl, H. F. R., & Vos, J. E. (1974) A polygraphic study of normal and abnormal newborn infants. *Neuropadiatrie, 5*, 279-317.

Thomas, A., & Chess, S. (1977). *Temperament and development*. N.Y.: Brunner/Mazel.

Thomas, A., & Chess, S. (1986). The N.Y. longitudinal study: From infancy to early adult life. In R. Plomin & J. Dunn (Eds.), *The study of temperament: Changes, continuities, and challenges*. Hillsdale, N.J.: Erlbaum.

Thomas, R. M. (2000). *Comparing theories of child development* (5th Ed.). Belmont, CA: Wadsworth.

Thompson, S. K. (1975). Gender labels and early sex role development. *Child Development, 46*, 339-347.

Trautner, H. M., Ruble, D., Cyphers, L., Kirsten, B., Behrendt, R., & Hartmann, P. (2007). Rigidity and flexibility of gender stereotypes in childhood: Developmental or differential. *Infant and Child Development, 14*,

365-381.

Tsao, F. M., Liu, H. M., & Kuhl, P. K. (2004). Speech perception in infancy predicts language development in the second year of life: a longitudinal study. *Child Development, 75,* 1067-1084.

Urban, K. K. (1995). Creativity: A component approach model. A paper presented at the 11th World Conference in Hong Kong, July 31-Aug, 4, 1995.

Vasta, R., Haith, M. M., & Miller, S. A. (1992). *Child psychology: The modern science*. Oxford, England: John Wiley & Sons.

Vasta, R., Haith, M. M. & Miller, S. A. (1999). *Child psychology: The modern science*. New York: Wiley.

Veneziano, R. A. (2003). The importance of paternal warmth. *Cross Cultural Research, 37*, 265-281.

Vygotsky, L. S. (1978). Interaction between learning and development (pp. 79-91). *In mind in society*. (Trans. M. Cole). Cambridge, MA: Harvard University.

Wachs, T. D., & Gruen, G. (1982). *Early experience and human development*. N.Y.: Plenum.

Wadsworth, B. J. (1989). *Piaget's theory of cognitive and affective development*. Reading, MA: Addison-Wesley.

Walker, D., Greenwood, C. R., Hart, B., & Carta, J. (1994). Prediction of school outcomes based on early language production and socioeconomic factors. Special issue: Children and poverty. *Child Development, 65*(2), 606-621.

Walker, L. J. (1980). Cognitive and perspective-taking prerequisites for moral development. *Child Development, 51*, 131-139.

Watson, J. B. (1913). Psychology as a behaviorist views it. *Psychological Review, 20*, 158-177.

Watson, J. B., & Rayner, R. (1920). Conditioned emotional reactions. *Journal of Experimental Psychology, 3*(1), 1-14.

Weld, N. (1968). Some possible genetic implications of Carthaginian child sacrifice. *Perspectives in Biology and Medicine, 12*, 69-78.

Wellman, H. M. (1990). *The child''s theory of mind. Cambridge*, MA: MIT Press.

Wellman, H. M., & Banerjee, M. (1991) Mind and emotion: Children's understanding of the emotional consequences of beliefs and desires. *British Journal of Developmental Psychology, 9*(2), 191-214.

Wellman, H. M., Ritter, K., & Flavell, J. H. (1975). Deliberate memory behavior in the delayed reactions of very young children. *Developmental Psychology, 11*, 780-787.

Young, K. T. (1990). American conceptions of infant development from 1955 to 1984: What the experts are telling parents. *Child Development, 61*(1), 17-28.

Zambo, D. (2008). Childcare workers' knowledge about the brain and developmentally appropriate practice. *Early Childhood Education Journal, 35*(6), 571-577.

Zeskind, P., & Barr, R. (1997). Acoustic characteristics of naturally occurring cries of infants with &colic'. *Child Development, 68,* 394-403.

저자 소개

문혁준 가톨릭대학교 생활과학부 아동학과 교수
김경은 남서울대학교 인문계열 아동복지학과 교수
서소정 경희대학교 생활과학대학 아동가족학과 교수
성미영 동덕여자대학교 사회과학대학 아동학과 교수
안선희 경희대학교 생활과학대학 아동가족학과 교수
임정하 고려대학교 사범대학 가정교육과 교수
하지영 우송대학교 보건복지대학 유아교육과 교수
황혜정 경기대학교 인문대학 유아교육학과 교수

제3판
영유아발달

초 판 1쇄 발행 2016년 9월 5일
초 판 5쇄 발행 2019년 3월 7일
증 보 1쇄 발행 2020년 8월 17일
제3판 3쇄 발행 2025년 2월 28일

지 은 이 | 문혁준 김경은 서소정 성미영 안선희 임정하 하지영 황혜정
펴 낸 이 | 김기섭
책임편집 | 이윤미·이윤희
펴 낸 곳 | 창지사 www.changjisa.com
08589 서울시 금천구 가산디지털 1로 83 파트너스타워 1차 9층
전화(02) 719-2211~3
팩스(02) 701-9386
등 록 | 1977년 4월 28일 · 제1-421호

ISBN 978-89-426-1514-8 (93370)

값 23,000원